国家卓越工程师教育培养计划系列丛书

编组站调车控制系统

陈福恩　主　编

中国铁道出版社有限公司

2024年·北京

内容简介

本书为国家卓越工程师教育培养计划系列丛书之一。全书共分十章,重点讲述了驼峰调车自动控制系统及调车的基础设备,驼峰调车场头部调车及尾部调车自动控制,驼峰调车指挥系统及溜放进路控制系统,驼峰快速转辙机,驼峰调速、测量设备,TW-2型驼峰自动化系统,SAM新一代编组站综合自动化系统,故障—安全保障和可靠性等内容。

本书适用于高等学校或者职业学校的专业培训书用,也可以作为自动化驼峰工作人员及维护管理人员学习参考。

本书内容如有不符最新规章标准之处,以最新规章标准为准。

图书在版编目(CIP)数据

编组站调车控制系统/陈福恩主编.—北京:中国铁道出版社,2017.3(2024.7重印)
(国家卓越工程师教育培养计划系列丛书)
ISBN 978-7-113-22331-1

Ⅰ.①编… Ⅱ.①陈… Ⅲ.①驼峰调车作业-自动控制系统-职业培训-教材 Ⅳ.①U292.2

中国版本图书馆CIP数据核字(2016)第215385号

书　　名: 编组站调车控制系统
作　　者: 陈福恩

策　　划: 朱敏洁
责任编辑: 朱敏洁　　**编辑部电话:** (010) 51873134　　**电子邮箱:** zhuminjie1105@163.com
封面设计: 郑春鹏
责任校对: 苗　丹
责任印制: 高春晓

出版发行: 中国铁道出版社有限公司(100054,北京市西城区右安门西街8号)
网　　址: http://www.tdpress.com
印　　刷: 北京铭成印刷有限公司
版　　次: 2017年3月第1版　2024年7月第5次印刷
开　　本: 787 mm×1 092 mm　1/16　**印张:** 15.5　**字数:** 378千
书　　号: ISBN 978-7-113-22331-1
定　　价: 40.00元

序

2012年，教育部修订了《普通高等学校本科专业目录》，将自动化（铁道信号）更名为轨道交通信号与控制专业，并将其作为国家特设专业。轨道交通信号与控制专业由原来十余所高校开设的小专业，变为全国近百所高校开设的工科专业，北京交通大学作为教育部铁路运输与工程教指委“轨道交通信号与控制专业”教学指导组组长单位，根据自身专业发展优势，特别是轨道交通信号与控制专业卓越工程师培养的前期经验，按照工程教育认证要求，以学生为中心，成果导向教育(Outcome-based Education，OBE)为理念，特推出面向“卓越工程师教育培养计划”的系列教材，为信号专业卓越工程师的培养提供参考。

北京交通大学轨道交通信号与控制专业已有六十余年的历史，依托“交通信息工程及控制”国家级重点学科、“轨道交通控制与安全”国家重点实验室、“轨道交通运行控制系统”国家工程研究中心、“城市轨道交通自动化控制”北京市重点实验室以及国家轨道交通通信与控制虚拟仿真实验教学中心、国家电工电子实验教学示范中心、国家电子信息实验教学中心和北京交通大学—郑州铁路局国家级工程实践教育中心，专业建设不断取得突破，2010年进入“卓越工程师教育培养计划”，同年成为国家特设专业建设点。

为了更好地呈现轨道交通信号与控制专业卓越工程师的培养，在校内现有的课程教学体系基础上，与专业认识实习、企业实习、生产实习相结合，与企业工程素质培养相协调，突出应用理论的工程实践教学，特推出面向卓越工程师教育培养计划校外实践教学的系列教材。

本套轨道交通信号与控制专业“卓越工程师教育培养计划”系列教材目前计划首批出版教材共计四个分册，分别是《铁路信号抗干扰技术及实践》、《CTC系统原理与应用》、《编组站调车控制系统》、《轨道交通信号与控制综合实验》。

“卓越工程师教育培养计划”系列教材凝聚着一大批校内外卓越工程师教育培养计划教育者的智慧和汗水。谨以此书，献给为轨道交通信号与控制专业“卓越工程师教育培养计划”人才培养的同志们。

戴胜华

2017年2月

前　言

随着我国国民经济的高速发展，对编组站自动化技术的要求越来越高，全国各个主要编组站的自动化设备不断地进行更新改造，以适应时代的要求。然而，与之配套的教材不能满足发展的需求。在这种情况下，作者编写了本教材。

本书是交通信号与控制专业的专业选修教材，属于应用科学技术领域的一门工程学科。

通过对本书的学习，使学生了解编组站在铁路运输网中的重要作用，掌握编组站综合自动化的主要内容以及各种控制设备的作用、构成和工作原理，为今后从事编组站自动化方面的工作打下必要的基础。

本书由十章组成，主要介绍了调车场头部信号联锁设备（第二章）、溜放进路控制（第三章）和溜放速度控制（第五章到第七章）。它们结合在一起形成一个完整的体系——溜放作业过程控制子系统，其中溜放速度控制是本课程的重点内容。本书涉及学科众多，有机械、电子技术、通信技术、控制技术、计算机技术、传感技术。涉及的设备有联锁设备、进路控制设备、速度控制设备、测量设备等。涉及的知识领域有运营基础、车站、传感器、计算机等。本书主要强调基本知识和基本设备。

通过学习本书，学生可以详细了解编组站在铁路运输网中的重要作用，站场配置，主要作业及编组站综合自动化的主要内容；掌握调车驼峰的作业、结构和能高线原理；熟练掌握驼峰信号联锁，驼峰溜放进路控制，推送速度控制，溜放速度控制的基本概念、设备构成和基本工作原理；编组站综合自动化的各种基础设备，其中包括调速工具、车轴传感器、压磁重力传感器、测速、测重、测长和测阻等设备的特点和结构原理；了解峰尾平面调车集中联锁的概念和平面溜放控制设备的基本工作原理。

本书在编写过程中，得到了郑州铁路局、沈阳铁路局、武汉铁路局、成都铁路局的大力支持和帮助，在此表示衷心感谢！

编　者

2017 年 2 月

目　录

第一章　编组站与调车驼峰

本章概述编组站的作用、车场的配置、作业过程及主要技术装备、编组站调车综合自动化系统的组成。编组站的主要调车设备是驼峰调车场，主要介绍了调车驼峰的类别；平、纵段面结构；调车作业过程；解体能力与驼峰调车场技术的研究，即车辆溜放的受力分析和能高线原理。通过对本章的学习，了解驼峰解体能力的计算、编组站调车综合自动化系统的组成；掌握车场的配置、掌握峰高、计算停车点的概念。

第一节　编组站概述

在铁路网中，用于办理大量货物列车解体和编组作业，并为此设置专用调车设备的车站。编组站一般设在有大宗车流集散和需要整理的地方。主要进行改编货物列车作业、改编中转列车作业、机车整备与检修、车辆检修等作业，如图 1-1 所示。

(a)　(b)

(c)

图 1-1　编组站现场图

铁路编组站主要是由列车到达场、编组场、出发场和直通场等组成。根据各车场配置数量和方式的不同，编组站可分为一级式、二级式、三级式三种。一级式有一级二场、一级三场等；

二级式有二级三场、二级四场等；三级式有三级三场、三级四场和三级六场等。各车场横列配置称横列式编组站，纵列配置称纵列式编组站，既有纵列又有横列配置称混合式编组站。上下行列车到发按一个方向设置的编组站，称为单向编组站，按两个方向设置时，称双向编组站。铁路编组站按其性质和作用，也可分为三种：路网性编组站（担任路网中远程列车的解编任务）、区域性编组站（担任一定区域内列车的解编任务）和地方性编组站（负担管内地方车流的解编作业）。

一、编组站的任务和分类

编组站的作业主要有改编货物列车作业、无改编中转列车作业、货物作业车作业、机车整备与检修、车辆检修等作业。而其核心工作是改编货物列车作业。

按编组站在整个铁路网上或铁路枢纽内所起的作用不同分为以下几类。

1. 路网性编组站

设置在有 3 条及以上主要铁路干线的交汇点，编组两列及以上远程技术直达列车（通过 1 个以上编组站的列车），每昼夜解编 6 000 辆及以上车辆。

2. 区域性编组站

设置在有 3 条及以上铁路干线的交汇点，主要编组相邻编组站直通列车，每昼夜解编 4 000辆及以上车辆。

3. 地方性编组站

设置在有 3 条及以上铁路干、支线的交汇点，或工矿区、港湾区、大城市地区附近，主要编组相邻编组站、区段站、工业站、港湾站间的直通、区段、小运转列车，每昼夜解编 2 000 辆及以上车辆。

二、编组站的车场配置

编组站根据其货运量，改编作业量不同而具有不同的设计规模，同时考虑编组站所处的地理位置。其车场有如下数种配置。

1. 横列式编组站

如图 1-2 所示，横列式编组站是所有车场都横向排列。因其三个车场的平行配置在同一“级别”上，故又称“一级三场”式编组站。

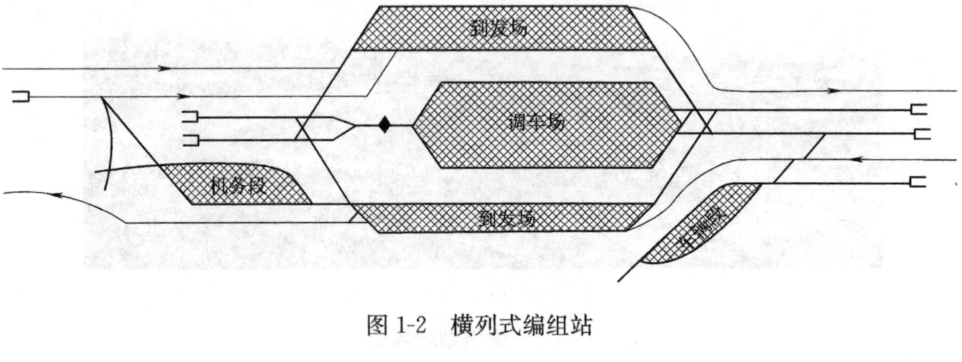

图 1-2　横列式编组站

2. 纵列式编组站

如图 1-3 所示，纵列式编组站是同一调车系统内的到达场、调车场，出发场是纵向排列的。因其三个车场纵向顺序排列，形成“三级”式配置，故又称“三级三场” 式编组站。

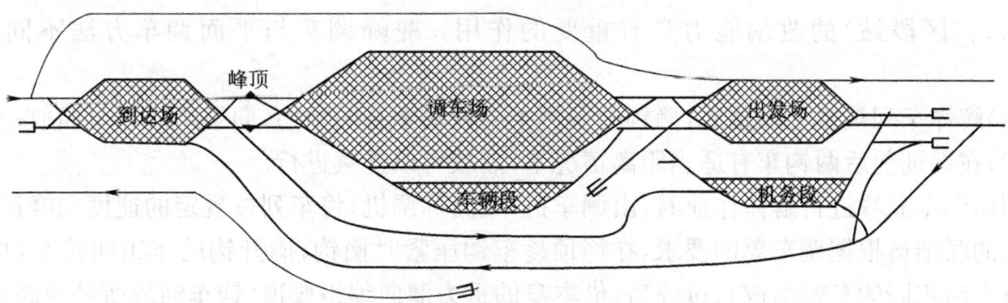

图 1-3　纵列式编组站

3. 混合式编组站

如图 1-4 所示,混合式编组站是各车场既有纵列配置又有横列配置的编组站。到达场与调车场为纵列配置,而调车场与出发场则为横列配置。

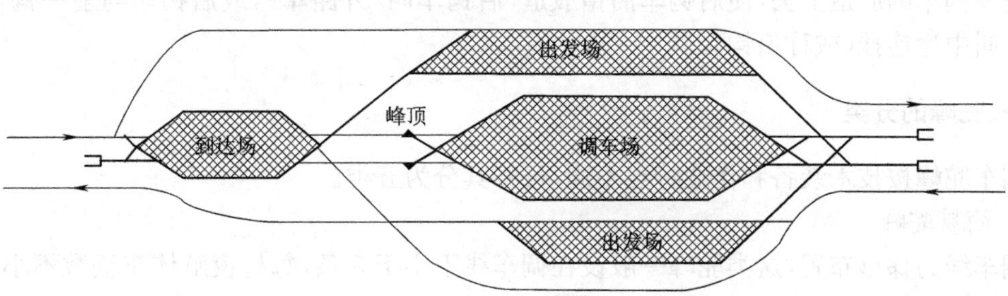

图 1-4　混合式编组站

上、下行合用一套调车设备(包括驼峰调车场与牵出线)的编组站叫做单向编组站。单向编组站的驼峰调车方向应与主要改编车流的运行方向一致。上、下行各有一套调车设备的编组站叫做双向编组站。其两套调车系统的主要驼峰调车方向应与各自的主要改编车流的运行方向相一致。图 1-5 所示为三级六场纵列式双向编组站。

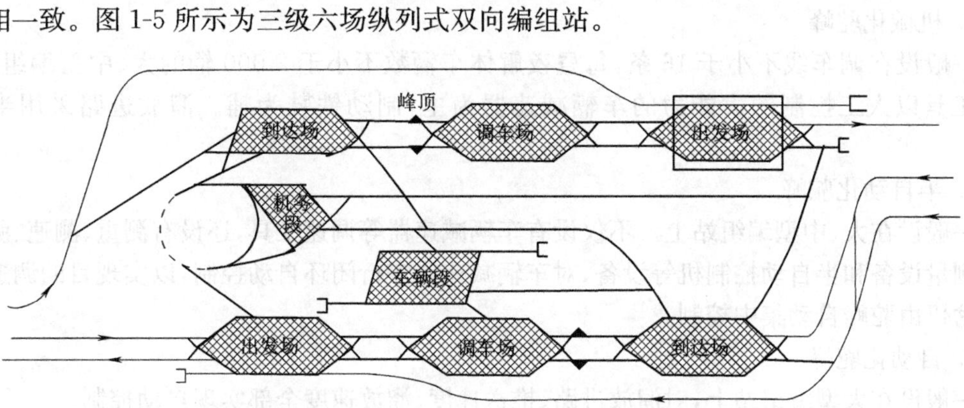

图 1-5　双向三级六场纵列式编组站

第二节　调车驼峰作业

调车驼峰是在调车场头部建一个高于调车场平面的土丘,其断面形状类似于单峰骆驼的峰,故此得名。驼峰是编组站(部分区段站)的重要技术设备,它对提高调车作业效率、增

进编组站(区段站)的改编能力具有重要的作用。驼峰调车与平面调车方法不同,其特点是:

(1)解体车列被推上峰顶后,摘钩的车辆主要依靠本身的重力,向编组线自行溜放;

(2)在保证前后两钩车有适当距离情况下,溜放可以连续进行。

利用调车驼峰进行解体作业时,由调车机车(简称调机)将车列按规定的速度向峰顶推送,峰顶处的联结员根据调车单的要求,在峰顶趁车钩压紧时摘钩,摘开钩的车组叫钩车(由一节或几节去向相同的车辆组成),过峰后,借本身的重力溜向编组股道(钩车溜放所经由路径叫溜放进路),利用控制溜放进路上的道岔(称分路道岔)使各钩车溜向规定的股道。在解体作业过程中,在保证前后两钩车有适当距离的情况下,溜放车辆是连续进行的。前行车组的后钩与后行车组的前钩之间要保持一定距离,称为溜放钩距,以保证分路道岔来得及转换,钩距越短,驼峰解体的时间越短,效率就越高,但钩距不能太小,太小会使分路道岔来不及转换,致使后钩车溜入前一钩车的股道上去,使后钩车溜错股道,后钩车叫“外路车”,或后钩车与前一钩车变成一钩车叫中途连挂(或称追钩)。

一、驼峰的分类

调车驼峰按技术装备和作业特点不同,可将其分为五类。

1. 简易驼峰

调车线为梯形布置,这类驼峰一般设在调车线不小于5条,每昼夜解体车辆数不小于200辆的区段站或编组站。溜放进路采用非集中或集中控制。调速工具主要采用人工手闸和铁鞋。

2. 非机械化驼峰

一般设在调车线小于16条,每昼夜解体车辆数小于2 000辆的中小编组站上。调速工具以制动铁鞋为主。溜放进路采用集中控制或半自动控制设备。

3. 机械化驼峰

一般设在调车线不小于16条,每昼夜解体车辆数不小于2 000辆的大、中型编组站上。调速工具以人工控制的大能力的车辆减速器为主,制动铁鞋为辅。溜放进路采用半自动控制。

4. 半自动化驼峰

一般设在大、中型编组站上。不仅设有车辆减速器等调速工具,还设有测重、测速、测长等各种测量设备和半自动控制机等设备,对车辆减速器实行闭环自动控制,以实现目的调速。分路道岔仍由驼峰自动集中控制。

5. 自动化驼峰

一般设在大型编组站上,对溜放进路、推送速度、溜放速度全部实现自动控制。

二、驼峰调车的作业方案

根据驼峰设备条件、配属机车台数和车流特点,驼峰调车有单推单溜、双推单溜和双推双溜三种作业组织方案。

1. 单推单溜

只需要1条推送线、1条或2条溜放线、1台调车机车。它的特点是驼峰作业周期长,驼峰设备利用率低。适于解编作业量不大的车站。

2. 双推单溜

需要 2 条推送线，1 条或 2 条溜放线、2 台或 3 台调车机车。当 1 台机车在峰顶分解车列时，另一台机车可以去到达场连挂车列、向峰前信号预推，两台机车交替进行车列溜放，从而提高了驼峰设备的利用率，解体能力比单推单溜方案高，同时可避免或减少场间交换车及其重复改编的调车作业。它适用于衔接方向较多、各方向的车流构成复杂、改编作业量较大的编组站。

3. 双推双溜

其特点是到达场和调车场纵向划分为两个作业区，每区各自配备 1～2 台驼峰机车，自成一个独立的调车系统，分别进行车列的解体作业。到达车列中应当在调车场另一作业区集结的车流(简称交换车流)先溜入在该作业区专门划出的交换车线，然后再将由这些车辆集结成的车组拉往到达场，并将这些车辆溜放到相应作业区的固定线路内。采用这一方案，在设备上要求有两条推送线、两条溜放线，两套驼峰信号系统，调车场有较多股道，配备两台以上调车机车，每一方向到达改编车流基本上是在某一分区集结的车流。双推双溜的作业方案使驼峰设备能得到充分的利用，解体能力大，但是当车站衔接方向较多、车流构成复杂时，会产生大量需重复分解的场间交换车，降低解体能力。因此，当场间交换车的比重超过 20%时一般就不再采用。

三、驼峰的纵断面

调车驼峰是指调车场始端道岔区前的线路抬到一定高度，主要利用其高度使车辆自动溜到调车线上，用来解体车列的一种调车设备。驼峰的范围是指峰前到达场(不设峰前到达场时为牵出线)与调车线之间的部分线路区段，如图 1-6 所示，调车驼峰包括以下内容。

1. 推送部分

指经驼峰解体的车列第一钩车位于峰顶时，车列全长范围内的线路区段。

2. 溜放部分

指由峰顶至调车线上某一特定点(计算停车点)之间的线路区段。

3. 峰顶平台

指推送部分与溜放部分连接处的一段平坦地段。车列的解体作业在此处进行，编组作业则在调车场的另一端咽喉——尾部进行。溜放部分纵断面设计要求是：

(1)驼峰溜放部分纵断面应设计为面向调车场方向的连续下坡。

(2)在有利的溜放条件下，以 7 km/h 的推峰速度解体车列，易行车进入减速器时，不得超过最大的允许速度。

(3)易行车在有利的溜放条件下，以 7 km/h 的推峰速度解体车列时，使用全部制动能力后，能在亚制动位末端停车(点连式)。

(4)调车机车采用蒸汽机车时，加速坡的第一坡段不应陡于 40‰；采用内燃机车时，不应陡于 50‰；困难条件不应小于 30‰。

(5)制动位所在的中间坡，一般不应小于 8‰，寒冷地区应适当加大。

(6)道岔区的平均坡度不宜大于 2.5‰，边缘线束不应大于 3.5‰。

(7)纵断面的变坡点距减速器制动位，道岔尖轨和辙岔部分不小于竖曲线的切线长。

四、驼峰调车场的平面布置

从图 1-6、图 1-7、图 1-8 可以看出驼峰调车系统的全局布置、线路配套的设备以及编组站的调车及溜放线路。

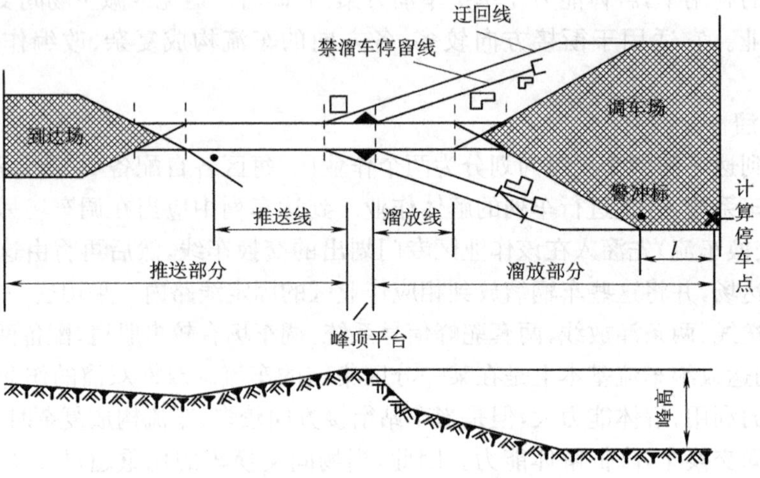

图 1-6　驼峰头部线路示意图

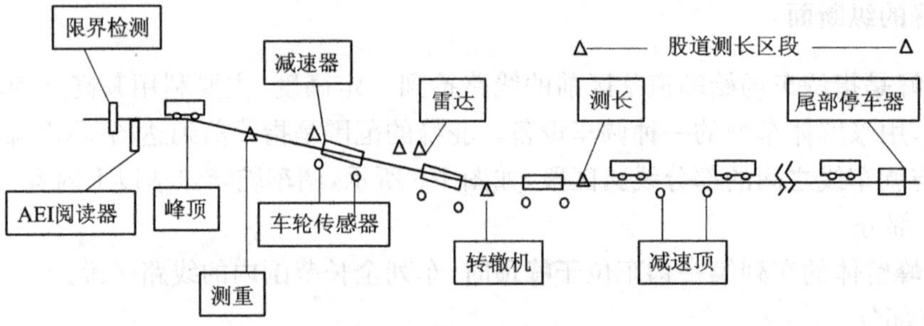

图 1-7　驼峰线路配套的设备

由推送线和溜放线组成了调车场的进口咽喉，也叫调车场的头部。为了提高驼峰的解体作业效率和降低工程造价，对调车场头部的平面布置提出以下要求：

(1)使峰顶到最远计算点间的距离尽量缩短。这样不仅可缩短车辆的溜放行程，提高解体作业效率，而且可减少占地面积，降低驼峰的修建工程费用。

(2)车辆自峰顶向调车场各股道计算点溜放时，其溜放行程和所受之总阻力(包括基本阻力、风阻力、道岔阻力和曲线阻力)应差别不大。这样可使驼峰高度设计适当，不致过高，从而可减少制动设备数量。

(3)合理确定制动位置，以减少车辆减速器的数量。

(4)尽可能地少铺设短轨和避免反向曲线，以减少车辆的溜放阻力。

为满足上述要求，采取了以下措施：

(1)为缩短峰顶至计算点间的距离，应尽量采用 6 号或 6.5 号单式对称道岔或三开道岔，可显著缩短调车场咽喉区的长度。

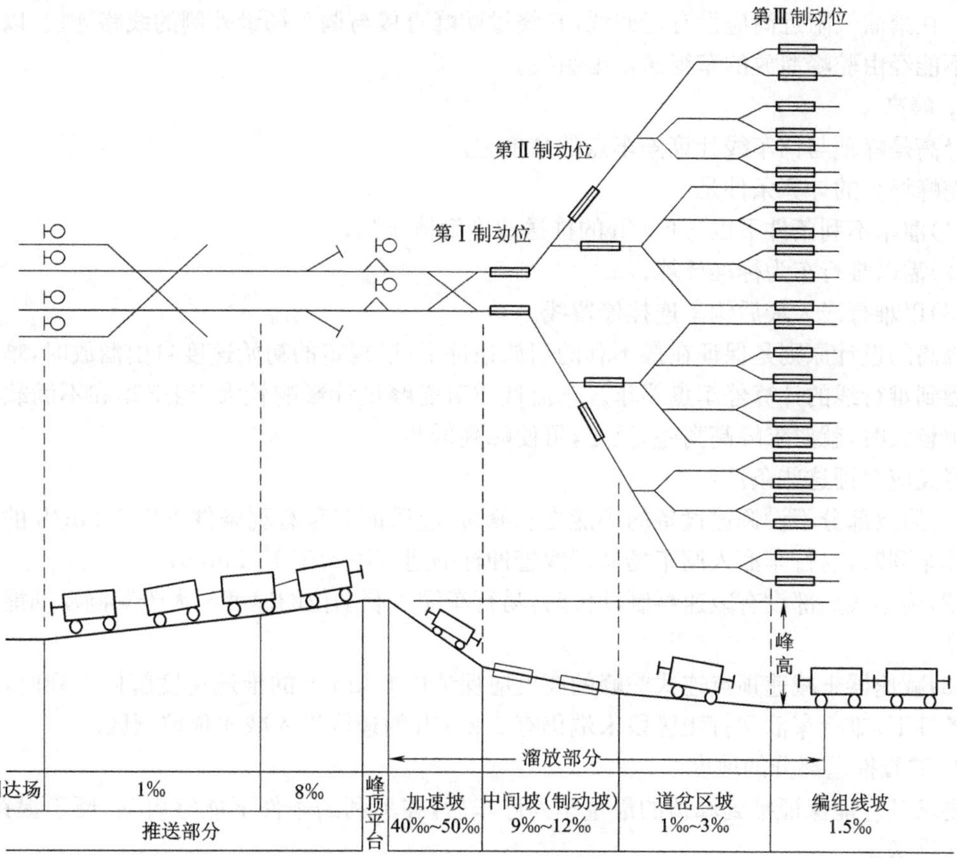

图 1-8　编组站的调车及溜放线路

(2)调车场采用对称配列的扇形车场，股道采用线束形布置，每个线束可包括 6～8 条编组线。这样，可使溜向各编组线的钩车，它们所经过的道岔数和曲线转角的度数比较接近，从而使各编组线的溜放总阻力差别较小。

(3)车辆减速器应设于线路的直线段上，并且在其前后也各应有一段直线。车辆减速器前的直线段，是为使车辆进入减速器时不致发生斜向冲击；车辆减速器后面的直线段是为设置复轨器，使经过制动的车辆恢复正常溜放状态。

(4)为保证解体作业的连续溜放，应合理选定峰顶至第一分路道岔间的距离。由于峰顶与第一分路道岔间一般不设调速设备，车辆的溜放速度在这段范围内不能调整，因此在连续溜放过程中，特别当出现不利的溜放顺序时(难行车在前易行车在后)，应使前后钩车间保持必要的间隔，以保证第一分路道岔来得及转换。这段距离可由计算确定。

(5)调车驼峰应根据改编作业量的大小、调车场股道的数量来确定推送线和溜放线的数目。改编作业量较大的机械化驼峰，一般均设计成两条推送线和两条溜放线，这样可以保证两台机车能同时作业(双推单溜或双推双溜)，并且当一条线路发生故障或维修时，仍可不间断解体作业。对于改编作业量更大的自动化驼峰，推送线及作业机车还要多一些。

(6)为停放禁止由驼峰溜放的车辆(如装有危险品的车辆或超过车辆减速器限界的车辆)，在推送线上靠近峰顶的地方，应铺设禁溜车停留线(简称禁溜线)。禁溜线与推送线连接的道岔应靠近峰顶，以便取送禁溜车辆。禁溜线的长度一般不应短于 150 m，能存放 8～10 辆车的长度。在禁溜线附近尚应设有迂回线，它绕过驼峰直接与调车场最外侧的线路连接，以便由峰顶将不能经由驼峰溜放的车组送至编组线。

1. 峰高

峰高是峰顶与调车线计算停车点的高度差。

驼峰峰高的计算条件是：

(1)溜车不利条件下以 5 km/h 的推送速度解体车列；

(2)需以难行车为标准计算；

(3)以难行线为最后钩车连挂停留线。

峰高的设计原则是保证在最不利的溜放条件下，以规定的初始速度自由溜放时，难行车能自由溜到难行线的计算停车点停车。车流性质对驼峰设计影响较大，当空车和不满载车所占的比重较大时，就要求峰高高些，反之，可使峰高低些。

峰高应保证这些条件：

(1)溜放部分不设调速设备的小能力驼峰时，应保证溜车有利条件下以 5 km/h 的推峰速度解体车列时，易行车溜入调车场易行线警冲标的速度不大于 18 km/h；

(2)调车线头部设有减速器制动位时，易行车溜入制动位的速度不大于其制动动能高允许的速度；

(3)减速器＋减速顶点连式驼峰的高度应保证以 5 km/h 的推送速度解体车列时，在不利溜放条件下，难行车溜到打靶区段末端仍有 5 km/h 的速度进入减速顶控制区。

2. 驼峰推送部分的坡度

要求其应能保证推到峰顶的最重车列停车后，在不利的条件下能够启动，便于提钩，有利于变速推送。

3. 驼峰溜放部分的坡度

溜放部分纵断面的设计原则：满足提高车列解体能力，设计成几个坡度连续递减的下坡，坡段应尽量陡些。

不同形式的纵断面坡度有不同的溜放速度，它们的关系曲线如图 1-9 所示。

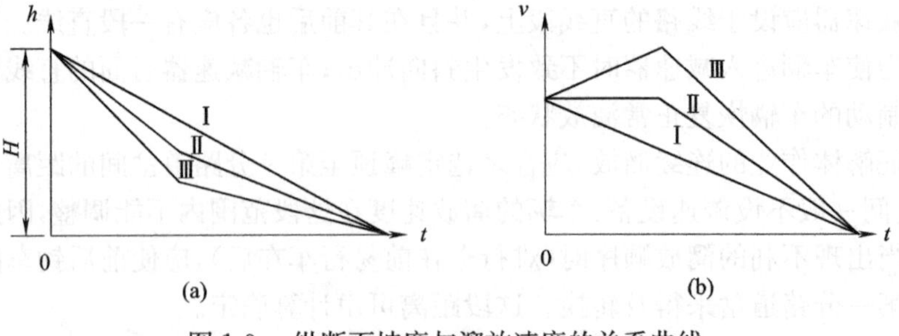

图 1-9　纵断面坡度与溜放速度的关系曲线

溜放部分的几个坡段：

(1)加速坡：从峰顶到第一制动位始端的一段坡段。要求：在满足机车上下峰的限制条件下，加速坡越陡越好。

(2)中间坡：加速坡与道岔坡之间的坡段。要求：有利于难、易车均能保持高速溜行；对于被减速器夹停的车辆，在减速器缓解后能继续溜行。

(3)道岔区段坡：从中间坡到计算停车点的坡段。要求：大多数车组能以较高的速度通过道岔区，对易行车基本不加速，对难行车基本不减速。

4. 调车线坡度

为保证车辆能够克服运行阻力溜到预定地点和保证钩车能停在编组线尾部，编组线做成“锅底形”。

5. 峰顶平台

为了防止溜放时折断车钩和脱钩等事故的发生，并且保证不降低峰高，同时还应能满足禁溜线出岔的需要，一般采用5～10 m的平台净长。

五、驼峰调车作业

调车工作是编组站的主要生产活动。编组站能力和主要质量指标完成得好坏，除了取决于调车设备外，还与调车工作组织有关。驼峰调车场的主要作业包含在图1-10中。

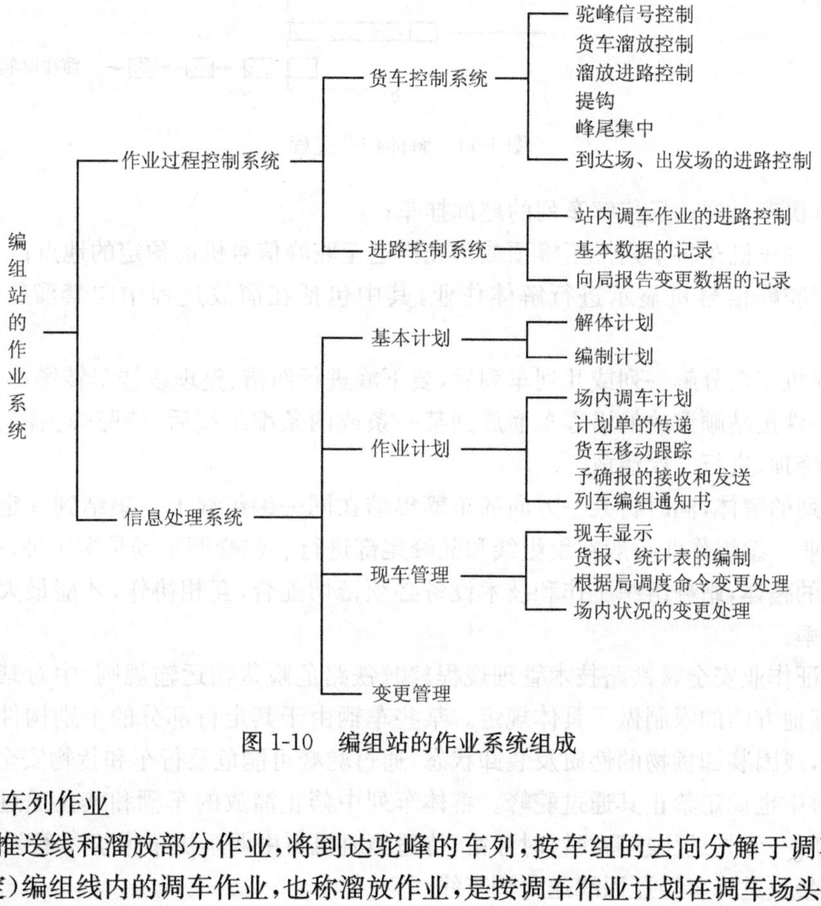

图1-10　编组站的作业系统组成

1. 解体车列作业

在驼峰推送线和溜放部分作业，将到达驼峰的车列，按车组的去向分解于调车场各固定(或基本固定)编组线内的调车作业，也称溜放作业，是按调车作业计划在调车场头部进行的。

2. 编组作业

按照《铁路技术管理规程》和编组计划要求将车组编成车列，挂机车后组成列车的调车作业。编组作业一般在调车场尾部进行。

3. 其他调车作业

调车机车转线或转场的调车作业、车列转线或转场等调车作业。

上述三类作业中，工作量最大且较复杂的是解体车列作业。解体车列是根据编制的钩计划进行的。不管是双推单溜，还是单推单溜的作业方式，解体一个车列的过程是相似的。以纵列式编组站为例，解体作业过程如图 1-11 所示，具体步骤如下：

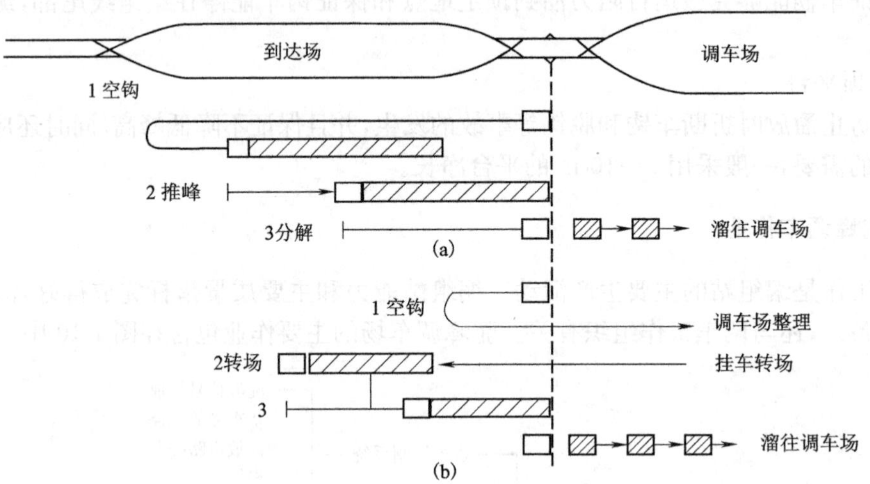

图 1-11　解体作业过程

（1）调车机车至到达场待解车列的尾部挂车；

（2）驼峰调车机车将车列推至峰顶或预先推送至驼峰信号机前预定的地点；

（3）按照驼峰信号机显示进行解体作业，其中包括在溜放过程中向禁溜线送禁溜车的作业；

（4）驼峰机车在分解一列或几列车列后，要下峰进行纠错、整理或挂车转场；

（5）无条件按站顺溜放的沿零车溜放到某一条或两条编组线后，待驼峰头部空闲后，机车再将其牵回峰顶，进行二次溜放。

随着车列的解体，同时将某一方向的车辆集结在同一编组线上。集结到一定数量时就要进行编组作业。编组作业一般在编组线和驼峰尾部进行。驼峰调车场是多工种、多环节、多设备配合工作的整体，站务组织工作和技术设备必须密切配合，互相协作，才能最大限度发挥调车驼峰的效率。

为了保证作业安全，《铁路技术管理规程》和《铁路危险货物运输规则》中对禁止溜放在车辆、线路及其他方面的限制做了具体规定。某些车辆由于其走行部分的个别构件侵入车辆减速器的限界，或因装卸货物的性质及装卸状态，通过驼峰可能危及行车和货物安全，在《车站行车工作细则》中也规定禁止其通过驼峰。解体车列中禁止溜放的车辆和禁止通过驼峰的车辆在车列分解时一般先送往禁溜线暂时停留，待适当时机再由调车机车将禁溜车送入调车线，或将禁溜车和禁止过峰车经迂回线送入调车线。

六、驼峰溜放作业过程控制

驼峰溜放作业过程控制包括推峰机车速度控制、溜放进路控制、溜放车组速度控制三部分。

1. 推峰机车速度控制

推峰机车根据驼峰信号机的指示进行作业。因推峰机车在车列尾部，加上天气影响，瞭望条件较差。为此研制了驼峰机车信号，还进一步开发了推峰机车遥控系统。

2. 溜放进路控制

溜放进路控制是按溜放作业要求转换分路道岔，将溜放进路通向目的编组线。人工控制溜放进路需大量扳道人员，效率低，易出错。采用驼峰道岔自动集中，分路道岔由快动转辙机转换，作业人员在开始解体前将目的股道号按钩序存入储存电路。溜放作业开始后进路控制命令随车组溜放不断向前方道岔传送控制命令并自动转换，不再需人工介入。

3. 溜放车组速度控制

溜放车组速度控制是对车辆减速器等调速工具进行控制，以保证溜放车组适当的间隔，以及以安全速度与停留车连挂。对溜放车组的速度控制已从手动、半自动发展为自动控制。利用计算机，将各种测量设备提供的参数作为依据，对车辆减速器进行自动控制，即构成自动化驼峰。

七、编组站的主要作业过程

编组站运输生产也和工厂企业生产一样，有一个生产作业程序。它包括从待改编的列车到达开始，经一系列符合技术要求的技术作业后，到编组成新列车从编组站出发为止的整个过程。图1-12所示为纵列式编组站作业流程框图。

从流程图中可以看出，对整个运输环节产生较大影响的是解编作业。因此，解编作业自动化是实现编组站自动化的核心。

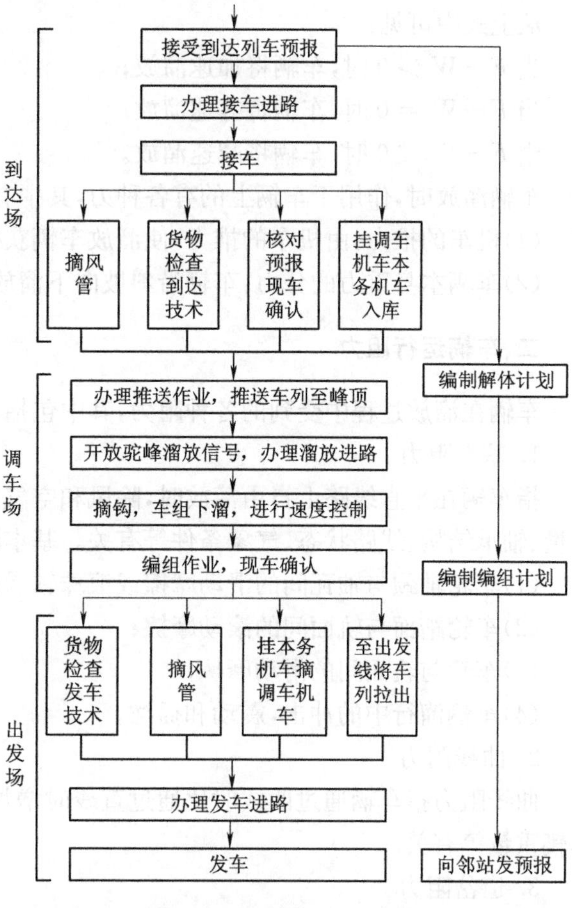

图 1-12　编组站作业流程图

第三节　车辆溜放动力学基础

一、车辆溜放时受力的分析

参见图 1-13，车辆从峰顶到调车线溜放时，可以看作是一个物体在斜面上的运动。当倾角 α 很小时，有下列结果：

$$P = Q\cos\alpha \approx Q \quad (1\text{-}1)$$

$$F = Q\sin\alpha \approx Q\tan\alpha \quad (1\text{-}2)$$

$$C = F - W$$

式中 P——与坡道垂直的分力；

Q——车辆的重力；

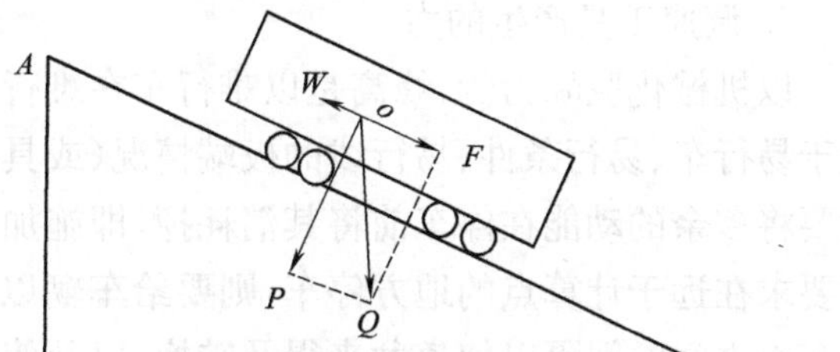

图 1-13　车辆在斜面上运动的受力分析

α——倾角；

F——与坡道平行的分力；

W——摩擦力；

C——车辆在溜放运动中的动力与阻力的合力。

从上式中可见：

当 $F-W>0$ 时，车辆将加速溜放；

当 $F-W=0$ 时，车辆将等速溜放；

当 $F-W<0$ 时，车辆将减速溜放。

车辆溜放时，作用于车辆上的有各种力，其中有两种力为主：

(1)机车的推力：由机车的推力，使溜放车辆获得溜放的初速度。

(2)车辆本身重力的分力：车辆沿斜坡向下溜放，获得溜放动力，使车辆产生加速度。

二、车辆运行阻力

车辆在溜放过程中受到的各种阻力，其中包括以下五个方面。

1. 基本阻力

指车辆在平直线路上自由溜放时，除风和空气阻力之外所受的阻力，它与车辆类型、车辆重量、轴承结构、线路状态、气象条件等有关。基本阻力产生的原因主要有以下原因：

(1)车轮轴颈与轴瓦间的滑动摩擦或滚珠轴承的滚动摩擦；

(2)车轮踏面与轨面间的滚动摩擦；

(3)车轮与轨面间的滑动摩擦；

(4)车辆溜行中的冲击，震动和摇摆。

2. 曲线阻力

曲线阻力指车辆通过曲线时比通过直线时增加的那一部分阻力，与曲线半径、车辆速度、车辆重量等有关。

3. 道岔阻力

道岔阻力包含有曲线阻力，还有车轮与道岔尖轨和辙岔的撞击、振动而产生的附加阻力，它与道岔型号、结构及车辆速度等有关。

4. 风和空气阻力

风和空气阻力指车辆在溜放中与空气作相对运动而产生的阻力，它与车辆形状、受风面积、车辆表面光洁程度、车速、风速以及溜放方向与风向之间的夹角等有关。

5. 调速工具产生的力

以机械化驼峰为例，峰高是以难行车在难行条件下溜到难行线计算点停车的原则设计的。对于易行车、易行条件、易行线的极端情况(或具备其中的一个条件)，如果也要在计算点停车，就要将多余的动能在停车前将其消耗掉，即施加于车辆以制动力。反之，如果在所有困难条件下要求在远于计算点的地方停车，则要给车辆以动能，即使其加速。在溜放过程中，为保持溜放车组之间的间隔以使道岔来得及转换，以及使溜放车组安全到达调车线的停车地点，就需要调速工具。在调速工具产生的调速力作用下，使车辆加速或减速达到调整车辆溜放速度的目的。

分析上述四种力，可以看出，其中两种可以进行调整，即机车的推力和调速工具的调速力。而另两种力是不能人为调整的，即车辆的重力和溜放的阻力。控制推送速度和调整溜放速度就是通过改变可调的两种力实现的。

三、难行车和易行车、难行线和易行线

所谓难易行线是指，车辆自峰顶向调车场不同股道溜放时，受到阻力最大的股道叫难行线，受到阻力最小的就叫易行线。其中主要是选难行线作为计算驼峰峰高之用。

过峰车辆的分类：

(1)最易行车(规定采用满载 60 t 敞车 C62A，总重 80 t)；

(2)易行车(规定采用满载的 50 t 敞车 C50，总重 70 t)；

(3)难行车(规定采用不满载关门窗的 50 t 棚车 P50，总重 30 t)。

四、能高线原理

把使车辆溜放的能量和溜放消耗的能量看作假象的高度，称能量高度，简称能高。能高线原理就是根据能量守恒，用能高表示车辆溜放过程中的各种能量的变化，并画在同一张纸上。首先按照一定的比例划一个三角形 ABC，如图 1-14 所示，其中 AB 等于峰高，AC 为峰顶到计算点的流放部分线段，AC 上的各点至 BC 上的垂直距离表示在溜放过程中的势能能高。通过能高线图可以用图解法得到任意一点 X 的动能高，求出该点的速度。同时，用能高线图也可以确定机械化驼峰车辆减速器的制动能量。

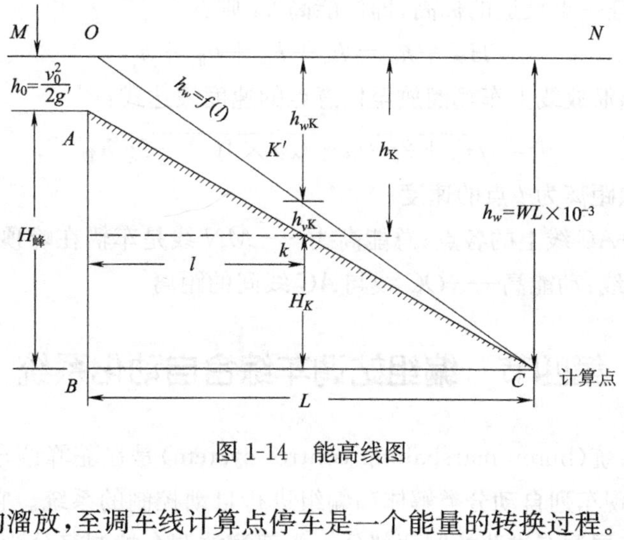

图 1-14　能高线图

车辆自峰顶脱钩溜放，至调车线计算点停车是一个能量的转换过程。车辆在峰顶脱钩时，钩车具有两种能量：

$$Qv_0^2/2g' + QH_{峰} \tag{1-3}$$

式中　Q——车辆重量(kN)；

v_0——溜放初速度(m/s)；

g'——重力加速度(m/s²)；

$H_{峰}$——驼峰高度(m)。

车辆由峰顶溜到计算点停车，是由于钩车溜放时要克服各种阻力，总的阻力功为：

$$WL = QwL \times 10^{-3} \tag{1-4}$$

式中 W——车辆溜放总阻力(N)；

L——溜放距离(m)；

w——车辆溜放单位重量所受到的阻力(N/kN)。

写成能量平衡(守恒)方程式：

$$QH_{峰} + Qv_0^2/2g' = QwL \times 10^{-3} \tag{1-5}$$

在驼峰设计中，为使问题分析简化而直观我们引入了能高的概念。下溜车辆每吨重量所具有的能量或所消耗的能量，可视为假想的高度，以 m 或 mm 为计算单位来表示能量大小的高度，叫做能量高度，简称能高。把公式(1-5)化简后，可得

$$H_{峰} + v_0^2/2g' = wL \times 10^{-3} \tag{1-6}$$

设：

$$h_0 = v_0^2/2g'$$

$$h_w = wL \times 10^{-3}$$

则：

$$H_{峰} + h_0 = h_w \tag{1-7}$$

式中 h_0——动能高；

h_w——阻力能高。

图 1-14 中的 CN 线代表难行车的能高线，但对一般的钩车，在峰顶脱钩时具有的总能量是 $H_{峰} + h_0$，在溜放过程中，该总能量应完全转化为任一点的动能高 h_v，阻力高 h_w，制动设备吸收的能高 $h_{制}$ 以及任一点坡道的标高，即位能高 h，则：

$$H_{峰} + h_0 = h_v + h_w + h_{制} + h \tag{1-8}$$

从而可以推导出溜放线上车辆溜放至任意点的速度表达式：

$$v = \sqrt{v_0^2 + 2g'l(i - w) \times 10^{-3} - 2g'h_{制}} \tag{1-9}$$

式中 v——距峰顶距离为 l 点的速度。

势能能高线——AC 线上的各点；总能高线——MN 线是车辆在峰顶动能和势能的总合；阻力能高线——OC 线；动能高——OC 线与 AC 线间的距离。

第四节 编组站调车综合自动化系统

驼峰调车控制系统(hump marshalling control system)是在驼峰调车场上控制货车溜放进路和溜放速度，实现车列自动分类解体和编组进行自动控制的系统。它主要包括调车场头部溜放调车控制和峰尾调车进路控制两部分。头部溜放调车控制又分为驼峰指挥系统(驼峰信号及其他调车信号联锁设备)、机车推峰速度控制、货车溜放进路控制以及货车溜放速度控制。按技术设备可分为非机械化驼峰调车控制、机械化驼峰调车控制、半自动化驼峰调车控制、自动化驼峰调车控制。机械化驼峰调车控制如图 1-15 所示。

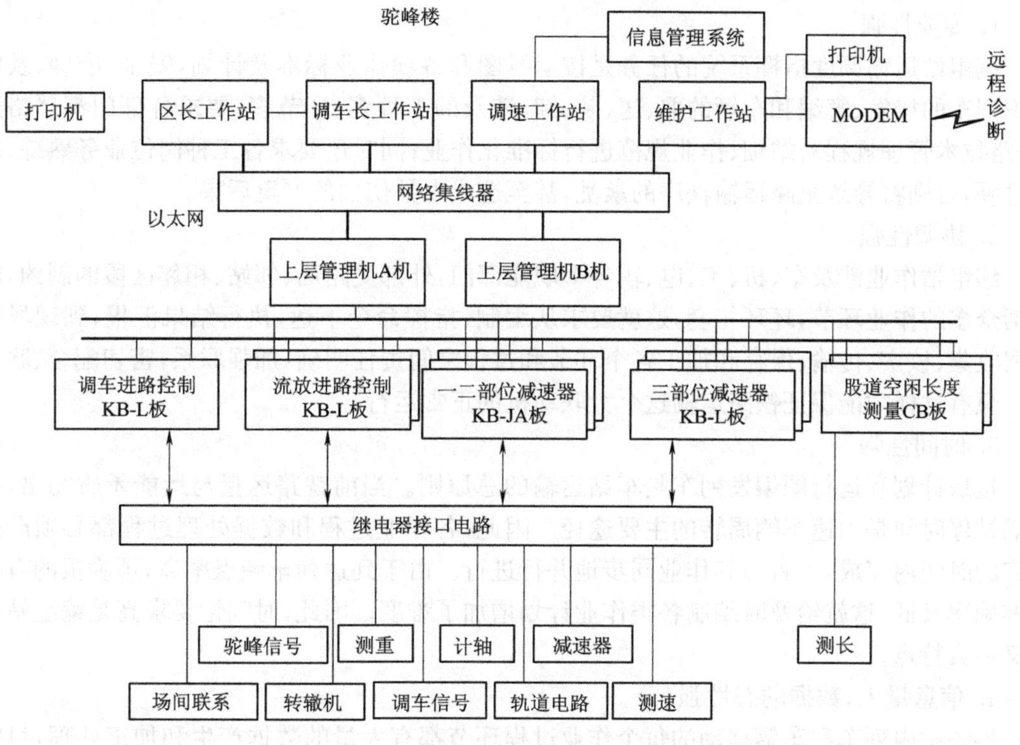

图 1-15　机械化驼峰控制系统示意图

非机械化驼峰调车控制，溜放进路采用集中控制或继电自动集中，调速工具以铁鞋为主。机械化驼峰调车控制，溜放进路采用继电自动集中或溜放进路自动控制，调速工具以人工控制大能力的车辆减速器为主，制动铁鞋为辅。半自动化驼峰调车控制是在机械化驼峰调车控制的基础上，在调车线上增设1～2个目的制动用的车辆减速器，用半自动控制机控制车辆减速器，有些驼峰调车场还安装了减速顶或推送小车。自动化驼峰调车控制是利用计算机控制机车推峰速度、货车溜放进路、货车溜放速度的系统。如图 1-15 所示，这种系统可以由一台大型计算机集中控制，也可按功能由多台微机分别控制(分布式系统)。在驼峰调车自动控制中，随时掌握溜放车组在溜放过程中的实际位置和溜放状况是十分必要的，所以该系统与编组站的数据处理系统连通，就能从数据处理系统取得车列的解体计划和组成信息，并将解体结果返回到数据处理计算机系统。系统中按控制内容和调车区划分为子系统，每个子系统由一台微机控制。各微机之间的信息交换、控制机与编组站信息处理系统等的信息交换通过管理计算机进行。主机、机车遥控从机、进路控制从机采用双机冷备或热备。溜放速度控制从机采用两两互为热备方式，例如东半场与西半场Ⅰ、Ⅱ部位减速器控制微机互为热备。自动化驼峰调车控制系统的基本组成包括：驼峰指挥系统、驼峰机车遥控系统、货车溜放进路控制系统。驼峰指挥系统是指挥驼峰调车场溜放作业和其他调车作业的系统。目前由驼峰自动集中继电电路控制，1996 年以后，有些编组站将驼峰信号、峰上峰下调车信号、驼峰溜放进路控制的功能全部由驼峰自动集中计算机控制系统来实现。信息处理是驼峰调车自动控制系统的重要组成部分。

由于铁路运输本身有突出的特点，就决定了编组站信息处理有自己的特点，归纳起来有以下几点：

1. 专业性强

编组站运输调度指挥系统的任务是按运行图和各项作业标准及计划，安全、准确、及时地组织列车的接发、解编和车辆的取、送、装、卸，涉及的工种多、环节多，要求各部门都严格遵守《铁路技术管理规程》、站细、作业规范进行标准化作业；同时还要求各工种岗位业务熟练、基本功过硬，否则将导致全路运输秩序的紊乱，甚至造成人员伤亡的严重后果。

2. 协调性强

编组站作业涉及车、机、工、电、辆各个职能部门，外部受路局、邻站、相邻区段的制约，内部包括众多的作业环节，环环相套，这就要求从编制、指挥命令下达，执行结果汇报，到现场原始数据收集、核实、传输、保存和加工各个环节和过程之间责任明确，加强联系，密切配合、联劳协作。只有这样才能保证铁路运输这个大联动机的正常运行。

3. 时间性强

按班计划和运行图编发列车是车站运输的总原则。当前铁路运量与运能矛盾突出，压缩车辆站停时间是加速车辆周转的主要途径。因此，各作业过程和数据处理过程都必须严格在指定的时间内完成，或者与其作业同步地并行进行。由于到达列车晚点率高，预确报的有报率和准确率又低，这就给及时编制各类作业计划增加了难度。因此，时间性要求高是编组站系统的又一大特点。

4. 信息量大，数据动态性强

伴随站内列车和车辆移动的每个作业过程环节都有大量的数据产生和加工处理，目前全国主要编组站日办理车数在 2 万辆以上，接发列车 200 对左右，站内现车 3 000 辆左右；另外，许多无报列车编组的信息要人工采集，出发编组顺序表要及时抄写，大量的解体、编组、零摘和取送车计划要编制、复写和传送。而且，上述数据处理过程中绝大多数要不断地更新。由于站调、场调、区长等管理人员要随时确切地掌握车流和站内车的状态和位置等细节，而且这些细节信息又在不断地动态变化因此需要记忆和处理的数据量过于庞杂，而且还需要及时决策，向有关部门下达指挥命令，并进行频繁的协调联系，使得调度指挥人员常年始终在超负荷的压力下工作，劳动强度过强，从而不能有充裕的时间和精力进行周密的计划进行科学的决策指挥，因此往往使得编组站的调度指挥工作质量难以提高。

编组站自动化包括对溜放车组的控制，其中用推送速度控制，溜放进路控制，溜放速度控制。此外，还包括自动化基础设备，如遥控机车、限界检查器、方向踏板、计轴踏板、减速器、减速顶、测速设备、测阻设备、测重设备、测长设备、气象站、轨道电路、联锁设备和溜放进路控制设备等。最终由计算机控制系统对编组站的作业过程进行自动控制。计算机控制系统又分为分布式控制系统和集中式控制系统两种，它们在列车解体过程中，车辆溜放的进路和速度进行自动控制。

自动化驼峰的自动装置，一般具有道岔自动转换、车速自动调节、调机自动驾驶和车钩自动摘解四种功能。其中，道岔自动转换和车速自动调节是每一个自动化驼峰都具备的功能。车速自动调节可通过下列不同控制方式实现：点控方式、连控方式或点连合控方式。

编组站综合自动化一般可分为三个子系统。

一、货车信息处理子系统

货车信息处理子系统是利用现代计算机技术和通信网络技术下述各项工作的，主要有：

(1)基本计划、解体作业计划、编组作业计划、场内调车作业计划的编制和自动传送。

(2)现车管理:主要包括编组间的预确报的接收和发送;对站内货车移动的信息按车场、股道、顺位等进行跟踪和管理。

(3)作业变更处理:作业计划变更处理和场内状况变更处理。

它们间的关系如图 1-16 所示。

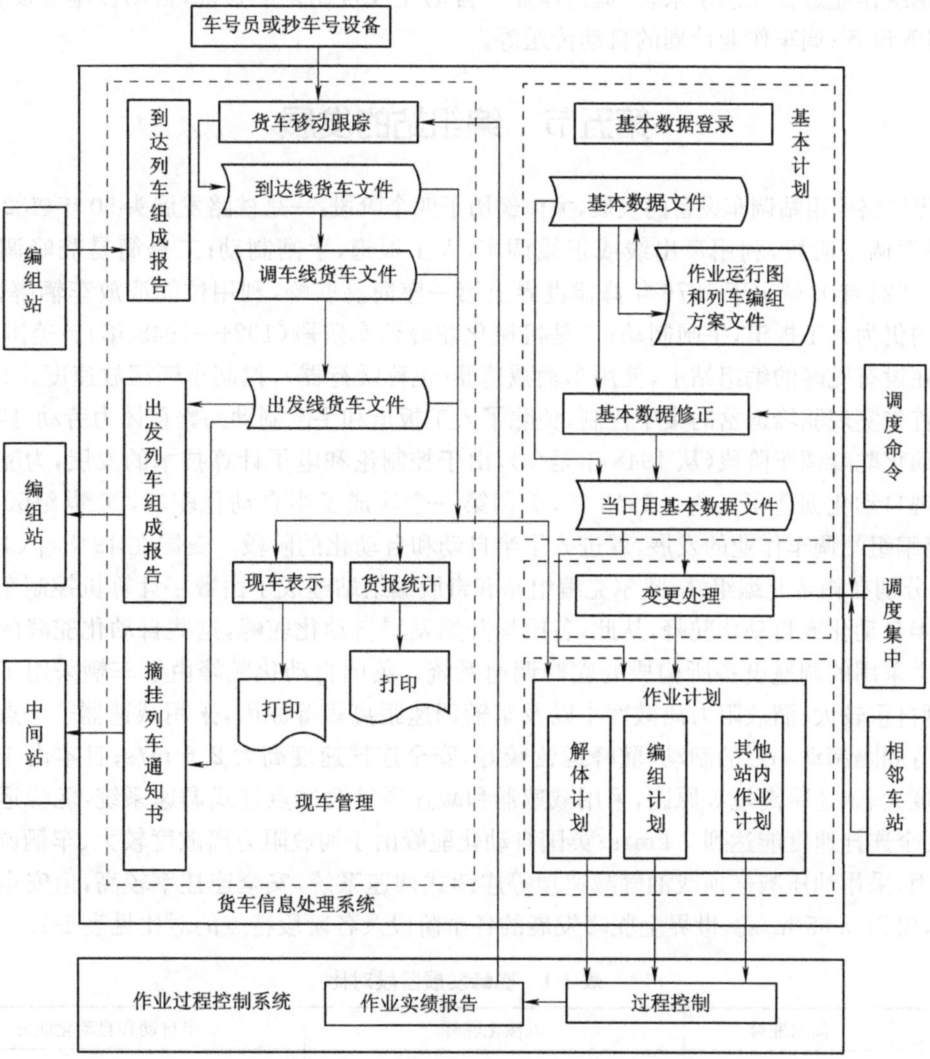

图 1-16 货车信息处理系统图

二、溜放作业过程控制子系统

溜放作业过程控制子系统是本课程的核心内容,包括众多的技术设备,主要有:

(1)调车场头部信号联锁设备;

(2)溜放进路控制设备;

(3)推送和溜放速度控制设备。

三、到、发及调车进路联锁控制子系统

它主要是指到达场、出发场、到发场等的列车进路和调车进路及信号等的联锁控制。

编组站调车综合自动化系统在驼峰调车场头部有调车信号机、转辙机、轨道电路、调速工具、信号楼、动力室、按钮柱及限界检查器等。此外，以下设备或系统也属于其中包括驼峰调车场尾部编组作业过程控制子系统；提钩作业半自动化或自动化子系统；自动抄车号设备；自动摘、接风管设备；调车作业计划的自动传送等。

第五节　编组站的发展

世界铁路编组站调车设备的发展，大体经历了四个阶段：一是铁路发展头 50 年(1825—1876 年)为平面调车阶段，利用牵出线或正线调车，人工扳道，手闸制动；二是简易驼峰调车阶段(1876—1924 年)，德国于 1876 年修建世界上第一座简易驼峰，利用位能溜放车辆解体列车，编组场内仍为人工扳道，手闸制动；三是机械化驼峰调车阶段(1924—1948 年)。美国于 1924 年首先在设有驼峰的编组站上，使用车辆减速器(也称缓行器)，控制车辆溜放速度。1925 年，德国又首先实现驼峰道岔的集中控制，免除了人工扳道和手闸制动的繁重体力劳动；四是半自动和自动化驼峰调车阶段(从 1948 年至今)，由于控制论和电子计算技术的发展，为驼峰调车作业实现自动化创造了条件。1948 年，美国第一个建成了半自动化驼峰，20 世纪50 年代以后，铁路编组站调车作业的发展，就进入了半自动和自动化的阶段。美国在 1948 年、1952 年、1956 年分别在帕蒂北编组站、凯尔克编组站和奇脱编组站建成了由数字计算机控制车辆溜放速度的半自动化或自动化驼峰，从此，各国均开始发展自动化驼峰，这些自动化驼峰的主要差别在于由采用的调速设备所构成的驼峰调速系统。美国自动化驼峰由于车辆采用了滚动轴承、车辆自重较大、溜放阻力离散度小以及车辆调速距离短等原因，采用减速器——点式调速系统进行间隔制动和目的制动，驼峰运营较好，安全连挂速度高大 2.6 m/s；日本由于溜放阻力离散度大、调速距离短等原因，采用减速器和减速顶结合的点连式调速系统，驼峰运营效果不错，安全连挂速度能达到 7 km/s；英国自动化驼峰由于溜放阻力离散度较大、车辆调速距离长等原因，采用油压减速顶或油气减速顶等连续式调速系统，安全连挂率较高，但安全连挂速度较低，仅为 0.65 m/s。世界上驼峰发展的各个阶段及各阶段特点的对比见表 1-1。

表 1-1　驼峰发展阶段对比

	简易驼峰	机械化驼峰	半自动和自动化驼峰
运用年代	1976—1924 年	1925—1948 年	1948 年至今
调速设备	手闸、铁鞋	峰前咽喉区采用减速器实施间接制动调速，调车场采用手闸和铁鞋实施目的制动调速	减速器、减速顶、推送小车等自动化驼峰调速设备(具体采用的类型与调速制式和控制手段有关)

中国铁路编组站调车设备的发展，从 20 世纪 50 年代后期开始，在较短的时期内实现了三次飞跃。20 世纪 50 年代以前，我国虽然也已修建了一些编组站，但大多数为区段站型，股道少，有效长短，平面调车，效率低，劳动强度大。1958 年，在丰台站建成中国第一个简易驼峰(也称“土驼峰”)之后，两年多时间，在全国修建起 150 多处简易驼峰，由平面调车转入驼峰调

车，是调车作业技术发展的第一次飞跃。简易驼峰的改进，在一些区域性和地方性编组站又广泛发展非机械化驼峰。1960 年，在苏家屯编组站建成中国第一个机械化驼峰，成功地使用车辆减速器(设 2～3 个制动位，编组场内用铁鞋制动)，大大减轻了制动员的劳动强度。实践证明，机械化驼峰比简易驼峰、非机械化驼峰能力可提高 30%～50%。20 世纪 60 年代至 70 年代中期，中国一些路网性编组站，大多采用这种调速制式，是编组站调速技术的第二次飞跃。1978 年，在丰台西编组站首先建成了驼峰半自动调速系统，1979 年哈尔滨站下行场采用减速器-减速顶调速系统建成投产，至 1985 年，基本上实现了以丰西、南翔为代表的点式调速系统，以西安东为代表的点连式调速系统和以广州北、艮山门为代表的连续式调速系统，半自动和自动化调速技术迅速发展起来。这是编组站调速技术的第三次飞跃。1989 年，郑州北站上行场建成驼峰溜放车辆速度微机分布式点连式自动控制系统、驼峰溜放进路微机自动控制系统、驼峰作业过程自动控制系统和峰尾微机集中控制系统及编组站现车管理信息系统等，建成中国第一个调车作业综合自动化的编组站。在编组站调车作业自动化的研究中，特别是中国依靠自己的力量首创了减速器、减速顶点连调速方式，为编组站现代化建设探索出了一条新的路子。郑州北站是我国第一个双向纵列式三级八场半自动化的特大编组站，也是目前亚洲作业量最大的列车编组站。采用双向纵列式三级八场机械化驼峰编组站站型，同时，在下行调车场尾部设有辅助调车场。全站共有道岔 898 组，信号机 828 架，各种线路 228 条，线路总长度约 454 km，其中站线 151 条，总长度约 390 km。目前日平均接发列车约 600 列，编解能力约为 36 000辆。郑州北站又是我国第一个综合性现代化编组站。它以电子计算机为主体，实现了车站各项业务运营管理的自动化。郑州北站自动化系统包括货车管理信息处理系统、驼峰作业过程控制系统、编组场尾部微机集中联锁系统、站场无线通信系统和郑州枢纽地区调度监督系统。实现了编组站以信息收集处理、调度指挥到作业过程、统计分析及监督检查的全过程的自动化。徐州北站是徐州铁路枢纽中的主要编组站，它是在原孟家沟站的基础上改建、扩建而成的三级六场半自动化编组站，日均编解能力为 24 000 辆，最高 28 000 辆左右。为我国铁路大型编组站之一。

自从进入 20 世纪 90 年代，计算机技术得到迅猛发展，高可靠的硬件系统和完善的实时多任务操作系统为设计驼峰自动化系统在技术上扫除了最后的障碍，我国自动化驼峰建设进入了发展高潮，仅 1994—1999 年的六年间就建成了 35 座以上的自动化驼峰。为了进一步提高我国编组站控制技术，1996 年引进了美国联合公司(US&S)DDC 系统，经中美双方合作对原系统进行了适应中国路情的改造，满足了我国高速推送和低速连挂的运营要求，全场只需一名作业员操作，进路和速度控制无需人工干预，减速器出口速度控制精度高，真正实现了驼峰自动化减员增效，提高劳动生产率的目的。对于点式调速，DDC 系统采用能量控制法，根据钩车进入减速器时的能高与计算离开减速器时要求的能高差，调整减速器的制动力，使车辆在减速器上获得均匀制动，离开减速器时的速度正好等于计算速度。其优点在于减少减速器主要部件的受力，使制动轨均匀磨耗，延长减速器的使用寿命，减少了维修工作量。我国应加紧研制制动力可调的车辆减速器，增加减速器制动力等级，减少它们之间的转换时间。2003 年2 月，通号公司研制的 TYWK 型信号计算机一体化控制系统通过了铁道部鉴定。该系统采用了微电子智能控制模块，实现了对信号机、转辙机、车辆减速器的直接控制和轨道电路占用状态的直接识别，达到了取消继电器，实现铁路信号全电子一体化控制的目的。

武汉北编组站(图 1-17)，当时为亚洲最大的编组站之一，是全国主要路网性编组站之一。

2013年该站10月份日均吞吐量首次突破两万辆。一套多屏处理器和管理软件组成的显控系统，通过这个系统可实时对综合集成自动化系统中6个子系统，进行集中监控和调度管理，涉及监管的系统有联锁自动化子系统、电务监测及环境控制子系统、站场视频监控子系统等，以满足编组站信息化管理对货物流、车辆流、机车与调机信息流、作业过程信息流的集成作业。通过多屏处理器采集、处理和显示综合集成自动化系统6大子系统的信息，在大屏幕上形成统一的管理界面；在各子系统相互关联、数据流量庞大的情况下，可满足信息实时刷新和显示的要求，保障调度大厅集中调度全站列车到达、解体、编组、出发等作业，缩短车辆在编组站的作业周期，提高编组站的整体效率。

图1-17 武汉北编组站

自动抄车号设备是进行现车管理的重要设备，人工抄车号不仅效率低、而且劳动强度大，国外已研制成功了多种自动抄车号设备，有些已被计算机联网进行的现车管理所取代，目前我国正在积极引进和开发。人工提钩和摘、接风管不仅效率低，而且劳动强度大，特别是提钩效率直接关系到平均推送速度的大小。提钩作业和摘、接风管半自动化或自动化是涉及技术十分复杂、实现难度又很大的重要设备，我国尚处于探讨阶段。

名词解释

1. 驼峰：是指将调车场始端道岔区前的线路抬到一定的高度，主要利用其高度使车辆自动溜放到调车线上，用来解体车列的一种调车设备。

2. 驼峰的范围：是指峰前到达场（不设峰前到达场时为牵出线）与调车场头部之间的部分线段，它包括推送部分，溜放部分，峰顶平台。

3. 推送部分：指经由驼峰解体的车列，其第一钩位于峰顶平台端时，车列全场所在的范围。

4. 推送线：由到达场出口咽喉的最外警冲标到峰顶平台始端的线段，设置这一部分是为了使车辆得到必要的高度，并使车钩压紧，以便摘钩。

5. 溜放部分：是指峰顶（峰顶平台与溜放部分的变坡点）到计算点的范围。

6. 峰顶平台:包括压钩坡和加速坡两条竖曲线的切线长,不包括竖曲线的切线长时叫净平台。

7. 驼峰的分类:按每昼夜解体的车辆数和相应的技术设备,驼峰分为:大能力驼峰,中能力驼峰,小能力驼峰;按设备的先进程度,分为:自动化驼峰,半自动化驼峰,机械化驼峰,半机械化驼峰,简易驼峰。

8. 驼峰自动化调速系统:是根据驼峰采用的调速设备,合理的平纵断面,相应的自动化测量设备,计算设备和自动化控制设备等,对钩车溜放全过程的速度进行控制。

9. 间隔调速:是为了保证溜放部分道岔和减速器的安全转换,负责前后钩车的间隔距离。

10. 目的调速:是为保证溜放车辆在调车场指定地点停车或安全连挂。

11. 能高:计算车辆单位重量的能高或阻力功称为能高。

12. 能高线:某种计算车辆在一定的条件下溜放的过程中,当将该车辆看做一个单位重量的质点时,描述它的能量随距离变化的关系曲线。

13. 速度高:计算车辆单位重量的动能。

14. 势能高:计算车辆单位重量的势能。

15. 阻力高:计算车辆单位重量克服阻力所消耗的能量。

16. 峰高:峰顶与难行线计算点之间的高差。

17. 间隔制动:保持前后溜放车辆间的必要间隔距离,该距离能使道岔来得及转换,使减速器及时转换其制动或缓解的状态,以便车辆顺利通过溜放部分进入调车线。

18. 目的制动:为调车场内的停车制动创造条件,是车辆能停在调车线上的预定地点,不与停留车辆发生冲撞或相距太远而造成过大“天窗”。

19. 制动位的设置位置:Ⅰ制动位设在第一分路道岔与第二分路道岔之间;Ⅱ制动位设在每个线束之前;Ⅲ制动位设在调车线的头部。

复习思考题

1. 什么是调车驼峰?

2. 调车驼峰按技术装备的不同可分为哪几类?

3. 说明对驼峰调车场头部平面的基本要求及平面设计时的具体措施。

4. 什么是峰高?选择峰高的依据是什么?

5. 说明机械化驼峰的组成,组成各部分的坡段名称,以及选择各坡段坡度的依据。

6. 什么是能高?说明钩车在溜放过程中各种能高的变化。什么是能高线原理?

7. 说明编组站调车综合自动化的主要内容是什么?

8. 车辆溜放时,作用于车辆上的各种力有哪些?

9. 说明驼峰调车场的作业过程(解体作业、编组作业)和其他调车作业的概念。

10. 什么叫钩车、钩距、外路车、追钩?

第二章　驼峰调车指挥系统硬件设备

本章以典型的纵列式编组站驼峰调车场为列，重点介绍了驼峰头部指挥调车的主要信号设备的设置和平面布置，运营技术要求，信号联锁概念和条件，主要继电电路工作原理，驼峰转辙设备及其控制电路的工作原理，及它们与车站信号的相同和不同点。

第一节　电气集中联锁设备

由于机械化驼峰调车场和自动化驼峰调车场的主要调车指挥设备的设置除信号楼外基本相同，现以机械化驼峰为例，讨论驼峰调车场信号设备作用、平面布置、信号联锁概念、主要继电器信号联锁电路工作原理。

一、信号设备及平面布置

解体作业一般是在调车场的头部进行，而编组作业一般是在调车线和驼峰调车场尾部进行。为了指挥调车作业，在驼峰调车场设有各种信号设备。图 2-1 是位于纵列式编组站的机械化驼峰调车场头部信号平面布置示意图。该场设有两条推送线和两条溜放线。

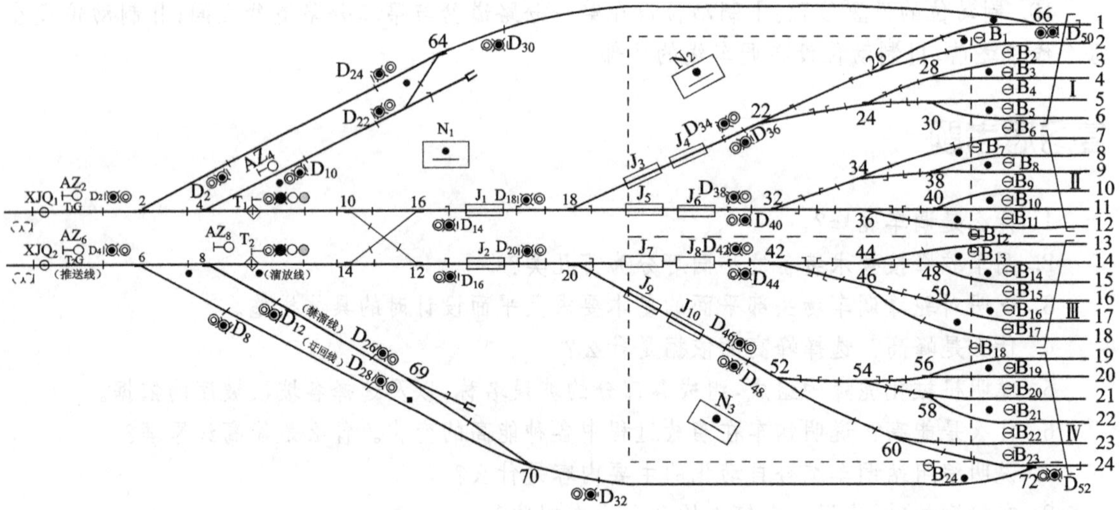

图 2-1　编组站信号平面布置图

驼峰调车场头部布置的主要信号设备有调车信号机、轨道电路、调速工具、信号楼、雷达、踏板、表示灯、测长设备、按钮柱及限界检查器等。调车信号用于指挥各类调车作业，且通常分为驼峰信号机、线束调车信号机及其他调车信号机；驼峰调车场溜放进路上的对向道岔，要求使用快速动作的转辙机；对监督机车车辆运行的轨道电路，在溜放部分要有防止轻车跳动造成轨道电路错误动作等要求；机械化驼峰调车场设置两个部位的车辆减速器。

信号楼的作用是集中控制信号、溜放进路和调速工具；限界检查器用来检查超下限车辆，达到保护车辆减速器的目的；信号楼一般设在靠近车辆减速器处，在第一减速器部位附近设有上部信号楼(亦称指挥信号楼)；在第二减速器部位附近设有一个或两个下部信号楼。上部信号楼负责控制第一制动位的减速器，全场信号机，下部信号楼控制管辖线束内的道岔和第二部位减速器，按钮柱是为了使有关现场作业人员在发现影响或危及作业安全的问题时，能够及时关闭驼峰信号。

根据信号机的设置位置及联锁内容，可将驼峰调车场头部的信号机分为三类：驼峰信号机(亦称驼峰主体信号机或峰顶信号机)；线束调车信号机；其他调车信号机。

二、驼峰信号机

驼峰信号机 T_1、T_2用于指挥调车机车进行推送解体作业，根据作业的需要，驼峰信号机设于峰顶平台与加速坡连接处或峰顶线路最高点，采用四灯八显示的高柱信号机，显示内容及意义如下：

(1)绿色稳定灯光——准许机车车辆按规定速度向驼峰推进；

(2)绿闪——准许机车车辆加速向驼峰推进；

(3)黄闪——准许机车车辆减速向驼峰推进；

(4)红闪——指示机车车辆自驼峰后退；

(5)白闪——指示机车车辆去禁溜线取送车；

(6)月白色稳定灯光——指示机车到峰下；

(7)红色稳定灯光——不准机车车辆越过该信号机；

(8)黄色稳定灯光——准许机车车辆向驼峰预先推进，但不能越过该信号机。

驼峰信号机与一般信号机防护进路的概念有所不同。它的防护范围包括自到达场股道经到达场出站咽喉区进入驼峰调车场的推送部分、峰顶平台、溜放部分直至各条调车线，如图2-2所示，驼峰信号机既要防护信号机内方又要防护信号机外方。溜放信号显示(绿灯、绿灯闪光、黄灯闪光)指挥调机推送车列，允许摘钩的车辆通过峰顶溜放，但不允许机车越过信号机。不难看出，信号机位置是推送进路的终端，溜放进路的始端，溜放信号要防护推送进路和溜放进路。后退信号防护的进路终端有时可延伸至到达场股道。取送车信号防护范围包括推送线、迂回线或禁溜线。驼峰信号机的上述防护概念应特别引起注意。

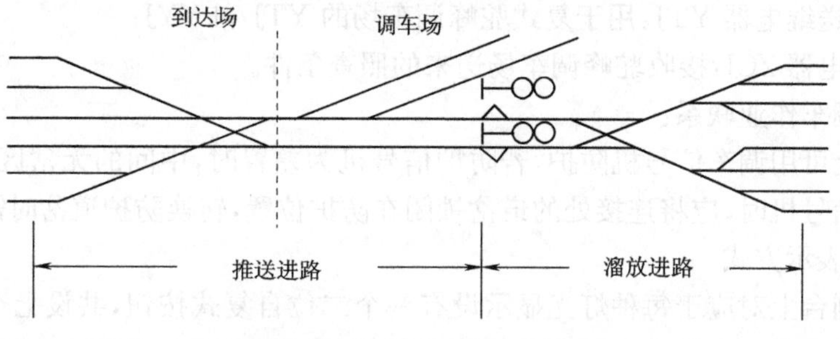

图2-2　驼峰信号机防护范围示意图

为了保证行车、调车安全，使铁路信号系统中的信号、道岔、进路及其他一些有关设备之间保持一定的相互制约的关系，即联锁关系是十分必要的。

1. 驼峰信号联锁条件

驼峰信号机基本联锁条件是驼峰信号机与敌对信号机联锁；驼峰信号机的溜放信号与推送进路上的道岔和溜放进路上的顺向道岔联锁；驼峰信号开放要检查限界检查器和减速器动力源压力状况，不正常自动关闭信号，并能随时人工关闭信号；信号开放后灯丝断丝，闪光设备故障、线路断线故障应自动关闭信号；信号机同时只能给出一种显示；信号因故自动或人工关闭信号后，不允许自动重复开放信号。

运营技术要求如下：

(1)驼峰信号机的显示应符合《技规》规定；

(2)驼峰信号还与敌对信号机，推送进路上的道岔和溜放进路上的顺向道岔联锁；

(3)驼峰信号还与溜放的车辆发生联锁关系；

(4)驼峰信号与调速设备的能源应有联锁；

(5)信号开放后，当发生断路、灯丝断丝、联锁道岔被挤、闪光继电器损坏等情况时，信号机应立即自动关闭；

(6)驼峰信号机变换显示时，应由原来的显示直接变为另一种显示，中间不能闪现其他显示；

(7)当遇有危及解体作业安全时，调车员、连接员、作业员等调车人员，可以随时关闭驼峰信号；

(8)驼峰信号因故自动或人工关闭后，未经调车员再次办理不应自动重复开放。

2. 驼峰信号机信号联锁电路

驼峰调车场设有：

(1)驼峰锁闭继电器 TSJ：用于锁闭驼峰调车场推送进路；

(2)允许推送继电器 YTJ：YTJ↑切断 TSJ，允许到达场建立推送进路；

(3)允许预先推送继电器 YYJ：YYJ ↑，允许到达场建立推送进路；

(4)预推锁闭继电器 YSJ：在预先推送作业中锁闭驼峰推送线上的道岔；

(5)总信号继电器 ZXJ：用于接收到达场送来的条件；

(6)照查继电器 ZCJ：接收到达场送来的照查条件。

到达场设有：

(1)各显示信号继电器；

(2)允许推送继电器 YTJ：用于复式驼峰调车场的 YTJ 和 YYJ；

(3)照查继电器 ZCJ：接收驼峰调车场送来的照查条件。

场间其他调车作业联系：

场间分界处可用调车信号机防护，若防护信号机为差置时，中间的无岔区段应进行照查。若不能设防护信号机时，应将连接处的道岔锁闭在防护位置，转换防护道岔时需经双方同意。

(1)控制和表示方式

在指挥控制台上对应于每种灯光显示设有一个二位自复式按钮，共设七个。分别控制驼峰信号机的各种显示。在相应联锁条件构成的前提下，按压“定速按钮 LA”开发绿灯；“加速按钮 LSA”开发绿灯闪光；“减速按钮 USA”开发黄灯闪光；“停止按钮 HA”开发红灯；“调车按钮 DA”开发月白灯。控制台设有复示驼峰信号机全部显示的信号复示器。在下面信号楼控制台和现场按钮柱上设有用于关闭信号的二位自复式按钮；驼峰信号机柱上设有交流大电铃，在信号由开发转换为关闭或检查出有超限界车辆时响铃。

(2)电路工作原理

驼峰信号继电联锁电路包括命令输入部分、记忆及执行部分和联锁部分。它们之间的关系如图 2-3 所示。

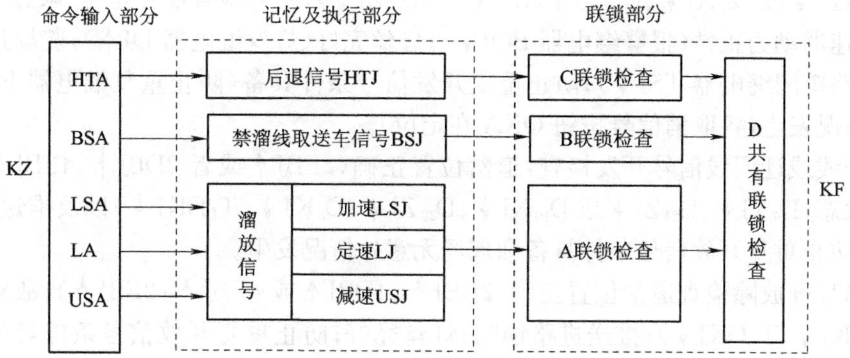

图 2-3　驼峰信号联锁电路

对应每种允许信号显示各设有一个信号继电器。它们是白灯继电器、绿灯继电器 LJ、绿灯闪光继电器 LSJ、黄灯闪光继电器 USJ、后退继电器 HTJ、白灯闪光继电器 BSJ。对应图 2-1 的站场，T_1 信号机信号联锁电路原理图 2-4 所示。按压欲开发的按钮，当相应的联锁条件构成时，对应的信号继电器励磁吸起并自闭，信号开发。

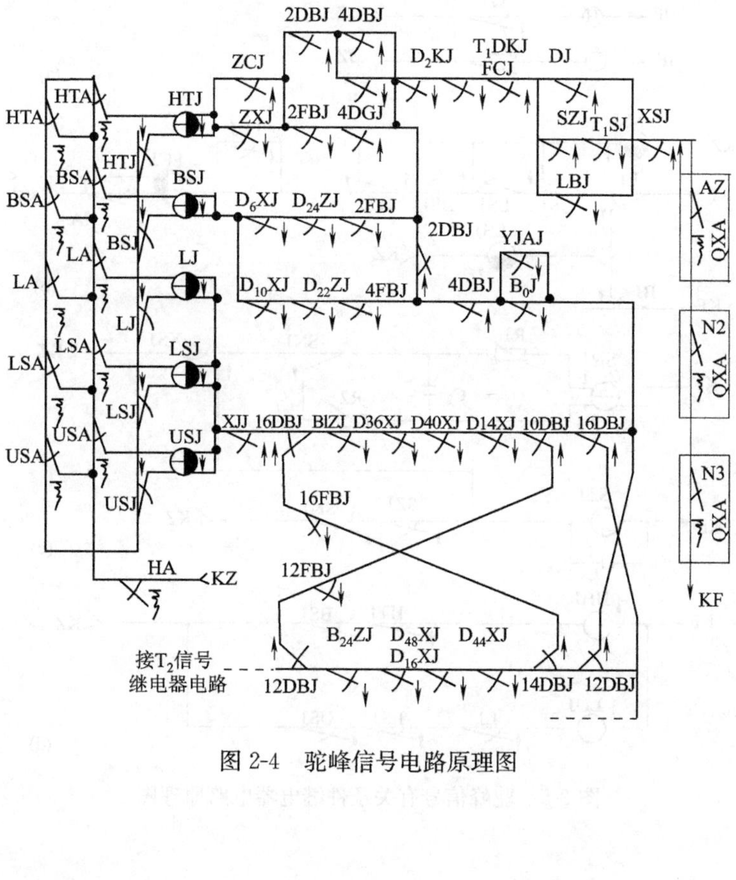

图 2-4　驼峰信号电路原理图

定速、加速、减速三种溜放信号有相同的联锁条件，即 LJ、LSJ、USJ 除由对应的信号按钮控制外，它们检查相同的联锁及其他约束条件，即：推送线上道岔和溜放线上的顺序道岔位置正确（道岔定位表示继电器或反位表示继电器条件：2DBJ↑、4DBJ↑、16DBJ↑、12DBJ↑）敌对信号在关闭状态（进路开始继电器或信号继电器条件：D_2KJ↓、T_1DKJ↓；D_{38}XJ↓、D_{40}XJ↓、D_{14}XJ↓、B_1ZJ↓或 D_{48}XJ↓、D_{44}XJ↓、D_{16}XJ↓、B_{24}ZJ↓）；限界检查器在定位（限界检查继电器 XJJ↑）；减速器动力正常（报警继电器 BOJ↓）；灯丝完好（灯丝继电器 DJ↑）；驼峰推送进路锁闭（推送进路锁闭继电器 TSJ↓）；防止重复开发信号条件具备（防止重复继电器 FCJ↑）和现场无意外情况发生（各取消信号按钮 QXA 在定位）。

向禁溜线或迂回线信号开发检查：道岔位置正确（2FBJ↑或者 2DBJ↑、4FBJ↑）；敌对信号在关闭状态（D_6XJ↓、D_{24}ZJ↓或 D_{10}XJ↓、D_{22}ZJ↓；D_2KJ↓、T_1DKJ↓）以及推送进路锁闭、灯丝完好、防止重复开放信号条件具备和现场无意外情况发生。

后退信号开放除检查道岔位置正确（2DBJ↑、4DBJ↑或 4FBJ↑；2FBJ↑）；敌对信号在关闭状态（D_2KJ↓、T_1DKJ↓）；推送进路锁闭；灯丝完好；防止重复开放信号条件具备和现场无意外情况发生外，还要检查与到达场的照查条件（照查继电器 ZCJ↑或总信号继电器 ZXJ↑）。

上述任一信号开放后，使 FCJ↓信号继电器靠其自身的复示继电器前接点（绿白继电器 LBJ↑或信号闪光继电器 XSJ↑）自闭。

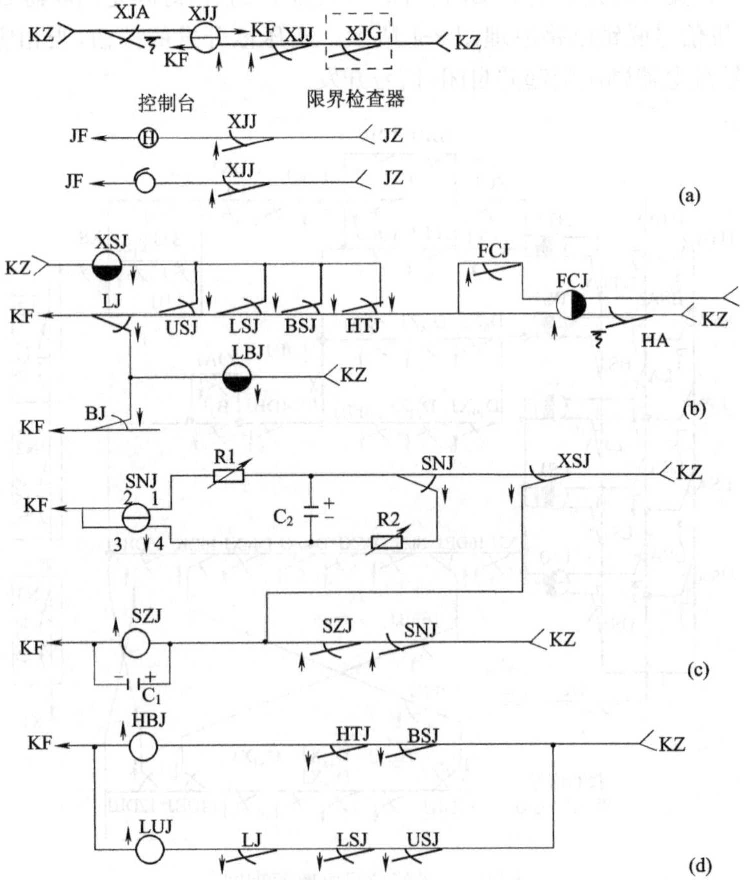

图 2-5　驼峰信号有关条件继电器电路原理图

图 2-4 使用的有关接点条件，它们的继电器工作原理图在图 2-5 中给出。图中(a)为限界检查继电器电路；(b)为防止重复继电器、信号闪光继电器、绿白继电器电路；(c)为闪光继电器和闪光照查继电器电路；(d)为红白和黄绿继电器电路。

图 2-6 是驼峰信号点灯电路原理图，采用双断控制。由驼峰信号继电器接点的串、并联组成灯光控制电路，以防止在转换灯光显示时瞬间出现乱显示。所有信号继电器失磁落下时点亮红灯，开放闪光信号时，闪光继电器 SNJ 脉动。为使灯丝继电器 DJ 不断电，在 SNJ 的接点上并接一个电阻，以便在 SNJ 落下瞬间，使点灯电路只降压不断电，DJ 就可以一直保持在励磁吸起状态。

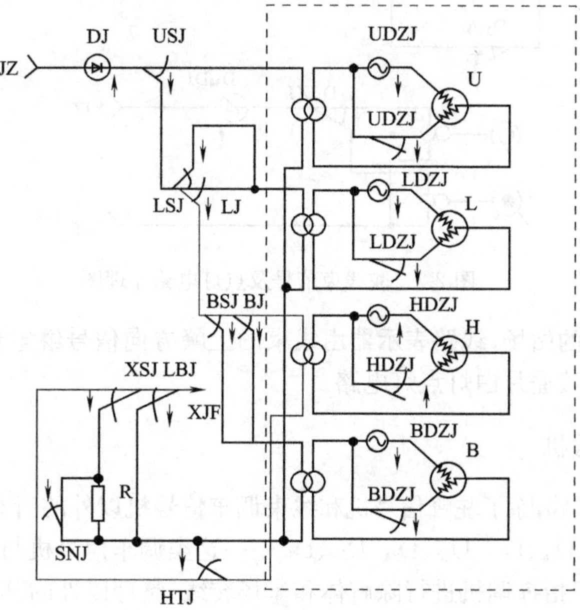

图 2-6　驼峰信号点灯电路原理图

三、线束调车信号机驼峰信号机

线束调车信号机如图 2-1 中所示的 D_{18}、D_{20}、D_{34}、D_{36}……其作用主要是指挥机车在峰下线路间进行转线调车作业。当驼峰调车场有两台或两台以上调机在峰下进行调车作业时，由于每一线束只设一架上峰方向线束调车信号机，往往难于区别指挥哪一台机车向上峰方向作业。为此，可在调车线上设置线路表示器，进路开通的一架线路表示器复示开放的上峰方向线束调车信号，点亮一月白灯。

1. 线束调车信号机联锁条件

(1)特点

线束调车信号机设于每一线束的头部，指挥机车在峰下进行转线或整理作业，道岔采用手柄集中控制，信号采用人工开放和关闭。不检查轨道区段空闲。

(2)联锁条件

信号开放时要检查敌对信号在关闭状态，进路上的道岔处于密贴状态，信号开放后将敌对信号锁在关闭状态并锁闭进路上的道岔；信号关闭后，进路一次解锁。

2. 线束调车信号机控制电路

采用三位自复式人工信号按钮控制，按下按钮，在检查敌对信号处于关闭状态后，信号开放；拉出按钮，关闭信号。调车安全由站管细则和作业人员作进一步的保证。信号点灯电路采用单断控制。以图 2-1 所示的站场为例，D_{34}调车信号及点灯电路原理图如图 2-7 所示。图中开通进路继电器 KLJ 是线束调车进路上道岔表示继电器的总复示继电器。

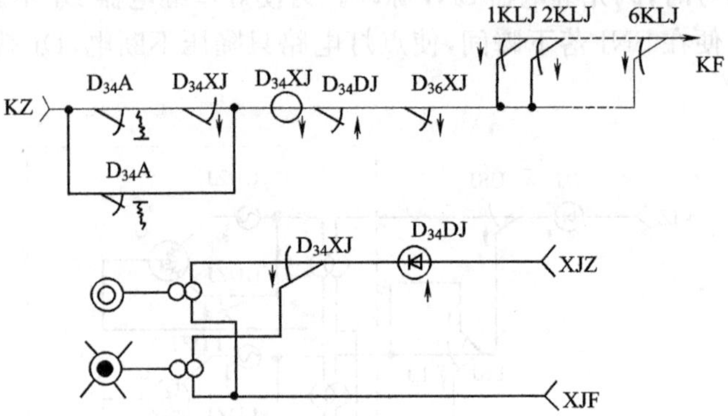

图 2-7 驼线束信号及点灯电路原理图

设有线路表示器的站场，线路表示器由线束的上峰方向信号继电器和该调车线上的开通进路继电器的前接点接通月白灯点灯电路。

四、其他调车信号机

其他调车信号机包括除了驼峰信号机和线束调车信号机以外的所有调车信号机。如图 2-1 中所示的 D_2、D_6、D_{10}、D_{14}、D_{16}、D_{22}、D_{24}、D_{30}、D_{50}……这类调车信号机与一般平面车站的调车信号机的作用相同，用于指挥调机进行除解体和车场转线、整理以外的其他调车作业。

1. 其他调车信号联锁条件

(1)特点

取消了大站电气集中联锁电路的选择组部分，采用进路一次锁闭、逐段解锁的手柄集中联锁，长调车进路需按基本调车进路办理。

(2)联锁条件

与车站调车信号基本相同。

2. 其他调车信号控制电路

调车信号控制电路与大站电气集中联锁电路的主要区别是不设选择组电路。在大站电气集中联锁的执行组电路的基础上，经局部修改而成。和大站继电集中联锁电路一样，它的主要电路是由与站场线路布置相似的电路网路构成。共包括六条电路网路和一些零散电路。

零散电路有记录按压按钮动作的按钮继电器 AJ；区别调车方向提供方向电源的方向继电器 FJ；总取消继电器 ZQJ；取消继电器 QJ；总人工解锁继电器 ZRJ；调车人工解锁继电器 DRJJ；限时继电器 DXCJ；确定进路始端的开始继电器 KJ 和接近预告继电器 JYJ。各零散电路的电路原理图如图 2-8 所示。由于驼峰调车场仅考虑调车进路，故方向继电器只设两个，即上峰方向继电器 SFJ 和下峰方向继电器 XFJ。开始继电器设计成零散电路，而把确定进路终端的终端继电器接在网路线上。这与排通进路和开放信号的办理方式有关。

图 2-8 中的继电器名称如下：

AJ——按钮继电器；SFJ——上峰方向继电器；XFJ——下峰方向继电器；ZQJ——总取消继电器；ZRJ——总人工解锁继电器；QJ——取消继电器；DXCJ——调车限时继电器；DRJJ——调车人工解锁继电器；KJ——开始继电器；JYJ——接近预告继电器。

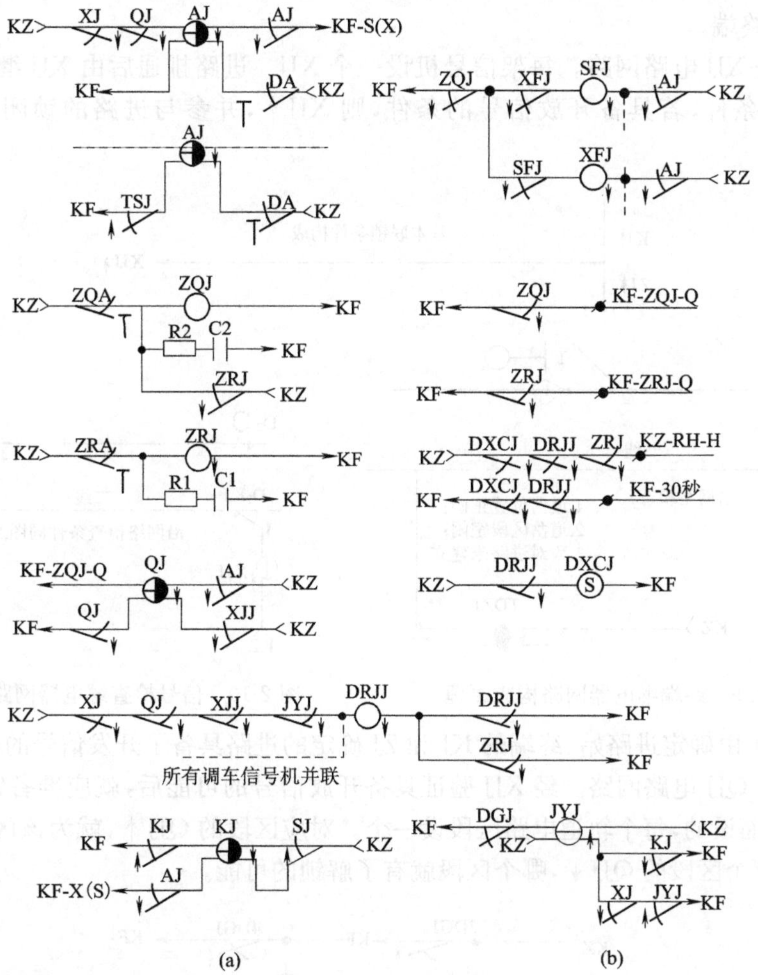

图 2-8　零散电路原理图

六条执行网路线是：

①执一网路线：终端继电器 ZJ 网路线；

②执二网路线：XJJ 网路线；

③执三网路线：QJJ 网路线；

④执四网路线：信号继电器 XJ 网路线；

⑤执五六网路线：进路继电器网路线。

图 2-9 是 ZJ 电路网路原理图。每架调车信号机设一个 ZJ。

调车进路排通后，按压进路始端的信号按钮，由 AJ↑、KJ↑确定进路的始端。在一线网

路检查了有关开放信号的基本联锁条件后,ZJ↑确定进路的终端。逻辑关系表示为:

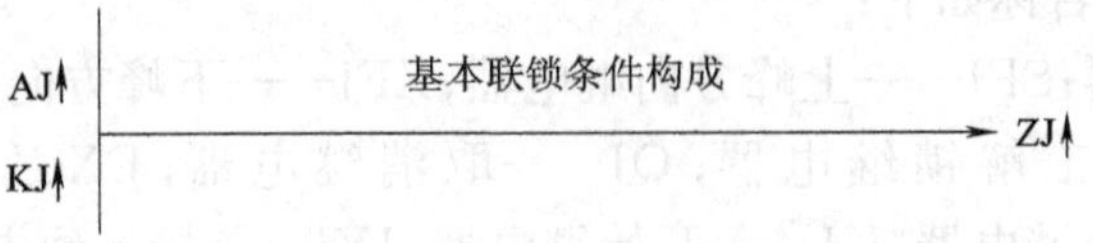

ZJ↑表明记录了按压按钮的动作,区分了运行方向,检查了开放信号的基本条件,确定了进路的始端和终端。

图 2-10 是 XJJ 电路网路。每架信号机设一个 XJJ。进路排通后由 XJJ 继续检查开发信号的基本联锁条件,若具备开放信号的条件,则 XJJ↑,并参与进路的锁闭。逻辑关系表示为:

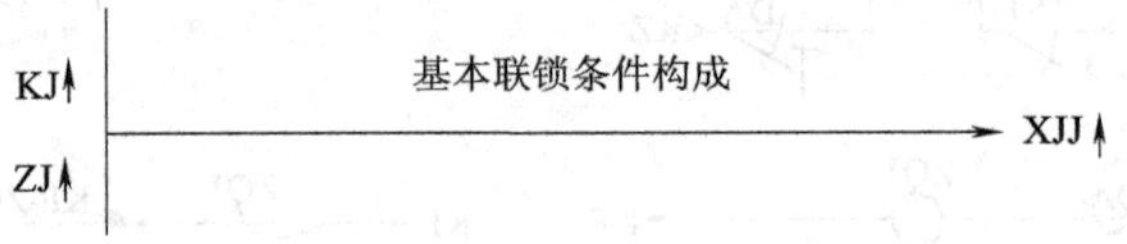

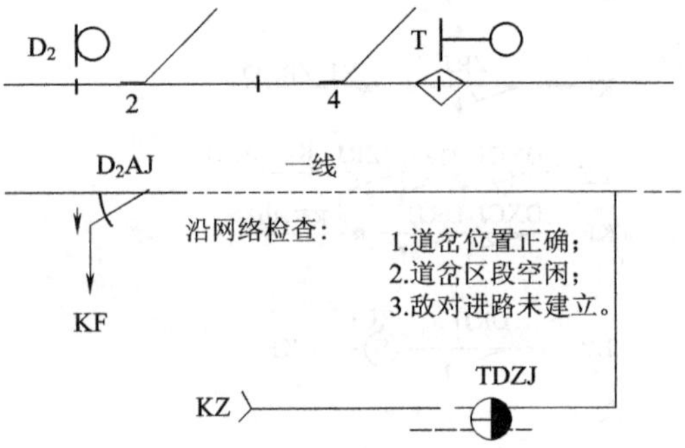

图 2-9 终端继电器网路构成原理

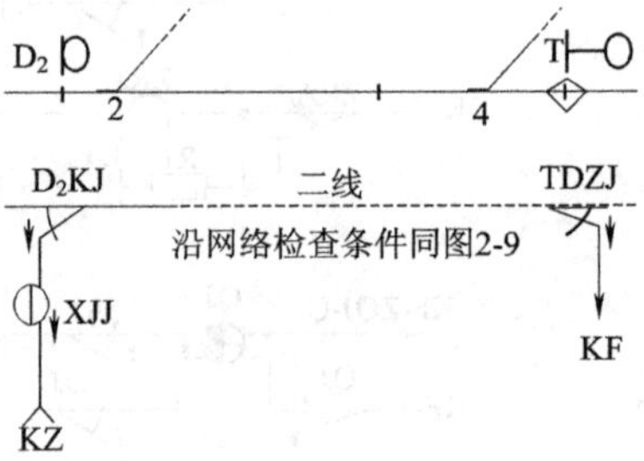

图 2-10 信号检查继电器网路构成原理

XJJ 验证了由确定进路始、终端的 KJ 和 ZJ 确定的进路具备了开发信号的基本条件。

图 2-11 是 QJJ 电路网路。经 XJJ 验证具备开放信号的可能后,就应准备锁闭进路。QJJ 是为逐段解锁而设的,每个轨道电路区段设一个。对应区段的 QJJ↑,就为该区段的锁闭准备好了条件,而哪个区段的 QJJ↓,哪个区段就有了解锁的可能。

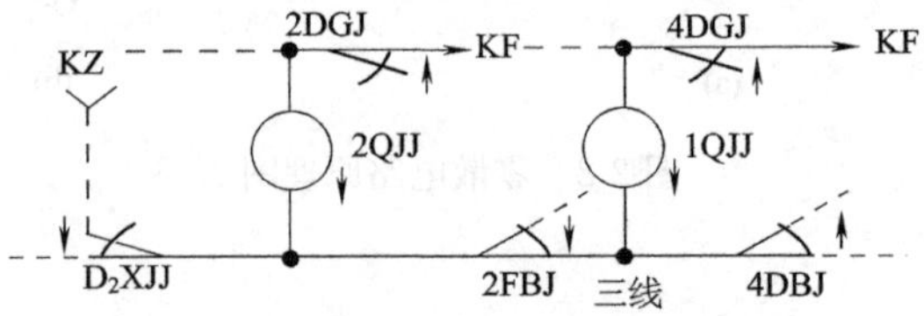

图 2-11 区段校核继电器网路构成原理

经 XJJ↑,在检查了区段空闲后,QJJ↑。并由它切断 1LJ 和 2LJ 电路,使 1LJ↓和 2LJ↓。并使锁闭继电器 SJ↓,锁闭进路。逻辑关系表示为:

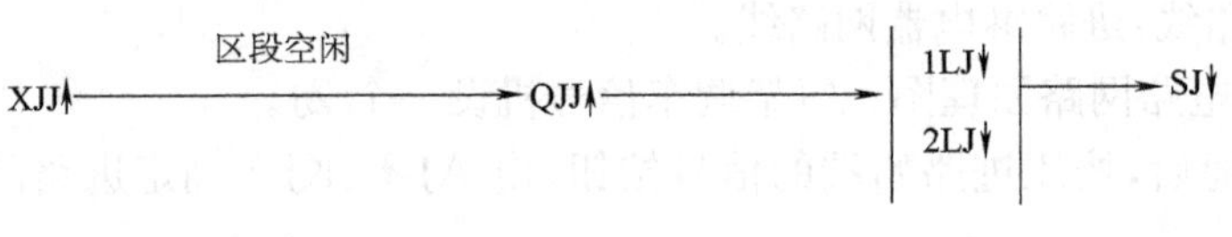

在大站继电集中联锁电路网路中，QJJ 为两条网络线，其中的一条是为了解决迎面技术而设的，驼峰调车场仅用一条 QJJ 网络线，这是因为它只有调车作业，调车速度较低，可以不考虑迎面解锁问题，故省去一条网络线。

图 2-12 是 XJ 电路网路。XJ 直接控制信号机的显示。当按压了信号按钮后，在联锁条件构成的情况下，上述的 AJ、KJ、ZJ、XJJ、QJJ、1LJ、2LJ、SJ 相继动作，构成 XJ 的励磁条件，使 XJ↑。从图 2-12 可以看出，XJ 的动作要借助于一线网络和二线网络，由它们继续检查开放信号的联锁条件。

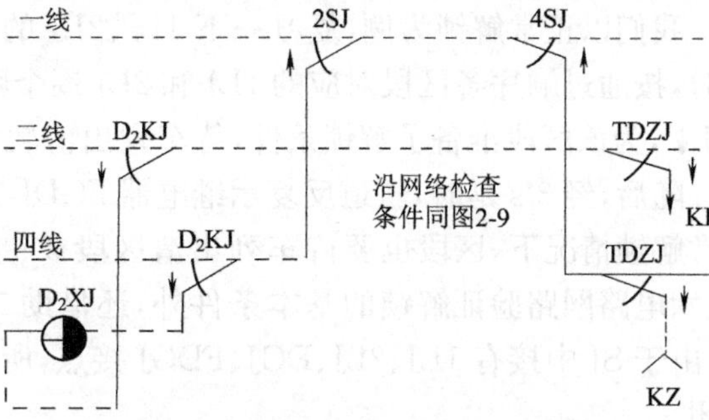

图 2-12　信号检查继电器网路构成原理

图 2-13 是 1LJ 和 2LJ 的两条电路网路及附属电路（轨道反复示继电器 FDGJ、锁闭继电器 SJ、传递继电器 CJ）。每个轨道区段都设有两个进路继电器 1LJ 和 2LJ，它们参与进路的锁闭和解锁。

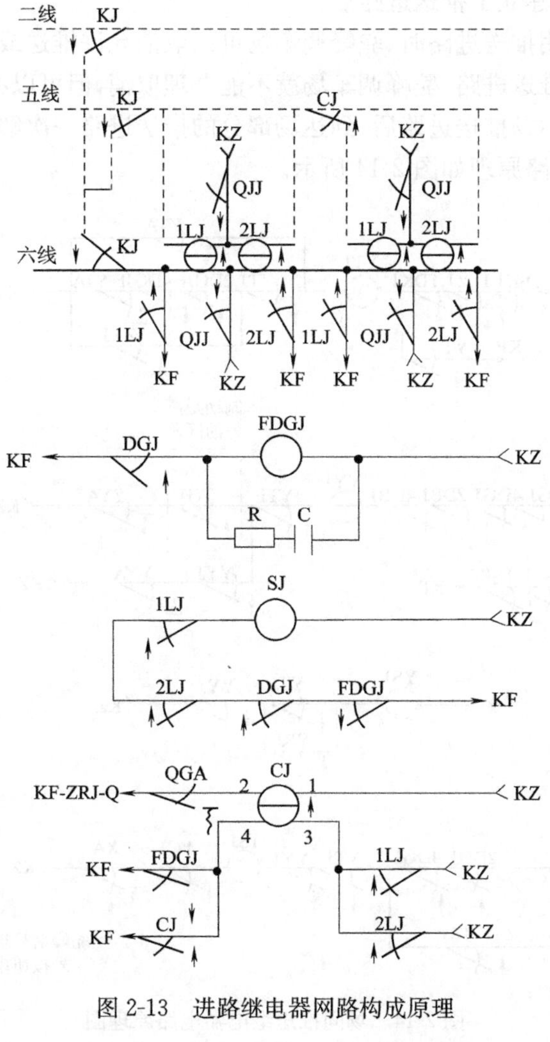

图 2-13　进路继电器网路构成原理

进路继电器随着它的励磁而失磁落下，进路锁闭。而进路的正常逐段解锁(经三点或二点检查)，中途返回解锁，取消解锁或人工解锁都由进路继电器的励磁电路完成。

我们以正常解锁为例，复习一下 1LJ、2LJ 的动作过程：车列沿调车进路逐段通过轨道区段时，按通过顺序各区段对应的 1LJ 和 2LJ 逐个励磁。当车列进入某一轨道区段时，该区段的 QJJ↓，为该区段准备了解锁条件，待车列出清轨道区段后，该区段的 1LJ、2LJ 相继励磁并自闭。随后，经 3 s 延时，轨道反复示继电器 FGDJ 失磁落下，SJ↑，区段解锁。也就是说，即使在正常解锁情况下，区段也要待车列出清区段 3 s 后才解锁。为完成不同的解锁要求，除了经五、六电路网路验证解锁的基本条件外，还借助二网络线的条件完成中途返回解锁。不难看出，由于 SJ 中接有 1LJ、2LJ、DGJ、FDGJ 接点，所以它的状态既能反映进路锁闭也能反映区段锁闭。

五、场间作业联系及电路原理

1. 场间推送作业联系

由于推送进路纵跨两个车场，所以在建立推送进路前要进行场间联系并由设备确认后方可办理进路。在到达场建立了推送进路后：

(1)到达场尚未使用推送进路时，驼峰调车场可以取消允许推送或允许预先推送；

(2)到达场使用了推送进路，驼峰调车场就不能办理取消，但可以办理关闭驼峰信号；

(3)待车列出清到达场推送进路后，到达场部分的推送进路一次解锁。

场间推送继电器电路原理如图 2-14 所示。

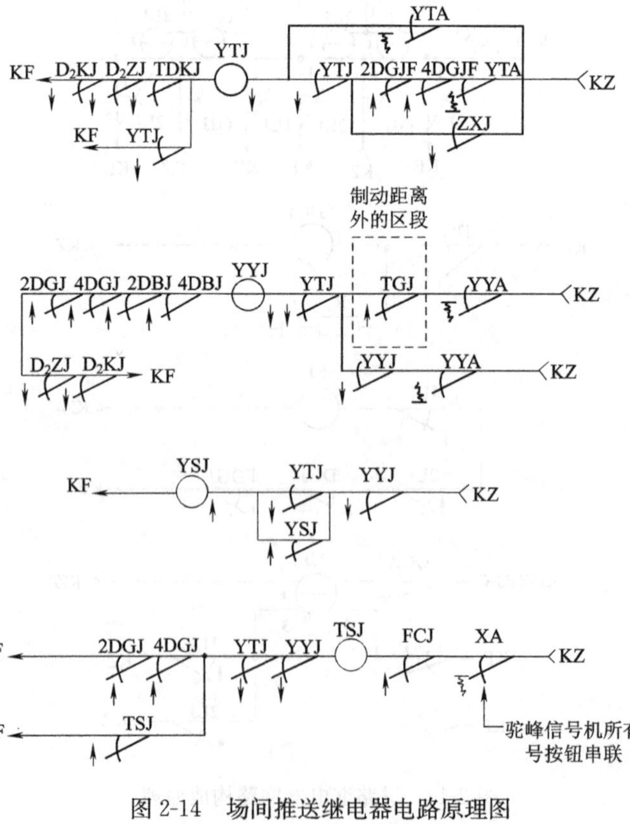

图 2-14 场间推送继电器电路原理图

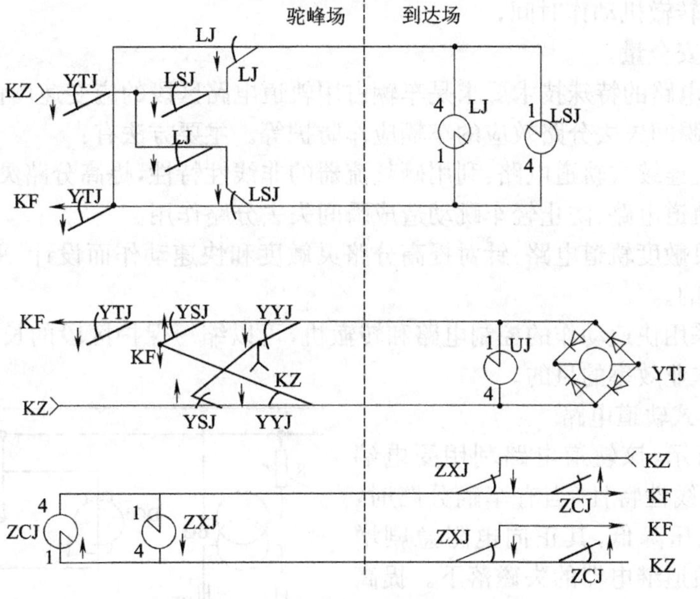

图 2-14　场间推送继电器电路原理图(续)

2. 场间其他调车作业联系

为了保证调车作业的安全,场间分界处一般以调车信号机防护。防护信号机差置时,中间的无岔区段应进行照查。若因条件限制不能设置防护信号机时,应将连接处的道岔锁闭在防护位置。转换防护道岔需要经过双方同意。

当驼峰调车场兼作发车场时,还要有发车作业联系。

此外,场间联系还有出入机务段联系等。

六、驼峰轨道电路

驼峰轨道电路的作用有两个,一个是检查轨道区段是否有车占用;另一个是参与进路或道岔控制命令的传递、执行和取消。驼峰轨道电路划分原则是:为提高效率,驼峰轨道电路区段尽可能地短;为保证作业的安全,在岔前应设置保护区段,如图 2-15 所示。

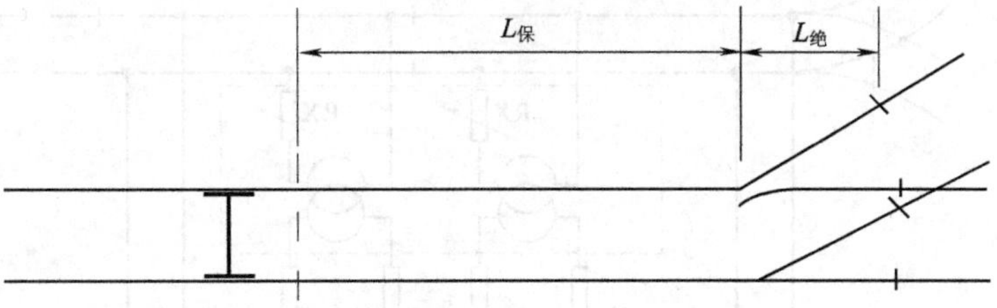

图 2-15　设置岔前保护区段示意图

注:$L_{绝}$ 是尖轨到绝缘节的长度。

保护区段长度计算:

$$L_{保} \geqslant v_{\max}(t_{继} + t_{转} + 0.2)$$

式中　$v_{\max}$——流放车组通过保护区段的最大速度;

$t_{继}$——轨道继电器、道岔转极继电器等的动作时间;

$t_{转}$——转辙机动作时间；

0.2——安全量。

对驼峰轨道电路的特殊技术要求是车辆占用轨道电路区段的应变速度快；分路灵敏度高；对高阻轮对以及瞬间失去分路效应的车辆应作防护等。主要方法有：

(1)驼峰交流连续式轨道电路：利用硒整流器的非线性特性，提高分路灵敏度。

(2)双区段轨道电路：防止轻车跳动造成瞬间失去分路作用。

(3)驼峰高灵敏度轨道电路：针对提高分路灵敏度和快速动作而设计，采用高压脉冲轨道电路达到设计目的。

可以看出，采用快速动作的控制电路和转辙机，可以缩短保护区段的长度，到达减少溜放路径长度，提高作业效率的目的。

1. 交流连续式轨道电路

如图 2-16 所示，该轨道电路利用受电端的硒整流器的非线性特性，当有车辆分路时，硒片上的正向电压降低，其正向电阻急剧增加，从而加速了轨道继电器的失磁落下。提高了分路的灵敏度。为了同一目的，轨道继电器的线圈并联使用。

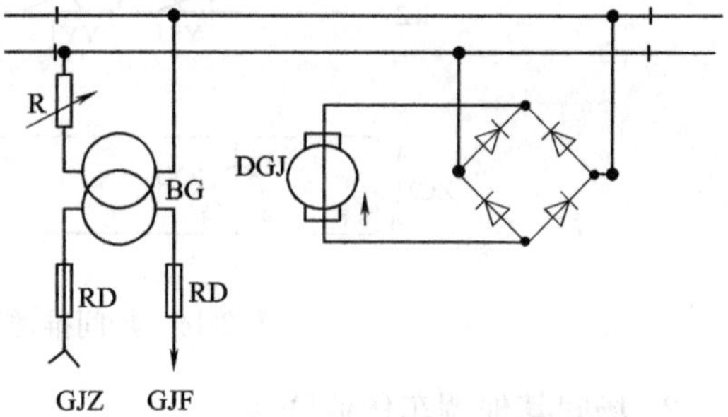

图 2-16 轨道电路原理图

在溜放进路上，为了防止轻车跳动，造成瞬间失去分路作用，造成轨道继电器错误动作，分路道岔的轨道区段一般采用双区段轨道电路，就是把一段轨道电路分割成两段，如图 2-17所示。具体做法是在保护区段短轨与道岔基本轨接缝处加设一段绝缘节。把一个道岔轨道区段分割成两个轨道区段。前面的无岔区段命名为 DG_1；后面的道岔区段称为区段 DG。每段均设一个轨道继电器 DGJ_1 和 DGJ，还设有 DGJ_1 的缓放反复示继电器 $FDGJ_1$。将其后接点接入 DGJ 的励磁电路中。当车组进入 DG_1 区段时，$DGJ_1\downarrow \rightarrow FDGJ_1\uparrow \rightarrow DGJ\downarrow$。这时，当轻车在 DG_1 区段上跳动时，$FDGJ_1$ 缓放，DGJ_1 会随车组点的跳动而瞬间吸起，但在此瞬间，$FDGJ_1$ 靠缓放仍处于吸起状态。待车组进入 DG 区段，DGJ 仍保持落下状态。此时即使轻车跳动，车组已压上尖轨。从而防止了轻车跳动瞬间失去分路作用造成的危险后果。

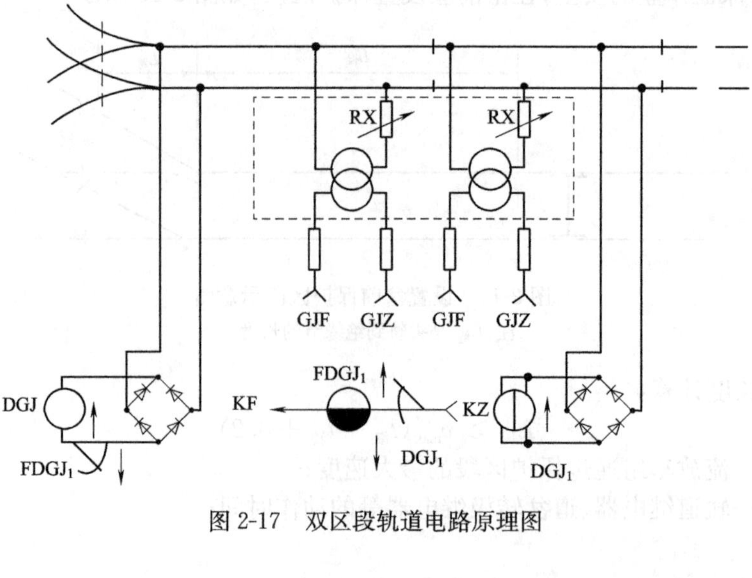

图 2-17 双区段轨道电路原理图

2. 驼峰高压脉冲轨道电路

驼峰高灵敏度轨道电路的研制是为了进一步提高驼峰轨道电路的分路灵敏度和解决高阻轮对造成的分路不良问题。高阻轮对对由车轮本身的结构和材质及轮面锈蚀等原因造成。由于驼峰溜放进路的轨面比较脏，从车组上落下来的油污、沙子、煤屑等经车轮的碾压形成导电不良的薄层，致使轨道电路分路效应变坏。加上雨雾水汽会使轨面生锈产生锈膜，这些因素都造成分路电阻增大，导致分路不良，甚至失去分路作用，造成分路失效事故。这在解体作业过程中将导致严重的后果。如图 2-18 所示，该系统主要由高压脉冲发生器、电子脉冲接收器、单闭磁轨道继电器等三部分组成。

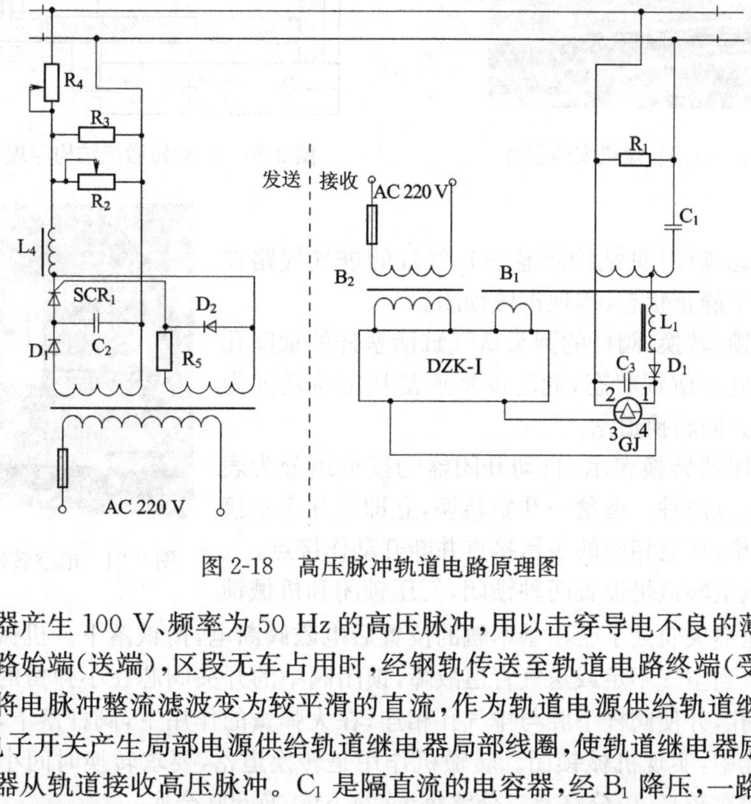

图 2-18　高压脉冲轨道电路原理图

脉冲发生器产生 100 V、频率为 50 Hz 的高压脉冲，用以击穿导电不良的薄层。将该电脉冲送至轨道电路始端(送端)，区段无车占用时，经钢轨传送至轨道电路终端(受端)，由接收器接收。接收器将电脉冲整流滤波变为较平滑的直流，作为轨道电源供给轨道继电器的控制线圈；脉冲触发电子开关产生局部电源供给轨道继电器局部线圈，使轨道继电器励磁吸起。

脉冲接收器从轨道接收高压脉冲。C_1 是隔直流的电容器，经 B_1 降压，一路由 D_1 和 C_3 整流平滑后，作为轨道电源送到轨道继电器的控制线圈 1-2。另一路驱动电子开关 DZK-Ⅰ产生局部电源，供给轨道继电器的局部线圈 3-4。轨道继电器两个线圈得到同一极性的电源而励磁吸起。轨道被分路或其他原因使轨道继电器两个线圈或其中任何一个线圈失去供电，供电继电器失磁落下。

七、驼峰转辙设备及其控制电路

1. 转辙机

道岔转辙机的功能与一般车站要求基本相同。驼峰使用的转辙机在溜放线路上还有快动的要求。驼峰上使用的转辙机种类较多，按动力不同有电动、气动(电空转辙机)、液动转辙机。在装有气动减速器的驼峰调车场，利用已有的压缩空气为动力源，采用气动转辙机可以进一步提高转辙速度。这种转辙机以压缩空气为动力，由电控阀等控制，所以称作电空转辙机。

图 2-19 是电空转辙机的现场安装位置，图 2-20 是电空转辙机的结构原理图，图 2-21 是电

空转辙机的机械结构。它的组成包括气缸、电空阀、进气管道、机械锁闭装置、自动开闭器、进气前的处理装置。

图 2-19 电空转辙机安装位置

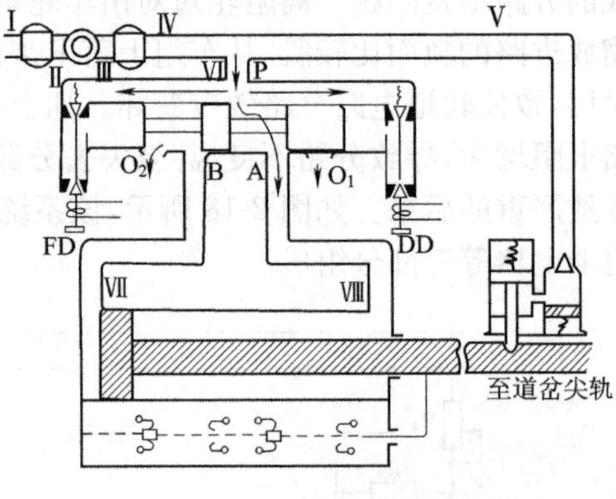

图 2-20 电空转辙机结构原理

动作原理：

(1)道岔静态锁闭(见结构示意图),气缸的进气气路被关闭,转辙机处于静止状态,实现机械锁闭。

(2)道岔解锁、转换,阀杆的圆头从气缸活塞杆的锁闭孔中拔出,锁闭阀处于解锁状态,此时欲将道岔从定位转换为反位,也可以反方向转换道岔。

(3)自动开闭器转换表示,自动开闭器的接点组分为表示接点和动作接点两种。道岔一开始转换,立即断开表示接点,道岔转换完毕,接通相应的表示接点并断开动作接点。

图 2-21 电空转辙机机械结构

(4)锁闭,电空转辙机设置两种锁闭,气压锁闭和机械锁闭。气压锁闭是当尖轨处于密贴基本轨的位置后电磁阀断电,衔铁落下。机械锁闭是利用锁闭阀来完成的。当空气不足或送气管道故障,锁闭阀中的开关阀芯在小弹簧的作用下向上滑动,关闭小进气孔,并使阀杆下腔与排气孔相连,在大弹簧的作用下,阀杆落下,阀杆圆头插入活塞杆的锁闭孔中,实现机械锁闭。转辙机作用是转换道岔,要求转换时间小于等于 0.6 s。其特点是转换频次较高,一分路及二分路每天(24 h)转换 600 余次。

2. 转辙机控制电路工作原理

转辙机控制的一般运营技术要求：

①在锁闭状态下的道岔不能转换；

②道岔转换完毕后,应立即切断转辙机动作电源和启动电路；

③道岔在转换过程中,道岔区段没车时可改变道岔的转换方向；

④道岔的定、反位表示应与实际位置一致,挤岔有声光报警；

⑤车辆进入以启动的道岔区段,应继续转换到密贴位置；

⑥在规定的时间内,道岔因故没转换的密贴位置,应能自动转回原位,并有声光报警；

⑦启动电路接通,转辙机的机械锁闭装置因故未解锁,此时有车辆进入该道岔区段,应立即切断转辙机的电源和启动电路；

⑧道岔可受双重控制。

图 2-22 是电动转辙机控制电路原理图。电动转辙机采用多级控制电路。转辙机的电动机为直流串激电动机。在转辙时,用改变激磁绕组电流方向,保持电枢电流方向不变,使电机正转或反转。经变速和将转动变成移动,带动道岔尖轨转换位置。

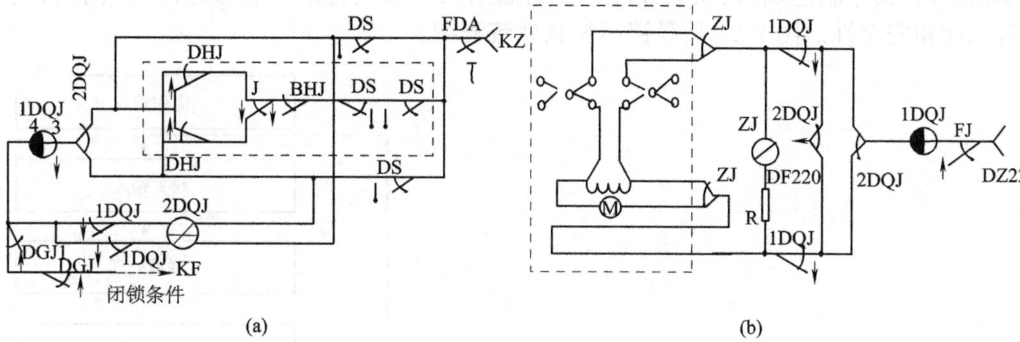

图 2-22　电动转辙机控制电路原理图

第一级控制为启动继电器电路。根据需要设有两个启动继电器 1DQJ、2DQJ。1DQJ 用于接受控制命令和检查轨道区段空闲和有关的联锁条件,并由它来监督电动机是否正常工作。在道岔手柄人工控制道岔转换时,1DQJ 的 3、4 线圈经手柄定(或反)位接点、2DQJ 的极性保持接点、轨道继电器前接点和有关联锁条件(检查道岔处于解锁状态)接通,使其励磁吸起。1DQJ 的 1、2 线圈与电动机动作电路串接,用以监督电机能否正常工作。2DQJ 是具有加强接点的有极继电器。当 1DQJ 吸起后,2DQJ 随之转极。2DQJ 的极性接点在电机的动作电路中,由 2DQJ 的转极改变了励磁绕组的电流方向,使电机正转、反转或转换途中改变转动方向。

第二级控制是由设置在现场的转极继电器电路 ZJ 实现的。它实际上是 2DQJ 和 ZJ 的极性接点接通电机的动作电路。这样做,不仅节省了联系电缆,也提高了动作电路的安全程度。

第三级控制是电机电路。除了上述条件外,在电机的动作电路中还接有电动转辙机的自动开闭器接点。以便在道岔转换完毕后自动切断电机动作电路。

在分路道岔由自动或半自动控制时,1DQJ 和 2DQJ 由道岔手柄中间位置的接点和自动或半自动控制条件控制。在图 2-22 中自动或半自动控制条件是记录命令的记忆继电器 J 和保护继电器 BHJ 的接点。当有命令时,BHJ↑。由记忆继电器 J 的前接点(J↑)控制道岔转向反位;用记忆继电器 J 的后接点(J↓)控制道岔转向定位。

八、驼峰信号计算机联锁系统

驼峰信号采用计算机控制可以简化操作手续、减轻调车员的劳动强度,防止调车员的错误操作和延误操作,有利于实现变速推峰,驼峰信号联锁系统有较完善的检测功能,在不增加设备的条件下使维护管理处于新水平,驼峰信号计算机联锁系统可与机车遥控合用一台计算机,在设计、施工等方面可大大缩短工期,经济效益是明显的。

1. 驼峰信号计算机联锁系统的硬件设备

驼峰信号计算机联锁系统分为硬件和软件两大部分。硬件部分包括计算机系统、控制、表示设备、室外设备和电源等,为保证作业安全,道岔控制电路和信号点灯电路仍采用继电电路。驼峰信号计算机联锁系统可以由单一计算机构成,也可与机车遥控计算机合用,图 2-23 是驼峰信号计算机联锁系统的硬件设备关系图。

2. 驼峰信号计算机联锁系统软件构成

联锁系统软件包括操作输入模块、状态输入模块、联锁处理模块、控制命令输出模块、表示(信息)输出模块、故障诊断模块和与其他系统联系模块(主要是与信息处理系统联系,以获得调车单信息)。其中状态输入、联锁处理和控制输出三个模块构成了联锁程序,它们应具有高度的可靠性和安全性。图 2-24 是联锁系统软件流程图。

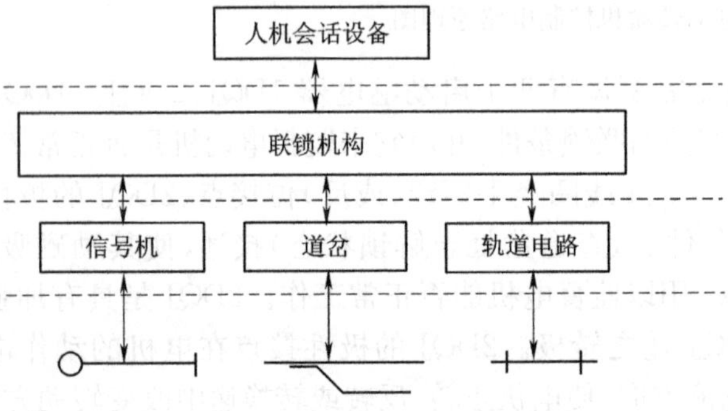

图 2-23 驼峰信号计算机联锁系统的硬件设备关系图

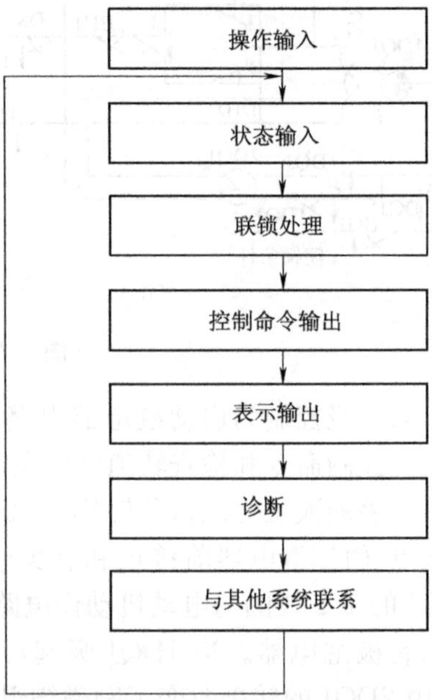

图 2-24 联锁系统软件流程图

图 2-25 是进路表形成流程图,由人机对话形式输入操作命令,判断合法后,生成进路表。不合法的命令提示输入错误,不形成操作命令。图 2-26 是解锁流程图,系统有五个解锁程序,它们的优先级顺序分别为人工解锁程序,引导解锁程序,故障解锁程序,正常解锁程序及中途返回解锁程序。一旦有取消进路命令,首先执行取消进路命令程序。

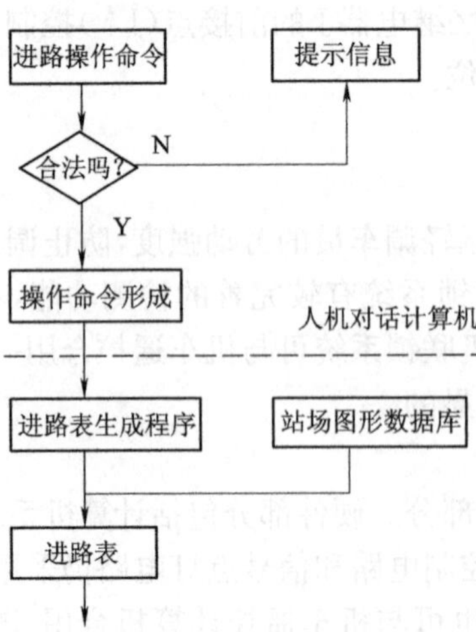

图 2-25 进路表形成流程图

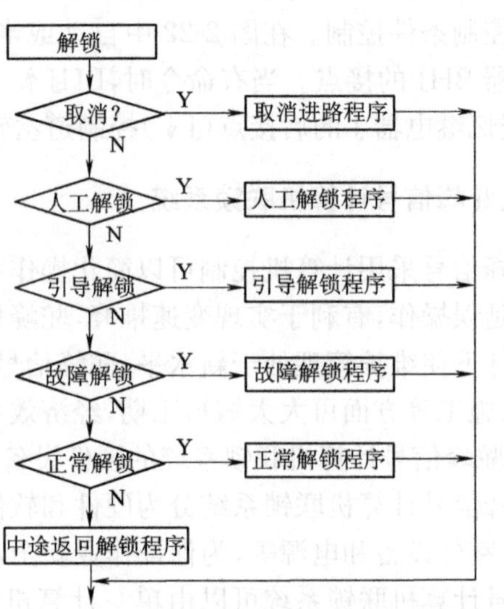

图 2-26 解锁流程图

根据驼峰信号继电控制电路联锁条件，驼峰信号计算机联锁程序可划分为溜放联锁模块A、去禁溜线联锁模块B、后退联锁模块C和公用联锁模块D。驼峰信号计算机联锁控制流程图如图2-27中(a)(b)所示。图中调车作业单输入计算机可以由信息处理机自动输入，也可由调车员人工输入。联锁模块A、B、C、D是定型模块程序，驼峰信号计算机联锁系统中，只要调用这些模块就可实现联锁检查。

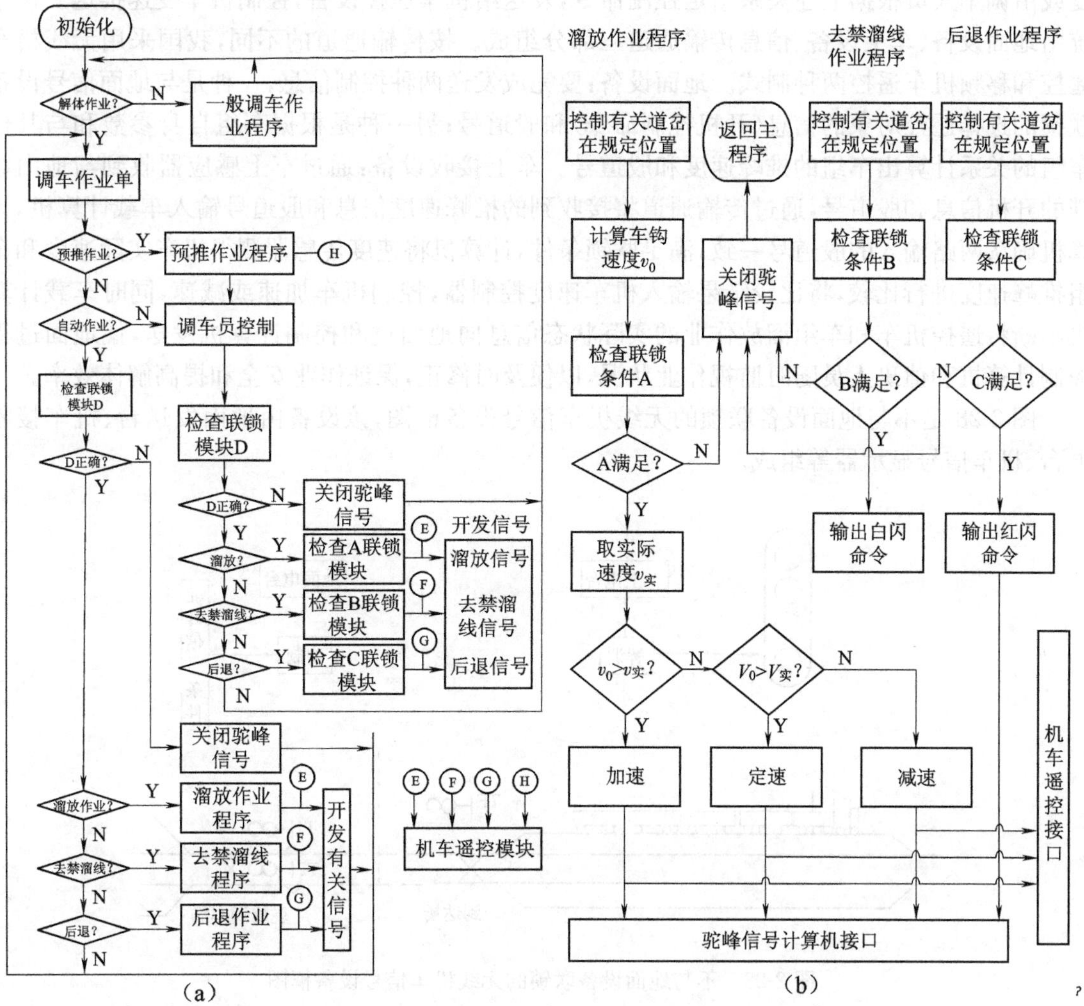

图2-27　计算机联锁控制流程图

第二节　驼峰机车信号

在推送解体作业过程中，调车机车是在车列的尾部，调车机车距驼峰信号机最远时可以达到1～2 km。加上弯道、风、雪、雨、雾和太阳的迎面照射等影响，都会给调车司机瞭望信号造成困难。装备机车信号不仅可以解决这一问题，还可以改善司机的劳动条件和提高工作效率。信息传输通道一般分有线传输和无线传输两个通道。

一、驼峰无线机车信号

驼峰机车遥控系统也称机车推峰速度自动控制系统。在驼峰解体过程中，对推峰机车进行推送作业自动控制的系统。在预推作业中，按规定的推峰速度，推到峰顶规定地点停车；在主推作业中根据调车通知单上车组自身参数和与其他车组的关系，计算出每个车组的推峰速度或由调车人员根据上述关系给定控制命令，发送给机车遥控设备，控制机车变速推送。该系统由地面设备、车上设备、信息传输通道三部分组成。按传输通道的不同，我国采用无线机车遥控和移频机车遥控两种制式。地面设备：要完成发送两种控制信息，一种是与地面信号设备联锁的选择遥控对象的信息（开机控制命令）和股道号；另一种是根据车组自身参数和与其他车组的关系计算出车组的推峰速度和股道号。车上接收设备：通过车上感应器收到与地山联锁的开机信息和股道号，通过传输通道将接收到的推峰速度信息和股道号输入车载计算机，计算机确认两路输入的股道号一致，满足联锁条件，计算机将速度传感器测得机车实际速度和车组推峰速度进行比较，将比较结果输入机车速度控制器，控制机车加速或减速，同时车载计算机不断将遥控机车和车组溜放作业的实际状态信息向地面过和控制计算机发送，使地面过程控制计算机和值班人员随时监视作业状况，以便及时修正，保证作业安全和提高解体效率。

图 2-28 是不与地面设备联锁的无线机车信号设备框图，该设备由地面发送台、机车接收电台、机车信号显示器等组成。

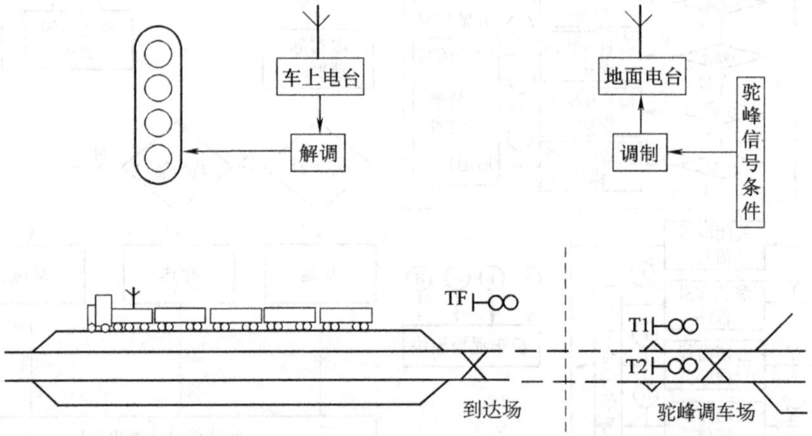

图 2-28 不与地面设备联锁的无线机车信号设备框图

具有联锁关系的无线机车信号设备分为地面部分、驼峰调车场和到达场以及车上部分。如图 2-29 所示为车上部分。

其中 C_1——车载电台；C_2——频率信号放大限幅器；C_3——A 峰信号选频执行环节；C_4——B 峰信号选频执行环节；C_5——司机准备开机和确认机车信号按钮；C_6——联锁开机信号放大限幅器；C_7——A 峰信号显示控制环节；C_8——B 峰信号显示控制环节；C_9——信号复示器。

驼峰信号楼：

T_1——地面电台；T_2——发送时间分割控制环节；T_3——A 峰信号选频振荡电路；T_4——B 峰信号选频振荡电路；T_5——与驼峰信号联锁的控制电路；T_6——B 峰机车上峰联锁开机条件发送环节；T_7——A 峰机车上峰联锁开机条件发送环节。

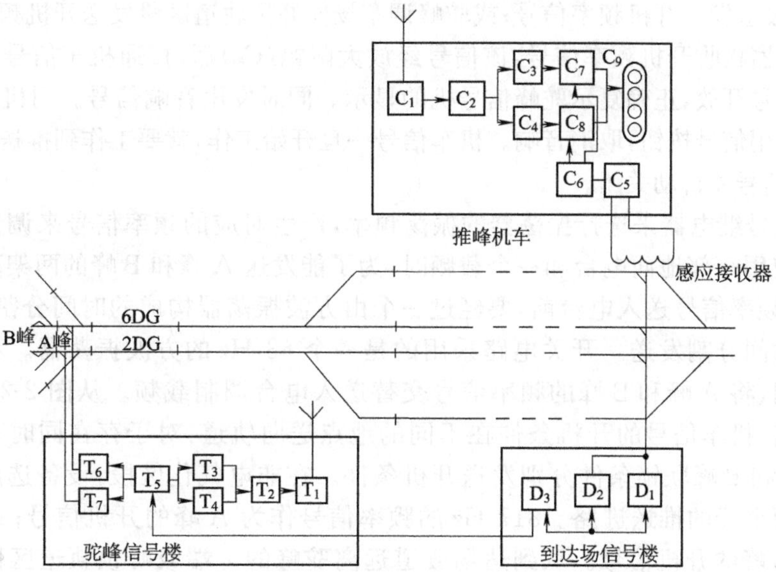

图 2-29　与地面设备联锁的无线机车信号设备框图

到达场信号楼：

D_1——A 峰联锁开机条件发送环节；D_2——B 峰联锁开机条件发送环节；D_3——与电气集中联锁的控制电路。

设备分地面和车上两个部分。地面部分又分为驼峰调车场和到达场两个部分。当联锁条件构成时，车上设备在两种条件下工作：一是从调车机车在到达场待解车列开始，到解体完毕为止，包括预先推送作业的全过程。另一种是机车从驼峰调车场峰下带车辆进行二次解体作业，从解体开始到作业完毕为止。

1. 地面部分

地面部分完成驼峰信号信息发送和联锁开机条件发送两项工作。前一项工作主要在驼峰调车场完成；后一项工作由驼峰调车场和到达场联合完成。图 2-29 中地面部分的 T_5 和 D_3 将驼峰调车场和到达场的进路、信号等信号显示条件和联锁条件提供频率信号和开机频率信号振荡器的工作条件。当驼峰调车场办理了推送进路并开放驼峰信号。到达场接到驼峰调车场允许推送或允许预先推送命令后，办理推送进路，到达场的驼峰辅助信号机信号开放。上述条件构成，由 D_1 或（和）D_2 的振荡器产生开机的频率信号并向到达场已开通推送进路的股道始端（远离驼峰调车场的一端）发送。同时，驼峰调车场的 T_3 或（和）T_4 根据 A 峰或（和）B 峰的信号显示条件，产生相应的频率信号。经时间分割控制环节（T_2）送入电台，调制电台的射频后向空间发射。当机车带车辆自峰下上峰进行二次解体作业时，则由 T_6 或（和）T_7 向峰顶轨道送开机控制条件。

2. 车上部分

机车上的无线电台 C_1 接收经频率信号调制后的射频，解调取出频率信号并放大限幅（C_2），由 A 峰或（和）B 峰选频执行环节 C_3 或（和）C_4。选出有用信号，为点亮机车信号复示器的信号灯做必要的准备。是否能开放机车信号，还须受司机和地面联锁开机条件的控制。在机车连挂待解车列后，司机按压使用信号按钮，使机车信号设备处于准备状态。开机条件具备后，到达场向股道发送开机频率信号；或驼峰调车场向峰顶轨道区段发送开机频率信号。由机车的感应接收器接收开机频率信号，该信号经放大限幅(C_6)后，接通机车信号复示器的点灯电路。机车信号开放，正确复示驼峰信号机的显示。同时发出音响信号。司机确认信号开放后再次按压使用信号按钮，取消音响。机车信号一旦开始工作，就要工作到推送或预先推送作业结束，机车信号才自动关闭。

用驼峰信号继电器来选择振荡器的振荡频率，产生对应的频率信号来调制电台的射频（载频）。当使用一部地面电台和一个载频时，为了能发送A峰和B峰的两架驼峰信号机的显示信息，在频率信号送入电台前，要经过一个由方波振荡器构成的时间分割开关（时间调制器），实现时间分割发送。开关电路采用的是一个63 Hz的方波振荡器。利用方波的正半周和负半周，将A峰和B峰的频率信号交替送入电台调制载频。从图2-29所示的设备框图可以看出，机车信号的开机条件在不同的地点送向轨道：对于存在同时有双峰作业的站场，按A峰和B峰联锁条件分别发送开机条件。在非电气化区段，设备选用两个单音频信号来区分两个峰的推送进路。817 Hz的频率信号作为A峰的开机信号；1 062 Hz的频率信号作为B峰的开机信号。从到达场股道远离驼峰的一端或峰顶轨道区段发送开机频率信号。

二、驼峰移频机车信号

驼峰移频机车信号设备是一种使用有线通道传输信号信息显示的机车信号设备。信号显示信息采用单轨条和电缆传输方式，如图2-30所示。移频信号电流只在推送线路的一条轨条中通过，由机车感应器接收。

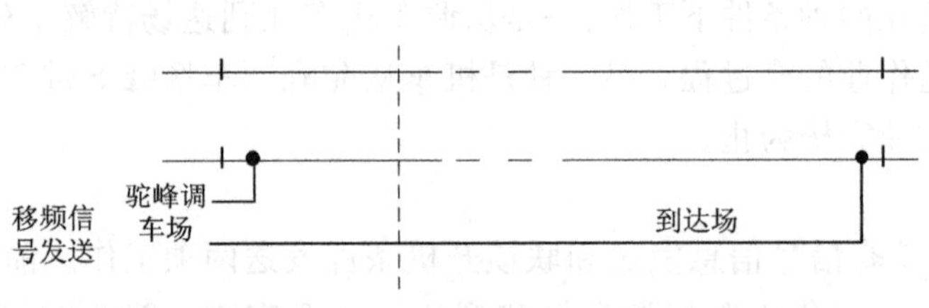

图2-30 机车信号单轨条和电缆传输方式示意图

实际上驼峰调车场和到达场的推送进路是由许多段轨道电路区段组成的，区段间用绝缘节分割开。可以按图2-31所示的方式将移频机车信号的信息传输通道连接起来。

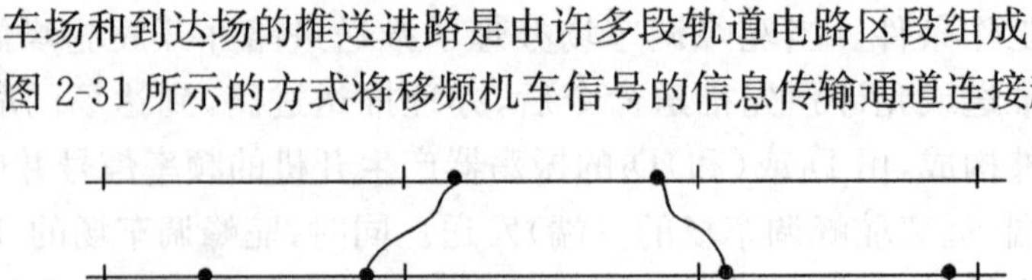

图2-31 移频机车信号的信息传输通道

我国研制投产的驼峰移频机车信号是以成熟的区间移频自动闭塞和机车信号设备为基础的。移频机车信号采用的是频率调制式。移频信号的频率受调制信号控制。设备亦是考虑了机车信号——到达场进路——驼峰信号三者间的联锁。图2-32所示的是移频机车信号设备框图。

设备由车上和地面两部分组成。地面设备分驼峰调车场和到达场两部分。驼峰信号显示转换成频率信息(低频信号),用它去调制载频,产生移频信号,由单轨条和电缆传送至机车所在地点的轨道,机车以感应方式接收移频信息。

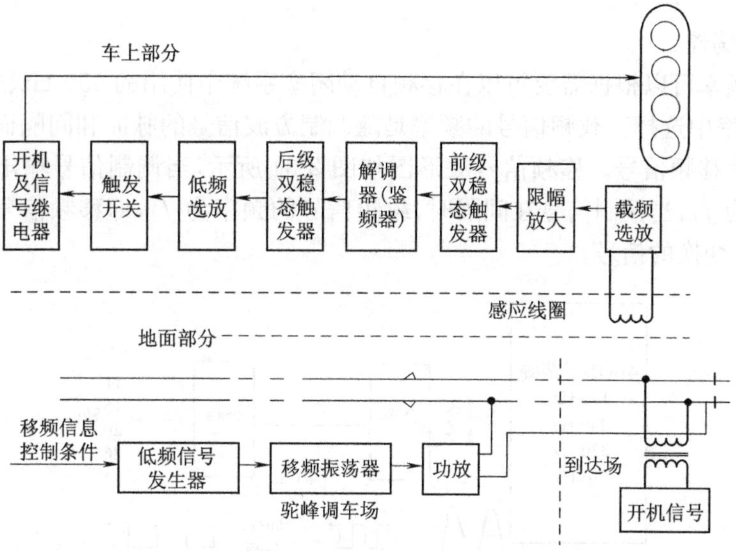

图 2-32　驼峰移频机车信号设备框图

发送部分:包括驼峰信号移频信息发送和开机信息发送两部分。

由驼峰信号显示条件(LJ、LSJ、UJ、USJ、BJ、BSJ、HTJ)控制低频信号发生器的工作。再将代表信号显示的低频信号整形成方波,用它调制移频振荡器的主振信号,产生移频信号。经功率放大后,按图 2-31 所示的方式发送至到达场股道入口端(远离驼峰的一端)。

对于双峰(T_A、T_B)调车场,开机条件具备时,即地面联锁条件构成,相应的开机继电器 T_AKGJ↑和(或)T_BKGJ↑,由开机继电器控制开机信息发送设备向轨道发送开机信息。

接收设备:机车上的感应线圈将接收到的移率信息(信号显示信息和开机信息)经选放整形等预处理后,由鉴频器(解调器)从移频信号中取出信号频率信息。放大并整形后,动作继电器。继电器中的开机继电器完成开机作用;信号继电器用来点亮机车信号灯。

如上述,驼峰移频机车信号设备是在铁路区间移频自动闭塞和机车信号设备的基础上研制成功的。在讨论驼峰移频机车信号设备的工作原理时,我们简化与区间移频机车信号相同的部分,只侧重于相异部分。

1. 发送部分原理

(1)信号频率信息发生器

采用四种低频信号对应四种颜色灯光,11 Hz——白灯;15 Hz——绿灯;20 Hz——黄灯;26 Hz——红灯。稳定灯光和闪光灯光用连续发信息和断续发信息来区分。用驼峰信号继电器控制低频信号发生器产生相应的频率信号。低频信号发生器由低频信号振荡器、整形器、分频器三级电路环节组成。低频振荡器为典型的 LC 选频变压器耦合振荡器。受驼峰信号继电器控制,产生频率为:176 Hz、240 Hz、320 Hz 或 416 Hz 四种正弦波信号。由分频器实现 16 分频后,分别得到 11 Hz、15 Hz、20 Hz、26 Hz 的方波信号。为了可靠地动作分频器,在低频振荡器与分频器之间加一级整形器。整形器采用集基耦合的双稳态触发器，将低频信号发生器送来的正弦信号整形成方波。分频器由四级 2 分频器串接组成，每一级的分频器是一个集基耦合双稳态触发器。分频器的输入电路采用计数式脉冲电位与门控制触发式电路以保证分频器可靠翻转。

(2)移频振荡器

载频信号频率可以根据需要可以在移频自动闭塞系统中使用的 550 Hz、650 Hz、750 Hz、850 Hz 四种频率中选择。载频信号的频率是随调制方波信号的脉冲和间隔而改变的，载频信号被调制后产生移频信号。移频信号波形图如图 2-34 所示，当调制信号输出脉冲期间，载频信号的频率变为 f_1，当调制信号在间隔时，载频信号的频率为 f_2，即移频信号是一种频率在，f_1 和 f_2 间交替变换的信号。

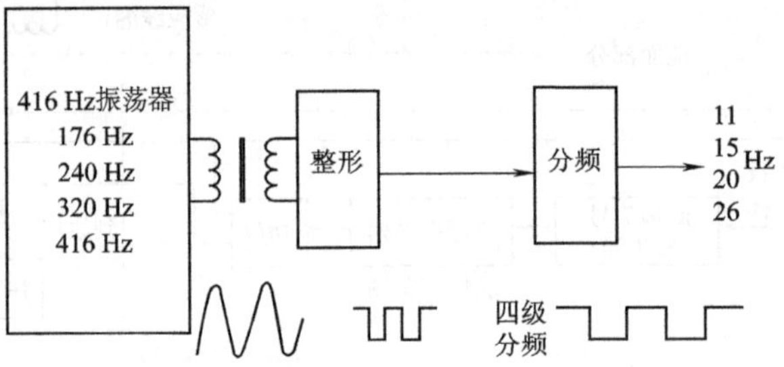

图 2-33　低频信号发生器结构框图

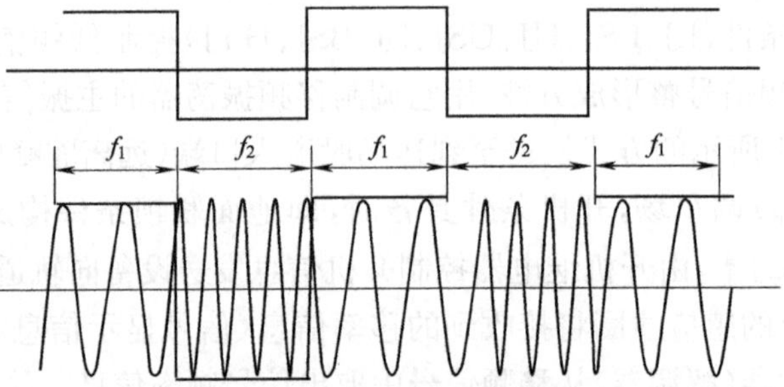

图 2-34　移频信号波形图

移频振荡器亦称频率调制器。它是移频信号的振荡源。采用一种典型的 LC 振荡器。移频信号的产生是利用一个附加电容的接入与否实现的，而附加电容的接入与断开又是由调制信号(低频信号信息)控制的。移频振荡器的中心频率为 f_0 时；振荡器产生包含 $f_0+\Delta f$ 和 $f_0-\Delta f$ 两种频率的移频信号，Δf 称频偏，系统采用固定频偏为 55 Hz，图 2-33 是一低频信号发生器结构框图。

2. 接收设备原理

接收设备的电路结构框图如图 2-32 所示。与发送设备相对应，接收设备根据发送设备的中心频率在四种中心频率(550 Hz、650 Hz、750 Hz、850 Hz)中选择。除机车感应器外，它由载频选放级、限幅放大级、前级双稳态触发器、鉴频级、后级双稳态触发器、低频选频放大级、触发开关、执行继电器及机车信号复示器构成。

载频选频放大器只对选择的中心频率的上、下边频进行放大。滤除干扰以提高信噪比；另一个作用是提高显示信息的接收灵敏度。为适应信号传输过程中的电平变化，限幅放大器将小信号放大，大信号限幅后放大，以满足下一级触发器的输入电平要求。限放后的信号送入前级双稳态触发器整形。该触发器的作用：一是使触发器的输出信号幅度成为不受输入信号幅度变化影响的恒幅输出，从而提高鉴频器工作的稳定度；二是提高接收设备的返还系数。鉴频放大器是一种频率检波器，或称解调器。它的作用是从移频信号中检出调制信号（频率信号信息和开机频率信息）。其后的后级双稳态触发器用于防止半边侵入，只有在鉴频器正、负两个半周都有输出时，后级触发器才能正常被触发翻转，否则没有正常输出。低频选频放大器用于选出频率信号信息。触发开关相当于驱动级。它将选放输出的小信号转变成能够驱动继电器工作的信号。继电器是执行器件，它们的作用亦有两个：一个是接收到开机信息后完成开机工作；另一个是接收到信号显示信息后点亮机车信号灯。

1. 机车感应器

感应器是用来接收开机及移频信号信息的。在钢轨中有移频电流（包括单轨条传输的信号显示信息电流和双轨条传输的开机信号信息电流）流通时，在位于其上方的机车感应器（感应线圈）中产生感应电动势，车上设备通过感应方式接收移频信号。

2. 选频放大器

在接收设备中设有两个选频放大器。一个针对载频（例如 650 Hz 和 850 Hz）的选放电路，用于区分两个载频频率；一个是针对信号频率，它实际上是个译解出各种低频信号信息的译码器，用于选出四种低频（11 Hz、15 Hz、20 Hz、26 Hz）信号中的一种加以放大。

载频选放电路采用 LC 选频放大器。在放大器的三极管的集电极接有两个 LC 并联谐振回路，分别谐振于两个中心载频的上、下边频。

信号选频放大器设有四个选频谐振回路，分别谐振于四种信号频率（11 Hz、15 Hz、20 Hz、26 Hz）。

3. 限幅放大器

它是使用二极阻容耦合的小信号甲类放大器。在放大器的输入端采用二极管双向限幅，适当选择放大器的直流工作点，使输出信号保持对称。

4. 双稳态触发器

采用单端输入、交流触发的双稳态触发器，具有较高的返还系数和恒幅输出。接收设备中设置了前级和后级两个双稳态触发器。

5. 鉴频器

它由双失谐调谐放大器、全波整流式检波器和低通滤波器组成。调谐电路采用选频放大电路，它有两个（或四个，当有两个中心频率时）谐振回路：一个谐振于 $f_0+\Delta f$；一个谐振于 $f_0-\Delta f$（或另一个中心频率的上、下边频）。两个谐振回路的输出信号按差接方式连接后输出。通过全波整流、滤波后取出调制信号。

复习思考题

1. 驼峰调车场头部布置了哪些信号设备？其中信号机可分为哪几类？
2. 说明驼峰信号机的作用。设置地点和各种显示的意义。

3. 说明驼峰信号的联锁条件。
4. 说明线束调车信号的联锁条件。
5. 说明驼峰信号机继电联锁电路工作原理。
6. 驼峰轨道电路应满足哪些运营技术要求。
7. 说明双区段轨道电路工作原理。
8. 说明驼峰高灵敏度轨道电路工作原理。
9. 转辙机控制电路应满足的运营技术要求是什么?
10. 说明驼峰信号开放后退信号时,需检查哪些联锁条件?
11. 什么是保护区段?设置它的意义是什么?
12. 写出 HTJ 励磁电路、自闭电路的接通公式,说明各接点的名称和作用。

第三章　驼峰溜放进路自动控制系统

本章首先阐述了驼峰调车场溜放进路自动控制系统完成的基本功能，溜放作业过程和溜放进路控制，重点介绍了溜放进路排通、使用及取消的特点，进路控制命令的构成、储存、传递、执行及取消的基本概念，并结合使用的驼峰调车场继电和计算机溜放进路控制设备讨论了系统的实现和工作原理。此外，还讨论了自动化驼峰溜放进路和速度安全控制。通过对本章的学习，了解驼峰信号和车站信号的作业过程的相同点和不同点，掌握驼峰溜放进路控制设备的分类及它们的工作方式，进路控制命令的构成、储存、传递、执行及取消的基本概念。

第一节　基本概念

溜放进路指的是车组从峰顶摘钩后溜入调车线的径路。各车组的溜放进路都从共同的始端（峰顶）开始，相继连续地溜放，各车组根据分路道岔的开通方向，溜到不同的股道。为提高解体能力，要缩短两车组之间的间隔，对每个车组的溜放进路采用逐段排列、逐段使用、逐段解锁的控制方式。前一车组刚离开分路道岔区段，该分路道岔就要按后续车组的进路要求及时转换，为后续车组准备好进路。为了逐段、适时、正确地排列溜放进路，国内外大多数货车溜放进路都采用半自动控制或自动控制。

该系统的基本原理是，按调车作业通知单，对应每一车组编制一个进路控制命令（进路代码），将进路代码按车组溜放顺序人工或自动地输入设备的储存器中。溜放一开始，进路代码即在轨道电路的作用下顺序地从储存器中输出，沿着与车组进路对应的传递网络传送，当进路代码传递到网络中与分路道岔对应的点时，由分路道岔控制电路控制，使分路道岔转到所需位置，以实现进路自动控制的目的。

一、驼峰溜放作业过程及特点

1. 溜放作业过程

当需要解体的车列被推送到峰顶后，应该按照调车作业计划，为每一车组准备一条溜放进路。在调车作业计划上列有车辆去向的分组情况、车组的序号（一般称钩序）、车组的去向（即车组进入的调车线号，亦称股道号），还可以在调车单上注明车组性质等其他一些参数。

所谓车组，它们可以由相同去向（进入同一条调车线）的几辆车构成，也可以只包括一辆车。车组亦称之为钩车。驼峰指挥信号楼做好解体的准备工作后，开放驼峰溜放信号，并为溜放车组准备溜放进路。待解体的车列推送到峰顶后，由提钩人员根据调车计划从车组的分钩点提钩，脱钩后的车组从峰顶开始溜放，随之第二个以及后续车组被摘钩溜放。当车列中没有禁止溜放的车辆时，车组一个跟着一个通过峰顶溜向各自的目的地（调车线）。若车列中含有禁溜车，当溜放至禁溜车时，则停止溜放，机车拉着车列后退，再将禁溜车送至禁溜线，然后继续进行溜放，直至最后一个车组通过峰顶溜放至调车线，一个车列的解体作业即告结束。

解体的车组连续由峰顶向各自的调车线溜放，这些溜放进路的特点是有共同的进路始端和不同的进路终端，因此，它们是一些部分重叠的进路。又由于车组在峰顶是连续提钩溜放的，从峰顶到最后一级道岔之间应该允许同时有几个车组在溜放，这就决定了各车组的溜放进路只能是逐段建立、逐段使用、逐段取消。也就是说，溜放进路要按分路道岔分段。要求前行车组一出清分路道岔轨道区段，就要及时控制该道岔的位置，为紧接其后的下一车组准备好一段进路。因此，对溜放进路上的道岔控制的实时性显得十分重要。

自动选排溜放进路时，应能将调车作业计划自动输入溜放进路自动控制系统，而无需人工办理；半自动选排溜放进路时，操作也应力求简单。如果按进路式大站电气集中联锁选排进路方式，即按压进路始、终端按钮方式(双按钮选路)，可以大大简化办理进路的手续。但是，基于驼峰溜放进路的特点，即所有溜放进路有共同的始端。因此，只由一个确定进路终端的按钮就可以确定一条进路，这样就可由双按钮选路简化为单按钮选路。但是基于车组连续溜放的特点，为了缩短相邻二车组的间隔，按压一个按钮不能立即选排出该按钮所对应的溜放进路，也不能待一条进路使用完毕后再选排另一条进路。一般的做法是：按压一个进路按钮，将这个操作动作转换成一条进路控制命令(一般是以进路代码的形式出现，故也称进路代码)并储存之，这个进路控制命令在其对应车组的溜放过程中，在车组的作用下分段执行，即：当即将溜放的车组下溜前，命令控制第一分路道岔转换到规定位置，为车组排通第一段溜放进路。车组溜放至第一分路道岔轨道区段，命令控制第二分路道岔转换至规定位置，为车组排通第二段溜放进路。车组溜放至第二分路道岔轨道区段，命令控制第三分路道岔转换至规定位置，以此类推。

如果在一个车组下溜前才能按压该车组的进路按钮，那么，在溜放的过程中操作人员仍需下溜一钩车按压一个进路按钮，精神是相当紧张的。如果能在一个车列解体前按调车作业计划，一个一个地按压进路按钮，将各车组的进路命令预先按顺序输入并储存，在溜放时，按储存的顺序在溜放车组的作用下一个一个地输出和分段执行进路命令。这样一来，和自动作业一样，操作人员可以把主要精力用于对溜放过程的监督和及时纠正可能出现的差错方面的问题。

2. 溜放作业的特点

驼峰溜放作业的准备过程与车站进路准备有区别。车站进路是一次排出，一次使用，分段解锁(一次解锁)。驼峰溜放进路是有共同的始端，不同的终端，它们是一些彼此交叉的进路，峰顶是连续提钩，有若干个车组同时走行，道岔是在车组即将占有该道岔时，才根据车组的要求进行转换，所以驼峰上排列进路可以叫做溜放进路分段排出，分段使用，分段解锁。

3. 对溜放作业的要求

提高推送速度，即缩小相邻车组的下峰间隔，可以提高驼峰的解体能力。所以溜放进路上的道岔及时、迅速、正确地转换是提高驼峰解体能力的重要方面。

用人工控制的方法逐个扳动分路道岔，为各车组准备溜放进路是人力所难胜任的。

一般车站建立进路的方式不适用，采用的自动控制设备必须适用驼峰作业的特点，即满足：溜放进路分段排出、分段使用、分段解锁。所以控制系统功能应包括：储存进路命令的环节——进路储存器，而且还应有“分段”排出溜放进路的环节——命令传递(环节)电路。综上所述，驼峰溜放进路的自动或半自动控制系统应该具有的基本功能如下：

(1)自动或人工按调车作业计划输入溜放进路命令并储存；

(2)在人工储存的过程中可以进行变更(删除、全部删除、变更)；

(3)对储存的进路命令可以进行检查、增加、删除、变更；

(4)自动储存的调车作业计划可以进行变更(增、删、改等)；

(5)溜放开始后，在溜放车组的作用下，控制命令按储存的顺序输出并分段执行进路命令；

(6)溜放开始后，可以增加进路命令，对尚未下溜车组的进路命令可以进行变更(删除，改变)；

(7)在进路命令的输入过程中、输入结束后、溜放过程中,对进路命令的储存和执行应有完善的表示。

采用计算机参与控制的驼峰溜放进路自动或半自动控制系统,利用计算机自身的优点,系统增加和扩展了许多功能。这些功能可归结为:

(1)储存进路命令的容量大大增加,例如可以同时储存几个车列的调车作业计划内容。可以满足运营对储存容量的任何要求;

(2)调车作业计划包含的信息更加丰富,计划传送便捷;

(3)便于实现溜放追踪;

(4)自动进行溜放进路控制命令的传递和跟踪。出现“钓鱼”、“追钩”等非正常情况时进行自动处理;

(5)设备检测和故障报警;

(6)显示更加直观,显示内容更加丰富;

(7)与编组站信息处理系统联网等。

二、溜放进路控制

按照进路代码的组成和储存方式不同,把溜放进路控制设备分为道岔储存式和进路储存式两种。

1. 道岔储存式溜放进路控制

道岔储存式是将进路控制命令转换成对进路上各道岔的控制命令,并将其储存在对应各道岔所设的道岔储存器中。道岔储存器设有若干储存单元,每个储存单元一般可以储存一个道岔控制代码,储存器的容量由储存单元的数量决定。储存器顺序储存经由本道岔各溜放车组对本道岔的控制代码,道岔控制代码的转递和执行由道岔储存器独立完成。

一个道岔控制代码除包含道岔定位、反位控制代码的内容外,还可以带有表征钩序的代码部分。以便进行查找和异常处理等。

在一个储存单元的代码中,道岔的定、反位可以用一位二值码表示,例如,用“0”表示道岔定位;用“1”表示道岔反位。可以用二进制代码表示十进制的钩序。例如用 8 位二值码构成带有钩序的道岔码。其中,6 位码用于表示钩序($2^6=64$,大于一列车包含的车组数),2 位用于道岔控制码(例如 01 为定位,10 为反位)。

下面用表 3-1 给出的调车作业计划,以图 3-1 所示的道岔储存式设备方框图为例进一步阐述道岔储存式溜放进路控制的基本概念。表 3-1 中第一钩的钩序和 1 号道岔控制代码为 0 0 0 0 0 1 0 1。框图中钩序是用十进制数表示的。

表 3-1　一个调车作业计划的例子

钩　序	进　路	道岔任务及内容		
		No. 1	No. 2	No. 3
1	4	0		0
2	2	1	1	
3	3	0		1
4	1	1	0	
5	2	1	1	

图 3-1 所示的站场有四条调车线、三组道岔，故设置三个道岔储存器。各道岔储存器已储存了表 3-1 调车作业计划中的五个车组的道岔控制代码和钩序（图中未直接用钩序码）。由于经由每一组道岔的车组数不同，其对应的道岔储存器中储存的代码数目亦不同。显然每个车组都要经由 1 号道岔，所以 1 号道岔储存器储有 5 个代码，按储存、输出、执行和取消顺序，道岔控制代码的内容为“定、反、定、反、反”，即“0、1、0、1、1”。用 8 位二值码表示钩序和控制码为“0 0 0 0 0 1-0 1、0 0 0 0 1 0-1 0、0 0 0 0 1 1-0 1、0 0 0 1 0 0-1 0、0 0 0 1 0 1-1 0”；2 号道岔储存器储有 3 个道岔代码，按顺序为“0 0 0 0 1 0-1 0、0 0 0 1 0 0-0 1、0 0 0 1 0 1-1 0”；3 号道岔储有 2 个道岔代码，按顺序为“0 0 0 0 0 1-0 1、0 0 0 0 1 1-1 0”。图 3-1 中预排控制环节的功能是：或将操作人员按压进路按钮的操作转换成道岔控制代码；或将自动输入的调车作业计划转换成道岔控制代码。

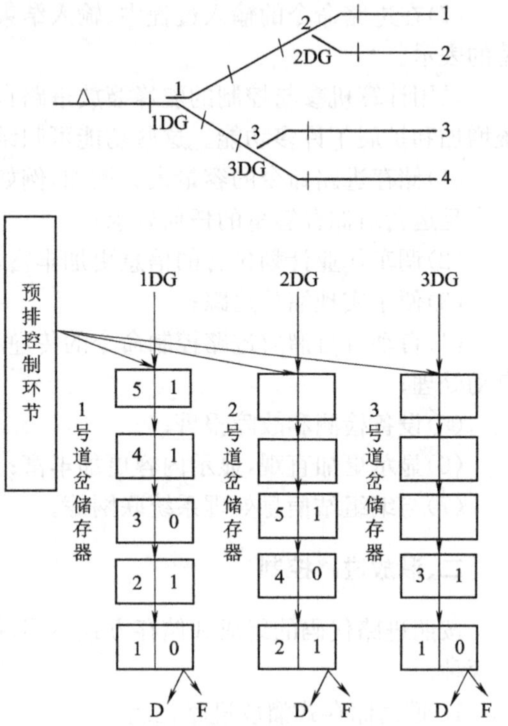

图 3-1 道岔储存式设备框图

在溜放开始前，作业员发出启动命令后，各道岔储存器输出第一个道岔控制命令控制道岔转换，为经由各道岔的第一个车组（除第一分路道岔外，不一定是第 1 钩车）准备好一段进路。不难看出，道岔储存器中道岔控制代码的输入顺序和输出顺序是一致的。图 3-1 中的道岔储存器最下面的储存单元最先储入代码，且最先输出并执行代码。输出并执行一个代码后，对应车组进入道岔轨道区段该代码即被取消，随之后面的代码依次向前（图中向下）传递，车组出清道岔轨道区段，输出并执行一个代码，为后续车组准备一段进路。这样，在溜放车组的作用下，代码一个一个地输出、执行、取消，直到各道岔储存器最后一个代码输出、执行和取消，一个车列车组的溜放也告结束。

由此例可见，道岔储存式溜放进路控制特点：是将进路控制命令转换成对进路上各道岔的控制命令，并将其储存在对应的各道岔所设的道岔储存器中。道岔储存器设有若干个储存单元。“1”代表道岔反位，“0”代表道岔定位，进路命令在车组的作用下：储存、输出、执行、取消。

2. 进路储存式溜放进路控制

(1)特点

储存器：记忆单元，在车组的作用下顺序输出进路命令。传递器：由若干传递环节组成，传递环节的作用是接收、暂存、执行进路命令。进路命令和溜放车组一一对应，进路命令在溜放车组的作用下一级一级向下传递。进路命令的传递先于车组的溜放，为溜放车组铺路。

进路储存式溜放进路控制是以进路为基点编制溜放进路控制代码，并只设一个进路储存器储存进路代码。确定了一条溜放进路后，也就确定了该进路上的道岔位置，因此可以由进路上道岔位置控制代码编制成进路命令代码。进路代码分级控制进路上的道岔。这种控制方式一般设置进路代码储存器和代码的分级传递执行器。后者在继电溜放进路控制设备中称传递器。代码的分级传递和执行以及取消均由溜放车组控制。

我们以图 3-2 所示的站场对应的设备结构框图为例，进一步讨论进路储存式溜放进路控制系统的构成原理。图中设备由进路代码储存器和代码的分级传递执行器两部分组成。图中所示的站场有四条调车线，三组道岔。框图中的进路储存器用来储存进路代码。预排环节或是将操作人员按压按钮的操作转换成进路代码；或是自动将调车作业计划转换成进路代码。进路代码按输入的顺序储存在进路储存器中。图中的 C_1、C_2、C_3 组成传递和执行进路代码的传递器，一般称作道岔传递环节。对应每一组分路道岔设置一个道岔传递环节。各传递环节有相似的功能，即在车组的作用下，接收、暂存、执行、下传、取消进路代码。

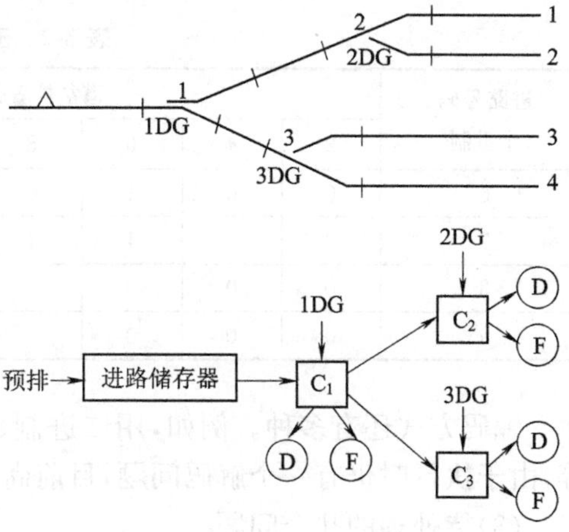

图 3-2　进路储存式设备框图

溜放作业开始前，按照调车作业计划将各溜放车组的进路代码按溜放顺序储存在进路储存器中，进行溜放启动操作后，第一溜放车组的进路代码传递到第一分路道岔传递环节 C_1，控制第一分路道岔（1 号道岔）转换至规定位置。第一溜放车组溜放到第一分路道岔轨道区段，在轨道条件 1DG 的作用下，代码按进路开通方向下传给 C_2 或 C_3 后，我们假定为 C_2（1FBJ↑），代码从 C_1 中取消，并控制第二分路道岔转换至规定位置。第一溜放车组到达第二分路道岔轨道区段，代码被取消。后续溜放车组的代码传递和执行过程和第一溜放车组是一样的。

(2)进路代码的编码方式

由于构成溜放进路控制系统的元、器件多为二值的，例如，继电器的吸起和落下；电子元器件输出端的高电位和低电位等，一般以“0”和“1”表示。不难看出，用十进制表示的驼峰调车线号与二值数之间需要有一个编码和解码过程。进路代码可以有多种编码方式，它直接影响使用电路元件或占用计算机内存空间的多少，以及电路结构或计算机软件的繁简等技术经济指标。

以进路上的道岔位置来编码是一种被广泛采用的编码方式。因为道岔位置能决定开通的进路。以图 3-3 所示的站场为例，图 3-3 编码进路以进路上的道岔位置来编码，每条溜放进路包括有五级（个别为四级）分路道岔。例如，2 号、4 号道岔定位、6 号道岔反位、8 号道岔定位、12 号道岔反位，开通去 6 股道的进路。也就是说，6 股道进路的代码为“定、定、反、定、反”。若按前面的假定，以“0”码控制道岔至定位；以“1”码控制道岔至反位，则进路代码为“00101”。

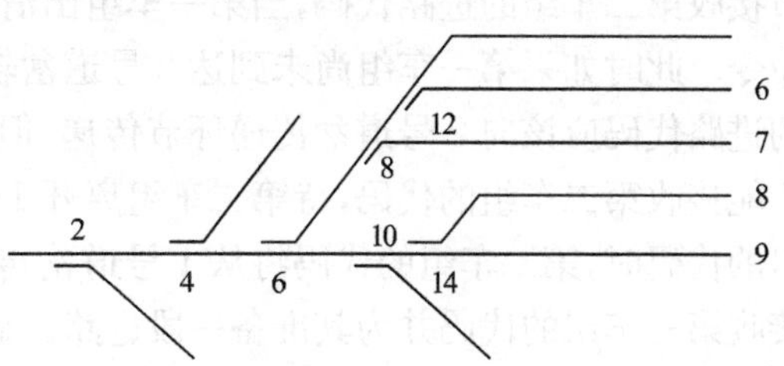

图 3-3　编码进路

根据图 3-3 的局部站场和上述的编码原则，这里给出由五个二进制数组成的进路代码，列于表 3-2 中。其中的“00000”码是 9 股道的进路代码。通常为了将这样的代码与无码的定位状态相区别，在使用中需要作特殊处理。例如，有的方案增加一个信息位，即把上述的五位码改为六位码，信息码的“1”为有效码，“0”为无效码。例如“100000”码为 9 股道的有效代码，而

“000000”为无效码。

表 3-2 五级道岔进路编码表

进路号码（十进制）	道岔位置代码							进路代码			
	2	4	6	8	10	12	14	6	7	8	9
6	0	0	1	0		1		00101			
7	0	0	1	1					00110		
8	0	0	0		0		1			00001	
9	0	0	0		0		0				00000

编码方式还有多种。例如，用二进制、十进制数直接作为调车线的代码及线束股道编码等，由于执行时仍有一个解码问题，目前尚少采用。

(3)待处理的几个问题

正如前述，代码的传递、执行、取消必须在车组的作用下完成。而在进路控制代码的分级传递执行中，有几个问题必须引起注意。

①“钓鱼”问题

俗称的“钓鱼”是指车组已越过峰顶，但因故车钩未能提开，这时需要回牵。如果回牵前，未提开钩的过峰车辆已进入第一分路道岔轨道区段，那么，它的进路代码将在车组压入第一分路道岔轨道区段时向下级传递。回牵后（车组出清第一分路轨道区段），第一分路道岔就要按照后续车组的进路代码转换，而重新溜放的仍是前一车组，如不进行特殊处理，前一车组以及后续车组都将溜错股道。

②道岔传递环节储存容量问题

如果设计的每一个道岔传递环节只能暂储一个进路代码，当仅设道岔传递环节时，如果发生图 3-4 所示的情况将产生丢失进路代码的问题。图中 1 号道岔与 2 号道岔之间距离较长，它们之间可能有两个或两个以上的车组同时在溜放，如图所示的情况有四个车组。当第一车组进入 1 号道岔轨道区段，它的进路代码就传到 2 号道岔传递环节并从 1 号道岔环节中取消。1 号道岔环节接收第二车组的进路代码，当第一车组出清 1 号道岔轨道区段，1 号道岔执行第二车组的进路命令。此时如果第一车组尚未到达 2 号道岔轨道区段，而第二车组已进入 1 号道岔轨道区段，它的进路代码应该向 2 号道岔传递环节传递，但由于 2 号道岔传递环节已存储第一车组的代码而不能接收第二车组的代码，待第二车组离开 1 道岔轨道区段，2 道岔传递环节还不能接收第二车组的代码时，第二车组的代码将从 1 号道岔传递环节中被强迫取消。因为 1 号道岔传递环节要接收第三车组的代码并为其准备一段进路。显然，第二车组的代码丢失了，造成第二车组溜错股道。增加了岔间暂存代码的环节或增加道岔传递环节储存代码的数量就不难解决这一问题了。

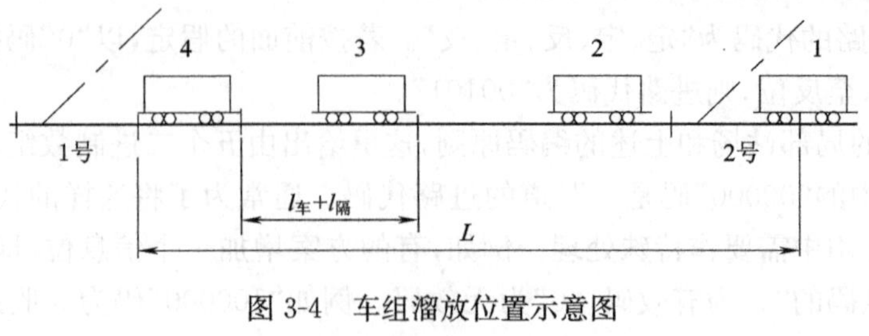

图 3-4 车组溜放位置示意图

岔间传递环节或道岔传递环节容量可按下式计算：

$$n=\frac{L}{l_{车}+l_{隔}} \tag{3-1}$$

或

$$n=\frac{L}{l_{车}+l_{隔}}-1 \tag{3-2}$$

式中　n——岔间传递环节数或道岔传递环节储存容量；

$l_{车}$——最短车组长度；

$l_{隔}$——相邻车组应保持的最小间隔；

L——相邻两道岔轨道电路区段之间的距离。

比较式(3-1)和式(3-2)，后者少设置一个岔间传递环节或道岔传递环节储存容量减1。这是由环节接收代码的时机决定的。当无论车组是否出清轨道区段，只要环节空闲，就可以接收新的代码，则采用式(3-2)计算岔间环节数量或储存容量。否则用式(3-1)。

③溜放"追钩"问题

由于推送或溜放速度调整不当或其他原因，溜放途中，相邻两溜放车组同时进入同一道岔轨道区段或追及连挂称为追钩。这时在调车作业计划上的两钩车合并成一钩车，因而在传递器中就多出一条进路代码，如不进行处理，也会造成后续车组都溜错股道的问题。

第二节　继电溜放进路控制设备

继电进路储存式溜放进路控制也叫驼峰道岔自动集中，是一种驼峰溜放进路的半自动控制设备。它是由储存器和传递器组成。容量定为24钩，对超过24钩的车列可采取一次预排和边溜边排方式。每个储存单元继电器的数量为6个。

溜放进路的预排方式有两种：

(1)全预排方式(自动方式)

在车列解体前，预先储存部分或全部车组的进路命令(代码)，即按调车作业计划顺序按压进路按钮，按压一个进路按钮储存一条进路代码。在车组正常溜放时，操作人员一般无须参与进路的控制，而只起监督作用和异常情况出现时的处理。

(2)半预排方式(半自动方式)

在车组溜放前，按压进路按钮，输入该车组的一条进路命令。

在储存进路代码的过程中，发现错误应允许立即纠正；储存完毕，应允许对储存内容进行检查，检查时发现错误亦可进行纠正；溜放过程中，可以办理进路代码的取消和增加，并能变更即将溜放车组的进路代码，以在其溜放前，改变它的溜放进路。

在控制台或显示屏幕上有完善和清晰的表示，对保证正确的预排和作业计划变更以及纠正错误是十分必要的。在设计时应给予充分的考虑。

一、进路储存器电路结构和工作原理

进路储存器储存的是进路代码，储存器中设有若干储存单元，每个储存单元可以储存一条进路代码。这些储存单元可以串联连接和并联连接。串联式储存器连接如图3-5所示。

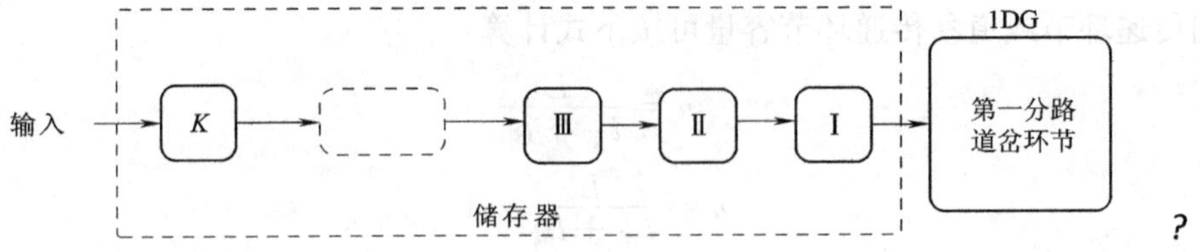

图 3-5 串联式储存器结构框图

图中标有Ⅰ、Ⅱ、Ⅲ……K 的小方框是储存单元。这种储存器结构本身就保证了输入与输出顺序的一致。储存进路代码时，代码首先输入第 K 单元，这时只要前面的单元空闲，代码就自动向前面单元传递，直至Ⅰ单元，第二车组代码存入Ⅱ单元，……依次存入进路代码。溜放开始，Ⅰ单元的代码首先输出，并为第一车组准备好一段进路。储存器中的其他各单元的代码自动依次向前一单元传递。随后，在溜放车组的作用下，储存之代码一个一个地输出。

并联式储存器结构框图如图 3-6 所示。

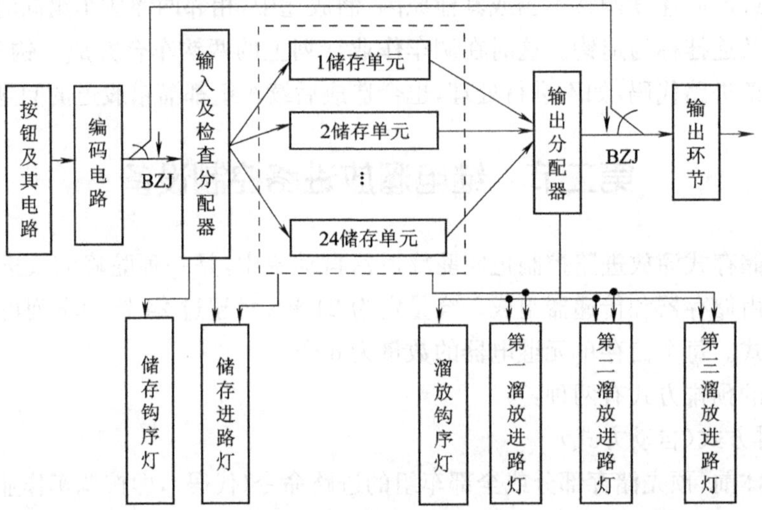

图 3-6 并联式储存器结构框图

图 3-6 中包括有储存和检查、表示环节。它也是由若干个(这里是 24 个)储存单元组成。由于各储存单元是并联的，每一条进路代码只与一个储存单元发生关系。为了保证输入与输出顺序的一致，设置有输入分配器和输出分配器。以及用于顺序检查储存结果的检查分配器。表示环节给出储存、检查及待溜车组的进路控制命令(代码)的储存情况。

1. 输入和编码电路环节

输入环节由一些按钮继电器电路组成，记录操作人员按压按钮的动作。按钮继电器电路原理图如图 3-7 所示。

这些继电器分别为：

(1)二个清零继电器 QLJ_1、QLJ_2

由三位式清零按钮 QLA 控制。用于清除储存器中的所有残留进路代码，使其处在开始工作状态。

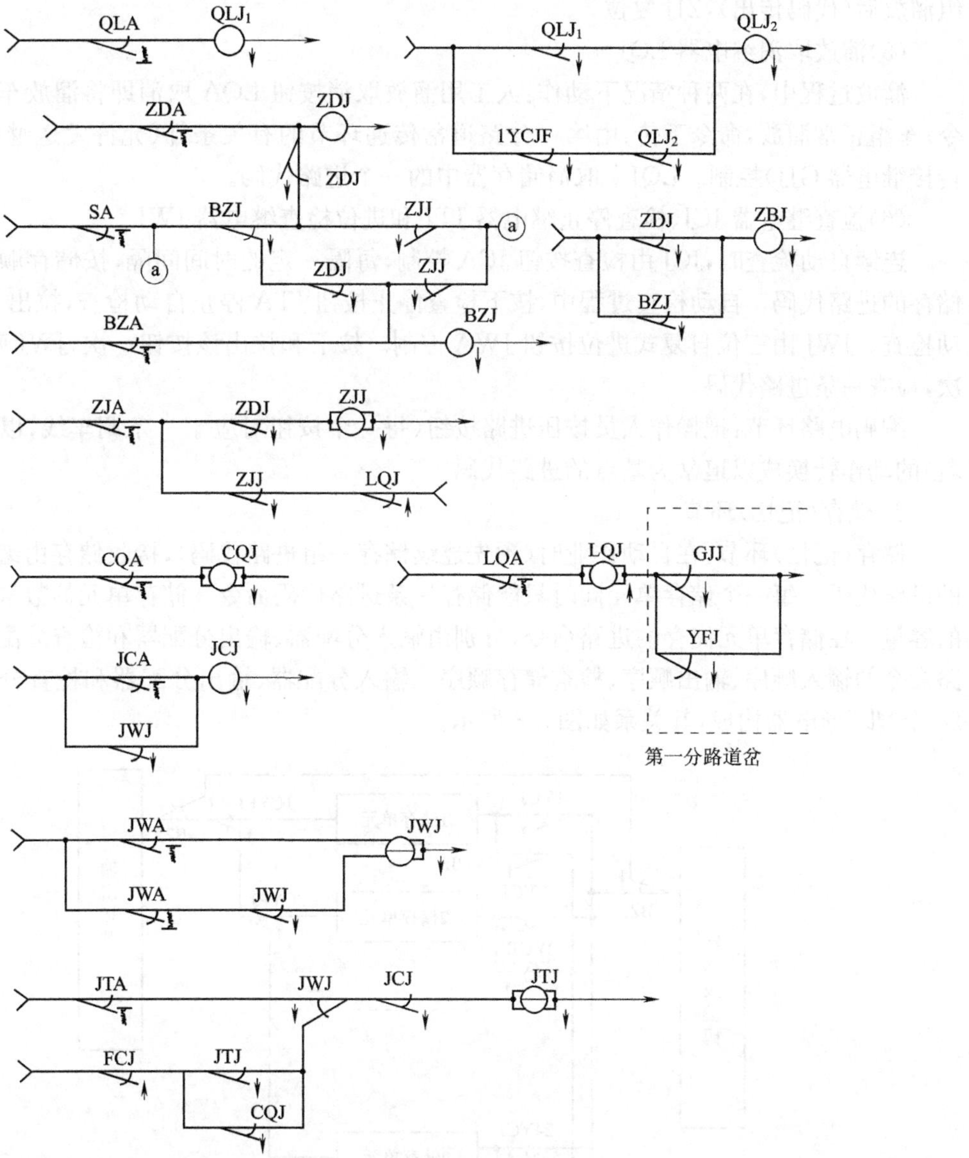

图 3-7　按钮继电器电路原理图

(2)自动继电器 ZDJ 和半自动继电器 BZJ

由手动按钮 SA、半自动按钮 BZA、自动按钮 ZDA 控制。用 BZJ 和 ZDJ 来区分三种作业状态。BZJ↓和 ZDJ↓为手动方式;BZJ↑为半自动方式;ZDJ↑为自动方式。办理增加(增加一钩代码)作业时,相当半自动方式,此时,BZJ 由增加继电器控制吸起。

(3)储存取消继电器 CQJ

由储存取消按钮 CQA 控制。用于在储存进路命令过程中取消刚储存的那一条进路代码。或在检查过程中取消检查到有误的那一条进路代码。

(4)增加继电器 ZJJ

由增加按钮 ZJA 控制。在溜放过程中用于增加进路控制命令。增加的代码所对应的车组溜放后(代码传出),ZJJ 复位。

(5)溜放取消继电器 LQJ

溜放过程中,在两种情况下动作:人工用溜放取消按钮 LQA 取消即将溜放车组的进路命令;车组正常溜放,命令下传,由第一分路道岔传递环节的有关条件(允许发送继电器 YFJ 和转接继电器 GJJ)控制。LQJ↓取消储存器中的一个进路代码。

(6)检查继电器 JCJ、检查停止继电器 JTJ 和进位检查继电器 JWJ

连续自动检查时,JCJ 由检查按钮 JCA 控制,每隔一定的时间间隔,按储存顺序连续检查储存的进路代码。自动检查过程中,按下检查停止按钮 JTA 停止自动检查,拉出 JTA 继续自动检查。JWJ 由三位自复式进位按钮 JWA 控制。按下和拉出该按钮一次,JWJ 吸起、落下一次,检查一条进路代码。

编码电路环节:把操作人员按压进路按钮(每一个按钮对应于一条调车线,以调车线号命名)的动作转换成以道岔为基点的进路代码。

2. 储存(记忆)环节

储存(记忆)环节:在自动作业时(预先连续储存一组进路代码),接收储存由编码环节输出的进路代码。每一个储存单元同时只能储存一条进路代码命令。储存单元的数量即为储存器的容量。在储存单元储存的进路命令,分别由输入分配器、输出分配器和检查分配器来保证进路命令的输入顺序、输出顺序、检查储存顺序。输入分配器、输出分配器和检查分配器主要由 24 个"步"继电器构成,其关系如图 3-8 所示。

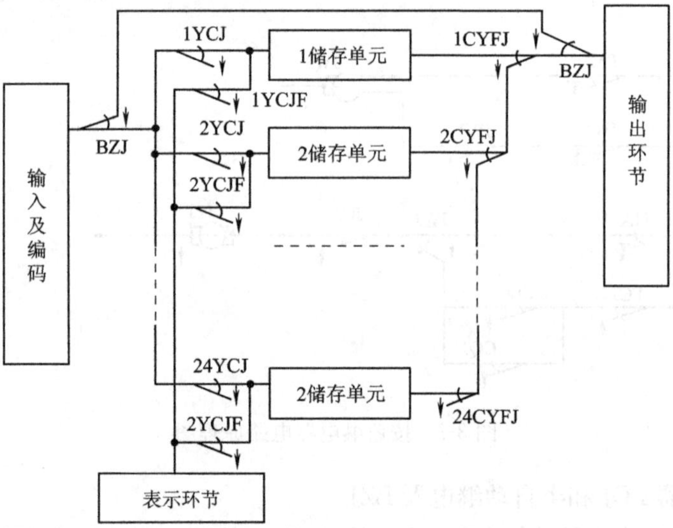

图 3-8 进路代码输入、输出、检查关系示意图

具体如下:

(1)输入分配器设有 24 个允许储存继电器(1～24)YCJ,每按压一个进路按钮,储存一条进路命令后,输入分配器步进一步,即 nYCJ↓→(n+1)YCJ↑。每一个 YCJ 对应于一个储存单元,即 1YCJ 对应 1 储存单元,2YCJ 对应 2 储存单元……

(2)输出分配器设有 24 个储存允许发送继电器(1～24)CYFJ。溜放开始后,储存单元中的一条进路命令输出或被取消,CYFJ 步进一步,每一个 CYFJ 亦对应于一个储存单元,即

1CYFJ 对应 1 储存单元，2CYFJ 对应 2 储存单元……

(3)检查分配器设有 24 个“步”继电器，称允许储存复示继电器(1～24)YCJF。它们在办理储存时，是 YCJ 的复示继电器，检查时，自动或人工控制 YCJF 步进。

在储存单元中设有若干个用于记忆进路代码的记忆继电器 J。其数量由溜放进路上的最大分路道岔数决定。每级分路道岔设一个 J。且 J↑表示为 1 码，J↓表示为 0 码。

为了区分储存单元是否储有进路代码，在每一个储存单元中还设有一个零记忆继电器 0J(信息码位)。0J↑表示储存单元已储存进路代码。储存环节电路原理图如图 3-9 所示。

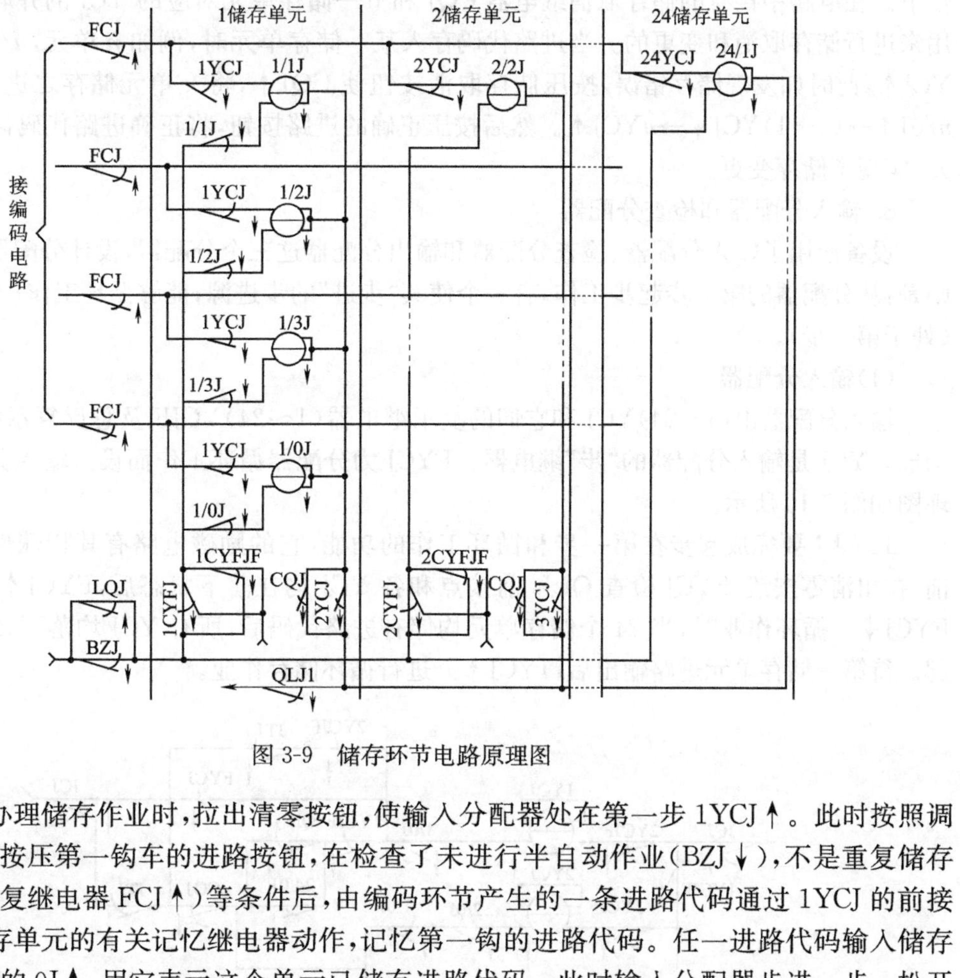

图 3-9　储存环节电路原理图

当开始办理储存作业时，拉出清零按钮，使输入分配器处在第一步 1YCJ↑。此时按照调车作业计划，按压第一钩车的进路按钮，在检查了未进行半自动作业(BZJ↓)，不是重复储存代码(防止重复继电器 FCJ↑)等条件后，由编码环节产生的一条进路代码通过 1YCJ 的前接点使第 1 储存单元的有关记忆继电器动作，记忆第一钩的进路代码。任一进路代码输入储存单元，该单元的 0J↑，用它表示这个单元已储有进路代码。此时输入分配器步进一步。松开进路按钮后切断记忆继电器的励磁电路，记忆继电器靠自闭电路保持在励磁状态，代码的储存靠记忆继电器的自闭电路实现。为了在几种情况下保持代码，记忆继电器有多条自闭电路，自闭电路要在下例几种情况构通。

①未轮到本单元发送进路代码。单元对应之 CYFJ 在落下状态；图中 CYFJ 和 CYFJF 接点并接以便在 CYFJ 接点转换时不切断自闭电路；

②轮到本单元发送进路代码，但代码尚未发送出去，即溜放取消继电器 LQL 尚在吸起状态；

③半自动作业时，BZJ 在吸起状态；

④手动作业时，由于未送出传递电路工作的条件电源，用第一分路道岔传递环节的 YFJ↓使 LQL 保持在吸起状态。

储存的代码在出现下列情况之一时将被取消：

①人工取消——包括总取消、变更取消(储存或检查过程中)、溜放取消(取消待溜车组代码)；

②溜放自动或强迫取消——代码正常下传自动取消或强迫取消(车组已出清轨道区段，代码未传出而被强迫取消)。

办理总取消时，由 QLJ↑切断记忆继电器的负电源，使所有储存单元的记忆继电器均失磁落下。在电路中接有的储存取消继电器 CQJ 和下一储存单元对应的 YCJ 的并联接点条件是用来进行储存取消和变更的。当进路代码存入某一储存单元时，例如 n 单元，n/0J↑，(n+1)YCJ↑，此时如发现储存错误，按压储存取消按钮使 CQJ↑，将 n 单元储存之进路代码取消，n/0J↑→(n+1)YCJ↓→nYCJ↑。然后按压正确的进路按钮，将正确进路代码储入 n 储存单元，实现了储存变更。

3. 输入分配器和检查分配器

设备使用了输入分配器、检查分配器和输出分配器这三个分配器，设计分配器应遵循的原则是：从分配器的第一步起步工作，有一个使其“步进”的步进源；能够循环工作；不能自动复零(处于第一步)。

(1)输入分配器

输入分配器由(1～24)YCJ 和它们的复示继电器(1～24)YCJF 及总反复示继电器 FYCJ 构成。YCJ 是输入分配器的“步”继电器。FYCJ 为分配器循环工作而设。输入分配器电路原理图如图 3-10 所示。

1YCJ↑要完成起步在第一步和循环工作的功能，它的励磁电路有其特殊性。开始储存前，拉出清零按钮，FYCJ 检查 QLJ_2 前接点和各 YCJ 均在落下状态后，FYCJ↑→1YCJ↑→FYCJ↓。循环作业时，当 24 个储存单元均储有进路代码后，所有 YCJ 均落下，FYCJ 重新吸起。待第一储存单元进路输出后，1YCJ↑。进行循环储存作业。

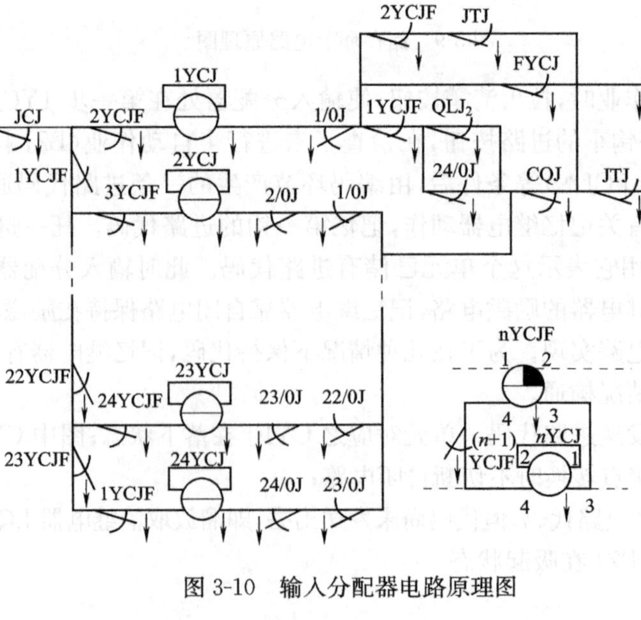

图 3-10 输入分配器电路原理图

YCJ 由对应之储存单元(例如 n 单元)和下一个储存单元($n+1$ 单元)是否储有进路代码,即 n/0J 和($n+1$)/0J 的状态控制进位。当 nYCJ 对应的 n 储存单元储有代码,n/0J↑,($n+1$)储存单元空闲,($n+1$)/0J↓,使($n+1$)YCJ↑。为了保证同时只有一个 YCJ 在吸起状态,任一个 YCJ 的励磁电路中还接有它后面的 YCJ 的后接点。(1～24)YCJF 在输入分配器中作为(1～24)YCJ 的复示继电器,它们的 3-4 线圈并接在 YCJ 的 3-4 线圈上。

输入分配器的"步"继电器与命令输入环节和储存单元一一对应的逻辑关系已在图 3-10 中给出。

(2)检查分配器

上例的自动集中设备是将检查分配器并入输入分配器。即检查分配器是利用输入分配器中设有的 24 个允许储存继电器的复示继电器(1～2 4)YCJF 的 1-2 线圈,作为检查分配器的"步"继电器。检查分配器电路原理图如图 3-11 所示。除了 24 个 YCJF 外,检查分配器还设有三个脉动继电器 JMJ、JMJ_1、JMJ_2。

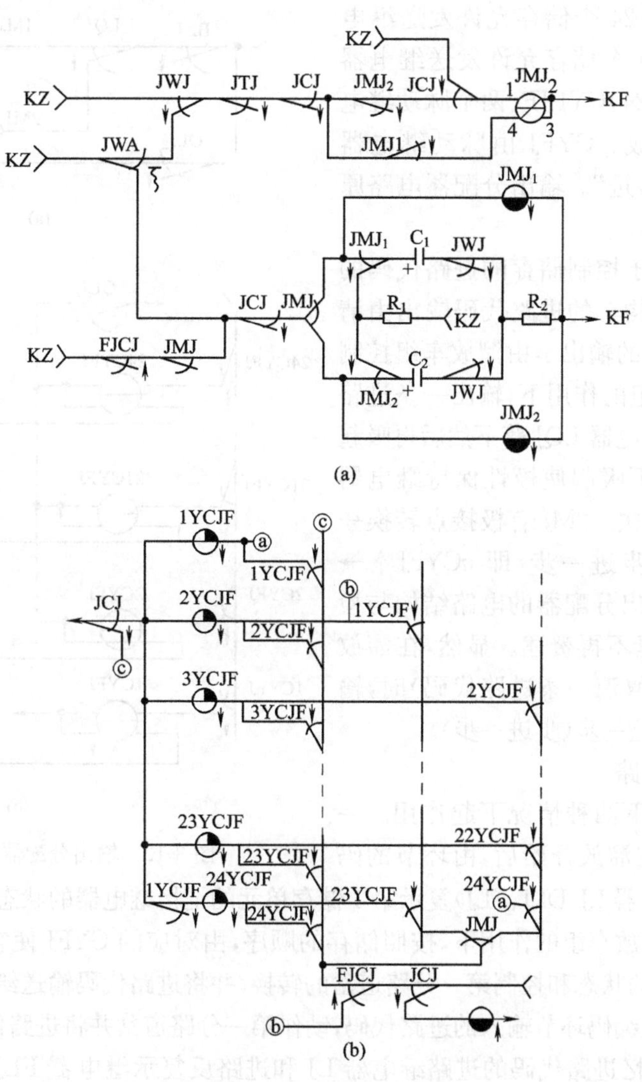

图 3-11　检查分配器电路原理图

在检查作业中，YCJF(1、2)线圈受检查脉动继电器 JMJ 控制顺序“步进”。检查开始，JCJ↑→FJCJ↑缓放→2YCJF↑，检查第一单元的命令，即用下一单元对应之 YCJF↑点亮本单元的进路表示灯。

在检查环节中的按钮继电器包括有检查继电器 JCJ、进位继电器 JWJ、检查停继电器 JTJ、检查反复示继电器 FJCJ。检查时，由三个脉动继电器构成检查脉动偶，当 JMJ 以一定的间隔时间脉动时，用它的接点使 YCJF 进位。以自动检查（连续逐钩检查）为例，当按压检查按钮后（JCJ↑），JMJ_1 和 JMJ_2 以一定的时间间隔变位，即按下 JCA→JCJ↑→JMJ_2↑→JMJ（转极）→JMJ_1↑→JMJ_2 缓放→JMJ（转极）→JMJ_2↑→JMJ_1 缓放→JMJ（转极）…。JMJ_1 和 JMJ_2 变位一次，JMJ 转极一次，YCJF 经 JMJ 的有极接点和前一个 YCJF 的前接点励磁，分配器步进一步，即 nYCJF↑→(n−1)YCJF↓。检查分配器的进位间隔时间由 JMJ_1 和 JMJ_2 线圈并联的电阻和电容决定。进位检查时，检查一个储存单元代码的时间由按压进位按钮的时间决定。

4. 输出分配器电路

输出分配器由 24 个储存允许发送继电器(1～24)CYFJ、24 个储存允许发送继电器的复示继电器(1～24)CYFJF、两个脉动继电器 1MJ 和 2MJ 组成。CYFJ 由脉动继电器 2MJ 的转极控制“步进”。输出分配器电路原理图如图 3-12 所示。

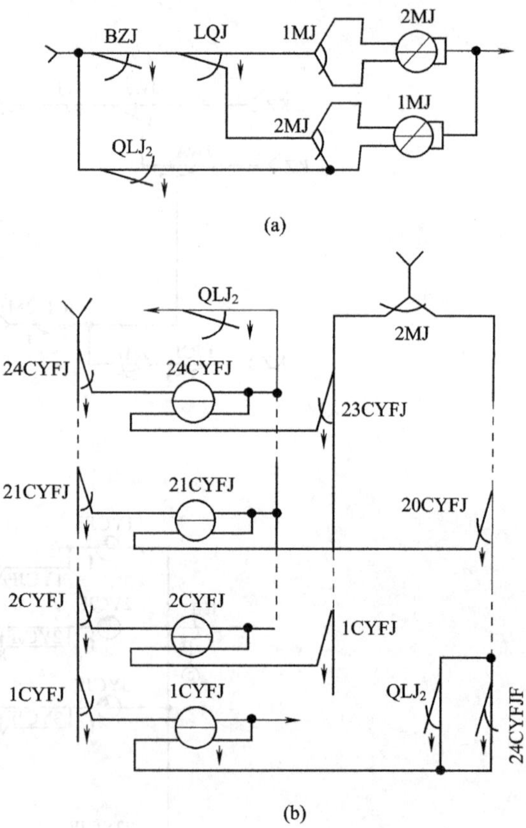

图 3-12 输出分配器电路原理图

输出分配器用于控制储存的进路代码的输出顺序。除第一钩车的进路代码输出由清零条件控制外，代码的输出是由溜放车组控制的。在一个溜放车组的作用下，输出一条进路代码，使溜放取消继电器 LQJ 落下然后再吸起一次，由 LQJ 的落下吸起使极性保持继电器 1MJ 和 2MJ 转极一次。2MJ 有极接点转换一次，使输出分配器步进一步，即 nCYFJ↑→(n−1)CYFJ↓。输出分配器的电路结构与检查分配器相似，这里不再赘述。显然，在溜放过程中，办理取消（取消一条进路代码）时，输出分配器亦要跳过这一步（步进一步）。

5. 输出环节电路

输出环节在以下两种情况下起作用。一个是自动作业时，在溜放开始后，由环节的码位继电器（进路继电器 LJ、DLJ、FLJ）复示第 1 储存单元的记忆继电器的状态，并控制第一分路道岔转换。然后，在溜放车组的作用下，按照储存的顺序，由对应的 CYFJ 使它们逐个复示相应储存单元记忆继电器的状态和控制第一分路道岔的转换，并将进路代码输送给传递器；另一个是半自动作业时，接收从编码环节输入的进路代码，动作第一分路道岔并将进路代码传送给传递器。

输出环节由记忆进路代码的进路继电器 LJ 和进路反复示继电器 FLJ 组成。进路继电器的数量与储存单元中的记忆继电器数量相同。为了用继电器的有能状态控制道岔的转换，将控制第一分路道岔的一个 3LJ 改设成两个，即定位进路继电器 3DLJ 和反位进路继电器 3FLJ。输出环节电路原理图如图 3-13 所示。

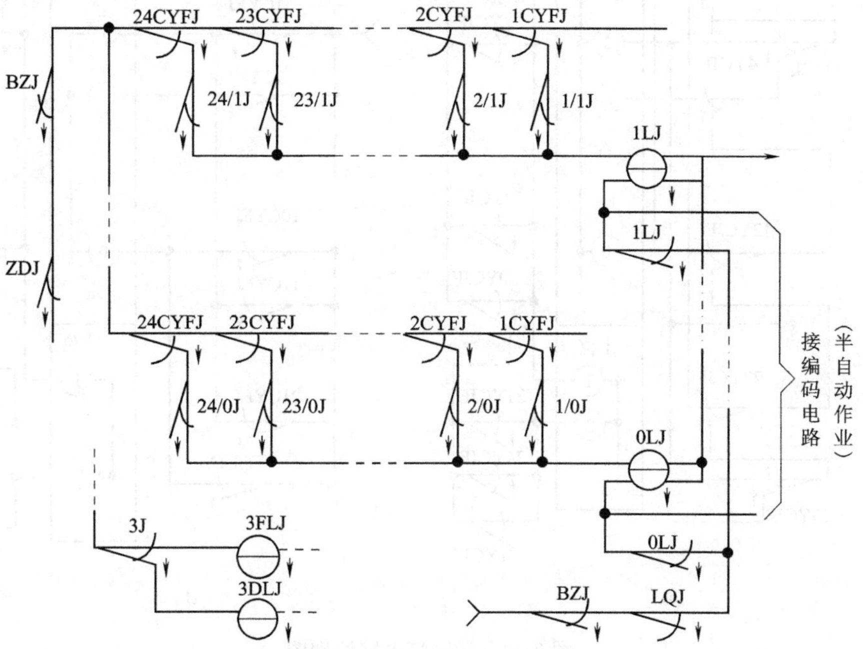

图 3-13　输出环节电路原理图

自动作业时，由输出环节的 LJ 复示到输出的储存单元的记忆继电器 J 的状态。当 nCYFJ↑和 n 单元的有关 J↑或↓，对应之 LJ↑或↓（3DLJ↑或 3FLJ↑）。此时同一条进路代码储存在第 n 储存单元和输出环节。在溜放车组的作用下，进路代码传送给传递器，进路代码从第 n 储存单元取消，使输出环节也同时取消此代码。

半自动作业时，输出环节从编码电路接收的进路代码通过溜放取消继电器 LQJ 和半自动继电器 BZJ 的前接点保持。在溜放车组的作用下，进路代码传出后，从输出环节取消。

在溜放过程中，办理增加作业时，电路动作与半自动作业相同。

6. 表示环节

为使值班员在办理预排进路时、预排结束后和溜放过程中，便于确认储存的进路代码是否正确，以及办理的增、删、变更是否正确实现，在控制台上设有储存钩序及进路、溜放钩序及进路的十进制数码表示灯。此外还设有作业状态等表示灯。

(1)储存、溜放钩序表示灯电路

储存、检查、输出钩序十进数码表示灯电路分别由输入分配器、输出分配器和检查分配器的“步”继电器接点接通。即：由 YCJ 接通储存钩序灯；CYFJ 接通溜放钩序灯；YCJF 接通检查钩序灯（与储存钩序灯合用）。图 3-14 给出十进数字钩序灯电路原理图。

图 3-14(a)为储存及检查钩序灯电路；它由输入分配器的步继电路 YCJ 的复示继电器 YCJF 点灯。清零后，由 QLJ_2↑点亮“0”数码灯。此时指示储存第一钩的进路代码。第一钩代码储存完毕，2YCJF↑，点亮“1”数码灯，指示储存第二钩进路代码……即钩序灯由下一钩对应的 YCJF 前接点点灯。

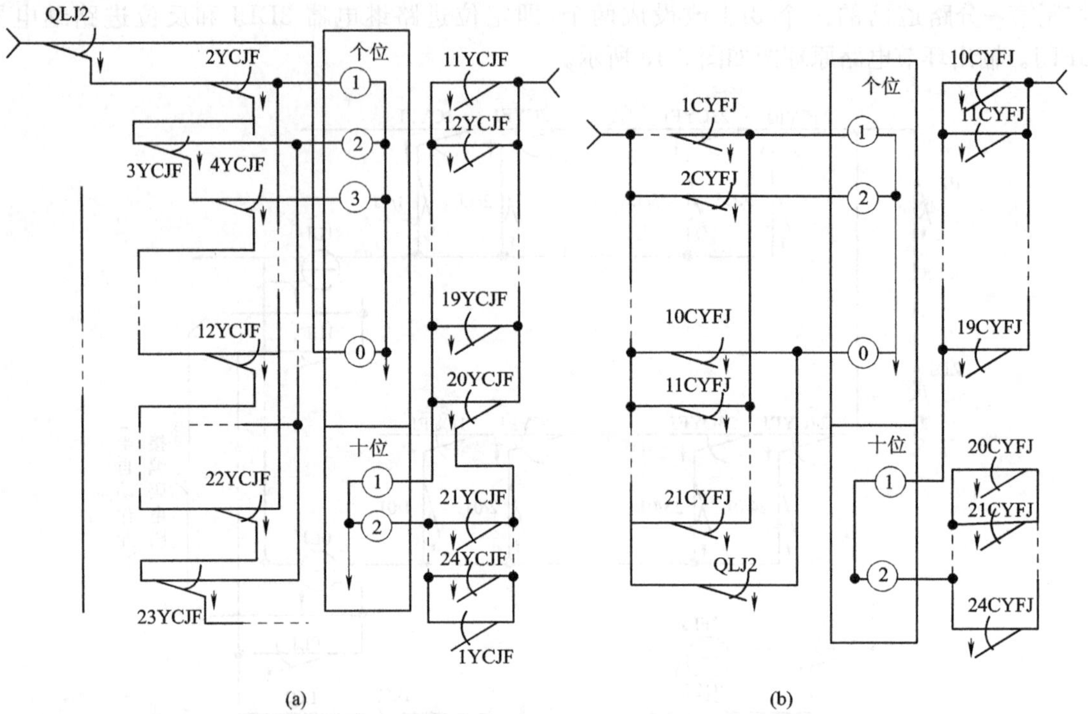

图 3-14 钩序灯电路原理图

当从第一钩自动检查时，2YCJF↑，点亮"1"数码灯，检查第一储存单元的代码……图 3-14(b)为溜放钩序灯点灯电路原理图。它们由对应的输出分配器步继电器 CYFJ 前接点点灯。

(2)储存、溜放进路十进数码表示灯电路

储存单元和输出环节储存的进路代码是以道岔位置编码的。这样的进路代码直接表示不直观，应通过译码电路将它们转换成与进路号一致的十进制数码表示。

二、传递器电路结构和工作原理

继电传递器的基本功能是在车组的作用下，为溜放车组正确、适时地分段建立溜放进路，即一级一级地控制溜放进路上的分路道岔转换。传递器电路属于执行组电路，因此，电路动作的安全可靠是十分重要。

1. 传递器电路应满足的技术条件

传递器电路应满足的技术条件：

①传递器应在车组的作用下动作，从储存器接收进路控制代码、分段传递和自动适时地转换道岔。

②进路上的道岔位置与进路代码不一致时，不允许向下一级道岔进路代码。

③传递器以进路上的道岔为基本单元设置电路环节时，环节空闲时才能接收进路代码，且应防止重复接收进路代码。

④相邻道岔间如果有多个车组溜放时，应保证不丢失进路代码。

⑤进路代码的传递不能滞后车组的溜放。

⑥发生追钩时，应能取消追钩车组的代码。

⑦集中控制的道岔，可分出单独控制，也可重新纳入集中控制。

⑧应具有必要的显示。

2. 继电传递器电路结构

从传递器完成的基本功能可知，为了使传递器在溜放车组的作用下分段传递、执行进路代码，对应各分路道岔，应该设置一些电路环节，一般称传递环节。这些电路环节完成进路代码的接收、寄存、执行、下传(传出后取消)。对应溜放进路上的每一个分路道岔设有一个道岔传递环节。两相邻道岔之间根据需要设置一个或多个岔间传递环节(又称中间传递环节)。环节之间按站场的拓扑结构连接。图 3-15 给出与图中站场对应的传递器部分结构框图。与其他溜放进路传递环节的连接用虚线箭头标示。

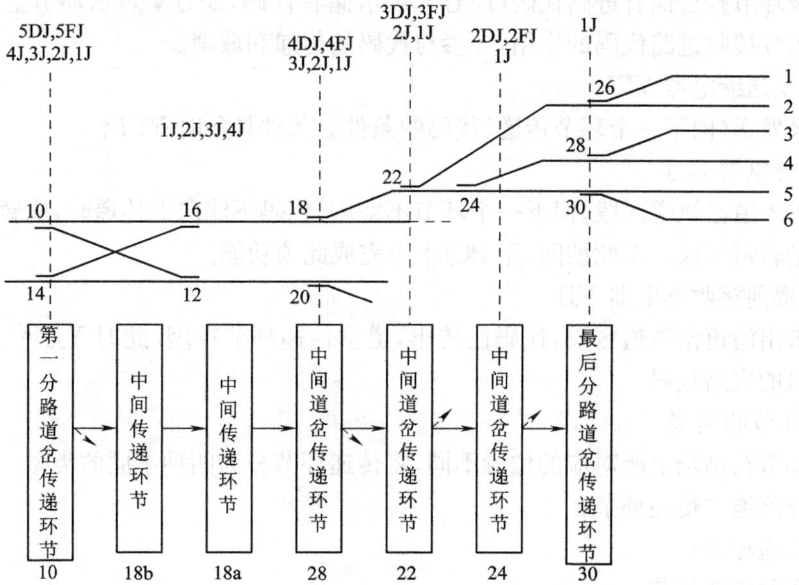

图 3-15　传递器结构框图

按照代码的传递要超前于车组溜放的原则，参照图 3-15，以 6 股道(1～6)的进路代码为例。溜放开始，由储存器输出环节的进路继电器控制第一分路道岔转换(10 号道岔)，为第 1 车组准备好一段进路。车组进入第一分路道岔轨道区段，进路代码向中间传递环节(18b)传递，传出后将此代码从储存器中取消并使输出分配器步进一步。中间传递环节分与轨道发生关系和不与轨道发生关系两种。对于不与轨道发生关系的中间传递环节，只要下一个传递环节空闲，进路代码就可以向下传递(18b→18a→18)。代码传出后，就从环节中取消。此时进路代码传递到 18 道岔传递环节(中间道岔传递环节)并转换 18 号道岔，为车组准备好第二段进路。待车组进入 18 道岔轨道区段，代码向下一环节(22)传递，转换 22 号道岔，为车组准备好第三段进路……车组进入 30 道岔轨道区段，代码被取消。

第一分路道岔传递环节作用比较特殊。它除了完成传递环节的基本功能外，还参与进路储存器进路代码的取消和控制输出分配器的步进。它利用储存器输出环节的进路继电器记忆代码和控制道岔的转换。岔间传递环节不需要具备执行进路代码的功能，只有接收、寄存、下传(取消)进路代码的功能。中间道岔传递环节的功能最多，除基本功能外，为了提高效率，当传递环节对应的道岔轨道区段有车占用，但环节空闲，可以提前接收代码(要待车出清才能执行)。

3. 继电器电路工作原理

(1)记忆继电器J

图3-15中所示的站场有五级分路道岔(图中用虚线标出)。站场为三级分路道岔,对应图3-15,以道岔位置编码的进路代码有五位,每一位用一个记忆继电器记录并控制一级道岔。不难看出,在溜放车组的作用下,随着进路代码的传递,已执行的码位就没有向下传递的必要了。因此,各传递环节中用于记忆进路代码的记忆继电器的数量是逐级递减的。中间道岔环节控制本级道岔的记忆继电器设两个(定位继电器DJ和反位继电器FJ),用于控制道岔的定位或反位。各传递环节设有的记忆继电器数量及名称已在图3-15中标出。

(2)保护继电器BHJ

用来记录环节是否储有进路代码(BHJ↑表示储有代码,BHJ↓表示环节空闲)。BHJ还起防止环节重复接收进路代码的作用,并参与代码的传递和取消。

(3)允许发送继电器YFJ

用来记录发送(向下一个环节传递)代码的条件。条件具备时YFJ↑。

(4)保持继电器BCJ

当车组进入道岔轨道区段,但下一个环节不空闲,代码不能向下传递时,应暂存代码,直到车组出清道岔轨道区段。在此期间,用BCJ↑来完成此项功能。

(5)允许提前接收继电器YJJ

车组尚未出清道岔轨道区段,代码已传出,道岔传递环节空闲,此时YJJ↑。允许提前接收下一个车组的进路代码。

4. 传递环节的类型

按传递环节在站场上所对应的位置不同,将传递环节分为四种不同的类型:

①第一分路道岔传递环节;

②岔间传递环节;

③中间道岔传递环节;

④最后分路道岔传递环节;

(1)第一分路道岔传递环节

图3-15中对应10和14号道岔的传递环节属于这一类。环节由BCJ、YFJ和转接继电器GJJ组成。如前所述,记忆代码和控制第一分路道岔转换是利用储存器中输出环节的进路继电器LJ(DLJ、FLJ)实现的。溜放过程中,储存器中一条进路代码的保存、下传和取消是由体现车组作用等的BCJ、YFJ、GJJ控制的。储存器输出环节和有关储存单元代码的取消条件由GJJ和YFJ构成。取消条件还参与控制储存器输出分配器的步进。

①转接继电器GJJ

在溜放车组的作用下,GJJ与本环节的YFJ配合构成取消条件,切断溜放取消继电器LQJ电路(LQJ↓)。取消条件在两种情况下构成;一是车组进入第一分路道岔轨道区段,该车组的进路代码传给下一个传递环节;一是车组已出清第一分路道岔轨道区段,代码尚未传出。一旦取消条件构成,就从储存器中取消这钩车的进路代码。GJJ电路原理图如图3-16(a)所示。图中给出的是10号道岔传递环节的例子。自动集中条件电源接通后,GJJ经本环节的10YFJ后接点和10DGJ前接点通电吸起并自闭。车组进入10号道岔轨道区段后,GJJ的自闭电路有三条:一条是在发送条件尚未构成时,经10YFJ↓自闭;第二条是下一环节未接收代码前，经下一环节的 BHJ↓自闭。下一环节是 18b 还是 20b 由 10 号道岔的控制代码内容确定。当 5DLJ↑时，由 5DLJ↑和 18bBHJ↓接点接通自闭电路。否则由 5FLJ↑和 20BHJ↓接点接通自闭电路；第三条是在车组占用 10 号道岔轨道区段期间，下一环节不空闲，代码传不出，经 BCJ↑接点接通自闭电路。环节发送条件构成，10YFJ↑切断第一条自闭电路；下一环节空闲，GJJ 转入第二条自闭电路自闭。若下一环节接收本环节的进路代码，BHJ↑切断第二条自闭电路，使 GJJ↓。若车组进入 10 号道岔轨道区段前，下一环节已存有前一车组的进路代码，车组进入区段后，GJJ 经第三条白闭电路（BGJ↑）自闭。待车组出清 10 号道岔区段，下一环节仍不空闲，由 DGJ↑切断自闭电路，使 GJJ↓。GJJ↓与 10YFJ 配合，切断 LQJ 电路，使 LQJ↓。综上所述，取消条件在代码正常下传或车组出清道岔区段代码尚未下传两种条件下构成。一旦取消条件构成，就从储存器中取消刚下溜钩车的进路代码。

②允许发送继电器 YFJ 电路

由它体现发送代码的条件，并与 GJJ 配合切断 LQJ 电路。10YFJ 电路原理图如图 3-16(b)所示。车组进入 10 号道岔轨道区段，10YFJ 经 10DGJ↓和 10GJJ↑接点通电吸起。10YFJ 用 10GJJ↑接点自闭。YFJ 随着 GJJ 的失磁落下而缓放落下，在此缓放期间构成取消条件。

③保持继电器 BCJ 电路

在车组占用道岔轨道区段期间，代码不能下传时，用 BCJ 保存代码。图 3-16(c)是 BCJ 电路原理图。车组尚未进入道岔区段前，如果下一传递环节存有代码（18bBHJ↑或 20bBHJ↑），显然，这是前一车组的代码，这时使 BCJ↑。用它接通 GJJ 的第三条自闭电路，保持这钩车的代码。如果在车组占用轨道区段期间，下一环节代码传出，就不需要 BCJ↑的条件了，此时 BCJ↓。

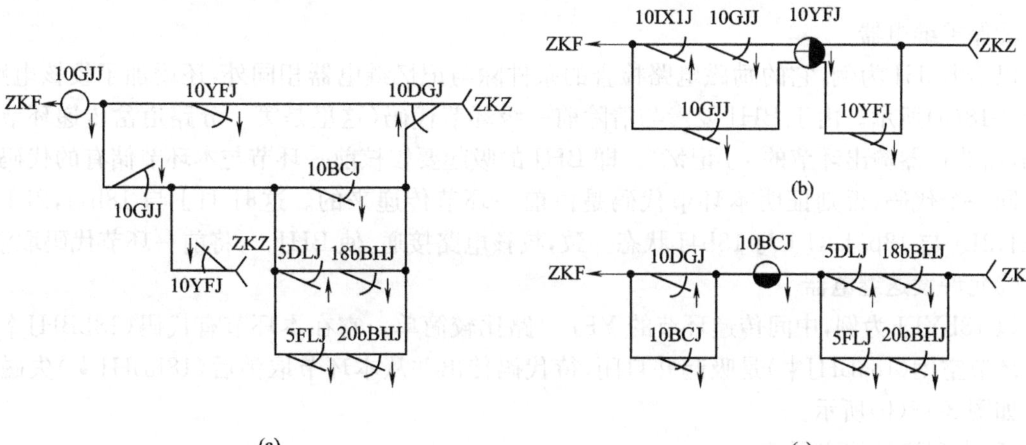

图 3-16　第一分路道岔传递环节电路原理

(2)岔间传递环节

中间传递环节只起寄存和传递进路代码的作用。它由若干记录代码的记忆继电器 J、一个保护继电器 BHJ 和一个允许发送继电器 YFJ 组成。对于不与轨道发生关系的中间传递环节来说，上一级环节具备发送代码的条件（发送代码），本环节空闲就可以接收代码。本环节有代码，下一级环节空闲就可发送代码，代码传出就自动从本环节取消。在图 3-15 中，10 与 18 号道岔之间设有两个中间传递环节 18b 和 18a。

①记忆继电器J电路

记忆继电器的数量与环节对应线路后续的分路道岔数相等。它们的励磁电路因环节所处位置不同而略有不同。图3-17(a)和(b)给出18b和18a中间传递环节记忆继电器电路原理图。对于紧接道岔传递环节的中间传递环节18b来说,记忆继电器励磁需要检查前级道岔位置与传递代码的方向一致(10DBJ↑、5DLJ↑)。当前级是中间传递环节时(如18a),记忆继电器只在前级具备发送条件(YFJ↑、18b1J↑)、本级空闲和不处于发送状态(18aBHJ↓、18aYFJ↓)后就可励磁。

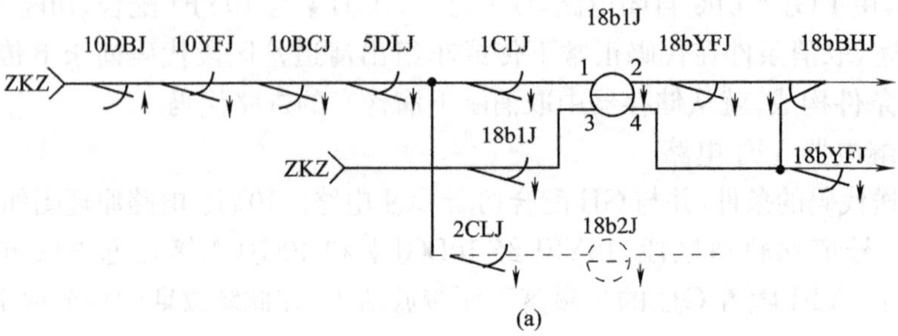

图3-17 中间传递环节BHJ、YFJ电路原理

②保护继电器

以18bBHJ为例,它的励磁电路检查的条件除与记忆继电器相同外,还增加了校核电路。如图3-18(a)所示。由于BHJ要参与清除前一级环节代码(这里是第一分路道岔传递环节的代码,曲储存器输出环节的LJ记忆)。即BHJ的吸起要校核前一环节与本环节储有的代码是否是同一个代码,否则证明本环节代码是由前一环节传递来的。这时1LJ与18b1J,2LJ与18b2J,3LJ与18b3J,4LJ与18b4J状态一致,校核电路接通,使BHJ↑,将前一环节代码取消。

③允许发送继电器

以18bYFJ为例,中间传递环节的YFJ电路比较简单。它在本环节有代码(18bBHJ↑),下一环节空闲(18aBHJ↓)是吸起并自闭,待代码传出并从本环节取消后(18bBHJ↓)失磁落下。如图3-18(b)所示。

(3)中间道岔传递环节

中间道岔传递环节。它除设有若干记忆继电器J、一个BHJ、一个YFJ外,还设有一个保持继电器BCJ和一个允许提前接收继电器YJJ。J、BHJ、YFJ和BCJ的作用和电路构成原理同前所述。

允许车组最短间隔是一个道岔轨道电路区段长度,为了加速进路代码的传递和执行,对于中间道岔传递环节,当代码已传给下一个环节,但车组尚未出清道岔轨道区段,即传递环节空闲但轨道区段占用,允许传递环节提前接收代码,为此设置YJJ。YJJ电路原理图如图3-19所示。显然,提前接收的代码不能下传,为此将YJJ的后接点接入YFJ中,在YJJ吸起期间,YFJ不能励磁,代码也就不能提前发送。

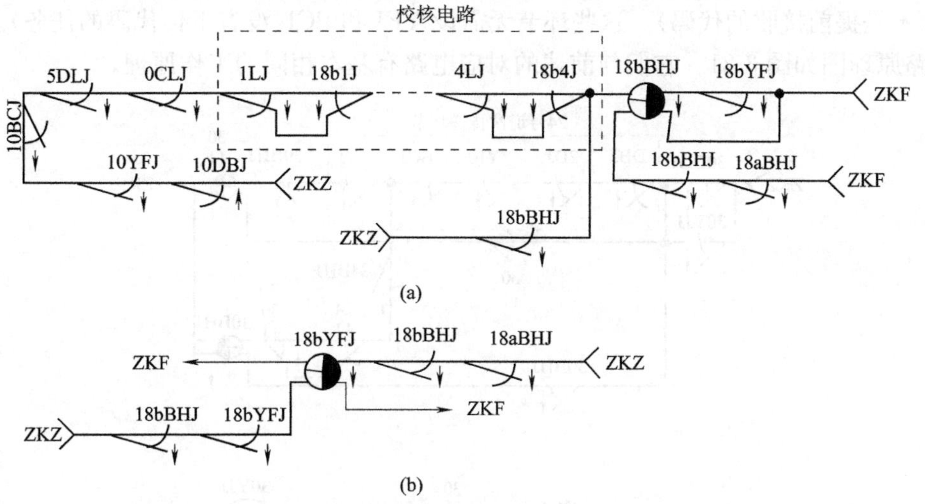

图 3-18　中间传递环节 BHJ、YFJ 电路原理

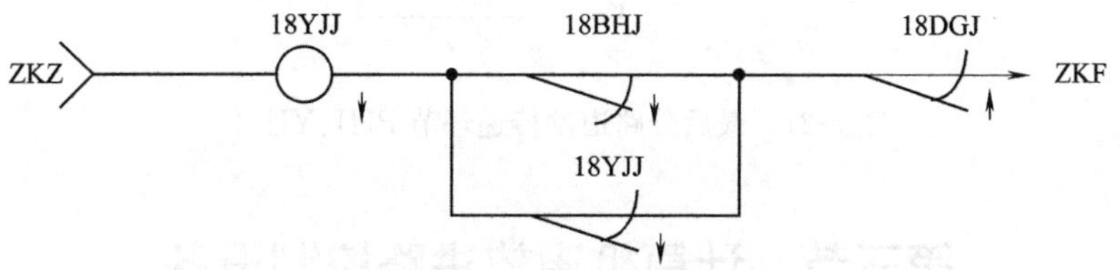

图 3-19　中间道岔传递环节 YJJ 电路原理

为了实现提前接收代码，环节的 J、BHJ、YFJ 励磁电路中增加了如图 3-20 所示的部分电路。在 J 和 BHJ 的励磁电路中加入了由 YJJ 和 DGJ 前接点并联的电路；在 YFJ 励磁电路中加入了 YJJ 的后接点。

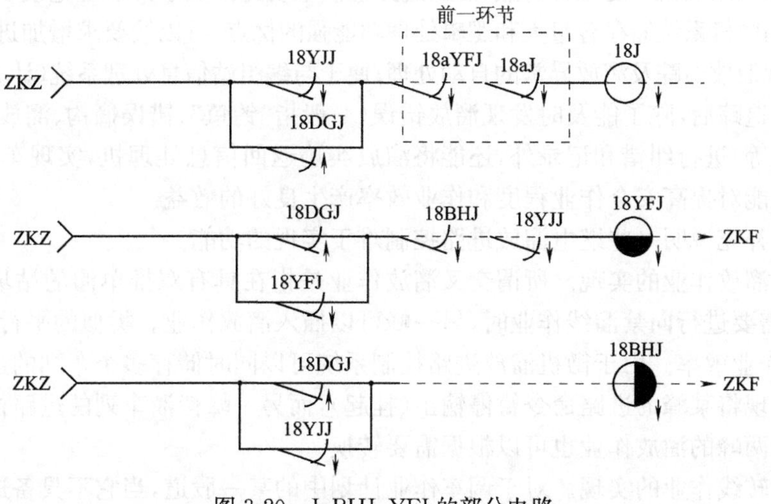

图 3-20　J、BHJ、YFJ 的部分电路

（4）最后分路道岔传递环节

最后分路道岔传递环节设有一个记忆继电器 J，一个保护继电器 BHJ 和一个允许提前接收继电器 YJJ。代码传递到最后道岔环节，执行后，对应之车组进入道岔轨道区段，代码被自

动取消(不是提前接收的代码)。这些环节无需设 YFJ 和 BCJ(没有下传代码的任务)。

电路原理图如图 3-21。它们与前述的对应电路有基本相同的工作原理。

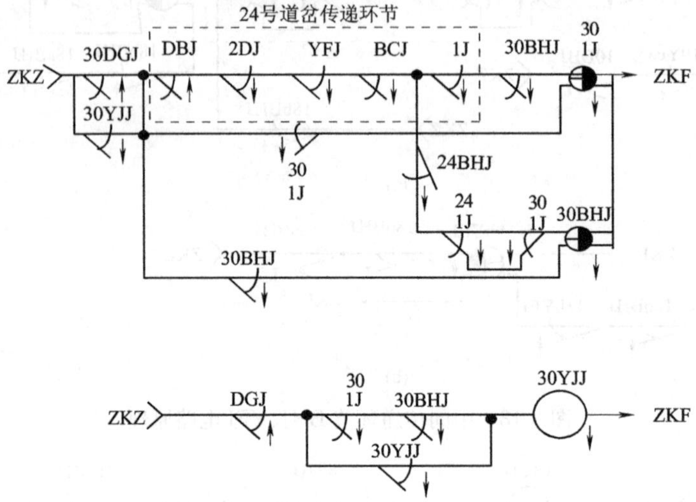

图 3-21 最后分路道岔传递环节 BHJ、YJJ、J

第三节 计算机溜放进路控制设备

微机主要完成溜放进路上分路道岔控制代码的存储、传递等功能。而执行部分(道岔转辙机控制电路)一般仍保留继电电路。

微机自动或半自动控制溜放进路设备除了要满足继电溜放进路控制的全部技术要求外,如第一节中所述,利用微机功能强等特点,溜放进路控制系统还扩展了许多继电设备难于达到的功能。例如,利用微机系统储存容量大和逻辑处理功能强的优点,可以按要求增加进路命令的储存容量;便于实现溜放追踪及溜放异常的自动处理;便于与编组站信息处理系统(计算机)联网等。

实现溜放追踪后,除了能及时发现溜放错误(一般指“钓鱼”、错误摘钩、溜放途中停车、“追钩”、进入异线等)进行纠错和记录外,还能将溜放实迹返回信息处理机,实现车辆跟踪和现车管理。这些功能对提高安全作业程度和作业效率产生良好的效益。

这里还要补充说明一些继电溜放进路控制难于实现的功能。

一是交叉溜放作业的实现。所谓交叉溜放作业是指在具有双推单溜的站场,某峰在溜放的过程中,当需要进行向禁溜线作业时,另一峰可以插入溜放作业。类似的平行作业应该允许进行,以提高作业效率。由于微机溜放进路控制系统可以同时储存多个车列的进路控制命令,使系统易于实现将某峰的进路命令暂停输出(挂起),而另一峰待溜车列的进路控制命令输出,并插入溜放。两峰的溜放作业也可以根据需要转换。

二是股道转线作业的实现。对于调车作业计划中的某一股道,当它不具备进车条件时(例如满线),需要将该股道的作业计划变更为另一可行的股道,即所谓“股道替代”。微机溜放进路控制系统可方便地变更进路控制命令。

三是模拟操作,在查找故障和测试系统功能时,使用模拟操作命令,模拟各种输入条件和输出动作,达到上述目的。

一、溜放进路自动控制系统的构成和基本功能

图 3-22 和图 3-23 均为驼峰微机溜放进路控制设备的硬件系统构成框图实例。它们是以微型计算机为核心，通过输入、输出接口和数据通信接口分别与现场控制和表示对象、驼峰控制台、CRT 终端、调车单打印机、记录报警打印机等外部设备连接。

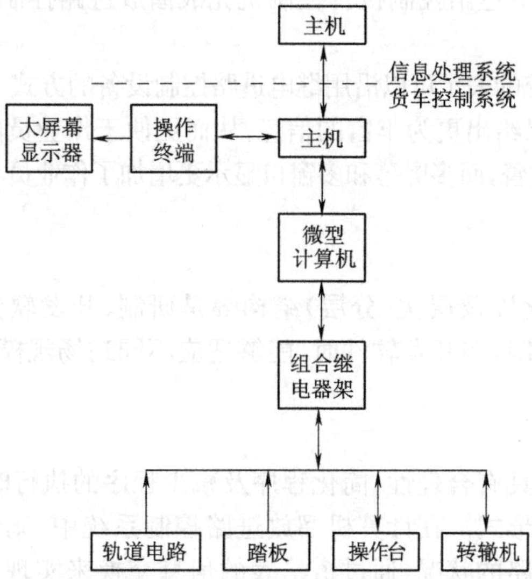

图 3-22　微机控制溜放进路硬件系统组成框图(一)

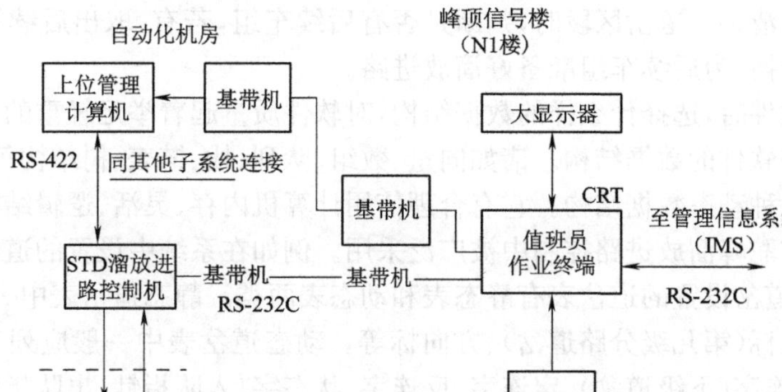

图 3-23　微机控制溜放进路硬件系统组成框图(二)

在图 3-22 中，控制微机设于驼峰楼计算机房的机柜中。在机房中还设有用于人机对话带键盘的 CRT 显示终端和报警打印机。报警打印机打印在溜放过程中出现的报警信息，提供硬拷贝，以帮助维修人员分析查找故障。微机通过 I/O 接口与设于继电器室的有关继电器接通。这些继电器是直接控制现场分路道岔和反映现场道岔位置和轨道区段状态的继电器。共计有：定位控制继电器 DJ、反位控制继电器 FJ、定位表示继电器 DBJ、反位表示继电器 FBJ、轨道继电器 DGJ、道岔恢复继电器 DHJ、手柄中间位置继电器 SZJ 等。在驼峰控制台室设有进路控制运营终端。此外，在需要调车作业计划(单)的地点设置调车单打印机，它们是：峰顶值

班员室、控制台室、调车区长室、铁鞋制动员等。

在图 3-23 中的硬件系统，它是处于编组站综合自动化大系统中的一个子系统。溜放进路控制机由上位管理计算机（主机）管理。用基带传输机将管理机和控制机以及值班员的操作终端联系起来。控制机采用 STD 总线工业控制机。在半自动作业时，人工通过带键盘的终端将调车作业计划输入上位管理机；在自动作业时，编组站管理信息系统将调车作业计划自动输入上位管理机。再由管理机下达给控制机。控制机完成溜放进路控制的各有关功能。该系统的控制机采用双机冷备方式。

微机溜放进路控制系统的表示可以沿用继电进路控制设备的方式，也可以使用屏幕显式方式。后者使用汉字终端屏幕可以给出更为丰富的信息，从而更便于作业员的操作（进路控制代码的储存、增加、删除、修改等）和监督，而多屏幕和多窗口显示更增加了作业员与系统之间的透明度。

二、系统软件

软件的模块化、标准化以及层次（分层）结构等是研制、开发软件系统首先必须考虑的问题。针对驼峰溜放进路控制，在开发软件时，能够适应不同站场规模，近、远期站场扩建也是必须考虑的。

1. 数据结构

为了使数据的存储更具有合理性，简化程序及减少程序的执行时间，在控制软件中采用了二叉树的数据存储和组织形式。在计算机溜放进路控制系统中，车组命令信息的传递是根据车组占用道岔区段轨道电路的状况，通过道岔表的信息交换来实现车组命令的自动传递。当车组进入某一道岔区段时，待道岔转换完毕，认定道岔定、反位位置后，取本道岔表的定连字或反连字，将车组信息传递到下一级即将到达的道岔区段对应的道岔表中，以便控制下一级道岔的转换。当车组出清某一道岔区段时，判断是否有后续车组，若有，取出后续第一个车组的数据表控制本道岔转换，为后续车组准备好溜放进路。

在开发系统软件时，选择什么样的数据结构，对软件质量起着举足轻重的作用。有许多可用于溜放进路控制软件的数据结构。诸如向量、数组、队列、栈、链表、树结构等。

链表结构是一种动态数据结构。它有合理使用计算机内存、灵活、逻辑结构和物理结构可以分开等优点。在驼峰溜放进路控制中被广泛采用。例如在系统中设置的道岔表、钩车表、股道表等，对应分路道岔设置的道岔表有静态表和动态表两类。静态道岔表中一般应列有：道岔表地址、道岔号、级标（第几级分路道岔）、方向标等。动态道岔表中一般应列有：关键字、上连字（上级道岔）、下连字（下级道岔）、定连字、反连字、状态字、入队指针、出队指针等。对应每一个溜放车组可设置一张钩车表。表中记有钩车的性质等静态信息和溜放的动态信息。钩车信息主要指：钩车的钩序、去向（股道）、车辆数及状态等。对应每一条调车线可设置一张股道表。表中列有股道号编码、对应的最后分路道岔号、股道封闭信息、股道占用状况等。

二叉树结构与驼峰头部站场溜放进路的拓扑结构是一致的。每一个结点对应于一个分路道岔，弧将结点连结起来，它们代表结点对应道岔之间相对位置关系和结点间数据传递关系。每个结点由一张称为道岔表的表构成。表中包含的数据内容如上述，除了基本数据外，为了增加功能，可视需要增加其他信息内容。

2. 软件功能

按前述的微机控制溜放进路系统功能，系统软件应具备如下功能：

(1)完成溜放追踪处理并记录车组溜放实迹。根据车组溜放的实际情况，当溜放正常时，随着车组的溜放将储存的有关进路(或道岔)的控制命令(代码)传递并执行。出现异常时,判断溜放差错类别并作记录和进行相应的处理。

(2)机车上下峰进路处理。如在溜放过程中插入这类作业时,自动保护溜放车组的有关信息。

(3)追钩处理。在溜放途中,车组间追钩有两种情况:一种是后续车组追及前行车组并连挂,两车组合并为一个车组;另一种是两车组同时处于同一个轨道电路区段但尚未连挂。出现追钩时,自动取消或挂起后续追钩车组的进路控制命令。但对后一种追钩,在继续溜放的过程中,有可能出现车组间的距离又大于道岔轨道电路区段长度,这时需要恢复后续车组的进路控制命令。

(4)"钓鱼"处理。"钓鱼"指车辆已越过峰顶,因故未摘开钩。按两种情况处理:当"钓鱼"车辆已压入第一分路道岔轨道区段(所谓真"钓鱼")再回牵重新溜放时,需要将进路控制命令回传;当"钓鱼"车辆尚未进入第一分路道岔轨道区段回牵(假钓鱼)时,不需要作任何处理。

(5)错摘钩记录并报警。

(6)道岔动作状态监测和故障报警及发生道岔恢复(因故在规定时间内不能转换到密贴位置而自动转回原位)时的处理。发生道岔恢复后,在故障排除前,道岔不再接收新的控制命令。

(7)单独操作道岔和封锁道岔处理(包括作记录)。操作员将溜放进路上任一道岔从自动控制系统分出单独操纵或将道岔封锁在一个位置时,不影响自动系统的工作。

(8)动态故障—安全选路。当不能按调车作业计划选排进路时(道岔或股道被封锁、可能发生追钩或侧冲、发生道岔恢复、道岔故障等),从可能的进路中选排新的安全进路。

(9)对基础设备(如轨道电路、踏板、转辙机等)进行监测。发现故障及时报警。

(10)微机系统的自检及故障报警。

3. 程序结构

程序系统是由若干个程序模块构成的。实现了程序的模块化。并向程序模块的标准化发展。从软件应该完成的功能可以看出,程序模块应分别完成溜放车组跟踪处理、道岔控制信息(代码)的接收、发送、执行(转换道岔)等功能。为此除了设计用于调度管理各程序功能模块运行的主程序模块外,还有初始化程序模块、定义生成各种表的模块、生成有关文件的模块等。并编制一些在溜放过程中频繁调用的标准子程序模块。

定义生成道岔表模块根据静态道岔表生成动态道岔表并给表置初值;生成有关文件模块;生成钩车表、股道表等并置初值及给内存变量定义等。

溜放过程控制程序模块主要有下列几种,它们的功能简述如下:

(1)进路控制进入处理模块

处理内容主要有:进入道岔轨道区段溜放车组进路控制代码下传、溜放追踪(判是否溜错)、在有关表中置入新值及控制台显示刷新等。

(2)进路控制出清处理模块

功能主要有:溜放追踪、判钓鱼及钓鱼处理(报警)、给有关表置新值及控制台显示刷新等。

(3)轨道区段有车处理模块

实现溜放追踪、判定溜错及报警、判定是否追钩及处理(报警)、给有关表置新值及控制台显示刷新等。

(4)轨道区段无车处理模块

判定是否满足道岔转换条件、条件满足输出控制命令、给有关表置新值等。

(5)踏板中断服务模块

处理踏板信息、计轴、修改道岔表计轴数、判计轴电路故障及报警等。

(6)控制台中断处理模块

处理控制台操作命令、进路控制代码增加、取消、修改等。

(7)开关量输入、开关量输出处理模块

处理输入、输出冗余信息(例如同一开关量要输入或输出三次,判一致后方为有效信息)。

(8)调车计划输入中断处理模块

人工在控制台用键盘或按钮输入(包括编辑在内)调车作业计划。

(9)信息处理模块

从管理机(或信息处理机)接收调车作业计划、向管理机返回车组溜放追踪及作业实迹信息、向控制台发送表示信息等。

图 3-24 是溜放进路控制的几个程序模块的主程序流程图。输入滤波模块用于对输入信息的滤波处理。在采集继电器接点信息时,采用简单滤波技术,排除接点抖动及外界干扰带来的道岔表数据的瞬间改变。具体的做法是当输入信息变化时,新信息稳定时间要大于规定数值时(例如大于 300 ms),才作为有效信息采入。

追踪处理模块包括四个子模块,即进路控制进入处理、进路控制出清处理、轨道区段有车处理、轨道区段无车处理。

道岔转换处理模块在具备转换条件时(有控制命令、道岔处于解锁状态),输出控制命令并转换道岔。

接发信息处理模块。当进路控制系统是编组站综合自动化的一个子系统时,它完成与大系统主机之间的信息交换(解体作业计划、溜放实迹等)。

主程序中的各程序模块按顺序循环运行。

图 3-25 给出追踪处理流程。按采集的轨道电路区段状态等有关信息,本程序模块判定是进入、有车、出清、无车四种状态的哪一种状态后,进行相应的处理。从概念上讲,车辆(车组)进入轨道区段和区段有车,车辆出清轨道区段和区段无车是没有什么区别的。这里将进入和有车,出清和无车分成不同的状态,是按处理时间和处理内容的不同考虑的。

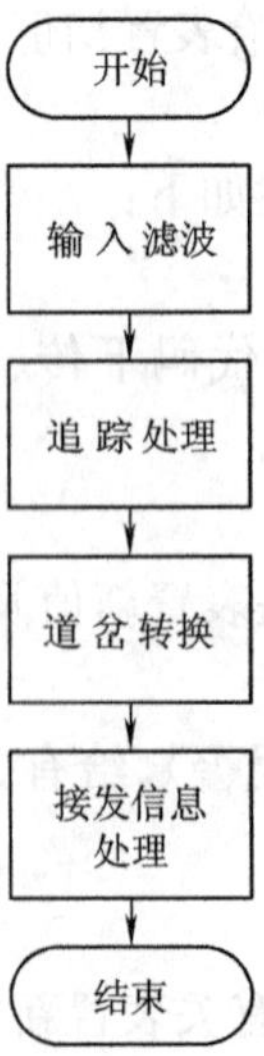

图 3-24 主循环程序流程

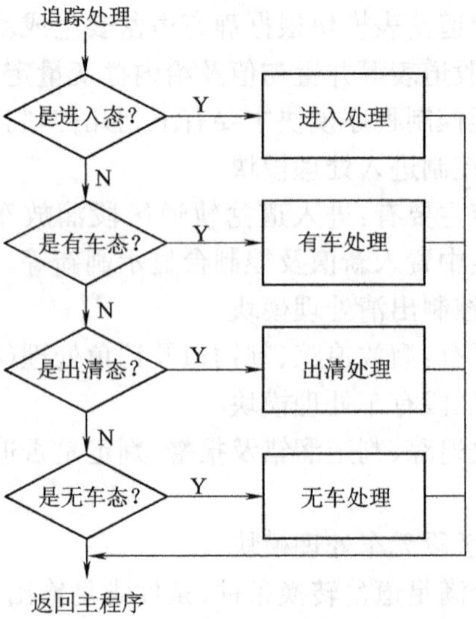

图 3-25 追踪处理程序流程

图 3-26 给出进入处理程序流程：在车组进入道岔轨道电路区段时，首先判断是否是溜放钩车，如是，继续判断是否有道岔定(或反)位表示，有则按道岔开通方向正常下传钩车信息，否则按计划下传钩车信息。进入处理程序模块完成向下一级传递进路控制命令、判断溜放是否正确的工作。当判定溜错时，发报警信息。然后置区段有车状态标。

图 3-27 给出有车处理程序流程：有车处理程序模块的主要工作是在判定有后续车组后，接收后续车组的进路控制命令、判断是否发生追钩。发生追钩时发出报警信息。然后置进入状态标。

图 3-28 出清处理程序流程：出清处理程序模块完成摘钩是否正确及是否发生"钓鱼"的判断，对于分路道岔，由计轴踏板(计轴数)与计划轴数的比较结果判定摘钩是否有误。若不正确，按实测轴数修正有关表中的记录，并发出摘错钩报警。是否发生"钓鱼"是通过判向踏板信号，判定是否有反向出清轨道区段的车组，有则发出"钓鱼"报警。在正常溜放的过程中，当有后续钩车时，则置道岔转换标，为道岔转换做好准备。然后使有关计数单元清零，为下次计数做好准备并置无车状态标。

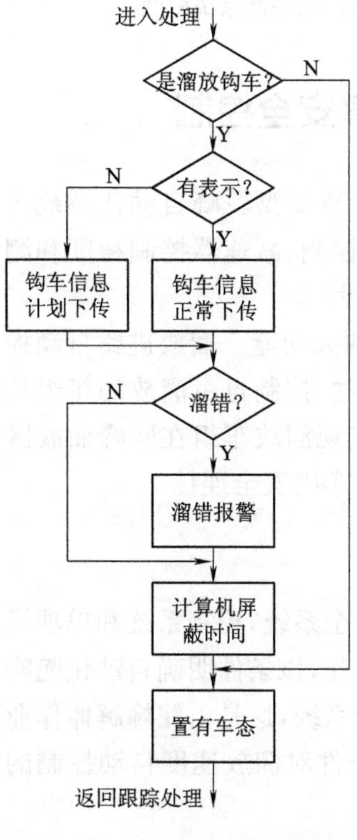

图 3-26　进入处理程序流程

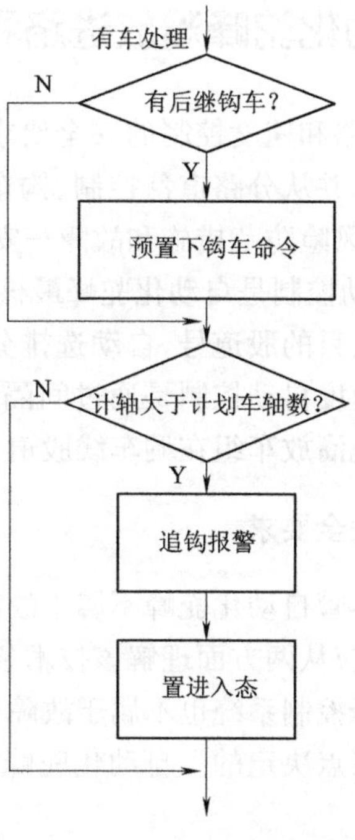

图 3-27　有车处理程序流程

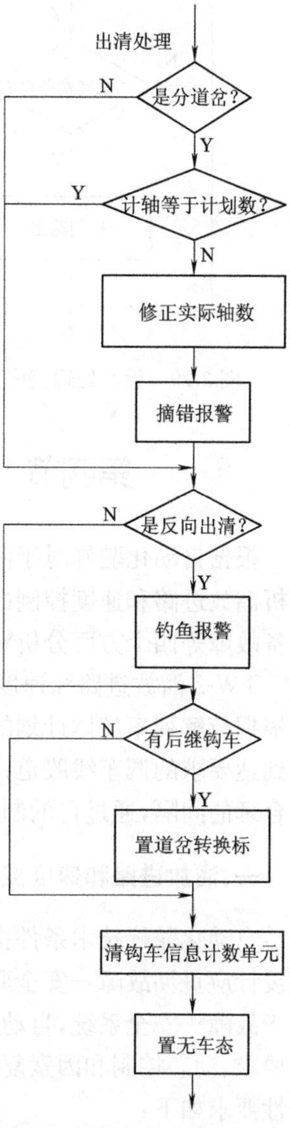

图 3-28　出清处理程序流程

图 3-29 给出无车处理程序流程：无车处理程序模块在判定有道岔转换标后，检查是否满足转换道岔的条件（道岔处于解锁状态），如满足转换条件，输出控制道岔转换的命令。由道岔转换模块控制道岔转换。

图 3-30 给出微机溜放进路自动控制系统总体结构框图。溜放进路控制微机与编组站信息处理计算机联网后，调车作业计划由信息处理机传送给控制机，溜放实迹信息返回信息处理机，在整个溜放作业过程中，值班人员只起监督作用和进行异常情况的处理。

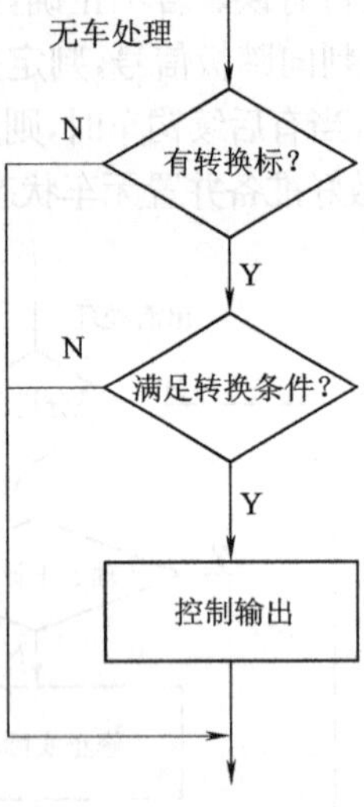

图 3-29 无车处理程序流程

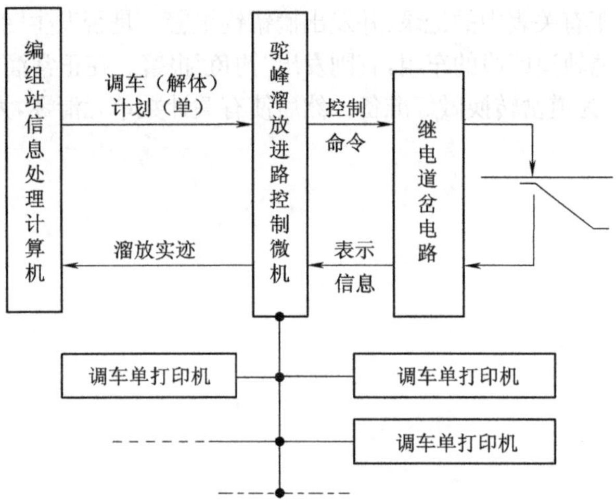

图 3-30 溜放进路自动控制系统框图

第四节 自动化驼峰溜放进路和速度安全控制

根据自动化驼峰对于溜放进路和速度控制的安全要求，以 TW-2 型驼峰自动化系统为例分析溜放进路和速度控制的风险，并从分路道岔控制、钩车间隔控制、减速器控制精度和测量设备故障等四个方面分析对应的风险防范措施和故障—安全手段。

TW-2 溜放进路和速度的自动控制是自动化驼峰最核心的两大功能。溜放进路自动控制是根据待解列车解体计划的钩序、目的股道号，自动选排分路道岔，控制自由溜放的车组从峰顶到达要求的调车线股道；溜放速度自动控制是通过间隔制动实现溜放车组在驼峰溜放区保持合理的间隔，通过目的制动实现溜放车组在调车线股道与前方车组安全连挂。

一、溜放进路和速度控制的安全要求

自动化驼峰技术条件指出“尽管自动化驼峰不属于故障—安全系统，控制系统和单项设备的设计应贯彻故障—安全原则”，应从两方面理解该技术条件：首先，该条件明确自动化驼峰不属于故障—安全系统，自动化驼峰控制系统也不属于故障—安全系统，这是由驼峰解体作业高效要求、动态控制和因素复杂的特点决定的。自动化驼峰技术条件对溜放速度自动控制的安全性要求如下：

（1）除抱闸车等特殊情况外，不应有车辆在减速器上被夹停的事故发生。

(2)除特殊车辆、特殊气候条件，系统不能对车辆进行有效制动外，因严重超速冲撞引起的事故率应小于 10^{-5}。上述技术要求点明了溜放速度控制的非安全性，车辆夹停可能导致后钩车冲撞本钩车，出口超速可能导致本钩车超速冲撞前钩车；控制系统对于溜放速度控制安全未要求也达不到100%。

自动化驼峰技术条件对溜放进路自动控制的安全性要求如下：

系统应具有途停、侧撞、摘错钩、错溜、追钩、钓鱼、满线、堵门、道岔恢复、道岔封锁、轨道电路轻车跳动等的检测和相应的防护措施。

上述技术要求点明了溜放进路控制的复杂性，溜放过程中因车组走行、分路道岔控制的不正常情况可能出现钩车追钩、侧撞甚至脱线的风险，系统即使检测到并采取相应的防护措施，其防护的安全性未要求也达不到100%。其次，尽管自动化驼峰不属于故障—安全系统，溜放进路和溜放速度的自动控制存在诸多不安全的因素，但是自动化驼峰控制系统在设计时仍应贯彻故障—安全原则，即通过分析自动化驼峰控制中可能存在的风险源和设备故障可能导致的危险侧，采取相应的风险防范措施和故障—安全手段，将控制的危险性降低到最小。

二、溜放进路和速度控制的风险分析

下面以 TW-2 型驼峰自动化系统为例，分析溜放进路和速度控制中存在的风险。

1. 控制设备描述

大能力驼峰，在溜放区设有峰下一部位减速器和线束二部位减速器用于实现间隔制动，设有快动分路道岔用于实现溜放进路的选排；在调车线始端设有三部位减速器用于实现目的制动。此外，TW-2 系统还安装了以下测量设备：

(1)一分路道岔保护区段内装有两个踏板，用于计算溜放车组的摘钩辆数；

(2)一分路道岔保护区段内装有测重设备，用于测量溜放车组的重量；

(3)在减速器前装有一个踏板，用于计算溜放车组通过的轴数；

(4)在减速器前或后装有雷达设备，用于测量溜放车组的速度；

(5)三部位减速器出口处装有测长设备，用于测量调车线的空闲长度。

2. 控制风险分析

溜放进路和速度控制中严重危害自动化驼峰作业安全的风险是钩车脱线及钩车高速冲撞，其风险来源于分路道岔、钩车间隔、减速器控制精度及测量设备故障等，其表现形式为途停、侧撞、追钩、满线、堵门、道岔恢复、轨道电路轻车跳动等。溜放过程中出现摘错钩、错溜、钓鱼、道岔封锁等情况，其危害程度一般且可控，因此不在本文讨论范围。

(1)分路道岔的风险

溜放进路与调车进路不一样，进路不是事先全部选排完毕后再使用，而是根据车组溜行逐级向分路道岔传递进路命令。溜放钩车占用上一级道岔时，才向下一级道岔发令转动；如果下一级道岔因故未转到位，钩车自由运动到该级道岔时就可能脱线。溜放进路中的分路道岔仅采用区段锁闭，即轨道电路占用时不允许道岔操纵，一旦轨道电路出清即可执行下一钩命令；如果钩车在占用道岔区段过程中发生轻车跳动，而且下一钩命令的去向与本钩不一致，就可能造成道岔中途转换，钩车脱线。

(2)钩车间隔的风险

钩车间隔是指前后溜放的两钩车之间的距离，由于溜放过程是连续的，可能同时有多组钩车在分路道岔控制区域内,钩车的速度有快、有慢。遇到前慢(低速甚至途停)后快的情况时,如果两钩车是经过道岔的同方向,可能发生追钩,严重的可能高速正面冲撞;如果两钩车是经过道岔的不同方向,可能发生侧冲,严重的可能高速侧面冲撞。

(3)减速器控制精度的风险

减速器控制精度是指车组实际出口速度与计算速度的误差。间隔制动控制精度偏差较大时,如果超速可能造成与前钩车的间隔问题;如果夹停或速度严重偏低,可能造成与后钩车的间隔问题;这两个问题的后果都有可能造成追钩或侧冲,严重的造成正面高速冲撞或侧面高速冲撞。目的制动控制精度偏差较大时,如果超速可能与前钩车正面高速冲撞;如果夹停或速度严重偏低,可能造成后钩车与之正面高速冲撞。

(4)测量设备故障的风险

①雷达故障

雷达是减速器控制的眼睛,雷达故障时无法反馈钩车实际速度而使钩车在减速器上失控,无论夹停或不作为均可能造成风险。

②踏板故障

踏板故障表现为不计轴或丢轴。减速器前的踏板作用之一是探测钩车进入减速器以实施控制的"开机"点,踏板故障影响减速器控制的时机,可能导致减速器出口速度偏高甚至失控;作用之二是作为大组车放头拦尾开始控制轴数的依据,如果因为计轴设备安装尺寸不符要求或电气特性等原因大量丢轴时,可能导致减速器出口速度偏高甚至失控。

③测长故障

调车线空闲长度是计算三部位出口速度的重要参数,测长故障时无法获知调车线空闲长度,可能导致减速器出口偏高甚至失控。

④测重故障

钩车重量信息对于减速器控制、减速器出口速度计算都很重要,测重故障时无法获知钩车的重量信息,可能导致减速器出口速度偏高甚至失控。

三、溜放进路和速度控制的安全设计

根据上述控制风险的分析,TW-2系统着重在分路道岔控制、钩车间隔控制、减速器控制精度提高和测量设备故障处理等四个方面采取相应的风险防范措施和故障—安全手段,以使控制风险降低到最小。

1. 分路道岔的安全控制

(1)"轨道电路轻车跳动"的防护

TW-2系统在分路道岔区段锁闭的基础上,增加了区段占用屏蔽时间的防护手段。利用一分路踏板或解体计划中的辆数信息、分路道岔区段长度及钩车通过分路道岔的最高限制速度(一分路道岔区段为18.0 km/h、其他区段为21.6 km/h),计算钩车从占用到出清该道岔区段的最小时限,称为轨道电路区段占用屏蔽时间。区段通过最大速度辆数区段长度区段屏蔽时间:

$$区段屏蔽时间=(区段长度+11\times 辆数-4)/(区段通过最大速度)$$

在区段屏蔽时间内发生的轨道电路瞬间跳动,系统将判定为"轻车跳动";一旦系统判定发生了轻车跳动,及时报警并在区段屏蔽时间内拒绝为后续钩车发出道岔控制指令;对于一分路道岔,一旦系统判定发生了轻车跳动,及时报警并拒绝为后续钩车发出道岔控制指令。

(2)“道岔恢复”的防护

当溜放钩车占用上一级分路道岔时，向下一级分路道岔发令转动，下一级道岔因故不能在规定时间内(电动道岔 1.2～1.4 s、风动道岔 1.0～1.2 s)转换到底时，由系统控制道岔往回转；而后自动锁闭该道岔，避免新的转辙尝试，直至确认正常后人工解除锁闭。

(3)“道岔挤岔”的防护

当分路道岔挤岔后，将上一级分路道岔锁向异向，防止后续钩车正面相撞，同时发出挤岔报警；一分路道岔发生挤岔后，将驼峰信号机锁定在关闭状态。

2. 钩车间隔的安全控制

钩车间隔的安全控制是由溜放进路控制和溜放速度间隔控制共同实现的。溜放速度间隔控制由间隔制动位完成，能够调节位于间隔制动位两侧的钩车间隔；对于两钩车间无间隔制动位的情况，由溜放进路控制实施防护。

(1)速度跟踪功能

实现间隔控制必须了解溜放区内各溜放车组的位置、走行速度情况，车组位置可以通过分路道岔轨道电路跟踪，车组走行速度情况通过简单的轨道电路跟踪无法准确提供。TW-2 系统独辟蹊径，利用分路道岔区段设两个轨道电路的条件，动态地测量钩车在该道岔上的进入和出清速度，结合钩车在减速器上的雷达测速，可以测得每钩车走在不同地点的十多个速度，基本上实时掌握了钩车溜放速度，实现了钩车在溜放进路上的全线速度跟踪。基于速度跟踪功能，才能够实现以下控制和防护功能。

(2)溜放速度间隔控制

以二部位间隔控制为例，其基本步骤如下：

第一步根据线路纵断面、三部位的制动能高、钩车重量等级等因素确定本钩车(进入二部位的钩车)的基本定速；

第二步检查钩车的目标股道径路上有无途停车、堵门车、满线车等特殊情况，若有，二部位出口速度直接设定到最低值，完成；

第三步检算本钩车与前钩车(已离开二部位去往三部位的钩车)的间隔。如果存在间隔问题，计算后直接降低二部位定速，跳过第四步，完成；

第四步检算本钩车与后钩车(离开一部位未进入二部位的钩车)的间隔，确定基本定速基础上的加速量，计算二部位定速，完成。

(3)“途停”的检测和防护

TW-2 系统认定溜放钩车走行速度低于 8 km/h 为途停；钩车走行在轨道区段上或死区段上时，如果占用时间超过了按最低走行速度 8 km/h 计算的时间限(根据解体计划中的辆数和站场区段距离参数表计算)时，也判为途停。发生途停后，系统及时关闭驼峰信号机，将钩车刚出清的道岔锁闭至去往途停车的方向，预防钩车侧撞；进一步将刚出清道岔的上一级道岔锁闭至异向，预防钩车正面冲撞。

(4)“堵门”的检测和防护

溜放钩车在警冲标区段发生途停，当解除途停锁闭时转为堵门防护；没有来由的警冲标区段占用(钩车倒溜或尾部调车侵入等)，立即启动堵门防护。发生堵门后，系统及时报警并且始终将对应的最后分路道岔锁闭到通往该股道的位置，防止邻线进入溜放钩车，直至警冲标区段出清为止。

(5)"侧撞"的检测和防护

如果两钩车在某分路道岔上的间隔较紧(没有达到追钩),两钩车对该道岔方向要求不同,并且钩车速度前慢后快(前钩车速度大于 8 km/h 的途停判别限),当达到一定速度差时,就有可能在前钩车没有离开该道岔的警冲点时后钩车前部进入了警冲点,从而造成侧撞。预计侧撞后,系统及时报警并且关闭驼峰信号机。

(6)"追钩"的检测和防护

如果两钩车在某分路道岔上的间隔较紧,小于该道岔轨道电路区段长度时,将无法转辙道岔以控制钩车去往不同的股道,当两钩车占用同一个轨道电路区段时,称为追钩。认定追钩后,系统及时合并和清除后钩车的溜放信息,防止后续钩车可能发生的逐钩错位、钩钩错道的严重后果。

(7)"满线"的检测和防护

满线是指钩车在三部位减速器区段上途停(钩车在减速器上雷达测速连续 4 s 低于 3 km/h),或警冲标区段与三部位减速器区段之间的死区段上发生途停(钩车离开警冲标区段,在减速器前死区段速度低于 5 km/h)。两个条件满足其一,即启动满线防护。发生满线后,系统及时报警并且自动封锁该股道,禁止后续钩车进入该股道,直至人工办理股道解锁。

3. 减速器控制精度的提高

TW-2 系统在减速器控制数学模型中引入了全新的制动量概念。制动量是溜放钩车当前速度、当前加速度、定速、控制距离、钩车重量、钩车轴数等变量的函数,反映的是在剩余控制距离内,减速器还必须消耗掉的钩车动能。制动量的引入有效地提高了减速器控制精度:

(1)制动量随着速度的下降而减少,使钩车缓解前必然经过低级别制动,减缓了减速器缓解前钩车的实际减速度;

(2)制动量反映了钩车不同重量情况下的动能不同,使减速器控制可以针对不同重量的钩车采取合理的控制策略;

(3)对于长钩车,随着计轴的累进,制动量越能反映出钩车有较大动能的情况,使减速器控制可以针对不同辆数的钩车采取合理的控制策略;

(4)当钩车实际速度大于给定速度时,随着钩车即将离去,制动量值剧增,使减速器能在钩车离开前进行最后的精调。

4. 测量设备故障处理

(1)雷达故障处理

无溜放钩车进入减速器时,通过采集雷达自检信号监控雷达是否处于工作状态,一旦雷达故障及时报警提示。当溜放钩车进入雷达故障的减速器时,系统按钩车重量等级计算车辆的平均制动时间,对经过的每辆车按照固定时间进行制动,力图使钩车在不被夹停的情况下减速出口。

(2)踏板故障处理

将减速器轨道电路作为探测钩车进入减速器以实施控制的冗余"开机"点,当踏板故障不计轴时以减速器轨道电路占用作为"开机"点。对于需要放头拦尾的大组车,如果踏板不计轴,则认定踏板故障并停止放头拦尾功能;如果踏板丢轴严重,检查钩车第一个轴距离减速器入口开机点的雷达积分距离,当该距离大于放头拦尾轴数折算的距离时停止放头拦尾。

(3)测长故障处理

当测长故障无法获知调车线空闲长度时,系统报警并对三部位自动给定速度采用相对保守 6 km/h。

(4)测重故障处理

解体计划中的重量状态信息可以通过车站现车系统获得，当测重故障无法获得溜放钩车的重量信息时，根据解体计划中该钩的重量状态信息进行减速器控制和减速器出口速度计算。

复习思考题

1. 说明驼峰溜放进路控制系统应具有的基本功能?

2. 继电并联式储存器的容量及每个储存单元继电器的数量是如何确定的?

3. 说明在继电并联式储存器中进路命令的编码方式。

4. 画出并联式储存器的结构图，说明各部分的功能。

5. 传递器电路应满足的运营技术条件是什么?

6. 画出传递器结构图，说明各传递环节的作用及进路命令接收、传递和取消的时机。

7. 微机溜放进路控制设备扩展了哪些功能?

8. 画出微机溜放进路控制系统软件的数据结构图和道岔表结构图，说明进路命令的传递方法。

第四章　驼峰调车场尾部平面调车控制系统

本章介绍了驼峰调车场尾部进行的调车作业及控制。尾部平面调车不同于头部，联锁控制方式有不同之处，尾部调车作业主要是编组作业及倒站顺作业，提高峰尾的调车能力对提高整个调车场的解、编能力起作重要作用。本章重点介绍了峰尾调车与头部调车控制方式的相同点和不同点以及铁路平面无线调车系统。通过对本章的学习，掌握峰尾调车场的作用，平面溜放调车作业特点及联锁概念。

第一节　峰尾平面调车基本概念

一、平面调车

编组站的作用是对车列的解体和编组，而驼峰调车场尾部主要功能是编组作业和倒站顺作业，编组作业和倒站顺作业主要以平面溜放的方式进行。其中的集中联锁和进路控制可由继电电路实现，也可由计算机实现。提高峰尾的调车能力对提高整个调车场的解、编能力起着重要的作用。用峰尾集中联锁设备代替人工扳道岔，手信号调车，不仅提高了作业效率，而且对提高作业安全程度、减轻劳动强度都是十分必要的。

1. 定义

在平面线路上进行的调车作业称作平面调车。

2. 方式

在驼峰调车场头部装备先进的技术设备，对推送速度、溜放速度以及溜放进路实现自动或半自动控制。不仅大大地提高了解体效率，还提高了作业的安全程度和减轻了劳动强度。但是在驼峰调车场的尾部，即平面调车区，目前大多使用人工手扳道岔，手信号调车的作业方式。这不仅劳动强度大，作业安全得不到充分的保证，而且作业效率低。出现所谓先进的头部落后的尾部的不协调现象。尾部的低作业效率制约了头部解体效率的进一步提高。因此，提高峰尾的作业能力对提高整个调车场乃至编组站的通过能力起着重要的作用。由此可见，对峰尾平面调车区进行技术改造，从而改变落后的作业方式，已成为运输的迫切需要了。

迫于运输的需要，一些有大量或较大量平面调车作业的技术站，曾按一般车站电气集中联锁要求考虑集中控制的设备，多因不能满足平面调车的种种要求而影响使用。

平面调车区除了由机车牵引或推送车辆至目的地的常规调车作业外，为了提高调车作业效率，视需要还进行下列几种溜放调车作业：

(1)单个车组(钩车)溜放作业(单钩溜放)。一次溜放一个车组，一般的做法是车组的溜放进路一次排通并锁闭、分段解锁和车列的后退进路锁闭。

(2)车组的连续溜放作业(连续溜放)。机车推送车列连续进行溜放作业。溜放进路控制命令可以预先储存起来，溜放进路的建立、使用、取消等有与驼峰头部溜放进路相同的方式，即进路分段建立、分段使用分段解锁的方式，以及车列退路锁闭。

(3)包含多组车的大车组溜放作业(多组溜放)—机车将一个包含多钩车的大车组(例如二

或三钩车)甩放,溜出的大车组在溜放途中再分解为多个车组继续溜放至各自的目的地。

不仅驼峰尾部平面调车需要上述作业,在中间站及区段站利用到发线(包括部分编组线)进行平面调车作业时也需要这类作业。因此,我们下面要讨论的峰尾平面调车集中联锁设备的某些考虑对这些车站也是适用的。

3. 存在的问题

如果直接将大站集中联锁设备用于驼峰尾部平面调车(在某些站场曾这样考虑过并安装使用过),鉴于峰尾作业的特点,大站集中联锁设备不能满足平面溜放作业的一些特殊要求。存在的问题主要有:

(1)一架调车信号机只保证它所防护进路的安全。当从此信号机向各股道进行流放作业时,司机和调车员难于确认整条进路是否排通并锁闭,在这种情况下进行流放作业是很难确保安全的。

(2)当机车推送车列向股道运行过程中,由于股道满线,致使车列不能全部进入股道,车列不得不原地退回。显然,此时已不能按照股道上的调车信号进行作业,按照逐段解锁原则,进路上驶过的区段已分段解锁,造成进退两难的局面。为使作业能够继续进行,需要调车员与集中信号楼作业员联系,并在人为作安全保证下退行。调车效率受到很大影响(通常要延误十几分钟)。

(3)进行单钩溜放时,当车列已占用接近区段,车组流出后,进路不能解锁。这时必须使用30 s限时调车人工解锁。当屡屡出现这类作业时,办理人工解锁手续的次数就很多,这不仅影响作业效率,而且导致人工解锁按钮长期不能加封,影响安全。

(4)在进行牵出作业时,当机车带有较多的车辆,牵出距离远时,车列经过的区段已经解锁。这时机车车列折返运行时,有可能通过未锁闭的区段,极不安全。

二、平面溜放调车作业特点及联锁概念

驼峰调车场尾部一般有多台机车同时进行调车作业(一般调车作业和溜放调车作业),溜放作业中还穿插折返等作业。在平面调车的单钩溜放、连续溜放以及多组溜放三种作业中,连续溜放使用的较多。对于单钩溜放最基本的要求,通俗地讲就是进路前方锁闭,退路一锁到底。而连续溜放作业特点是在推送过程中随推随溜,车组被相继摘钩甩放,溜放时各钩车的分钩地点不能事先确定。至于多组溜放作业,已溜出的大组车在途中还要再次解体成多个车组,例如一分二、一分三俗称二开花、三开花。这就构成了平面溜放的复杂作业特点。为此产生了进路锁闭和解锁的独特概念。这就是:对于连续溜放(含多组溜放)平面调车作业,进路的选排和锁闭,解锁以及退路的锁闭等采用了与大站集中联锁不同的方式。概括起来:车列运行(溜放)前方的进路只设区段锁闭而不设进路锁闭。这有如驼峰头部的溜放进路的锁闭方式。溜放进路的选排也与驼峰头部的溜放进路选排方式相同。分为手动(人工个别操纵道岔手柄转换道岔)和半自动方式(按预先储存的进路控制命令分段排列进路)。

为了保证机车车列后退的安全,在溜放作业时,机车车列驶过的区段并不解锁,即实现所谓的退路闭锁。

总结起来平面溜放调车作业特点主要有:

单钩溜放:进路前方锁闭,退路一锁到底。

连续溜放:在推送过程中随推随溜,车组被相继摘钩甩放,溜放时各钩车的分钩地点不能事先确定,确定车列运行前方的进路只设区段锁闭,不设进路锁闭。

多组溜放:溜出的车组在途中再次解体成多个车组,车列运行前方的进路只设区段锁闭,不设进路锁闭。

三、主要技术原则

与平面溜放调车关系密切的技术条件除上面所述的锁闭、解锁方式外,主要有:溜放调车作业与一般调车作业的关系;轨道电路区段的划分;溜放车组间隔距离;中途折返道岔解锁及转换时机;分路道岔的控制方式;作业指挥方式;相邻车组的则冲防护;进路控制命令的储存、传递和执行和电源设置等。

平面溜放调车作业有与驼峰头部溜放作业相似的一些技术要求和其他特殊技术要求。

1. 与一般调车作业的关系

用于一般调车作业的联锁设备,有如大站集中联锁相同的联锁关系。大站集中联锁设备(如目前采用成熟的6502定型电路)可以服务于这类作业。牵出线溜放调车作业和不同区域的一般调车作业应能平行进行。多于一条牵出线时,应能允许不同的牵出线平行进行溜放调车作业。同一个溜放调车区或进行一般调车作业,或进行溜放调车作业,不允许混合进行。

2. 轨道电路区段的划分

鉴于溜放作业特点,溜放进路上的分路道岔只设有区段锁闭。当集中操纵分路道岔时,和驼峰头部溜放进路的分路道岔轨道电路区段划分原则一样,为了加大溜放密度,每个分路道岔设置单独轨道电路区段,但需要设置岔前保护区段,以使车组进入刚启动的道岔轨道区段,待车组到达道岔尖轨时,道岔已转换完毕。岔前保护区段的长度由下式确定:

$$L_{保} = (t_{转} + t_{继} + 0.2) \times v$$

式中 v——道岔的最大速度;《技规》允许的最大调车速度为30 km/h;

$t_{转}$——转辙机转换道岔时间;采用电动转辙机(ZD7型)带动6号道岔时为0.8 s,带动9号道岔时约为1 s;

$t_{继}$——道岔控制电路继电器动作时间,约为0.4 s;

0.2——安全系数(s)。

岔前保护区段长度除了要满足由上式计算的长度外,还应考虑钢轨接缝的位置以及与相邻轨道电路的分割,以减少换轨、锯轨和增加轨道电路区段。这样考虑的结果,可能增加了保护区段的长度,导致相邻车组间隔被拉大的问题。为了防止轨道电路瞬间失去分路作用造成不良后果,在道岔与基本轨接缝处加一对绝缘,构成双区段轨道电路。设置双区段轨道电路还可以减少机车车列折返的走行距离。

3. 溜放车组间隔距离

设置了岔前保护区段后,车组压入道岔保护区段,道岔就不再能启动。相邻车组间的最小间隔距离必须保证:前行车组出清道岔轨道区段,后续车组方可进入岔前保护区段。按限制苛刻的9号道岔计算,车组间隔距离不应小于23 m。

4. 中途折返道岔解锁及转换时机

由于平面溜放作业中有较多的折返作业,必须充分考虑减少车列折返时的无效行程。例如,车列在岔尖前折返时,不必出清岔前保护区段。这时要改变道岔的锁闭条件,使道岔在车列占用岔前保护区段的情况下能够转换。但是,为了确保安全,道岔采用了延时解锁。例如9号道岔延时13 s;6号道岔延时20 s解锁。

5. 分路道岔的控制方式

鉴于平面溜放作业的脱钩速度和车组间距难于准确控制，目前有关的测试设备尚未应用于峰尾平面溜放调车，因此就有可能出现侧面冲突的危险，需要采取必要的措施防止侧冲事故的出现。可以通过测量车辆过岔速度来判定发生侧冲的可能性，例如当过岔速度低于某一限定值时，则判定可能发生侧冲事故，这时应该锁闭相关的道岔，防止侧冲的发生。

6. 作业指挥方式

实现调车集中的溜放线上的分路道岔目前一般采用两种控制方式，即手动单独控制和按预先储存的控制命令自动控制(实际上是一种半自动控制方式)。当平面溜放调车过程控制由计算机实现时，过程控制系统与编组站货车管理信息系统(信息处理系统)联网后，可实现全自动控制。

7. 相邻车组的则冲防护

平面溜放作业的调车人员要随车体运动，他(们)不能处于固定地点指挥调车。固定设置的地面信号机有时也会造成司机瞭望上的困难。目前的作法是：实现集中联锁以后，仍由调车员手信号调车。此时调车进路上的地面调车信号机显示月白灯闪光信号。如何进一步提高溜放作业信号指挥的自动化程度(例如无线调车或无线机车遥控)是有待继续研究的问题。

8. 进路控制命令的储存、传递和执行

采用预排溜放进路的半自动控制方式时，溜放开始前，将进路控制命令(亦称码令，一般为代码形式)预先储存起来，按作业需要设计储存器的容量。与驼峰头部一样，溜放进路亦是分段建立、分段使用、分段解锁。进路(道岔)控制命令在溜放车组的作用下分段传递和执行。

9. 电源设置

应考虑使用快速电动转辙机时大电流的容量以及不间断供电的要求。

四、峰尾集中联锁技术条件

峰尾平面调车联锁设备除了要满足一般调车技术要求外，为满足连续溜放(含多组溜放，下同)调车作业的需要，还应增加如下一些技术要求。

(1)分路道岔轨道电路区段应设置岔前保护区段，并设计成双区段轨道电路。

(2)分路道岔的转辙控制电路应满足一些特殊要求：分路道岔转辙机一经启动，车辆驶入保护区段，车辆到达尖轨前，道岔应保证转换到底；已被操纵的道岔，因故不能启动时，车辆进入保护区段后应自动切断其动作电路，使其不再能转换；自动控制的分路道岔启动后，在规定时间内因故未能转换到底时，在车辆进入轨道区段前应能自动转换回原来位置。

(3)分路道岔为集中联锁道岔时，在办理了授、受权手续后方可归溜放调车控制，并应满足前述的特殊要求及设置道岔位置表示器。

(4)连续溜放区的分路道岔能够手动单独控制和自动或半自动控制(按预先储存的控制代码选排溜放进路)。

(5)溜放进路的分路道岔只设区段锁闭或延时锁闭。

(6)溜放进路控制命令储存器的容量应能满足作业的需要。多组溜放的二次分钩数量按需要设计。

(7)溜放区的所有轨道区段均应设置轨道电路，以实现全区轨道是否占用的监督。

(8)在溜放过程中，为保证机车车辆后退的安全，后退进路应处于锁闭状态。机车车辆在岔前折返时，允许道岔在车列占用岔前保护区段的情况下解锁并转换。

(9)预测可能发生的侧冲并实现侧冲防护锁闭。

(10)使用储存方式作业时,应满足作业过程中的要求和提供完善的表示,诸如储存或循环储存进路控制代码;对储存的进路控制代码进行检查、修改;溜放过程中办理增钩或减钩;作业过程中改变作业方式(例如由自动控制改为手动控制)等。

第二节 峰尾平面调车继电集中联锁及溜放控制设备

一、控制和表示

如前所述,一般行、调车作业使用大站继电集中联锁设备(6502定型电路)。对于溜放作业,视作业类型不同,可以设计不同形式的溜放电路。在溜放作业较少的站场或线束,可以在大站电气集中联锁电路的基础上附加单钩溜放电路,满足单钩溜放作业的要求。在溜放作业较多的站场或线束,为了提高作业效率,多选用连续溜放和多组溜放作业。为此要根据连续溜放作业特点(多组溜放有同连续溜放大致相同的特点和要求),设计满足连续溜放及多组溜放作业的控制电路和有关设备。可以在6502继电集中的基础上附加连续溜放控制电路,亦可以专门设计满足连续溜放作业要求(大多也能满足多组溜放的要求)的集中控制电路。下面我们把平面连续溜放调车的操作方式和继电电路的设计思路和工作原理作为讨论的重点。

1. 授、受权控制和表示

集中楼控制台设有:局部控制区(溜放调车区)局部控制授权按钮(三位非自复式)JA;局部控制表示灯JD。

调车楼控制台设有:局控授权按钮(三位自复式)JSA;局部控制分权表示灯FQD。

授、受权办理过程及控制台上的表示如图4-1所示,待溜车列处于规定位置时,集中楼按下局控授权按钮JA(授权),集中楼局控白灯JD闪亮,调车楼分权白灯FQD随之闪亮,此时,调车楼按下局控授权按钮JSA(授权),集中楼的JD转为点稳定灯光;调车楼的FQD也转为点稳定灯光。至此完成授、受权。调车楼可以进行溜放调车作业,在作业过程中,集中楼不能单方面收回局控权。溜放作业结束,调车楼拉出JSA、FQD转出灯光,待集中楼也拉出JA,集中楼的JD灭灯,调车楼的FQD亦随之灭灯,设备复原。

当溜放调车区调车作业只由调车楼控制而不受集中楼双重控制时,或峰尾集中只设一个集中楼时,则不存在授、受权问题。

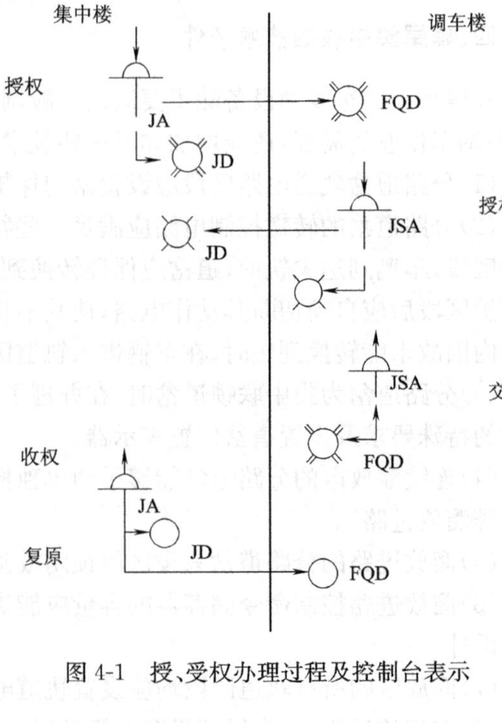

图4-1 授、受权办理过程及控制台表示

2. 连续溜放进路控制和表示

在调车楼控制台设有:

(1)储存按钮CAN;

(2)用于储存溜放进路控制命令的进路按钮A;

(3)用于设备初始化的开始按钮 KA;

(4)检查按钮 JNCA ;

(5)修改按钮 XOGN;

(6)减钩按钮 JNGA;

(7)暂停按钮 ZNTA。

表示灯有初次、检查、溜放的钩序及进路表示灯,预告侧冲、道岔手柄中间位置表示灯等。

二、局控继电电路工作过程

局控继电器电路用于记录集中楼和调车楼的授、授权过程,并为局控溜放调车准备好条件。按图 4-2 所示的授、受权办理过程,局控继电电路分设于集中楼和控制楼。在调车楼设有:局控按钮继电器 JAJ、分权继电器 FQJ、局控区总锁闭继电器 ZSJ、局控继电器 JKJ、局控锁闭继电器 JKSJ;在调车楼设有:调车区局控按钮继电器 JAJ、调车区局控继电器 DQJKJ、调车区局控锁闭继电器 DQJKSJ。其中 ZSJ 用以检查局控调车区各轨道区段空闲。两楼局控继电器电路工作条件用图 4-2 给出的接通公式说明。在具备授、受权条件时,集中楼和调车楼可以办理授、受权手续。调车楼及集中楼的局控电路有关继电器按图中的接通公式动作。各自的控制台上点亮局控表示灯 JD 和分权表示灯 FQD,授、受权过程结束。用调车楼的 JKJ 及集中楼 DQJKJ 吸起条件给平面溜放调车的有关控制电路提供条件电源,至此调车楼可以指挥控制溜放调车作业。由于调车楼的 FQJ 构成它的 JKJ 自闭电路,使集中楼单方不能收回局控权。

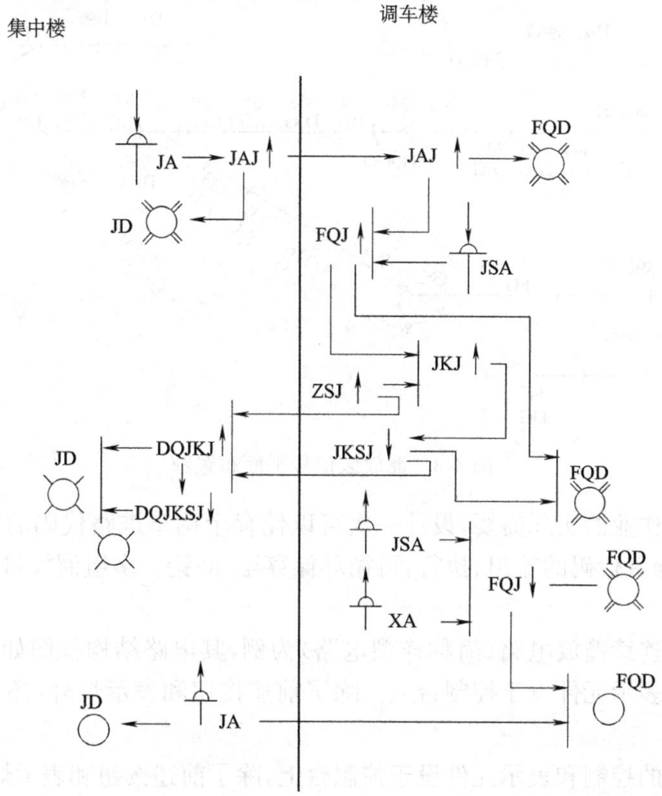

图 4-2　局控电路动作接通公式

局控作业结束后，调车楼交权时，拉出受权按钮 JSA 后，集中楼也拉出局控按钮 JA，相应继电器动作，集中楼收回调车楼的局控权。

三、连续溜放电路工作原理

1. 与驼峰头部调车溜放进路的区别

它们的相同点：有相同的起点，不同的终点。所以进路代码的组成、储存、输入输出顺序都相同。不同点：连续溜放的分钩地点不同。所以进路控制代码向分路道岔传递、执行要特殊考虑。具体方法：除了设置进路代码控制器外，对应每一个分路道岔设置道岔控制代码储存器，由判定分钩点的电路确定分钩点后，从该钩车的第一分路道岔开始控制溜放进路。

2. 连续溜放电路

如前所述，为了满足控制连续溜放进路的要求，需要设计一系列电路，以实现溜放进路控制代码的储存、分钩、传递及执行，以及对分钩地点的判定等。进路代码的组成、储存、输入输出顺序等可以与头部有相同的考虑。但是，由于尾部平面溜放的分钩地点不事先确定（头部则是在同一地点——峰顶分钩）储存的进路控制代码向哪一级分路道岔开始传递、执行则要作特殊考虑。

下面按功能讨论主要继电电路环节的设计思想及主要电路工作原理。溜放区线路以图 4-3所示的线束为例，图中道岔画圈的为溜放分路道岔。从图中不难看出，在整个溜放区均设置了轨道电路区段。区段的划分一般按允许的车组间隔长度进行。

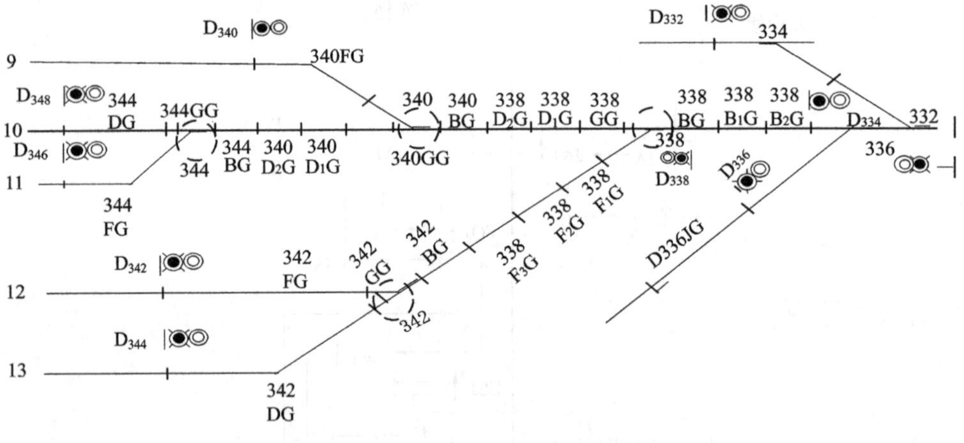

图 4-3　溜放区信号平面布置图

根据连续溜放作业的实际需要，设计一次可以储存十钩车进路代码的进路储存器。如需要，在溜放过程中随着代码的输出、执行，可循环储存至 30 钩。多组溜放目前按大组车最多包括三钩车设计。

以我国定型的连续溜放电路（简称连溜电路）为例，其电路结构框图如图 4-4 所示。连续溜放作业的控制和表示元件设于控制台上。除了前述按钮和表示灯外，还设有手动作业个别操纵道岔的手柄。

连续溜放作业的控制和表示元件设于控制台上，除了前述按钮和表示灯外，还设有手动作业个别操纵道岔的手柄。

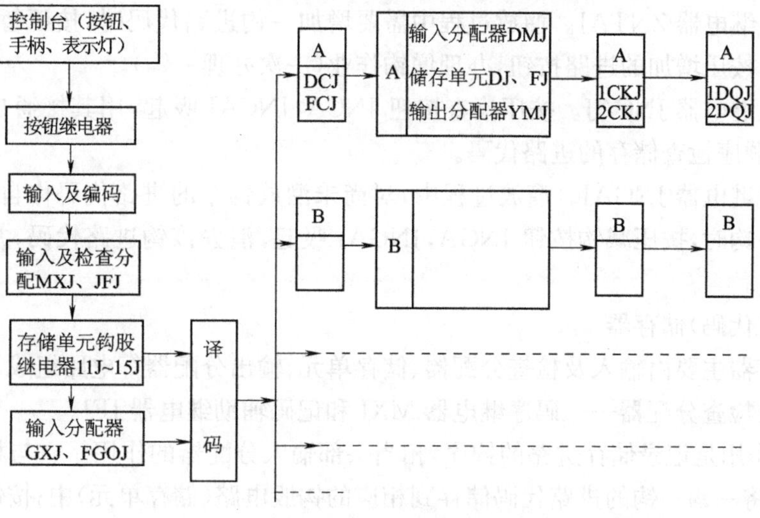

图 4-4　连续溜放继电电路结构图

连溜电路主要由进路控制代码储存、道岔控制代码储存及执行两大部分电路组成。

进路控制代码储存主要包括：记录操作按钮动作的按钮继电器；输入编码电路；保证按操作顺序输入和检查进路代码的输入和检查分配器，对应 10 钩储存容量，它们由 10 个码序继电器(1～10)MXJ 和 10 个代码辅助继电器(1～10)JFJ 构成，十组记忆进路代码的钩股继电器 1J～5J(储存单元)；保证进路代码按储存顺序输出的输出分配器，它由分钩继电器 FGOJ 和 10 个钩序继电器(1～10)GXJ 构成。

道岔代码储存和执行部分主要包括(图中仅画出 A,B 两个道岔储存器)：道岔码输入分配器，由若干道岔码继电器 DMJ 构成；道岔码输出分配器，由若干记录车组过岔次数的压码继电器 YMJ 组成，记忆道岔控制代码的若干道岔定、反位继电器 DJ、FJ 构成道岔码储存单元；直接动作道岔启动继电器(1DQJ 和 2DQJ)的两个道岔控制继电器 1CKJ 和 2CKJ；DMJ 和 YMJ 及储存单元的数量等于道岔储存器容量；一些辅助继电器。

在进路储存器和道岔储存器之间设有译码电路，借助道岔定位操岔继电器 DCJ 和反位操岔继电器 FCJ，在溜放车组的作用下，将进路代码转换成道岔控制码。

(1)按钮继电器

对应个操作按钮，设有若干按钮继电器。共计有：

储存按钮继电器 CNAJ。CNAJ 在按压储存按钮 CAN 和检查道岔手柄处于中间位置后按压修改按钮吸起并自闭。由它送出条件电源为服务于储存作业的继电器供电。

开始按钮继电器 KAJ。按压开始按钮 KA，在检查已办理储存作业后，KAJ 吸起并自闭。同时切断 CNAJ 电路，并由此 KAJ 取代 CNAJ 的作用。

道路按钮继电器 AJ。以进路(股道)号命名，用于记录按压进路按钮的动作。

修改按钮继电器 XOGAJ。在检查已储存的进路代码过程中，需要修改检查到的一钩进路代码时，按压修改按钮 XOCA 并检查按钮继电器 ZAJ(各进路按钮继电器的总复示继电器)后接点条件，XOCAJ 吸起，取消检查到的一钩进路代码。按压要改换的进路代码，将正确的进路代码存入，XOCAJ 随之落下。

暂停按钮继电器 ZNTAJ。溜放过程中需要增加一钩进路代码时,按压暂停按钮 ZNTA,ZNTAJ 吸起,按压增加的进路按钮,办理增钩作业(一次办理一钩)。

检查按钮继电器 JNCAJ。按压检查按钮 JNCA,JNCAJ 吸起,用其接通自动检查有关电路,按储存的顺序检查储存的进路代码。

减钩按钮继电器 JNGAJ。溜放过程中,对尚未溜放钩车的进路代码作自动检查,待检查至需减去的一钩时,按压减钩按钮 JNGA,JNGAJ 吸起,消去该钩进路代码,并自动使输出分配器步进一步。

(2)进路(代码)储存器

进路储存器主要由输入及检查分配器、储存单元、输出分配器等电路组成。

①输入及检查分配器——码序继电器 MXJ 和记码辅助继电器 JFJ。

MXJ 的作用是记录储存进路的钩序,相当头部输入分配器的作用。它与相应的按钮继电器条件配合,将一钩一钩的进路代码储存到相应的钩股电路(储存单元)中;按储存代码的容量已次储存 10 钩,设有 10 个 MXJ,相当驼峰头部输入分配器的“步”继电器(YCJ)。它由总按钮继电器 ZAJ 和码序辅助继电器 MXFJ 控制“步进”。MXFJ 用于记录奇数“步”的 MXJ 的动作,并为偶数“步”MXJ 的动作创造条件,以完成 MXJ 的步进。10 个 MXJ 可以循环工作三次。每按压一次股道(记录)按钮,ZAJ 就吸起一次。它与 MXFJ 配合,使 MXJ 步进。为储存下一钩进路代码做好准备。这时(1~10)MXJ 起输入分配器的作用。检查时,MXJ 由检查按钮继电器及检查脉动继电器控制步进,此时 MXJ 起检查分配器的作用。

②储存单元电路——钩股继电器(1~10)1J~5J

钩股继电器用来记录进路代码。它们相当头部储存单元中的记忆继电器 J,进路代码采用组合编码方式。用两个钩股继电器同时励磁代表一条有效的进路代码。5 个继电可以用两两组合方式编成 10 条进路代码(一般溜放线束少于 10 条股道),由 5 个钩股继电器(1~5)J 构成一个储存单元。

③输出分配器——钩股继电器 GXJ 和分钩继电器 FGOJ

GXJ 用以记录分钩次数。顺序输出储存的进路代码。代码输入后,直到输出或人工取消前,钩股继电器通过其对应的 GXJ 后接点自闭。根据储存器容量要求,设有 10 个 GXJ,即(1~10)GXJ。GXJ 可以循环工作三次。相当头部的输出分配器,钩序辅助继电器 GXFJ 用来记录奇数的 GXJ 动作,为偶数 GXJ 励磁作准备。GXJ 在 GXFJ 的配合下由总钩继电器 ZGOJ 控制“步进”。ZGOJ 的作用相当头部的溜放取消继电器 LQJ 的作用。它由溜放区各分钩区段的分钩继电器 FGOJ 接通励磁电路。无论溜放车组在那一个轨道区段分钩,该区段对应的 FGOJ↑→ ZGOJ↑。

(3)道岔储存器

对应溜放调车区每一分路道岔设置一个道岔储存器。除第一分路道岔外,根据溜放作业的实际情况,即在牵出线与股道间最多有几个车组同时在溜放,来确定道岔储存器容量。

(4)分钩电路

平面溜放分钩地点不固定,正确判别分钩及分钩地点(区段)对连溜电路是十分重要的。分钩电路由与站场线路布置相同的电路网路构成。电路网路上对应每一轨道电路区段挂有一个监督分钩继电器 JFGJ。每个 JFGJ 设有一个与之对应的分钩继电器 FGOJ。

用轨道区段的占用和空闲来判定是否车组分钩。如果连续三段轨道电路区段出现1、3两段有车站用，中间一段空闲，就说明有车组分钩。

(5)道岔(自动)控制电路

道岔自动控制通过记录道岔码的定位继电器DJ、反位继电器FJ、两个道岔控制继电器1CKJ、2CKJ及两个道岔启动继电器1DQJ和2DQJ完成。电路构成的思路同头部自动集中道岔控制电路。设回转继电器HZJ起头部DHJ的作用。

根据连续溜放作业的实际需要，设计一次可以储存十钩车进路代码的进路储存器。如需要，在溜放过程中随着代码的输出、执行，可循环储存至30钩，多组溜放目前按大组车最多包括三钩车设计。

以我国定型的连续溜放电路(简称连溜电路)为例，其电路结构框图如图4-4所示。

四、多组溜放电路构成原理

多组溜放控制电路是在连续溜放电路的基础上增加完成多组溜放功能的电路，其构成原理是办理多组溜放的进路代码时，要求同时按压多溜按钮和进路按钮，在第一次分钩时，输出分配器步进，将进路代码输出转换成道岔代码存入相应的道岔储存器，在多溜车组分钩溜出后，在二次分钩前要将经过道岔的道岔码一次清除。

五、后退进路锁闭电路

为实现后退进路(简称退路)锁闭，牵出线和溜放进路上的各分路道岔轨道电路区段增设有：一个退路锁闭继电器TSJ、一个折返继电器ZFJ、一个延时恢复继电器YSHJ。

在局控继电器吸起，局控锁闭继电器尚未落下的瞬间，各区段的TSJ吸起并自闭。牵出线调车信号开放后，车列尚占用牵出线时，它的TSJ仍保持吸起；车列驶出牵出线(区段空闲)，牵出线区段的TSJ↓，锁闭车列后退进路(牵出线部分)。分路道岔区段的TSJ是在车列驶出道岔保护区段(BGJ↑)后落下。由TSJ的落下接点锁闭退路上的道岔，实现退路锁闭。退路的解锁分两种情况：一是车列后退的退路解锁；二是人工取消退路锁闭。

车列后退时，分路道岔区段的TSJ是在车列退到岔前保护区段时吸起，这是通过该区段的折返继电器ZFJ吸起而吸起的。车列退至牵出线，牵出线区段的TSJ吸起。退路全部解锁。人工取消退路解锁(如车列已处在股道上，不需要退回时)，拉出信号按钮，在检查退路上轨道区段空闲后，经30 s延时，使延时恢复继电器YSHJ吸起，由它接通TSJ励磁电路使TSJ吸起，实现人工退路解锁。当轨道区段故障时，通过按压事故按钮SGA使事故按钮继电器SGAJ吸起，由它使YSHJ延时30 s后吸起并使TSJ吸起，实现退路区段故障解锁。

六、侧冲预测和防护电路

侧面冲突(简称侧冲)预测是通过测量车辆通过道岔区段的速度实现的。当车辆以低于某一速度经由道岔区段时，预计后续车组可能发生与其侧冲的危险。测量过岔速度的另一目的是确定道岔延时解锁的时间。预测到侧冲的可能后需要进行防护性的道岔锁闭。用继电器测速电路(由继电延时电路构成)将过岔速度分为几级，例如五级。下列的实例给出与延时时间对应的速度：

6 s——5～6.5 km/h；

4.5 s——6.5～8.3 km/h；

3.5 s——8.3～10 km/h；

3 s——10～15 km/h；

2 s——15 km/h 以上。

当把低于 5 km/h 的车速定为侧冲预报速度(这个速度应根据实际运营情况确定)。测速电路测量车辆在岔前保护区段上的速度,然后推算过岔速度。电路设有:开始测速继电器KCSJ、三个慢速继电器 MSJ、2MSJ、3MSJ、一个预告侧冲继电器 YCNJ……用测试车组最后轮对从进入到出清岔前保护区段的时间测速。车组最后轮对进入保护区段(离开前一区段),KCSJ↓,从此刻开始计时。车组出清保护区段停止计时。三个 MSJ 是缓放继电器。在各自的线圈上并联有电容器,例如设计:MSJ 缓放 4.5 s;2MSJ 缓放 1 s;3MSJ 缓放 1.5 s。保护区段轨道继电器 BGJ 尚未落下瞬间(此时 KCSJ 尚未落下),MSJ 吸起。BGJ 落下后,MSJ 靠电容缓放,若在 MSJ 缓放期间车组出清保护区段,MSJ 的励磁电路重新接通,以此证明车速在 8.3 km/h 以上。如车组尚在保护区段(BGJ 在落下状态),MSJ 经 4.5 s 后缓放,使 2MSJ 吸起,2MSJ 经 1 s 缓放,又使 3MSJ 吸起,经 1.5 s 后,3MSJ 缓放,使 YCNJ 吸起,由 YCNJ 预告车组过岔速度低于 5 km/h,并将道岔锁在原位,以防止侧冲发生。调整缓放电路电阻值可以调整各继电器的缓放时间。

七、车列转线及折返道岔延时解锁电路

为提高效率,车列行至岔前保护区段需要转线或车列从岔后行至岔前保护区段(出清道岔区段)需要折返时,应允许转换道岔。显然为确保作业安全,道岔应延时解锁。根据实际作业情况,对前一种作业道岔延时 13 s(9 号道岔)或 20 s(6 号和 7 号道岔)解锁;后一种情况延时 3 s解锁。服务于这类作业的电路除设折返继电器 ZFJ 外,还设有折返延时继电器 ZFYJ。

可以用道岔保护区段 BG 对应的退路锁闭继电器 TSJ 状态来区分两种作业。车列从岔前驶向道岔,进入岔前保护区段需要转线时 TSJ↑;车列从岔后进入岔前保护区段需要折返时,TSJ↓。也就是说,可以用 TSJ 的状态控制 ZFYJ(时间继电器)的延时吸起时间,也就控制了道岔的延时解锁时间。

第三节 峰尾计算机联锁设备

目前计算机参与控制的平面调车集中联锁设备有几种制式,一种是常规的调车作业仍采用大站继电集中联锁设备,如 6502 大站继电集中联锁电路。在此基础上用计算机完成平面溜放调车作业的有关功能,如连续溜放作业的进路控制代码(码令)的储存、检查、修改、传递、执行,以及测速、报警等功能。另一种是由计算机取代大站集中联锁设备,完成联锁功能并增加平面溜放调车作业的功能。其中溜放作业又分单钩溜放和连续溜放(可含多组溜放),或既能进行单钩溜放又可进行连续溜放。不管采用那一种制式,都应能既满足一般调车作业的需要,又能满足平面溜放调车作业的要求。利用计算机功能强的优点,不仅使集中联锁和平面溜放调车扩展了功能,更好地为运营服务,还有利于维修和站场的变更和扩建。

在这一节里我们讨论的重点是由计算机完成的平面溜放调车控制部分。为了满足连续溜

放和多组溜放作业的需要，在上一节中阐述的有关技术问题和要求，在计算机控制平面溜放调车进路中大多适用。例如：溜放车组之间的间隔距离；设置分路道岔的岔前保护区段；分路道岔采用快速动作的转辙机；连续溜放进路不设进路锁闭；车列占用岔前区段折返或转线时的道岔延时解锁；对分路道岔的一些特殊要求；侧冲报警和防护以及退路锁闭等。利用计算机功能强的特点，可以实现对溜放过程中的检测和设备自检等功能。

一、计算机的特点

计算机的特点如下：

①运算速度快；

②储存量大；

③界面信息丰富；

④逻辑功能强。

二、计算机在溜放进路上完成的功能

该计算机的作用是可按要求增加进路命令的容量，一次进行进路命令储存。实现溜放追踪和溜放异常的自动处理，此外它还可以：

①与边组站信息处理系统联网；

②进行溜放信息储存，实现信息回放。

可实现以下任务：

①交叉溜放作业；

②股道转线作业；

③模拟操作。

具体来说，计算机主要完成溜放进路上分路道岔代码的存储、传递、信息显示等功能；信息处理，各种作业的编制等。而执行部分仍用继电器完成。

三、计算机联锁系统的基础知识

1. 计算机联锁系统与继电器联锁系统的比较

(1)继电器联锁系统优缺点

特点：用继电电路实现信号、道岔和进路之间的联锁关系；用安全型继电器为主要的逻辑控制元件。

优点：性能稳定；满足故障—安全。

缺点：功能不够完善；不便于和现代化的信息处理系统相连接；不经济。

(2)计算机联锁系统的优点

能够减少继电器检修工作量；减少系统的设计、施工和维护的工作量；减少建筑使用面积；便于改造；便于增加新功能；节约资金。

2. 计算机实时控制系统

实时控制系统：在限定的时间内对外来时间能够做出反映的系统。实时工业控制计算机系统的特点：

①实时性；

②对现场信号的输入和控制输出能力较强；

③高可靠性；

④可维护性；

⑤对环境要求不高。

3. 容错和避错技术

(1)概念

容错技术：当系统的某一部分发生故障时仍使系统保持正常工作的技术。

避错技术：防止和减少系统故障发生的技术。

(2)方法

容错技术：主要依靠增加额外资源的方法来换取系统的可靠性。额外资源主要有硬件冗余、软件冗余、时间冗余、信息冗余。

避错技术：主要通过质量控制、环境防护、减载使用等方法防止故障的发生。

(3)系统的容错结构

从维护系统的安全性和可靠性来说容错技术是关键，根据对处理故障方式的不同，把容错技术分为：故障检测与诊断、故障屏蔽冗余(静态冗余)、动态冗余三种。

①故障检测与诊断：故障检测是尽快发现故障，减少故障潜伏时间；故障诊断是指明故障位置，为消除故障提供信息。

②屏蔽冗余(静态冗余)：利用冗余资源将故障的效应掩盖起来，使系统在故障发生后仍能持续正常工作。

③动态冗余：通过故障检测和诊断技术发现故障后，及时地用备用模块进行替换(重组)，并使系统恢复正常工作。

四、系统的硬件结构

在计算机联锁系统中，联锁机是至关重要的，联锁机的硬件结构与冗余是密切相关的。

1. 系统的可靠性冗余结构

可靠性：系统在规定的时间内、规定的条件下完成规定的功能的能力。

可靠性冗余结构：为了使系统的可靠性指标达到或超过目标值而采取的冗余结构，一般采用双机互为备用的或门二重系统，如图 4-5(a)所示。

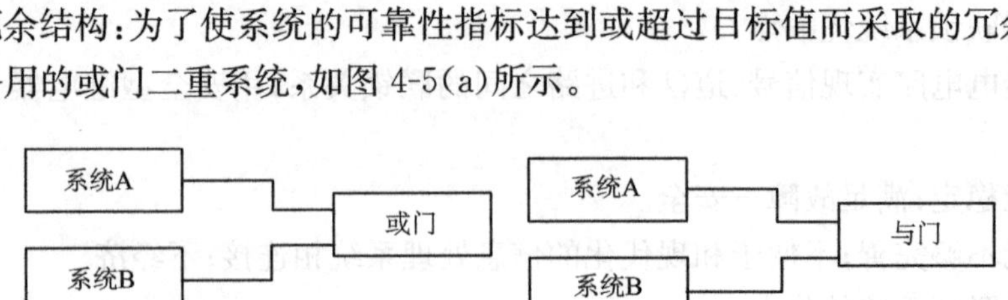

图 4-5　双机互为备用的与门和或门二重系统

2. 系统的安全性冗余结构

安全性：当系统的任何部分发生故障时其后果不会导致人身丧亡或财产的重大损失的性能。

安全性冗余结构：为了使系统的安全性指标达到或超过目标值而采取的冗余结构，一般采用双机同时工作并彼此间进行频繁比较的与门二重系统。如图 4-5(b)所示。原理：在极短的时间间隔内，两台计算机同时出错并且错误呈现同一种模式的概率几乎为零。

3. 系统的可靠性和安全性冗余结构

为了使系统具有可靠性又有安全性，可将系统的可靠性和安全性的系统结构结合成多重冗余结构，图 4-6 为三取二冗余结构图。

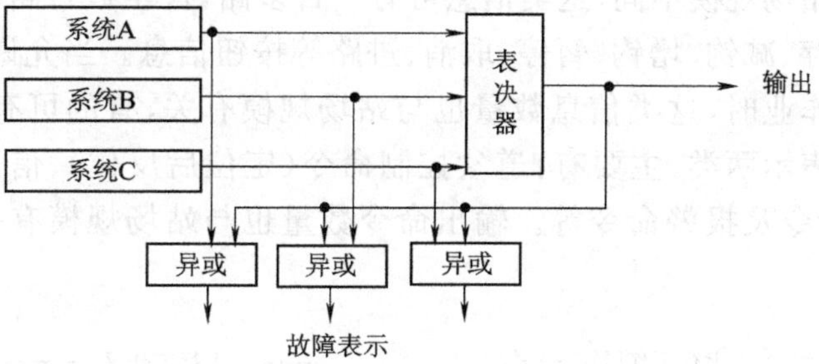

图 4-6　三取二冗余结构图

4. 系统的层次结构

如图 4-7 所示，系统的层次设计结构一般分三层，即车站值班室、机械室和作业现场。车站值班室包括操作台和图形显示器，机械室包括人机对话计算机、联锁计算机和输入、输出适配器，作业现场包括信号机、动力转辙机和轨道电路。

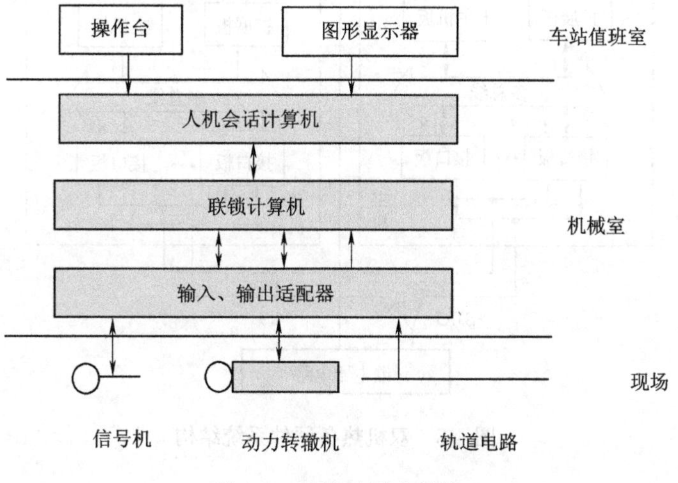

图 4-7　系统的层次结构

5. 双机热备硬件系统结构

在进行满足可靠性要求和满足故障—安全原则的设计时，不能单从系统的硬件或单从系统的软件来考虑，例如使用冗余技术可以由软件体现，也可以由硬件体现。这里我们给出我国研制的微机平面溜放调车控制设备硬件系统结构的两个实例。图 4-8 所示的是只完成平面溜放调车功能的设备硬件系统结构(集中联锁功能由继电设备完成)。该系统采用双机热备硬件冗余结构。两台微机配置相同。哪一台作为主机(工作机)由人工通过机柜面板上的工作选择键确定(动作双机选择继电器 SJXJ)。指定一台为主机,另一台为备机。主、备两机同时采用输入信息和进行运算,只有主机输出控制信息。当主机发生故障并发出报警时,人工进行切换,将原来的主机变为备机,将原备机转为主机。计算机与现场信号设备之间的控制信息和表示信息通过继电电路转接。同时输入主、备计算机的信息分两类:一类是现场信号设备状态的表示信息;另一类是控制台操作信息(按钮信息等)。表征现场信号设备的继电器信息主要有:道岔定、反位表示继电器、轨道继电器、退路锁闭继电器等状态信息。按站场规模不同,这类信息可有一百多路,甚至数百路;控制台(按钮)信息主要包括:开始、储存、减钩、增钩、暂停、取消、进路等按钮信息。当允许不同溜放区(线束)平行进行溜放调车作业时,这类信息数量也与站场规模有关,有的可有几十路。计算机输出信息也分控制和表示两类,主要有:道岔控制命令(定位后反位)、信号机显示命令、折返命令;控制台显示命令及报警命令等。输出命令数量也与站场规模有关,一般在一百多路或更多。

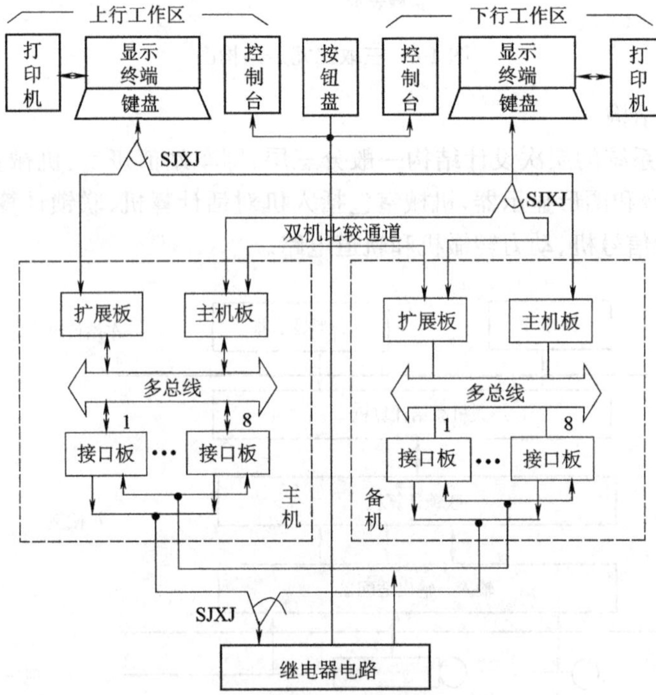

图 4-8 双机热备硬件系统结构

6. 三级控制硬件系统结构

图 4-9 所示的是既完成车站联锁功能又完成平面溜放调车功能的多计算机系统硬件结构图。

图中所示的是按三级控制构成设备的双机冷备硬件系统结构。系统第一级为控制监督级,或称人机对话级,用于人机通信。通过这一级的控制监督机向下级计算机传送作业员从控制台下达的控制命令和接收下级计算机送来的表示信息,并转送至控制台。第一级可扩充功能与调度集中或编组站管理信息系统联机。第二级为联锁逻辑计算处理级,由联锁及溜放控制机完成联锁功能和溜放功能，是系统的核心部分。要求具有高的可靠性和故障—安全性能。这级从下一级计算机接收现场有关信号设备状态信息，根据联锁条件和溜放（单溜、双溜）技术条件完成联锁和溜放功能。通过下一级计算机向现场设备发送控制命令；通过上一级计算机发送表示信息。第三级是控制表示级，或称执行表示级。执行表示机与现场信号设备之间通过继电电路直接发生关系，同样需要高的可靠性和故障—安全性能。执行表示机设置多个执行表示微机，各微机的管辖范围按运营作业情况和站场地理区域划分。各级间采用串行通信通道联系。各级的双微机可以单独进行切换并重组系统。

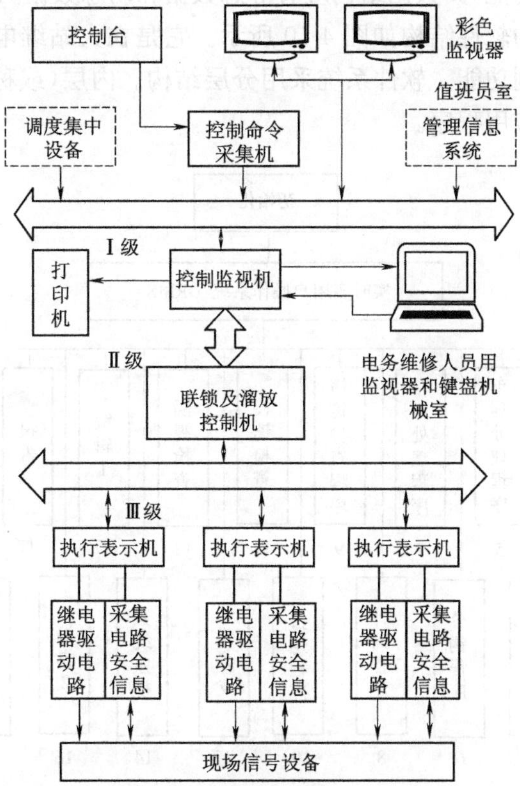

图 4-9　三级控制硬件系统结构

五、计算机联锁系统的技术要求

计算机联锁系统有如下的技术要求：

①人机会话功能；

②联锁控制功能；

③监测功能；

④通信功能；

⑤系统的可靠度大于或等于 10^6 h；

⑥系统的安全度大于或等于 10^{11} h；

⑦系统的运行周期不大于 250 ms。

六、系统的软件结构

系统软件应有如下的功能：

①人机信息处理功能；

②进路功能；

③执行控制功能；

④自动检测和诊断功能。

为了满足上述四种功能，其数据结构应有静态数据和动态数据两种。

与系统的硬件配套的软件结构如图 4-10 所示。它是在大站继电集中联锁电路的基础上由微机完成溜放作业控制功能。软件系统采用分层结构。内层(或称上层)为系统管理程序；外层(或称下层)为系统应用程序。

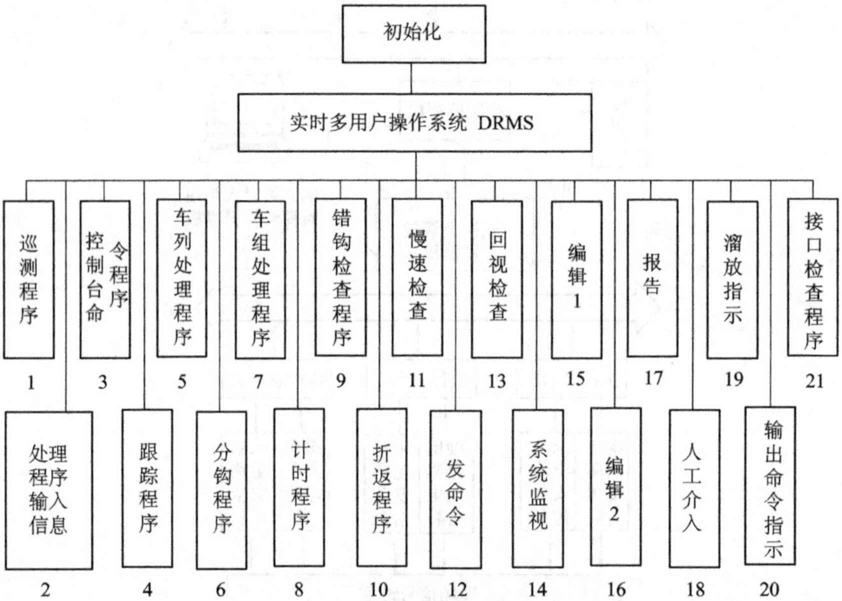

图 4-10 平面溜放控制软件系统结构

管理程序采用实时多任务操作系统。该操作系统具有多任务优先级调度、堆栈管理、时钟管理、中断处理、键盘管理、打印机管理、系统初始化管理等功能。采用多任务操作系统的原因是应用程序模块是按任务划分的。一个任务程序模块完成一个特定的功能，即一个任务。对每一个任务给定一个任务号和一定的优先级。软件系统按功能共设置 21 个任务模块。各任务程序模块在实时多任务车组系统的调度下投入运行。任务程序模块共计有：巡测任务、控制台命令任务、输入处理任务、跟踪任务、车列处理任务、分钩任务、车组处理任务、计时任务、错钩检查任务、折返任务、慢速检查任务、发命令任务、回示检查任务、系统监视任务、编辑任务1、编辑任务 2、报警任务、人工介入任务、输出命令指示任务、溜放指示任务、输入输出接口检查任务。各任务的任务号同优先级号。下面简述各任务模块完成的主要功能。

巡测任务：读入控制台命令，判定主机和备机；按控制台命令唤醒控制台任务；顺序读入各组输入信息(对有变化的信息读入三次，一致为有效)；有溜放作业时唤醒输入处理任务。

控制台命令任务:同意溜放命令——允许溜放后,建立溜放控制所需的各种信息表,输出第一钩道岔控制命令;取消溜放命令——清除各种控制信息表记录,若溜放结束则建立溜放结束标志;取消调车作业计划命令——取消未执行的计划;暂停溜放命令——建立暂停标志;恢复溜放命令——清除暂停标志;单独操作命令——置单操标志。

输入处理任务:将新输入信息记入设备状态表中;收到道岔位置变化信息后,清除道岔控制命令;唤醒跟踪命令。

跟踪任务:将轨道状态表中的变化记入列车跟踪标的相应轨道单元;唤醒车列处理任务。

车列处理任务:根据轨道状态实现车列跟踪,并记入车列跟踪表;判断分钩;折返;退路锁闭检查;退路锁闭及解锁;有分钩时唤醒分钩任务;唤醒车组处理任务。

分钩任务:建立分钩车组的车组跟踪表;输出下一钩的道岔控制命令;更新车列跟踪表;若在道岔区段分钩后,车列需折返时,道岔延时解锁。

车组处理任务:跟踪车组,判断错钩;测量车组在道岔区段的走行速度,慢速和快速报警;慢速车组的侧冲防护;车组出清道岔区段,输出下一钩道岔控制命令。

计时任务:各项计时处理。计有回示延时表计时以唤醒回示检查任务;折返延时表计时以唤醒折返任务;错钩检查延时表计时以唤醒错钩检查任务;发命令延时表计时以唤醒发命令任务;道岔区段表计时。

错钩检查任务:检查道岔状态与钩车进路命令是否一致。

折返任务:从折返延时表中读出折返道岔代码,向该道岔发折返命令和道岔操作命令。

慢速检查任务:从慢速表中读出慢速道岔代码,检查该道岔的侧冲防护区段,这些区段空闲时发出道岔操作命令。

发命令任务:从发命令表中读出待发命令的道岔代码和命令类别,从输出配线表中查出该命令的输出地址并执行输出。

回示检查任务:从回示延时表中道岔代码和车组钩序,检查道岔位置和进路命令的一致,回示正确(一致),取消命令;否则记入报警表并发"道岔错"报警。

系统监视任务:系统正常运行时,定时被启动,将系统计时单元清零。系统故障时,发出报警并强迫系统停机。

编辑任务 1:由 1 号控制台键盘命令启动。完成 1 号控制台调车作业计划的输入及编辑(检查、修改、增钩、减钩、取消等)作业。

编辑任务 2:由 2 号控制台键盘命令启动。完成 2 号控制台与编辑任务 1 相同的作业。

报警任务:完成不同类别的报警。计有错钩、轨道状态错、道岔表示错、退路锁闭故障、道岔误动、车速异常、双机比较错等。

人工介入任务:溜放处于暂停状态,人工介入选排一钩溜放进路。

输出命令指示任务:由键盘命令唤醒运行。将输出命令表中记录的最新六条命令送终端屏幕显示。

溜放指示任务:溜放中显示车组、股道(进路)、车辆数。并预告下两钩的命令等内容。以及追钩、慢速及快速标记。

输入输出接口检查任务:由键盘命令唤醒运行。将指定的输入或输出信息送至屏幕显示,并每隔 1 s 自动刷新显示内容。

综上所述，不难从各程序模块的功能中总结出平面留放控制的各项技术要求是怎样由软件系统实现的。

设置的人机命令可供维护人员查询时间、各报警表内容、命令记录表中最新记录的六条命令、显示指定的两组输入或输出信息内容、命令双机进行比较、检查指定内存地址的内存单元内容等。

双机比较的实现是由工作机(主机)向备用机发比较信息组号，备机将指定组号的信息发送给工作机，由工作机完成比较工作。与多机三级硬件系统配套的软件系统除了实现溜放作业控制外，还完成大站继电集中联锁电路完成的工作。系统软件按系统硬件的三层结构划分为三个软件包：人机对话处理软件包、联锁辑处理及连续溜放控制软件包、执行表示软件包。软件包之间由专用通信软件沟通。

人机对话软件完成按钮命令采集、集中联锁进路初选、溜放进路控制命令储存、图像显示、记录、储存和打印等；执行表示软件主要处理与现场信号设备间的输入(表示)、输出(控制)信息处理、与联锁控制机的通信。要求具有故障—安全性能。采用独立的双通道计算机程序，将关键数据由不同程序在硬件的不同区域进行运算，比较结果一致才作为有效数据，并将控制信息动态化后方可输出。

联锁逻辑处理软件是控制系统的核心。要求它具有高的可靠性和故障—安全性能。采用多版本软件或信息的双通道传输都是为达这一目的的手段。当采用多版软件(例如两版本)时，为了使不同版本具有独立性，除了由不同的人员组成不同版本的编程小组，两组人员背靠背编制相同功能的软件外，两套软件的数据结构和程序结构应尽可能不同。两套相对独立的软件同时运行，经比较一致时才作为有效信息或控制命令输出。系统的软件按团环工作设计。采用双通道传输的具体做法是同一信息由双通道传输，比较正确后才作为有效信息。

联锁处理软件采用分层结构，并按网络结构设计。软件结构移植了大站继电集中联锁的网络线结构的思路。设计若干对应站场设备单元(信号机、道岔、轨道区段)的数据模块，数据模块间按站场图形的拓扑结构连接，也就是说，采用与站场图形相似的数据结构。对于站场每一架信息机单元、道岔单元、轨道区段均有与之对应的数据模块。模块之间按站场形状用数据指针相互链接。一个数据模块是描述对应站场设备所有数据的集合。当使用双版软件时，软件，包括信号、道岔、区段三种类型的数据模块；软件，则划分为信号、上行道岔、下行道岔、无岔区段四种数据模块。

软件采用分层结构，程序按功能分为若干段，每一段程序模块划分为八个子模块。它们是选路、确选、锁闭、开放信号、关闭信息、正常解锁、折返解锁、非常解锁子模块。一个子模块为一层。同类子模块之间按站场拓扑结构链接后，可类比大站继电集中解锁电路的一条网络线。分层程序模块结构如图 4-11 所示。对照图中的局部站场。八个站场线路形状的链接层分别：选路层、确选层、锁闭层、开放信号层、关闭信号层、正常解锁层、折返解锁层、非常解锁层。相当于用八条站场形状的网络线完成联锁功能。

以软件Ⅰ为例，按数据模块的划分，设计了三个公用程序模块：信号程序模块、道岔程序模块、区段程序模块。这些模块由进路管理模块管理调用。

每一条调车进路在软件中都对应一条映像进路。后者由有关的信号、道岔、区段数据模块

(相当大站继电集中联锁的组合)及数据指针组成。程序模块依附在对应的数据模块上运行。图 4-12 给出与局部站场对应的联锁处理软件模块结构的例子。程序模块从进路的始端开始逐个对数据模块进行联锁检查。若检查通过,图 4-12 与局部站场对应的联锁软件数据模块结构程序模块按数据模块的链接结构,运行下一个模块。直至整条进路均通过了联锁检查,就可以发出锁闭进路和开放信号的命令了。

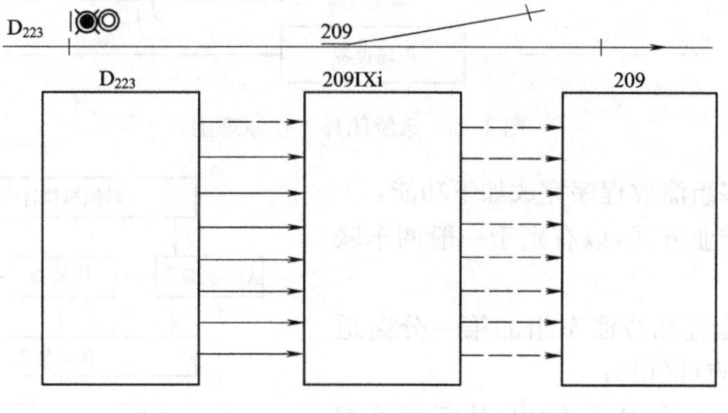

图 4-11　程序模块的分层结构

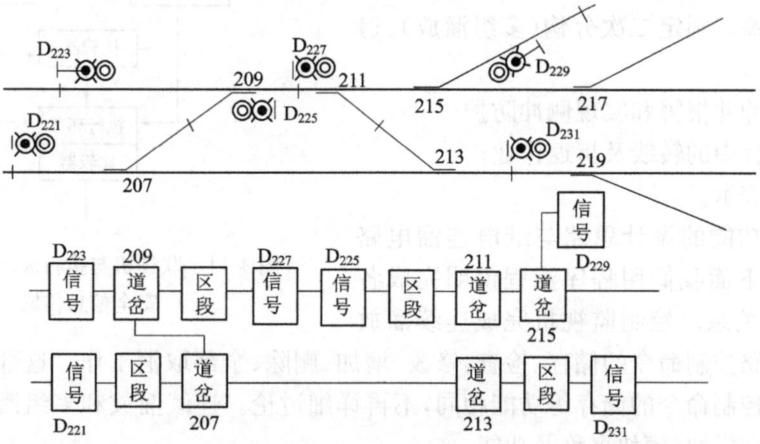

图 4-12　与局部站场对应的联锁软件数据模块结构

系统软件按闭环工作原理设计,如图 4-13 所示。

从图 4-13 中可以看出,对于每一个安全控制信息的输出和安全表示信息的输入的局部环节,系统内部的逻辑处理都遵照闭环原理工作。联锁逻辑处理机输出控制信息和输入表示信息时,在输出、输入的同时,信息要返回计算机,与输出、输入信息比较一致(设备工作正常)后,方作为有效的输出或输入信息。联锁微机与控制(操作)监视机之间也按闭环原理工作。

联锁机和控制表示机之间要求设置安全信息传输系统。图 4-14 给出一个安全传输信息的例子。该例中除了采用冗余编码技术外,还采用信息传输中的多层次校核。双版程序生成一对同一功能的命令 A、B。传输前先比较是否一致,一致后向下一级(执行表示机)传输,译码后再进行比较,一致后方可执行。

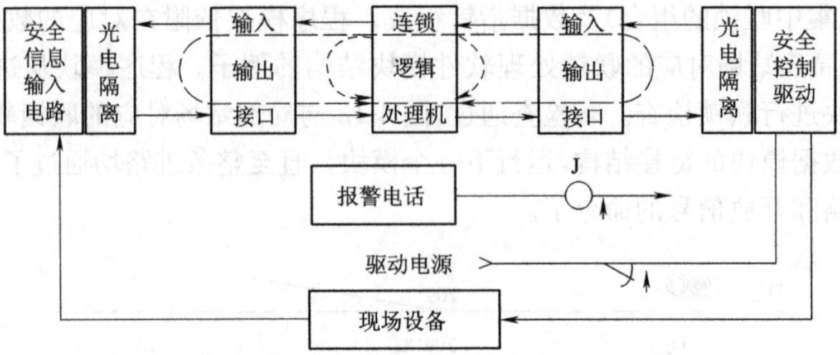

图 4-13 系统闭环工作原理图

连续溜放和多组溜放程序完成如下功能：

①建立溜放作业方式，以有别于一般调车联锁控制方式；

②确定车列位置和待溜车组的第一分路道岔，即判定分钩地点(区段)；

③在溜放车组的作用下，输出、执行道岔控制代码(从进路代码转换得到)；

④溜放追踪。判定二次分钩(多组溜放)、追钩、溜错股道等；

⑤预测侧冲并报警和实现侧冲防护；

⑥溜放过程中的转线及折返作业；

⑦完善的表示。

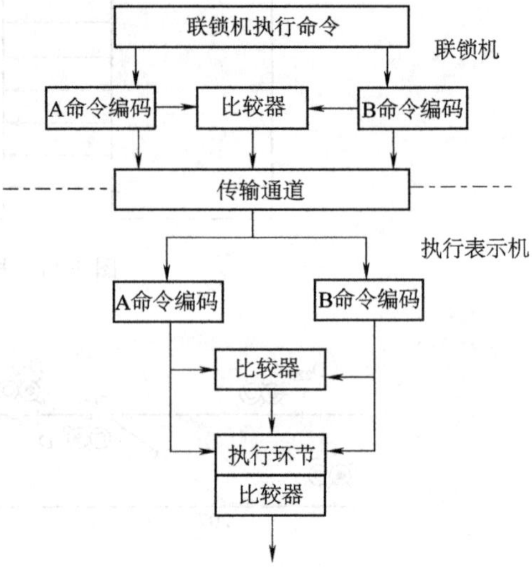

图 4-14 联锁机与执行表示机之间的安全信息传输

完成上述功能的设计思路与继电连溜电路有相似之处。下面我们用程序流程说明完成各项功能的逻辑关系。控制监视机完成连续溜放和多组溜放进路控制命令的储存、检查、修改、增加、删除、全部取消工作。这部分功能与驼峰头部溜放进路控制命令的储存等功能相同，不再详细讨论。连续溜放和多组溜放控制软件主要包括下列程序模块，模块名称及功能。

建立作业方式模块——识别控制台作业方式选择命令，建立相应的溜放作业状态，作业过程中的暂停状态，暂停后的继续溜放状态以及撤销溜放状态。程序流程如图 4-15 所示。

溜放处理主程序模块——是连续溜放(含多组溜放)各程序模块的管理调度主程序模块。用于管理：准备溜放处理模块、追踪溜放钩车处理模块、查巡分路道岔处理模块和开放信号处理模块。主程序循环运行。车列开始溜放前的位置追踪亦由本模块完成。程序流程如图 4-16 所示。

准备溜放程序模块：本模块完成识别是否已储存了进路控制命令，当已储存了进路命令，通过对轨道区段状态信息的扫描，进行分钩识别及分钩处理、车列位置追踪(前移或后退)、判别车列是否追及已分钩的钩车并进行相应的处理。程序流程见图 4-17。追踪溜放钩车处理模块本模块的主要功能是根据钩车数据表和从钩车尾端向前端扫描轨道区段状态信息，判定是否有二次分钩(多组溜放的再分钩)并作相应的处理。程序流程见图 4-18。

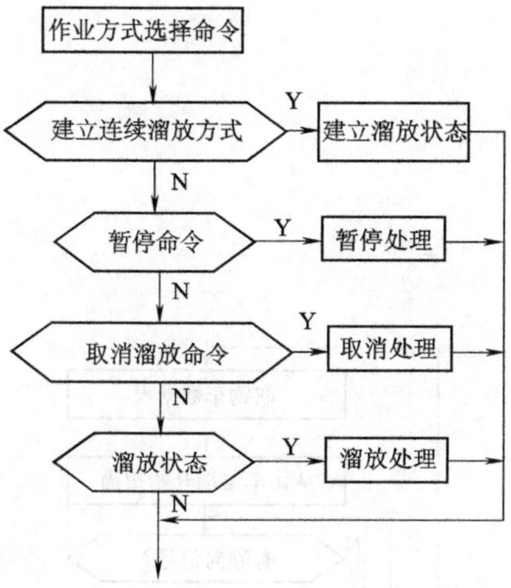

图 4-15 作业方式选择程序模块流程

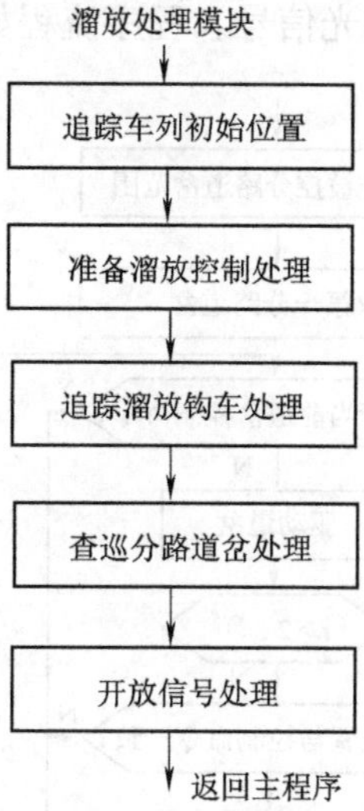

图 4-16 溜放控制主程序流程

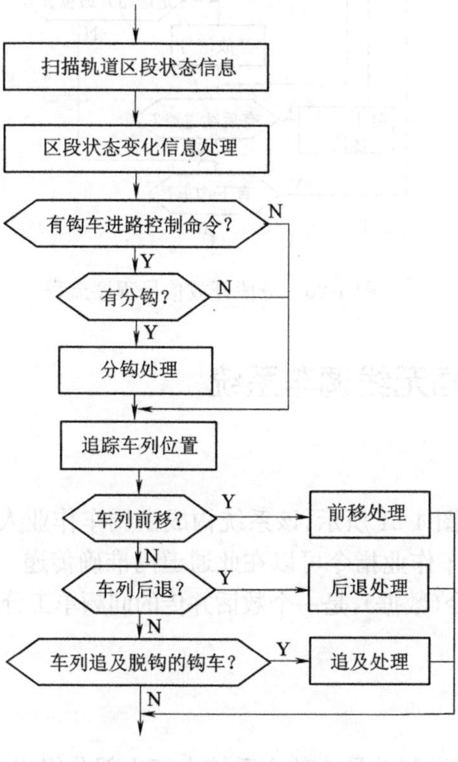

图 4-17 准备溜放程序流程

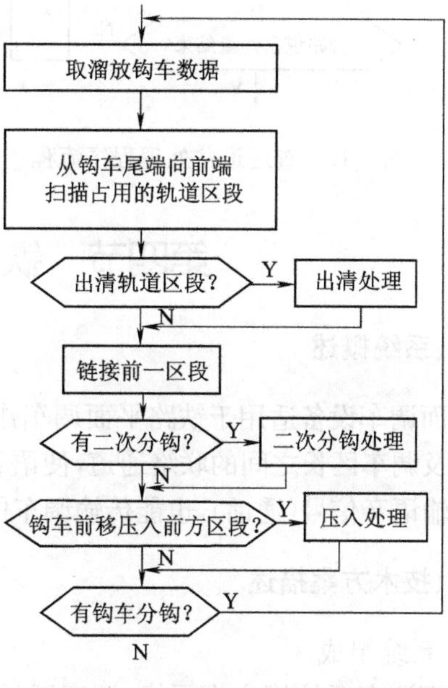

图 4-18 追踪溜放钩车处理程序流程

查巡道岔处理模块完成的功能有：确定被控制的分路溜放处理模块道岔范围，按道岔控制命令转换道岔，判断执行控制码后的道岔位置是否与命令一致并作相应的处理。如车辆进入道岔轨道区段前，道岔转换时间超过规定时间，则自动控制道岔转回原位置及置自动回转标。程序流程如图 4-19 所示。

开放信号程序模块根据钩车数据表判定其溜放前方是否有顺向信号机及分路道岔，有则开放溜放白灯闪光信号。程序流程如图 4-20 所示。

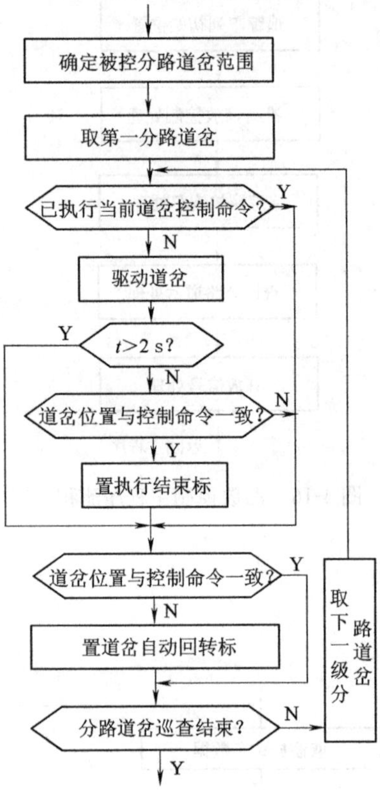

图 4-19　查巡道岔处理程序流程

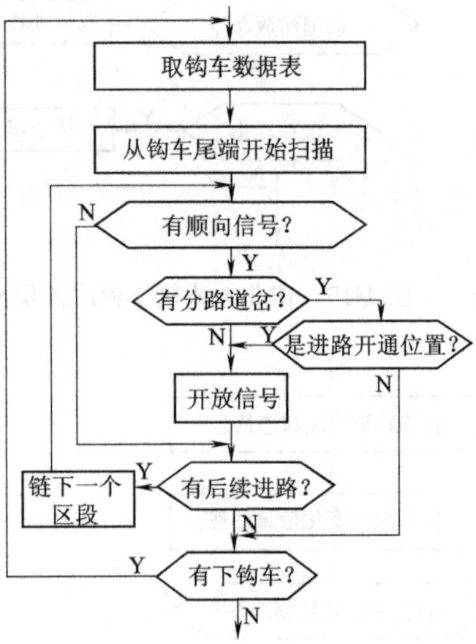

图 4-20　分段开放信号程序流程

第四节　铁路平面无线调车系统

一、系统概述

平面调车设备适用于铁路平面调车作业，如图 4-21 所示，该系统构成了调车作业人员与机车司机及调车区长之间的联络通道，使语音及调车作业指令可以在此通道内准确传递。该系统即能传输语音信号(通话)，也能传输调车作业指令(数据)，是一个数话并传的同频单工分组网。

二、技术方案描述

1. 系统组成

平面调车系统用户为司机、调度区长、调车员、制动员。整个系统由三大部分组成：机车设备、固定设备、移动设备。

三大部分的组成如下：

机车设备：以机车台为核心，完成调车作业指令的识别、显示，外围设备有司机送话器、调车作业指令显示灯盒、外接扬声器，并可增加录音单元以记录调车作业中的通话情况。

固定设备：以调车区长台为核心，解决调车区长与调车组之间的联络问题。外围设备有手持送话器，并可增加录音单元以记录调车作业中的通话情况。

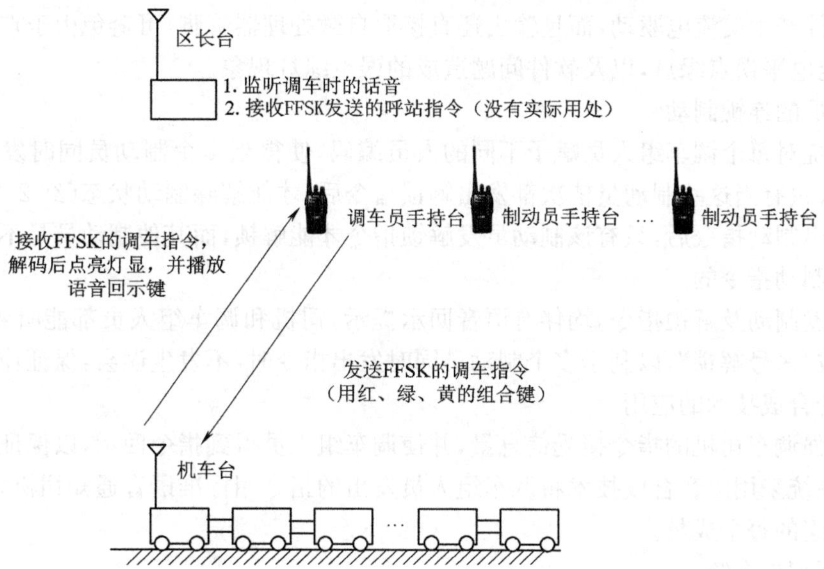

图 4-21　无线模拟平面调车系统

移动设备：包括调车员手持台、制动员手持台。主要是由调车人员向机车发送调车作业指令，以指挥机车行动。并可与机车司机以及调车组人员之间进行通话。

2. 组网方式

区长台、机车电台、便携台之间的通信均采用无线方式。机车台、调车员手持台可以呼叫区长台，调车员手持台发送 FFSK 信令传送调车指令，机车台解码正确后进行灯显和话音回示。

3. 系统特点

(1)计算机技术的应用

本系统各部分均采用以单片微处理器为核心的技术，采用 ATMEL 公司的 MEGA 系列芯片，该系列芯片具有指令多、功能强、速度快、可靠性高的优点，非常适用于工业控制场合。本系统机车设备的另一核心是语音合成芯片，将调车作业的调车作业指令提示语音进行数字化处理，并存储在芯片存储器内，供调车作业时使用。由于采用了单片微处理器及专用语音合成芯片来构成系统，使无线平面调车系统具有智能化特点，系统具有非常大的灵活性和高可靠性。

(2)安全控制系统

众所周知，铁路运输安全是第一位的，因此，本系统把提高设备的安全性放在首位，保证在任何情况下都不发生信号升级(点绿灯)。为此，主要采取以下措施：

①行进指令安全防护

行进指令(点绿灯)是调车机车的前进命令，是关系到行车安全的指令。因此，当调车员发出该指令后，调车员手持台会间断地发出测机信号(每隔 5 s 发一次)。一旦调车员手持台故障或其他原因造成指令发送不出去时，机车台可检测出故障，并发出“注意注意”的语音提示，调车作业指令显示红灯停车。

②绿灯采用交流点灯

为了防止电路的硬件故障造成信号升级，绿灯点灯电路采用交流点灯方式。这样绿灯信号不仅由软件产生交流电驱动，而且输出还直接取自微处理器管脚，可避免由于点灯驱动口损坏，形成固定电平误点绿灯，以及软件问题造成的误点绿灯现象。

③制动员的连锁制动

由于系统对每个调车组人员赋予不同的人员编码，使得当多个制动员同时发制动指令后（红2灯亮），只有当这些制动员依次都发出解锁指令后，才能解除制动状态（红2灯灭）。当某一制动员发出制动指令后，只有该制动员发解锁指令才能解锁，而其他制动员是不能解锁该制动员发出的制动指令的。

制动员发制动及解锁指令，均伴有语音回示提示，司机和调车组人员都能听到“紧急停车×号×号”或“×号解锁”，以利于多个制动员同时发出指令时，不发生误会，保证作业安全。

(3)语音合成技术的应用

为了加强调车司机的指令接受信息量，并使调车组人员得到指令回示，以保证发送指令的可靠性，本系统采用语音合成技术将调车组人员发出的指令用标准语音通知司机，并把此信息回示给调车组的每个成员。

(4)数据记录系统

本系统在机车台内设有一个对调车作业数据采集和记录的系统，可以记录调车指令性质、发生时间。通过对这些数据的分析，可了解调车作业过程和分析调车作业事故的原因。所记录的时间为实时时间。此数据记录系统具有断电保护功能，保证数据掉电也不丢失。断电后再开机，时间也不用重置。并且，可应客户需求增加录音功能，进行语音数据的记录与播放。

(5)系统的灵活性

系统的灵活性体现在本系统的适应能力强，由于不同的路局，甚至不同的车站的站系对调车指令有不同的解释。为了方便调车人员的使用，本系统可以通过修改软件来满足不同的要求。

三、平面调车发展趋势

随着我国国民经济的飞速发展，铁路运输量逐年加大，对目前的无线平面调车系统提出更高的要求。平调数字化是平面调车发展的主要趋势，如图4-22所示。目前有以下几个方面问题有待解决。

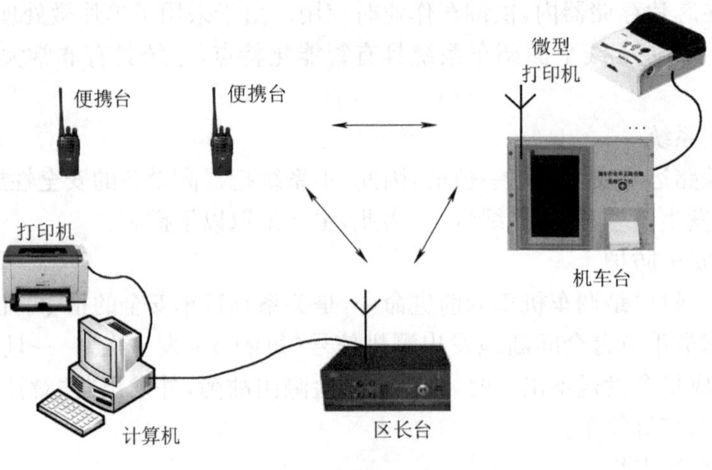

图4-22 调车计划信号无线传输系统设备组成示意图

1. 调车指令可靠性既信令强插

现行的无线平面调车系统都是采用模拟信道机组成，由于模拟信道在调车作业遇到该信道被占用时，造成该信道阻塞，使得正常的调车指令无法完成，给站场调车作业带来极高的不安全因素。全数字无线平面调车系统几乎在任何条件下任何时间段都能可靠的强插调车指令。

(1)如在机车控制器处于发话状态也就是机车司机在发话时，机车控制器都能接收处理调车员及制动员发出的调车指令。

(2)调车员在发话时间内制动员发出的调车指令也能被机车控制器正确接收处理，反之制动员在发话时间内调车员发出的调车指令同样能被机车控制器正确接收处理。

2. 无线电频道占用紧缺

目前的模拟信道机信道频率占用带宽为 25 kHz，而铁路无线平面调车的频率资源有限，有些使用部门采取同频复用或搓频使用，这样给无线平面调车作业带来极大的安全风险。

而全数字无线平面调车系统道频率占用带宽仅为模拟信道机频率占用带宽的一半，实现了真正的信道带宽为 12.5 kHz 窄带通信。原有的 25 kHz 一个信道及可变为两个信道正常使用，大大地节省了现有的频率资源，给在现有的频率资源下扩展调车作业组带来极大的便利。

3. 频率二阶或三阶互调造成语音串扰

多部模拟信道机在通信时不可避免的二阶或三阶互调造成语音串扰，多个调车组作业时不同调车组之间由于二阶或三阶互调造成误听误判时有发生，因此给无线调车作业带来很大的安全隐患。

全数字无线平面调车系统对模拟语音采用量化编码后以数字信息形态发出，而在接收端采用解码与对照调车组作业组的编号还原成原有的模拟语音供接收者收听，如果接收者接收到不是本调车组作业组发来的语音，那么接收机就不能将接收到的语音数字信息还原为模拟语音，因此也接听不到来自非本调车组作业组发来的语音，也就不可能产生语音串扰，更不必要防范多部信道机在通信时产生的二阶或三阶互调干扰。

4. 信道占用时间长极易受到外来同信道频率干扰

由于模拟信道机发送信令一般只能采用低速率，加之机车控制器回 示语音内都在占用信道，这样一来使得信道占用时间长，受到外来同信道频率干扰几率较高，从而造成调车信令的丢失或不能完整的听到回示的语音。

全数字无线平面调车系统传输调制速率为 9.6 kbit/s，比一班般模拟信道机传输调制速率高出几倍甚至几十倍，加之语音回示是采用传输调制速率为 9.6 kbit/s 的一组命令回发，而接收端接收到命令后无需再占用无线信道回示语音，而由接收端按命令自本机语音命令库内直接播放该回示的语音，这样一来使得本该需要占用无线信道回示语音时间 1～2 s 缩短上百倍之多，大大降低了同信道频率干扰的几率。

四、现有平调的改进建议

(1)提高抗干扰能力，改善通话质量。

具体可取消控制单元判别 67 Hz 这项功能，改由信道机自身来判别，这样不仅能减少解码时间，也能根据现场的不同情况，灵活设定亚音频频率已达到抗干扰的目的。

(2)中间站型机控器的送话器接口最好放在顶端,避免碰撞。

(3)改善语音和指令转储。(提高转储效率,语音和指令转储方式、方法的统一)

(4)改善配套软件易用性。(软硬件交互友好,易用性强,功能合理)

具体如机车台开机后能向外广播目前的工作状态(几调几组,年月日时间),这样就能使调车组人员明白调车系统的情况;还有增加外围配套硬件,比如机车台运记编码测试仪,连接运记的电缆等配套设备。

(5)增加工作状态提示。(设备工作中优先保证作业安全)

具体如参与某一调车作业的所有手持台,在有测机信令时都要有明显的提示音,这样能提示调车组成员设备的运行情况。

(6)中间站型机控器增加监控供电功能。

(7)根据客户需求科增加领车功能。

平调作业就是把一列列一节节车皮按照运输调度部门的要求(调车作业单)分解、组合到不同的车道上,好让跑运输的机车把配置好的车皮拉到全国各地,而无线平调系统就是在分解、组合过程中起到通信、指挥作用的不可或缺的一个关键设备。

复习思考题

1. 什么是峰尾集中联锁一般技术条件?
2. 局控继电电路工作过程?连续溜放电路工作原理?
3. 什么是铁路信号设备故障导向安全?
4. 什么是输入、输出的隔离?
5. 什么是冷备、温备和热备?
6. 目前微机参与控制的平面调车集中联锁设备有几种制式?
7. 微机参与控制的平面调车集中联锁设备主要设计原则是如何确定的?

第五章　驼峰调车调速工具和速度控制

编组站工作的能力取决于驼峰调车场头部的生产能力，而驼峰调车场头部的生产能力又主要取决于头部的平均推送速度和溜放速度，推送速度控制是通过对推送机车的推送速度控制实现的，溜放速度控制主要是通过控制调速工具对车组的溜放速度进行调整。本章介绍了一些国内、外实用的驼峰调速工具。重点阐述了我国大量使用的几种调速工具的结构和工作原理、调速工具分类及主要性能，讨论了推送和溜放速度调整的基本概念及原理，并对几种调速方案进行分析和比较。通过对本章的学习，了解不同调速工具的工作原理和方式，了解对几种调速方案进行分析和比较。掌握调速工具分类及主要性能，目的调速、间隔调速、静测长、动测长、“钓鱼”、“追钩”的概念，掌握期望的推送速度和溜放速度与实际的推送速度和溜放速度的关系，掌握溜放速度调整的概念及原理和方式，调速与调车场平、纵断面及运营条件的关系。此外，讨论了 我国驼峰自动化的发展及目前所存在的问题。

第一节　调 速 工 具

编组站的解体能力在很大程度上取决于平均推送速度和溜放速度，而推送速度控制是通过对推送机车的速度控制来实现的。通过控制调速工具对车辆的溜放速度进行调整。常用的调速设备有：

(1)减速器：原理是利用压缩空气或车辆本省的重量来提供力使制动夹板对溜行车辆的轮对产生侧压力而进行制动，如图 5-1 所示。

(2)减速顶：对速度低于临界速度的车辆不起减速作用，高于临界速度起制动作用，如图 5-2 所示。

图 5-1　减速器图

图 5-2　减速顶图

(3)铁鞋：原理是使溜放车辆的车轮压铁鞋，迫使铁鞋在钢轨上产生滑行，从而产生制动是车辆减速或停车；特点：制动的大小于车辆的轴重成正比，如图 5-3 所示。

(4)加速小车：小车向推送方向走行时，利用小车两侧推送臂的滚轮推动车辆轮缘，使车辆前进，达到加速车辆的目的。

图 5-3　铁鞋图

图 5-4　限界检查器图

一、几个概念

间隔调速是在溜放进路上，对相邻溜放车组之间保持合理间隔的调速。间隔调速工具一般安装在调车驼峰头部咽喉区，要求有较强的调速能力。目前国内外使用较多的是钳夹式车辆减速器。

目的调速是在调车线上，对车组安全连挂的调速。目的调速工具安装在调车线上，因其安装数量多，为降低成本和提高调速精确度，要求目的调速工具具有结构简单、节省能源、便于维护、成本低等优点。小型钳夹式车辆减速器、减速顶、加速小车等均是实用的目的调速工具。

二、调速工具分类及主要性能

调速工具按调速的方式可分为钳夹式和非钳夹式两大类。按调速工具的作用，可分成间隔调速工具和目的调速工具两类。按调速工具作用范围，可分为点式和连续式两类。从供给或消耗溜放车辆能量的角度可将调速工具分为减速工具、加速工具和加减速工具三类。

1. 钳夹式车辆减速器

钳夹式减速器的作用是对溜放车辆车轮进行制动，保证车辆以给定速度进行溜放。共分三个部位，一、二部位为间隔调速，保证溜放车辆溜放间距，三部位是目的调速，保证车辆以安全速度与编发线内停留车辆连挂。图 5-5 是多组钳夹式车辆减速器。

图 5-5　多组钳夹式车辆减速器图

如前述，钳夹式车辆减速器，以下简称车辆减速器，主要有两大类，即外力式和重力式。

(1)外力式车辆减速器

外力式减速器的结构和动作原理示意图如图 5-6 所示。这是一种用压缩空气产生制动力的减速器。图 5-6(a)为结构剖面示意图。此时减速器处于缓解状态(非制动状态)；图 5-6(b)为减速器处于制动状态的单线条示意图。减速器的"钳"由钳型杠杆 1、2 组成，它们是动力的传动装置；在杠杆 1、2 的短臂上装有制动梁 3、4；制动梁上装有制动夹板 5、6；在两杠杆端部装有一个直立式气缸，杠杆 1 与气缸缸体钢性连接，杠杆 2 与气缸活塞杆钢性连接；7 是拉伸弹簧，8 是压缩弹簧。

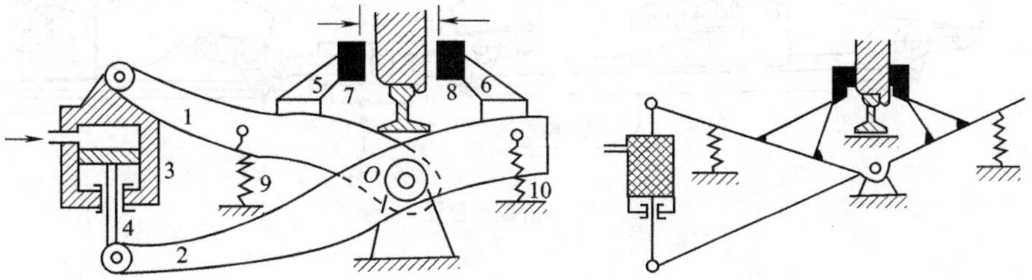

图 5-6　外力式车辆减速器图

当作为减速器动力的压缩空气未进入气缸时，减速器处于图 5-6(a)所示的状态，即缓解状态。此时两个制动夹板 5、6 之间的距离大于车轮的厚度，车辆通过减速器时，减速器对车辆不起制动作用；需要制动时，由控制设备打开气缸的进气阀门，压缩空气从 4 进入气缸，气缸缸体和活塞在压缩空气的推动下作相对运动，运动方向如图 5-6(b)中的向上和向下箭头所示。缸体和活塞带动杠杆运动，使制动梁相互趋近直到两制动夹板之间的距离小于车轮的厚度为止。当有车辆驶入减速器区段时，制动夹板对车轮产生挤压力由摩擦生热消耗车辆的动能而起到制动作用。不难看出，制动力的大小是由压缩空气的压力决定的。需要缓解时，由控制设备关闭进气阀门，打开排气阀门，在制动时受到压缩和拉伸作用的弹簧 7、8 和杠杆自身重量(重力)的作用下，使气缸内气体排出，气缸的缸体和活塞以及两个杠杆恢复到缓解位置。

(2)重力式车辆减速器

重力式车辆减速器借助于车辆自身的重量产生制动力。且制动力与被制动车辆的重量成正比。即车辆越重，制动力越大。这个特点给溜放速度的自动控制创造了有利条件，这是使它得到大力发展的原因之一。

曾安装在大能力驼峰调车场上使用的 66-11 型减速器是一种单轨条重力式液压减速器。

它对车辆轮对的单边车轮进行制动。由于结构比较复杂，单边制动可能加于车轴以扭力等原因，而逐渐被另一些结构更先进的减速器所取代。

利用被制动车辆的重量，通过能浮动的基本轨及制动钳的传递，使安装在制动钳上的制动轨对车轮两侧产生侧压力来对车辆进行制动，达到减速目的的减速器因其结构简单，使用不同类型控制动力的减速器的大部分零、部件可以互换，有利于自动化调速等优点而得到大力发展。以这种原理工作的减速器因适用的基本轨类型、作用、控制动力等不同在我国有多种型号。它们是双轨条重力式减速器，对车辆轮对的双边车轮进行制动。

图 5-7 给出双轨条重力式减速器的结构和工作原理示意图。图 5-7(a)是减速器处于缓解位置；5-7(b)是制动位置；5-7(c)是工作位置。

减速器的控制动力可以是压缩空气，也可以是高压油液。减速器主要由制动钳组件、工作气缸(或油缸)4、四连杆机构、制动轨 N_1、N_2、可浮动的基本轨和整体道床等组成。制动钳组件包括内制动钳 1、外制动钳 2、钢轨承座 6、限位块和制动轴 O_1、O_2 等；四连杆机构包括曲拐 3、7、连杆 5、支承轴和支座等。

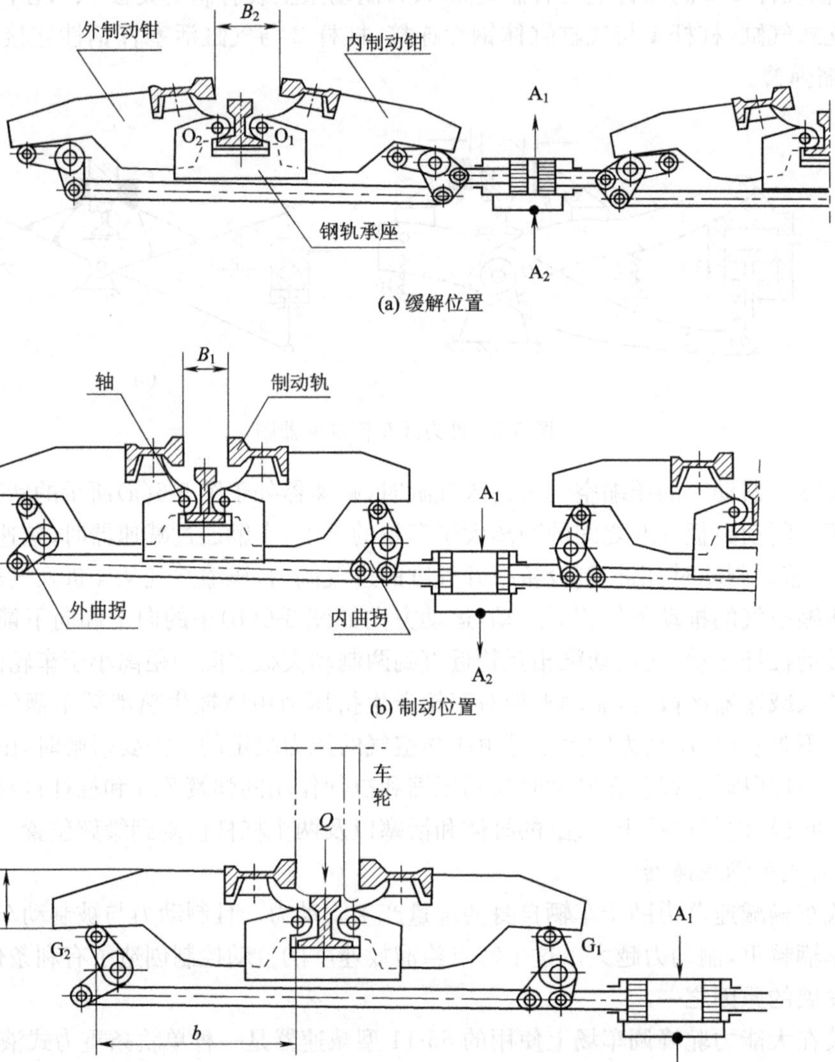

(a) 缓解位置

(b) 制动位置

(c) 工作位置

图 5-7 双轨条重力式减速器结构及工作原理图

当高压气体(或高压油液)尚未进入气(油)缸的进气(液)口 A_1 时，减速器处于缓解位置，即气(液)缸未将减速器推向制动位置。此时，制动轨 N_1、N_2 之间的距离 B_2 大于车轮的厚度，车辆可以自由地通过减速器而不受到制动作用，如图 5-7(a)中所示。当压缩空气(或高压油)通过控制阀由工作气缸(或油缸)入口 A_1 进入时，气缸(或油缸)的活塞杆推动曲拐 3、7 和连杆 5，使内—外制动钳绕制动轴 O_1、O_2 向上转动，致使两制动轨之间的距离缩小到 B_1，B_1 小于车轮的厚度，减速器处于制动位置。如图 5-7(b)所示。当车辆进入制动状态下的减速器时，车轮将两制动轨之间的距离从 B_1 挤开到车轮厚度 B，迫使内外钳以曲拐滚轮为支点连同 O_1、O_2 及钢轨承座向上翻转而将基本轨向上抬起，但压在基本轨上的车辆的重力要将基本轨向下压，重力通过内外制动钳传递到制动轨压向车轮，产生制动力，如图 5-7(c)所示。显然，制动力的大小与车重成正比。当压缩空气（或油液）通过控制阀由气缸（或油缸）的入口 A_2 进入时，驱动活塞杆将曲拐和连杆回拉，使减速器回到缓解位置。

2. 非钳夹式调速工具

国内外研制了大量不同类型的非钳夹式调速工具，它们大多用于目的调速，以取代铁鞋，实现目的调速的半自动化和自动化。下面我们对其中使用较多的非钳夹式调速工具做一些简单的介绍。

(1)减速顶

减速顶亦称油气减速单元，是一种小型减速器，有内侧顶和外侧顶两种类型，按内外顶的不同，可安装在钢轨的内侧或外侧，它能自动确定是否对通过其上的车辆减速。每个减速顶有其固有的临界速度（根据需要出厂前预先调整好），低于临界速度的车辆通过其上时，基本没有减速作用；对超过临界速度的车辆才有减速作用。在溜放线路的特定区段安装许多减速顶就能对溜放车辆进行连续的速度控制。我国目前已在大、中、小驼峰安装了几十万个减速顶。

从减速顶的结构来看，它主要由壳体和吸能帽两大部分组成。吸能帽安装在壳体内。壳体安装在钢轨的内侧或外侧。用螺栓固定在钢轨轨腰上。安装示意图如图 5-8 所示。

壳体的作用是作为吸能帽的支撑和导向吸能帽的上下滑行。吸能帽由一个滑动圆筒和一套活塞组件组成，并在圆筒内充入一定数量的油液和惰性气体（氮气）。活塞组件是减速顶的心脏部分，它主要由速度阀板、安全阀和弹簧等组成。其简化结构和动作原理示意图如图 5-9 所示。

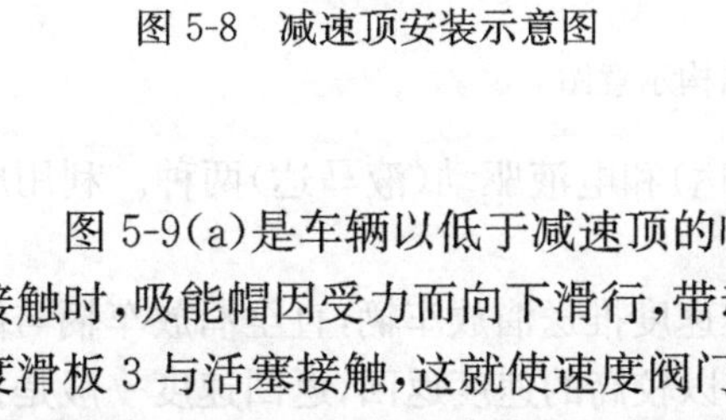

图 5-8　减速顶安装示意图

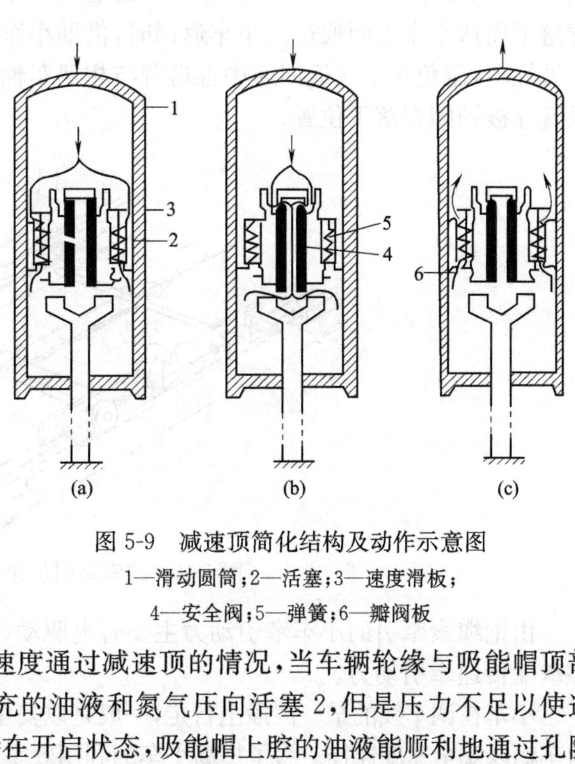

图 5-9　减速顶简化结构及动作示意图

1—滑动圆筒；2—活塞；3—速度滑板；

4—安全阀；5—弹簧；6—瓣阀板

图 5-9(a)是车辆以低于减速顶的临界速度通过减速顶的情况，当车辆轮缘与吸能帽顶部接触时，吸能帽因受力而向下滑行，带动所充的油液和氮气压向活塞 2，但是压力不足以使速度滑板 3 与活塞接触，这就使速度阀门保持在开启状态，吸能帽上腔的油液能顺利地通过孔隙流到活塞下面。因此，吸能帽虽受压向下滑动，但是并不从车轮吸收什么能量，所以减速顶对车辆基本不起减速作用。与此同时，吸能帽上腔的氮气因吸能帽下移而被压缩。

图 5-9(b)是车辆以高于减速顶的临界速度通过减速顶的情况。当车轮压上吸能帽时，吸能帽下滑速度很快，致使吸能帽上腔的油液来不及经速度阀环形缝隙流入吸能帽下腔，在速度阀板的上下形成较大压力差而使弹簧 5 压缩，于是速度滑板下降使速度阀关闭，吸能帽继续下滑迫使吸能帽上腔的氮气继续压缩，气压急剧上升直到安全阀 4 被打开，由于油液以一定的压力通过安全阀消耗了能量，即吸收了车辆的能量，达到使车辆减速的目的。

图 5-9(c)是减速顶回程状态，即车轮通过了减速顶后的复原状态。车轮离开减速顶后，吸能帽上腔被压缩了的氮气膨胀而使吸能帽向上滑动回升，此时吸能帽下腔的油液通过回程阀孔回流至吸能帽上腔。瓣阀板 6 起到阻尼作用，以使吸能帽能够平稳回升。

(2)缆索牵引加速小车

这是一种在调车线上连续对溜放车辆进行调速的加速工具。图 5-10 是结构示意图。缆索牵引加速小车由两大部分组成。一部分是加速小车以下简称小车；一部分是驱动器和力的传动系统。图 5-10 中打开了小车顶部的保护盖板，以显现小车的内部结构。在小车的车体上装有四个特殊的走行小车轮，使小车沿着钢轨的底部走行。为此要求小车走行区段的轨道采用焊接长钢轨和低限界的钢轨扣件。在加速小车两侧的前端及后端各装有一对平衡轮，弹性地顶在钢轨轨腰以保持小车走行中的平稳性。在小车两侧的中部各装有一个推送臂，臂上装有一钢制滚轮。缆索传动力使牵引小车顺溜车方向前进时，如图 5-10 中箭头方向；后退时，与图 5-10 中箭头相反方向。推送臂能上下运动。当小车沿推送方向走行时，推送臂借助弹簧的作用保持在抬起的位置，小车追上溜放车辆后，臂上的滚轮与溜放车辆的轮缘接触并推送车辆，使车辆加速。当溜放车辆从小车后面追越小车时，车辆轮缘通过小车推送臂时，迫使推送臂落下而从小车上面通过。小车返回时，借助小车内部钢丝滑轮系统使推送臂处在落下位置并被锁闭，避免在小车返回途中推送臂与相遇车辆的车轮相撞。小车处在待车起始位置时，推送臂亦被锁闭在落下位置。

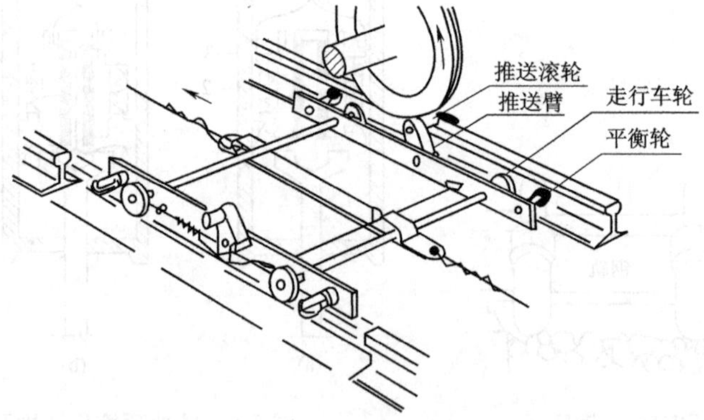

图 5-10　缆索牵引加速小车结构示意图

由钢缆索牵引的小车牵引动力主要有电驱动(电马达)和电液驱动(液马达)两种。利用摩擦绞盘传递牵引动力。

小车在调车线的某一区段上行走，一般是以安全连挂速度推送溜放车辆，直至溜放车辆与停留车辆以安全速度连挂。为了提高小车的利用效率，小车以较高的速度返回，返回速度一般是推车速度的两倍或更高些。小车推车时的最大推力要保证推力的垂直分力不能将最轻车辆抬起。

小车的传动系统设计要保证小车推送车辆或返回，能够灵活启动以及过载时的可靠保护。

电驱动方式一般使用三相电机，经减速驱动摩擦绞盘牵引小车，这种方式具有能量转换效率高、传输简便等优点，但是由于使用中频繁地启动、变换动作方向，存在对电机启动性能要求较严和体积较大等缺点。电液驱动方式一般使用油马达，它有换向快、过载安全、体积小等优点，再配合液压张紧装置可使结构较紧凑。但有需要铺设输油管道、对维修制造要求较高、受温度影响较大等缺点。

(3)其他非钳夹式调速工具

①豪亨柯连续式推进设备

这种设备也是一种缆索牵引加速式调速工具。安装在调车线推送区段两轨条之间。它由推送器、钢缆索、驱动机组、缆索张拉器、计轴轨道电路、控制板和解锁器等组成。一般与钳夹式车辆减速器配合使用。

②螺旋滚筒液压式减速器

这种减速器由托座、控制风缸和制动油缸组成，制动油缸缸体表面装有螺旋曲线，托座作为制动油缸的支撑，并用来保持油缸与钢轨的两个相对位置，即制动位置和缓解位置。位置转换是由控制风缸(双向标准风缸)完成的。当控制风缸将制动油缸顶到制动位置时，制动油缸缸体上升，溜放车辆经过其上时，车轮轮缘压迫缸体上的螺旋线，迫使油缸内部的两个柱塞式油泵工作。这种减速器与减速顶相比，它有允许通过速度高、可以缓解、制动力大(为减速顶的十倍)等优点；它的主要缺点是制造工艺要求高。由于这种减速器的全长仅1 m多，可安装在曲线上，作为一种连续式调速工具连续安装，且安装密度大大小于减速顶。

其他一些非钳夹式调速工具，如日本研制的L4型直线电机加减速小车，法国研制的制动小车和非沃莱减速器；瑞典研制的绞盘式推送小车等，均可用于连续式目的调速。

第二节　驼峰调车速度调整的基本概念

从第一章的叙述中我们可以看出，编组站综合自动化的核心部分是驼峰调车场的自动化。而驼峰调车速度的自动调整又是驼峰调车场自动化的核心内容。

由平面调车发展到驼峰调车是调车技术的一大飞跃。机械化驼峰调车场采用溜放进路集中控制和大能力的调速工具又大大提高了调车能力。但是，随着对调车场解、编能力和作业安全程度要求的进一步提高，机械化驼峰调车场的调车能力就受到了设备本身和作业方式的限制。我们从分析机械化驼峰调车场存在的影响解体能力进一步发挥的问题入手，研究采用相应的技术装备来解决机械化驼峰调车场存在的问题，通过技术改造从而进一步提高驼峰调车场的调车能力和作业的安全程度。

机械化驼峰调车场存在的问题可以从以下几方面进行分析。

溜放进路控制：半自动溜放进路集中控制设备(道岔自动集中设备)需要人工预排进路在解体车列密度不大的情况下，能够给作业人员以足够的时间按压进路按钮预排进路(储存进路控制命令)以及检查、核对、修正储存的控制命令。但是当解体的车列密度加大时，人工预排进路的操作显得十分紧张，故而易于出现差错，甚至还会因来不及办理而造成车列在峰顶等待从而降低了驼峰解体效率。此外对摘钩错误、后续车组追及前一车组或是相邻车组进入同一道岔轨道区段(追钩)、设备故障、溜错股道等，不仅需要由人工发现处理并记录(致使作业员工作紧张)，还需要机车下峰"纠错"，这同样影响驼峰解体效率。

推送速度：调车机车司机根据驼峰信号员(通过信号联锁设备)给出的信号显示操纵调车机车的推送速度。信号显示虽有定速、加速、减速三种速差信号，但是，或因人工操纵机车的速度一般难于及时而正确地跟踪信号显示的变化，或因信号员给出的信号显示不一定准确和合理，以至平均推送速度较低。有时还会造成摘不开钩或相邻溜放钩车拉不开间隔。这些都将导致驼峰调车效率的降低。调车司机的劳动强度也大。车辆(车组)溜放速度：在驼峰头部咽喉区，脱钩车辆(车组)在加速坡加速后，溜放车组间的间隔除了由推送速度保证外(从峰顶到第一调速位入口)，溜放间隔是由操作人员人工操纵车辆减速器调整溜放速度来保证的。两个间隔减速位的后一个还要兼顾目的调速。仅仅凭操作人员的经验来控制减速器对车辆调速，其本身就难于达到准确无误的调速效果(受操作人员作业熟练程度、经验多少、工作责任心等因素的影响)，从而容易造成由于间隔得不到保证而追、钩。发生追钩不仅使追钩车溜错股道，还可能发生超速撞车事故。

车组进入调车线后，使用人工铁鞋进行的目的调速亦难达到理想的调速效果。目的调速不一当或造成溜放车组的中途停车，即未到达目的地提前停车(俗称“开天窗”)；或使溜放车组与前行车组或停留车辆超速连挂。不论是调速不当造成的溜错股道，还是“开天窗”，一般都需要调车机车到峰下纠错和进行整理，以至降低了驼峰解体效率。至于超速撞车事故更是必须避免的。另外，在机械化驼峰峰高的设计原则中，只要求难行车在难行条件下自由溜放到难行线的计算点(警冲标内方 100 m 处)停车。加之机械化驼峰仅设置减速器作为调速工具。不难看出，从设计本身就允许“开天窗”，这不仅降低了调车线的利用率，也增加了机车下峰进行整理的次数。至使驼峰解体效率的提高受到限制。

调车作业计划的编制和传送：人工编制调车作业计划(解体计划)并将其传送至几个作业地点(信号楼、调车员室、铁鞋制动员室等)，也会延误时间，有时甚至造成车列在峰顶停车等待调车作业计划的现象。

峰顶提钩作业：目前那种由连接员按调车作业计划人工提钩的作业方式，不仅作业效率低而且劳动强度大，作业安全程度也低。在机械化驼峰平均推送速度不高的情况下，人工提钩还往往造成因来不及提钩峰顶停轮和钩未提开车辆已越过峰顶开始下溜(俗称“钓鱼”)的现象。因此，人工提钩是限制提高平均推送速度的重要因素之一。当实现了推送和溜放速度的自动化调整以后，人工提钩效率低的矛盾将更加突出。提钩人员的作业安全也得不到保证。由于提钩地点不固定、车钩类型不单一、钩提起后有时还需要护钩直至车钩脱开等问题的存在，使提钩器具(例如机械手)及其走行轨道、判定提钩地点、识别车钩位置、提钩器具与推送车列的同步等问题成为实现自动化提钩中技术复杂的课题。

一、期望的推送速度和溜放速度

在保证车组经加速坡能拉开距离，以使峰下第一调速部位前的分路道岔来得及转换并为后面的调速创造有利条件的前提下，以允许的最大推送速度进行推送，将能使车列过峰时间最短。因而提高驼峰解体能力是显而易见的。

在驼峰头部咽喉区(峰顶至调车线始端)，应该保证相邻溜放车组间有一个使分路道岔可靠转换的间隔，以避免发生“追钩”。车辆进入调车线后，应溜放到停车地点停车或以安全连挂速度(我国规定为 5 km/h)与停留车辆连挂，以得到最大的调车效率。因为车辆溜入异线或在调车线未溜到停车地点提前停车(途停)，一般都需要调车机车下峰进行“纠错”或车场整理。

从而影响了溜放作业的连续进行，导致驼峰能力的降低。至于在溜放途中的超速冲撞或超速与停留车辆连挂会造成危险事故，更是不能允许的。

综上所述，为了提高驼峰解体效率和保证作业安全，应从提高驼峰平均推送速度和平均溜放速度，减少溜放过程中的追钩，提高安全连挂率等方面入手，通过对推送速度和溜放速度的自动调整使驼峰能力得到最大限度地发挥。

推送速度是由调车机车控制的。从解体溜放作业开始，推送机车应保证车组在加速坡能拉开距离，以使调速位前分路道岔来得及转换（如第一分路道岔）的前提下，以允许的最大速度进行推送，即所谓的变速推送。这样就能使车列过峰时间最短，即平均推送速度最高，而依靠司机人工控制机车的推送速度是难于满足变速推送要求的。推送速度除了必须保证从峰顶至第一调速位之间的车组合理间隔外，还应该为以后的间隔调速创造有利的条件。因此需要采用机车推送速度自动控制（一般是遥控）装置实现对机车推送速度的自动控制。

溜放速度自动控制是驼峰调速自动化的重点和核心内容。为了使概念清楚，先谈一下“间隔”调速和“目的”调速问题。假定各车组均以相同的初速度 v_0 自峰顶开始溜放，由于各车组重量和走行性能的差别，即使在同一坡度的线路上溜放，各自溜放的加速度是不一样的。如果前行车组重量轻且走行性能差，它的溜放加速度就小，而后续车组由重车组成且走行性能好，其溜放加速度大，即所谓“难-易”组合。如果任它们自由溜放，很可能发生“追钩”，即后续车组追及前行车组或与前行车组进入同一段轨道电路区段，导致分路道岔不能转换而使后续车组跟随前行车组进入前行车组的调车线，溜错了股道。在发生“追钩”时还可能撞损车辆。为了避免“追钩”的发生，办法之一是加大峰顶的车组溜放间隔时间，即降低推送速度甚至峰顶停轮。这将延长车列过峰时间，导致驼峰调车效率的降低，这是我们所不希望的；办法之二是对溜放车组的速度进行调整。

针对上面的例子，通过调速工具，或使前行车组加速，或使后续车组减速，都可以避免“追钩”和撞车事故的发生。不难看出，在整个驼峰头部咽喉区的溜放线路上，都应保持相邻车组之间的必要间隔，以使道岔来得及转换。为此目的而进行的调速就是所谓的“间隔调速”。由此可见，间隔调速工具应设置在驼峰头部咽喉区的溜放线路上。例如机械化驼峰的第一、二制动位的减速器主要用于间隔制动。目前国内外在大、中型驼峰调车场一般都使用大能力的车辆减速器作为间隔调速工具。由运营条件决定设置 1 个或 2 个间隔调速位。

继续分析车组自由溜放的情况。当车组进入调车线越过警冲标后，就要考虑溜行至停车点停车或与停留车以安全连挂速度连挂的问题。为了车辆、车钩、货物不因冲撞而遭到破坏，要求后续车组与停留车辆的连挂速度不超过安全连挂速度 $v_{允}$，这是要求之一。车组不要在集结地点以前中途停车（“开天窗”），这是要求之二。如果开了“天窗”就等于缩短了调车线的有效长度。为了有效利用调车线（这是解体和编组作业的需要），不得不进行车场整理，这不仅降低了驼峰效率，而且经济指标也不好。显然，自由溜放达不到这两项要求。当溜放密度较大时，特别是相邻车组进入相邻股道的所谓“隔钩车”多时，常常出现同一条调车线上同时有几个车组在溜行的情况。这时在调车线上也存在需要防止相邻车组溜放途中超速连挂的问题。例如，前行车组正在减速器上被制动时，后续车组追上来可能发生超速冲撞，造成事故。当前行车组是由多辆车组成的长车组时，如不采取特殊措施，更易发生这种事故。因此车组进入调车线后，在进行目的调速的同时，需要时，还要考虑避免途中冲撞的调速，以免在途中超速连挂。

综上所述，在驼峰头部，对车辆的速度控制分两大部分：推送速度控制和溜放速度控制。

二、影响推送速度的因素及调速的概念

调车机车将车列由到达场推送至峰顶的作业，一般称预先推送作业。溜放作业开始后，机车继续推送，使车列按照调车作业计划在峰顶摘钩解体，称推送作业。这两种作业也可以连续进行。前面谈到，我们希望平均过峰速度越高越好。然而推送速度受到若干条件的制约，是不能任意提高的。如果能在满足限制条件的前提下，以尽可能高的速度推送，则可达到期望的效果。

v_0 主要与下列因素有关：

1. 车组的长度

当假定机车以恒定速度 v_0 推送车列时，车组的长度就决定了相邻车组通过峰顶的间隔时间 t_0：

$$t_0 = \frac{L_n + L_{n+1}}{2v_0} \tag{5-1}$$

式中 L_n ——第 n 车组长度；

L_{n+1} ——第 $n+1$ 车组长度。

变换式(5-1)

$$v_0 = \frac{L_n + L_{n+1}}{2t_0} \tag{5-2}$$

式(5-2)给出了推送速度 v_0 与车组长度的关系。根据溜放作业的需要，当确定了所需的相邻车组过峰间隔时间 t_0 后，从式(5-2)不难看出，车组越长，推送速度就可以越高。因此可以预先仅根据车组长度这个限制条件规定不同的推送速度，例如作如下规定：

包括 1～5 辆车的车组，v_0 =5 km/h；

包括 6～10 辆车的车组，v_0 =6 km/h；

包括 10 辆车以上的车组，v_0 ≥7 km/h。

然后再由下面列出的其他限制条件对上列 v_0 进行修正。

2. 车组溜放距离

在仅装备减速器作为调速工具的站场(这是大多数的情况)，为使各车组均能溜放至停车地点，对于溜放距离远的车组要求以较高的速度推送，即以较高的 v_0 开始溜放。对于停车点近的车组，在考虑了减速器的能高后，一般要求以较小的 v_0 开始溜放。可以用这个因素去修正上述仅根据车组长度规定的推送速度。例如对于包括 1～5 辆车组成的车组，当其溜放距离很远时，可将推送速度适当提高，如采用 v_0 为 6 km/h。

3. 相邻车组分歧道岔位置

显而易见，相邻车组分歧地点近，在较短的线路区段保持车组的间隔比较容易，因此可以适当提高 v_0；分歧地点越远，也就是说它们共同走行的线路区段越长，需要保持合理间隔的时间越长，故要求 t_0 越大，也就是说对后续车组的允许推送速度越低。例如相邻车组在第一分路道岔分歧，可以提高后续车组的 v_0。

4. 相邻车组走行性能的差异(一般称难易组合状况)

难易组合状况对 t_0 的影响也是较大的。例如，前行车组是难行车，后续车组是易行车的组合情况，为了防止后续车组在溜行的过程中缩短与前行车的间隔距离甚至追及前行车，应该

加大它们的过峰间隔，即加大 t_0 。反之，如果前行车组为易行车，后续车组是难行车，它们在溜放过程中的间隔会逐渐拉大，即间隔不难保证，这样就可以减小它们的过峰间隔，即提高推送速度。

推送速度自动调整系统就可以根据限制因素对 t_0 的要求（对 v_0 的限制），对只由车组长度规定的推送速度作进一步的修正。

不难看出，对每一个车组都以满足各个限制条件的最大速度进行推送，就可以使车列过峰时间最短。由于对于每一个车组，它的最大限制速度是不同的，因此推送速度自动控制设备对不同的车组要控制调车机车用不同的速度推送（变速推送）。

推送速度自动控制也称为推送机车遥控，设备的实现可以在机车信号设备的基础上加装机车速度自动控制设备，根据影响推送速度的各有关因素连续控制推送机车按期望的速度推送车辆。推送机车速度自动控制系统由地面控制系统和遥控机车两大部分组成。地面控制系统可分为两种情况：一种是由驼峰信号计算机联锁机（包括与到达场的联锁条件）、无线发射、接收机、驼峰控制台、峰顶计轴器等组成。另一种情况是，驼峰信号仍是继电电路，则地面控制部分也需增加计算机及无线发射、接收机等其余设备。遥控机车包括无线接收、发射机和速度控制系统，其结构框图如图 5-11 所示。

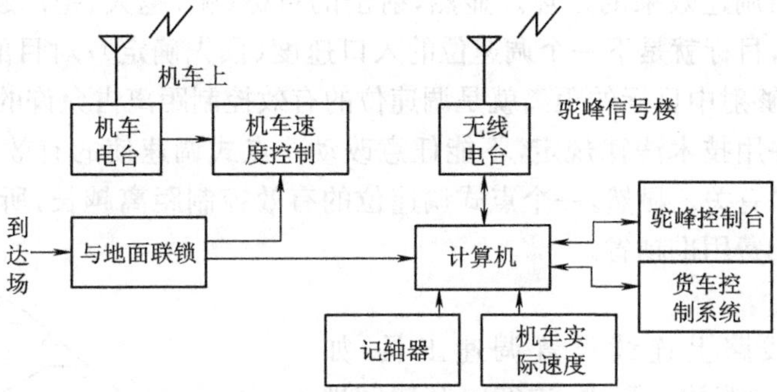

图 5-11　遥控机车系统组成

三、溜放速度调整的概念及原理

车辆溜放时的情况比较复杂，影响溜放速度的因素又很多。对溜放速度进行调整一般是依靠设置在地面的调速工具实现的。怎样选择和配置调速工具才能既满足自动化调速的要求，又能节省设备投资和运营开支，这是在研制、设计系统时首先遇到的问题。如果单从节省调速工具和能量的观点出发，把调速工具设置在靠近峰顶可以公用的地点，即采用所谓一点调速方式，显然，为应付溜放过程中出现的错综复杂的情况，满足间隔和目的两大调速要求是困难的。机械化驼峰虽然设有两个减速器制动位，并以人工铁鞋作为辅助制动工具，较之一点调速增加了许多调速工具，但仍难于达到期望的间隔和目的调速效果。例如第二间隔制动位的减速器要兼顾目的制动，有时保证了间隔不能保证安全连挂；有时照顾了目的制动又影响了间隔制动。人工铁鞋的调速效果更不易预先准确估计。

在自动化调速系统中，调速工具可以设置在溜放线路上的几个特定地点，仅在溜放车辆经由这些地点时才对它们的速度进行调整；调速工具也可以设置在整个溜放线路上，连续地对溜放车组韵速度进行调整。

按调速工具的类型和配置的不同,对溜放速度的调整大致可以分成三种方式:点式调速,亦称“目标射击式”,简称“打靶式”;连续式调速;点加连续式调速,亦称混合式调速。

1. 调速系统

驼峰溜放部分和调车线内,车辆溜放的调速设备全部采用减速器,在溜车经路上的几个固定地点设置减速器制动位,每个制动位控制钩车一定的溜放距离,这种调速制式称为点式调速系统。调速部位(制动位)。点式调速工具设置示意图如图 5-12 所示。图中在整个溜放线路上设置有四个调速位Ⅰ、Ⅱ、Ⅲ、Ⅳ。Ⅰ、Ⅱ部位设在驼峰头部咽喉区,主要用作间隔调速;Ⅲ、Ⅳ部位设在调车线上,主要用于目的调速。

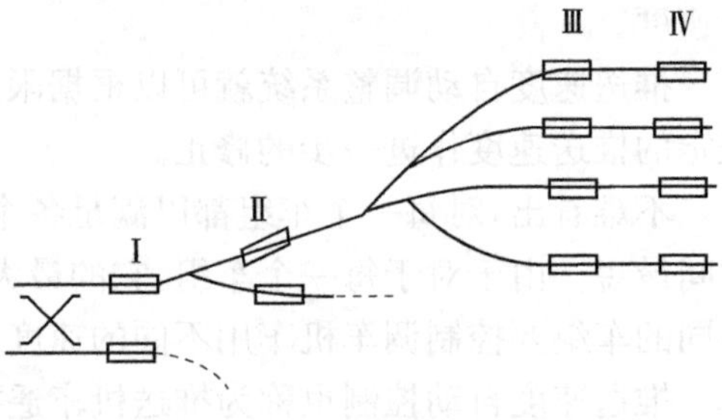

图 5-12 点式调速的调速工具配置

这种调速方式,只有车辆处于减速器区段时,才能对车辆的速度进行调整,在这期间可以进行闭环控制,直至车辆以计算(期望)的速度离开减速器为止。车辆离开减速器后直到进入下一个调速位前是自由溜放,即以减速器的出口速度进行打靶的开环控制。车辆离开减速器后是否能够按要求的速度到达下一个调速位(要求的入口速度)或停车地点(安全连挂速度),即射中目标,反映出调速效果的好坏。显然,射击的目标(靶)越大、距离越近,越容易命中目标。对于间隔调速,目标就是下一个调速位的入口速度(预先确定);对目的调速位,目标就是安全连挂速度。能够射中目标的距离就是调速位的有效控制距离占允许的安全连挂速度是由运营条件决定的,并用技术法律规定,不能任意改动。点式调速使的有效控制距离与运营条件、设备控制精度等有关。显然,一个点式调速位的有效控制距离越长,所需设置的调速位越少,设备投资和维护费用也越省。

2. 连续式调速

在整个溜放线路上连续设置调速工具,如图 5-13所示。在车辆溜放过程中,连续对其速度进行调整。例如在整个溜放线路上密集地安装减速顶。由于每一个减速顶的制动能高很小,因此车辆速度在一个小区段上不会发生很大的变化,相当连续调速。采用减速顶的连续调速方式虽然能够达到较好的调速效果,但溜放速度不能很高。也就是说它可以达到高的安全连挂率,但驼峰解体的效率不高。

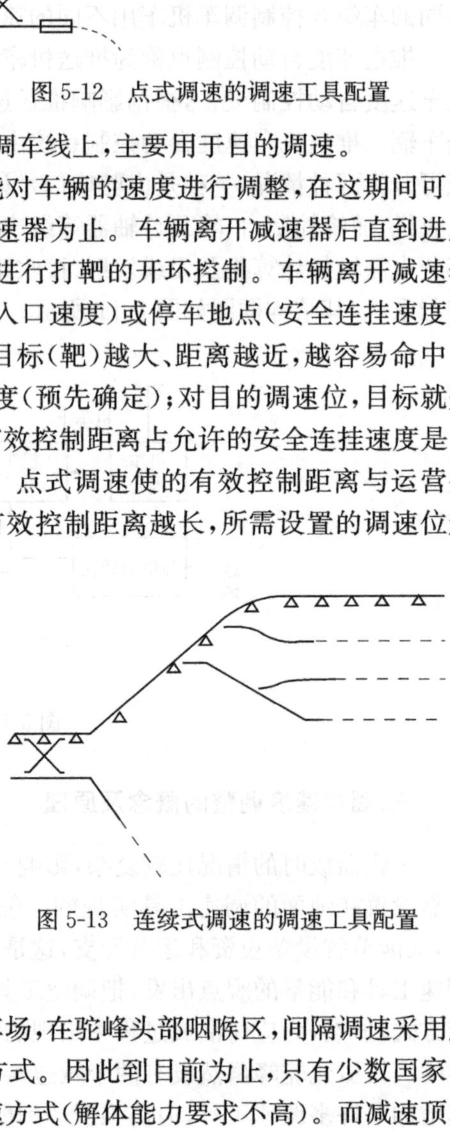
图 5-13 连续式调速的调速工具配置

国内外大量运营实践表明,对大、中能力驼峰调车场,在驼峰头部咽喉区,间隔调速采用点式调速是一种既经济又能满足间隔调速要求的调速方式。因此到目前为止,只有少数国家的少数驼峰调车场间隔调速采用加减速顶的连续式调速方式(解体能力要求不高)。而减速顶的连续式调速方式仅在小能力驼峰调车场上采用。

3. 点加连续式调速

亦称混合式调速。这种调速方式是在同一个站场既有点式调速又有连续式调速。一般的做法是间隔调速采用点式,目的调速采用连续式或点加连续式。在图 5-14 给出的例子中,在咽喉区设置两个点式减速器调速位Ⅰ、Ⅱ。在调车线入口处设置一个点式减速器调速位Ⅲ,紧接其后或在它的有效控制距离终端开始设置连续式调速工具(减速顶),直至调车线尾部。

点连式调速系统是利用减速器(点式)与减速顶,可控减速顶,加减速顶,钢索牵引推送等(连续式)调速设备相互结合的一个调速系统。

点连式驼峰溜放部分纵断面设计特点是:

(1)在有利的溜放条件下,用易行车从峰顶到一制动位有效制动长度入口时,其速度不超过容许速度 7 km/h 为约束条件,进行加速区的设计。

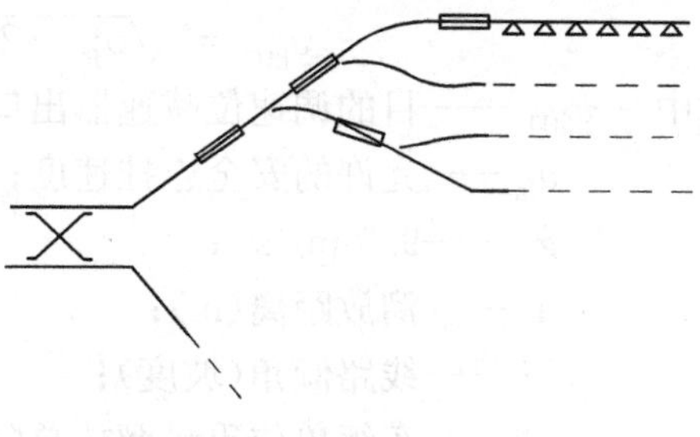

图 5-14　点连式调速的调速工具配置

(2)在不利的溜放条件下,用难行车从峰顶溜到二制动位有效制动长度入口时,其速度不超过容许速度 7 km/h 为约束条件,进行高速区的设计。

(3)减速区的坡度一般采用易行车在有利溜放条件下的阻力当量坡,使易行车溜出高速区之后不加速。

(4)打靶区的坡度一般采用 0.6%～1%,长度为 80～100 m。

4. 间隔调速自动化基本概念及原理

在由推送速度和加速坡形成车组间的间隔后,随着车组的溜放,车组之间的间隔将发生变化。继续保持合理间隔是由调速工具来完成的。这里我们讨论采用点式调速工具(车辆减速器)实现的间隔调速系统。这也是国内外普遍采用的间隔调速制式。针对我国的运营条件,设置两个间隔调速位Ⅰ、Ⅱ。为了保证前后相邻车组有合理的遛放间隔,需要研究影响车组溜放间隔的各种因素和对车组溜放速度的控制关系。为保证相邻车组之间的间隔,在进行调速时,不仅要考虑影响、本车组溜放速度的各有关因素,还要考虑前行车组和后续车组速度等因素。在考虑这些因素的前提下,求取车组从减速器部位的最佳出口速度,即,能保证本调速位和下一调速位之间车组的合理溜放间隔的出口速度。然后控制减速器对车辆调速,使其以期望的出口速度离开减速器。

为了计算(或判定)为保持溜放车组间隔的出口速度,经分析和试验,曾从诸多因素中选出四个起决定作用的因素,分别是:前行车组离开调速位减速器的出口速度;前、后车组的实际间隔距离;前后车组的难、易组合情况;前、后车组的分路道岔位置。根据这四个参数确定几个出口速度等级,作为减速器调速的依据。

溜放部分的第一制动位任务比较简单,主要是保证钩车在到达下一个制动位及其以前的各分路道岔处的必要间隔以及不超过最大容许速度。一般可采用定速出口方式。溜放部分的第二制动位任务比较复杂,除保证前钩车在各分路道岔处或股道警冲标(前行车为相邻股道的钩车时)的必要间隔外,遇有隔钩车时,还要保证到达第三制动位的间隔;此外,根据空闲长度的大小,还兼顾目的制动任务。因此,宜采用变速出口的方式。随着我国驼峰自动化技术的发展和研究的不断深入,提出了用于点式间隔制动的数学模型。为了使相邻溜放车组保持使道岔来得及转换的间隔(合理间隔或称良好间隔),针对前后车组已形成的间隔,根据前行车组在减速器的计算或实际出口速度,按保持合理间隔的要求,用间隔调速的数学模型计算后续车组的出口速度,由减速器对车组调速,使其以计算速度离开减速器。

5. 目的调速自动化基本概念及原理

对于点式目的调速自动控制系统,一般是由表征车辆溜放规律的运动方程来计算出口速度的,然后由调速工具对溜放车组调速,使其以计算出口速度离开调速位。

$$v_{出口}=\sqrt{v_{允}^2-2g'L(i-\omega)10^{-3}+0.8(2g'h_{制})} \tag{5-3}$$

式中 $v_{出口}$——目的调速位减速器出口速度;

$v_{允}$——允许的安全连挂速度;

g'——9.5 m/ s^2 ;

L——溜放距离(m);

i——线路倾角(坡度);

ω——车组单位重量溜放总阻力(N/kN);

$h_{制}$——制动能高;

m——车辆质量。

从式(5-3)可以看出,减速器调速的期望结果主要由溜放距离(L)和车组在这段距离上的溜放阻力(ω)两个变量决定,即调速效果的好坏主要取决于对车辆离开减速器后的溜放阻力的预测及处理是否与实际吻合。

与点式自动化调速有关的一些参数有车辆走行距离、车辆速度、车辆运行阻力和车组重量。依据运动方程实现的点式自动目的调速设备构成可以用图 5-15 所示的框图来说明。

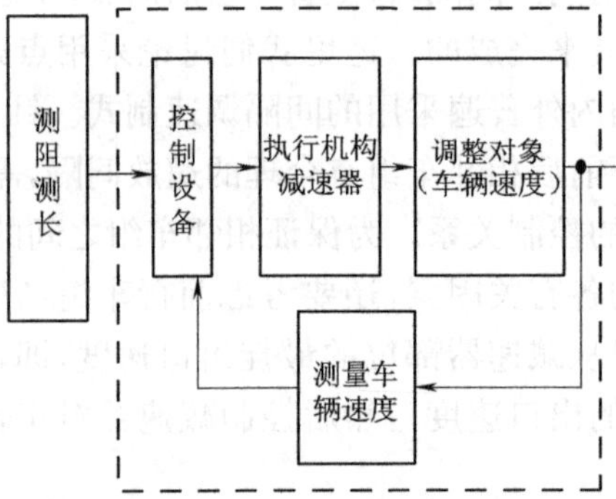

图 5-15 点式目的自动调速系统框图

在车组进入减速器前,测量它的走行阻力和离开减速器后需要溜行的距离,根据已知的线路坡度和允许的安全连挂速度以及测量距离和经处理后的测量阻力,控制设备(如计算机)计算期望的出口速度。车组进入减速器区段后,不断地测量车组的实际走行速度,并将计算出口速度与测量速度进行比较,用比较结果控制减速器的制动与缓解,在车组占用减速器期间,对车组的速度进行自动调整,经调整,车组的速度发生变化,这个变化由测速设备不断反馈给控制设备,直到车组以计算出口速度离开减速器为止,这期间实现闭环控制。车组一旦离开减速器,它就以实际出口速度为起始速度向着目的地自由溜放——“射击目标”。该车组自由溜放的速度一般不再返回控制设备,故这时打靶式变为开环控制。如果车组在打靶区段上的走行阻力与经处理后的预测阻力相符,车组就能安全溜行到目的地。否则还会出现途停或超速连挂。但是,这种控制方式由于比较经济、效率高,因此是采用最早而且至今还有生命力的被国内外广泛采用的一种溜放速度控制制式。

从车辆溜放的运动方程和点式自动化调速过程可以看出,与点式目的调速有关的参数是溜放距离、溜放阻力、车辆在减速器上的实际速度。当调速工具是非重力式减速器时,为了控制减速器的制动力等级，还需要车组重量（一般仅需要车组平均重量等级）这个参数。因此为了点式自动化调速的需要，必须掌握车组走行距离、走行阻力、走行速度、重量（等级）四个参数。这四个参数是通过相应的测试设备测量得到的。

（1）车辆走行距离

参照图 5-16 所示的例子，在 1 股道，车辆从Ⅲ部位出口需要走行的距离等于 $L_{空1}$。$L_{空2}$，是从Ⅲ部位出口算起的调车线的空闲长度，即从Ⅲ部位出口处至停留车辆最后轮对的距离。

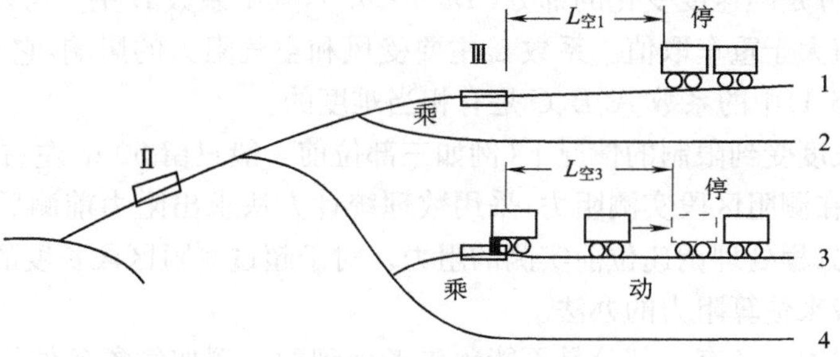

图 5-16　溜放车辆在股道的走行距离

不难看出，它是随溜放作业的进行而不断变化着的。因此需要不间断地进行测量。图中的 3 股道还有车组在运行，即存在所谓“动车组”的情况，如有后续车组进入Ⅲ部位减速器，为了对其调速，需要预测出动车组停车后的股道空闲长度 $L_{空3}$。图中虚线车组为动车组停车后的位置。对 1 股道情况的空闲长度一般称“静长度”，相应的测长称“静测长”，对 3 股道情况的空闲长度称“动长度”，相应的测长称“动测长”。

（2）车辆速度

为了对车辆进行调速，必须掌握车辆在整个减速器上的实际走行速度及其变化。测速设备应能连续测量减速器区段的车辆速度并及时反应速度的变化，直至车辆离开减速器为止。

（3）车辆运行阻力

这是个需要重点讨论的问题。由于车辆运动速度受运行阻力的影响，因此具有相同初速度的车辆，在同一坡度的线路上溜行，因走行阻力不同，它们能够自由溜行的距离也不同。为此，在走行距离相同的情况下，对于不同走行阻力的车组要求有不同的初速度。对于点式目的调速系统，这个初速度就是调速位的出口速度。上面已经提到，为了自动化调速的需要，必须在车辆进入调速位前，预先测定（包括处理）车辆离开减速器至停车点的走行阻力。如果货车的走行阻力对特定车组是个常数，预先测量阻力不会带来什么问题，即在调速前测量的阻力等于调速后的走行阻力。但是大量的测试试验和分析表明，货车走行阻力不仅与车辆走行部分的技术状态、温度、车辆总重、车型等有关外，还与车辆的运动速度、风向、风速等有关，即使同一车辆（车组）运行阻力也不是一个常数，它随着车辆速度等的变化而变化。因此在点式自动化调速系统中，尤其是点式目的调速自动化系统中，对阻力这个参数的测量和处理是影响调速效果的关键所在。

在第一章中我们介绍了车辆溜放总阻力包括四个部分：基本阻力、曲线阻力、道岔阻力、风和空气阻力。在点式目的调速中，例如利用Ⅲ部位减速器的目的调速，离开减速器的车辆一般是在直线上运行，其走行阻力仅包括基本阻力及风和空气阻力。因此测阻应该在直线上进行。

多年来，阻力问题一直是溜放速度控制系统研究的重点问题之一。实测证明，车辆运行阻力 W 与其运动速度 v 的函数为

$$W = f(v)$$

曾使用过如下的近似关系式为

$$W = A + Bv + Cv^2 \tag{5-4}$$

上式表明阻力由两部分组成，一部分是与速度无关的常数项 A，它由货车的类型、装载、走行性能等决定；另一部分是随速度变化的部分（ $Bv + Cv^2$ ），其中系数 B 主要与车辆的重量有关，一般规律是轻车取值大于重车取值。系数 C 主要受风和空气阻力的影响，它与受风面积和角度有关。但确定式(5-4)中的系数 A、B、C 是有相当难度的。

在测组区段长度受到限制的情况下（例如三部位前一般只留 50 m 左右的测阻区段），对 3 辆车以下的车组，在测阻区段实测阻力，采用数理统计方法求出阻力前测后用的相关关系，作出回归方程，用此方程处理调速位前实测的阻力。对于超过测阻区段长度的长车组，则采用由车组平均重量等级来估算阻力的办法。

在车辆走行阻力中还有一部分是不能预先考虑到的。例如气象条件的突然变化；车辆经减速器制动后走行部分状态发生变化等。由于这些变化事先无法估计到，显然这些不可控因素的存在将影响调速效果。因而打靶式调速系统是难于达到百分之百精确控制的。

(4)车组重量

非重力式减速器需要根据车组重量（一般是平均重量等级）来确定制动力等级。即使是对于采用重力式减速器的站场，重量参数也是有用的。它除了是编制编组作业计划的重要依据外，在测阻有困难时（例如长车组），有时需要用车组重量来估算阻力。

从上面的讨论可以看出，车辆的溜放阻力在溜放速度控制中是个棘手问题。国内外都在研究不直接利用溜放方程实现自动化调速的途径。例如我国推广使用的半自动调速设备就避开了设备测阻。它由人工根据经验给出期望的出口速度，由设备对给定速度和实测速度进行比较，控制减速器对车辆调速。下面介绍一种我国研制开发的自动化调速系统。该系统不直接应用溜放方程计算出口速度，而是模拟人工定速的经验，采用数理统计的方法自动计算出口速度。

这是一种点连式目的调速系统。在调试阶段，对于每一条调车线，根据线路断面、春、秋季无风的气象条件（测平均阻力）、减速顶的布顶情况等，由计算机模拟产生一张计算出口速度的基本“表”，表中给出计算出口速度 v_x 与股道空闲长度 L（车组走行距离）的关系，如图 5-17 所示。横坐标为溜放长度，纵坐标为出口速度。考虑到控制误差，模拟时安全连挂速度取 4 km/h。

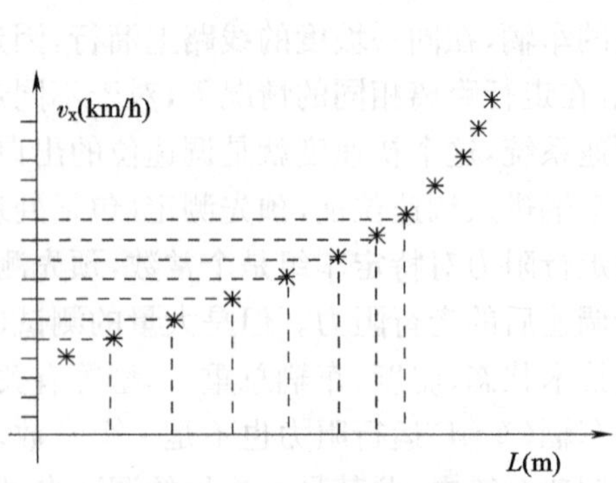

图 5-17　出口速度计算表

进行溜放速度自动控制时，计算机根据测长信息查表，操作人员根据当时的气象条件给出的修正值、长钩车、特殊连挂速度要求等对基本表数据作修正（根据修正命令，由计算机自动完成）。计算机根据测重信息对查表数据作进一步的修正后，作为计算出口速度。

上列的方法有别于精确计算出口速度，可以较好地模拟人工定速的过程。避开了在调速

过程中对阻力的测试和处理。在中、小型驼峰乃至大型驼峰的调速中，同样可以得到较高的自动化程度和安全连挂率。

四、调速与调车场平、纵断面及运营条件的关系

不论采用哪种调速方案，都需要驼峰调车场有一个最佳的平、纵断面与之配合。它不仅可以充分发挥自动化设备的效能，还能节省自动化设施的投资及运营开支。

1. 调速自动化与驼峰平、纵断面的关系

在第一章中，我们以机械化驼峰为例，对驼峰的平、纵断面结构设计原则和要求作了较详尽的讨论和分析，在这个基础上，我们将讨论自动化驼峰调车场头部应该有怎样的平、纵断面。

自动化驼峰平面线路布置除了与机械化驼峰有相同的部分外，还必须考虑有利于自动化设备的设置。例如峰顶平面布置要有利于未来设置自动化提钩设备。为了进一步缩短驼峰头部咽喉区长度，可以考虑采用三开道岔；在没有双溜放作业的站场，可以用一组背向单开对称道岔取代交叉渡线道岔。

与机械化驼峰纵断面相比，对自动化驼峰的纵断面有一些不同的要求。机械化驼峰峰高的设计原则是:在人为地规定了计算点(最后分路道岔警冲标后100 m处)后，峰高只要求保证难行车在难行条件下自由溜放到难行线计算点停车即可。加之机械化驼峰只设有减速器，在不利条件下开天窗是设计允许的。自动化驼峰的峰高设计按调速工具的作用不同，应有不同的设计要求。由于自动化驼峰装备有自动控制的大能力调速工具，所以在保证作业安全的条件下应能达到更高的解体效率。下面进一步讨论这个问题。

当采用全减速器调速制式时，似乎峰高应保证难行车在困难条件下，能够自由溜放到难行线的终点。例如将最后分路道岔警冲标后800 m处定为计算点。可想而知，以这样条件设计的峰高，对易行车、易行条件、易行线且停车地点在调车线始端附近的场合，将有过多的能量需用减速器消耗掉。为此要求减速器有足够大的制动能高，这就势必需要设置大量的减速器。甚至为了减速器的安装而加长咽喉区长度。考虑到上述困难条件同时出现的概率是很小的，综合技术经济指标，可以把计算点选在调车线的中部，例如最后分路道岔警冲标后300～400 m处。这样就可以适当降低峰高，减少制动工具的制动能高，以减少投资和运营开支。如果采用减、加速器的点连式调速制式。即间隔调速用点式减速器，目的调速用点式减速器＋连续式加速器。峰高只需保证难行车在困难条件下能够溜至加速器入口处即可。

自动化驼峰的加速坡在满足限制条件(主要是机车上下峰)的前提下应尽量短而陡，这样车辆加速度大，车组间易于拉开间隔，有利于在第一分路道岔处得到合理的间隔，因此可以适当提高推送速度。

中间坡除了尽量使难、易行车的溜放时间差最小以继续保持车组间的间隔外，还应使车辆尽快通过此区段，不要发生中途停车的现象。

道岔区坡除了尽可能继续保持车组间必要的间隔外，应使所有车辆能以较高速度通过这个区段，但进入调车线不能超过规定速度(例如Ⅲ部位减速器的入口速度)。

调车线的坡度，对点式调速方案，为了简化计算，除了减速器区段外，最好是一顺坡(一条调车线的坡度不变)。其坡度选在占溜放车辆比重最大的阻力当量值，这样可使大多数车辆的溜放阻力与坡度相抵消，使减速器有较长的有效控制距离。

采用减速顶连续式调速方案时,一般将调车线分成两个区域:减速区和连挂区。减速区坡段的作用是使进入此区段的溜放车辆经密集顶群后,速度减至安全连挂速度。坡段应按难行车在不利条件下尽快通过减速区的原则设计。连挂区坡段的设计要求是:应使大部分车辆能溜放到调车线尾部或尾部反坡前(如果设计有反坡的话);在有利溜放的条件下,最易行车在尾部不加速。对此区域可采取前陡后缓的原则设计坡度。一般陡坡相当于接近难行车的阻力当量坡;缓坡相当最易行车的阻力当量坡。

对采用加速器的方案,则要求调车线坡度保证最易行车在易行条件下不自行加速,即线路坡度等于易行车易行条件的阻力当量坡度。

推送部分的坡度除了能使车钩压紧便于提钩外,还应有利于变速推送。

2. 调速自动化与运营条件的关系

调速自动化尤其是溜放速度的自动调整除了与驼峰平、纵断面有关外,还与调车场的运营条件关系密切。而自动化调速设备的投资及调速效果除了与技术和经济的可能有关外,则主要取决于调车场的运营条件。在有利的运营条件下可以用简易的自动化调速设备、较少的投资和运营开支而收到较好的调速效果。对苛刻的运营条件,则提高了对自动化调速设备的要求。下面分析几项与自动化调速关系密切的运营条件。

(1)车辆(车组)的走行阻力

这里我们不太关心车辆走行阻力是大还是小,而感兴趣的是溜放车辆的阻力分布,即阻力的离散度。阻力分布受车辆类型、时间、气候、地域、车重、车速等因素的影响。例如轻车较之重车阻力来的大,又如低速车阻力比高速车阻力小等等。我们举一个某站场的阻力分布例子。在图 5-18(a)中给出不同重量等级的车辆的阻力分布。图中将车辆分为四个等级:12～25 t 为一级车;26～40 t,为二级车;41～55 t 为三级车;55 t 以上为四级车。从图 5-18(a)中可以看出,阻力约在 10～55 N/kN 之间变化,且轻车比重车阻力离散度大。图 5-18(b)给出随温度变化的阻力分布。从图 5-18(b)中可以看出,高温的夏季阻力分布比较集中,低温的冬季阻力离散度大。

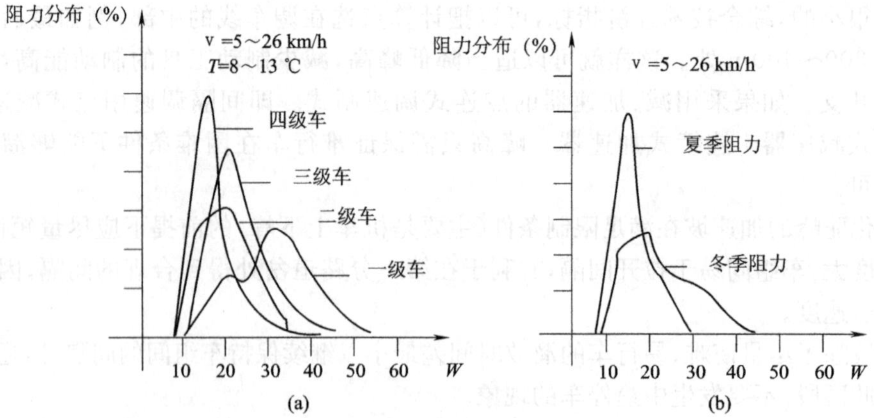

图 5-18 不同等级重量车的阻力分布

对于点式调速方案,调车线的坡度最好能与车辆溜放阻力的当量坡度相等,使车辆在调车线上匀速溜放。这样不仅能增加减速器的有效控制距离,降低工程投资和运营开支,还能得到好的调速效果。但是,如果车辆的溜放阻力离散度大分调车线坡度只能适应一部分车辆,而不能适应另一些车辆，因此难于达到理想的调速效果，也使减速器的有效控制距离缩短，这就势必增加制动位，从而增加了设备投资和运营开支。对减速顶连续式调速方案，当调车线坡度等于难行车阻力当量坡度时，对于有利条件下的易行车则产生过剩动能高，需要由减速顶消耗掉，这就要增加减速顶的数量。对加速器连续调速方案，为克服难行车阻力，难、易行车阻力差越大，要求的加速器加速能高也越大。这将受到一些条件的限制。

此外，由于阻力离散度大，还加大了车辆在溜放线路上的溜放时差，这不仅影响推送速度的提高，对间隔调速的要求也高。由此可见，车辆溜放阻力分布越集中，对自动化调速越有利，调速效果也越好。我国货车的溜放阻力在小于 10 N/t 到 50～60 N/t 的范围内变化，阻力的离散度是比较大的。

(2)允许的最大安全连挂速度 $v_{允}$

对点式打靶调速制式来说，如前述，$v_{允}$ 相当于靶子。显而易见，靶子越大，即允许的安全连挂速度越高，越容易击中。也就是说，调速系统允许的控制误差范围越大，系统越容易满足控制误差要求。我国规定的安全连挂速度从 3 km/h 已提高到 5 km/h。与一些工业发达国家相比，允许的安全连挂速度是较低的，因而对自动化调速系统控制误差要求是较苛刻的。关于控制误差问题下面我们还要专门讨论。

(3)调车线有效长度

这个长度直接关系到目的自动化调速设备所要控制的距离。如前述，对于点式调速制式，每一个调速位只能有效地控制一定的距离。例如车辆减速器一般可控制的有效距离约为 200 m左右。调车线有效长度越长，需要的调速工具越多。连续式调速方式也一样。调车线有效长度长，不仅增加工程投资和运营费用，控制关系也复杂一些。目前我国机械化驼峰调车线有效长一般在 800～1 250 m 之间。如果采用点式调速制式，在调车线上要设置数个调速位，例如 4～5 个。

五、自动化调速系统误差分析

在保证驼峰调车效率和作业安全的前提下，自动化间隔和目的调速效果的最终体现是车辆到达目的地和安全连挂率。最理想的情况是正确溜放的车辆百分之百地与停留车辆安全连挂，即以允许的安全连挂速度钩钩连挂。

自动化调速效果主要由系统允许的最大控制误差和实际控制误差决定。在对溜放车辆速度进行自动化调整时，当调速误差小于允许误差时，车辆就能正确溜放并合格(安全)连挂。下面重点讨论目的调速系统的误差。

自动化目的调速系统的最大误差取决允许的最大安全连挂速度。因为它意味着溜放车辆与停留车辆连挂时，其速度允许在 $0～v_{允}$ 之间变化。允许的安全连挂速度越高，系统的允许最大控制误差越大，自动化调速设备就越容易满足这个误差要求，从而就能达到较好的调速效果。

在下面的分析中，我们用能高来表示误差。系统允许的最大误差能高由下式计算：

$$h_{max} = \frac{v_{允}^2}{2g'}$$

式中 $g' = 9.5\ m/s^2$。

表 5-1 列出不同允许连挂速度的系统最大允许误差的能高值。我国自动化调速系统允许

的控制误差能高范围是 0～102 mm。

表 5-1 对应不同安全连挂速度的最大允许误差能高

$v_{允}$(km/h)	3	4	5	6	7	8	9	10
误差能高 h_{max}(mm)	36	65	102	146	199	260	329	406

自动化系统调速误差按其性质和产生的原因主要可分为两大类：

其一是系统本身误差。这类误差主要来自运动数学模型及计算误差；参数测量设备的测量误差；控制设备的控制误差；调速工具的调速误差。以点式调速方式为例，系统误差综合体现在对减速器控制的出口速度误差。可以通过提高运动模型的精度及减少计算误差；提高控制设备的控制精度和测量设备的测量精度；改进减速器的性能等手段来降低系统误差。

其二是偶然误差。这类误差是随机的，无规律可循的。对于某一车组可能出现偶然误差，亦可能不出现。这类误差有时大，有时小。例如产生误差的原因是由于车辆抱闸、凝轴；风向、风力的瞬间变化；车辆车门的开和关；车辆经减速器制动后走行性能发生变化；车辆表面形状的不同等。这类误差事先无法预测，因而也就难于克服。故它们属于不可控误差之列。但是这项误差直接影响着调速效果。对于点式自动化调速系统，车辆离开减速器后就不再受到控制，由于不可控误差的存在，要达到溜放车辆的百分之百的安全连挂率是困难的，尤其是在允许的安全连挂速度低的条件下几乎不可能达到这样的连挂率。

下面以依据运动方程进行的点式目的调速为例，讨论与系统误差有关的问题。点式目的调速自动化系统主要包括一次参数测量设备(测长、测速、测阻、测重等测试设备)；根据运动方程计算出口速度的计算设备，调速工具及其控制设备。为便于比较，亦将误差用能高的形式表示。

1. 测长误差

由下式将测长误差换算成测长误差能高：

$$h_{\Delta l} = \Delta l(w - i)$$

式中 w——车辆溜放单位重量阻力；

i——调车线坡度；

Δl——测长设备测量误差。

从上式不难看出，当溜放线路坡度等于阻力当量坡度时，测长误差能高为零，在这种情况下，测长误差对调速效果没有影响。

目前我国测长设备的测量误差一般可控制在±20 m。新一代的测长设备可做到 100 m 以内的测量误差。为了减少测长误差对调速效果的影响，除了提高测长设备的测量精度外，应按出现概率最多的阻力当量设计调车线坡度。

2. 测速误差

测速误差能高为

$$h_{\Delta v} = \frac{v_1^2 - v_2^2}{2g'}$$

式中 v_1——测量速度；

v_2——实际速度；

g'——9.5m/s^2。

以多普勒雷达测速器为例，我国新一代产品的测速误差可降至小于等于实测速度的百分之一。

3. 测阻误差

用能高表示的测阻误差为

$$h_{\Delta w} = \Delta w \cdot l$$

式中　Δw——测阻设备的测量误差；

　　　l——目的调速减速器出口至停车点距离。

试验和分析研究表明，对系统误差影响最大的是阻力误差。这项误差除了来自测量设备外，还有前测后用、长车组等带来较大的阻力误差。经处理后的阻力值仍不能完全符合实际走行阻力。测试表明，阻力大的车辆前测后用的误差也大。对于长车组，由于测阻区段长度的限制，一般不能正确测阻，因此对长车组要作特殊处理，例如用车组平均重量来估算阻力。

4. 数学模型误差

车辆自峰顶向停车地点溜放，或作加速运动或作减速运动或做匀速运动，找到能够精确地模拟车辆的复杂溜放运动的数学模型是比较困难的，但它对系统的控制效果又是十分重要的，国内外使用较多的溜放模型是式(5-3)，也有用多项式来描述溜放运动的，并运用数理统计和回归处理等方法提高控制精度。

由于多种因素的存在，这些数学模型不可能精确地描述溜放运动，故而存在模型误差。

5. 调速工具的调速(控制)误差

调速工具一般都是较笨重的机械设备，例如车辆减速器。机械惯性等会带来调速误差。虽然在控制减速器的系统中对机械惯性作了补偿，但仍不能完全消除机械惯性的影响，以至造成调速误差。此外，同一台减速器对不同技术状态的车辆的制动能高也不同，例如车轮厚薄不同，车轮上是否有油均造成制动能高的波动，这将产生不可控误差。

$$h = \frac{v_1^2}{2g'} - \frac{v_2^2}{2g'}$$

式中　v_1——实际出口速度；

　　　v_2——计算出口速度；

　　　g'——$9.5\,\mathrm{m/s^2}$。

上述各单项误差出现最大正值和最大负值的概率是极小的，通常是以忽正、忽负、忽大，忽小无规律地出现，其中的一些正负误差还会相互抵消，从而降低了系统误差。

在系统的最大允许误差确定之后，各单项误差的合理分配也是一个有待深入研究的问题。当合理地分配了各单项误差之后，对各单项设备就有了一个明确的误差要求，而不是一味地追求高的控制精度，导致研制、设计、生产、安装、维护费用的增加。

第三节　驼峰调速自动化方案比较

为了进行间隔调速，国内外公认采用点式减速器调速方案较好，点式间隔调速具有良好的调速功能和令人满意的运营效果，因而被广泛应用。只有个别国家的个别驼峰调车场用油气调速单元(减速顶、加减速顶)，这类连续式调速工具作为间隔调速工具。我国只在小能力驼峰调车场用减速顶作为间隔连续调速工具。所以我们对调速方案分析比较的重点放在目的调速方案。

目的调速自动化方案的选择是着手开发调车场调速自动化系统首先遇到的问题。按调速工具的类型和配置，调速方案可分为点式、连续式和点加连续式(点连式)三大类。由于采用的调速工具类型不同，控制调速工具的方式不同，调速位设置的数量不同，目前国内外研制、开发和投产的自动化调速系统种类繁多、方案各异。下面我们将对一些主要的自动化调速方案从技术上、经济上和运营效果上做一些分析比较，以提出一些选择自动化调速方案的参考和依据。

一、点式调速方案

目前国内外点式调速方案均采用车辆减速器作为调速工具。一般在驼峰头部咽喉区设置两个减速器间隔调速位(制动位Ⅰ、Ⅱ)，在少数运营条件好的国家，也有在咽喉区仅设置一个间隔调速位的(例如美国的一些驼峰调车场)。第Ⅱ间隔调速位除了以间隔调速为主外，还要兼顾目的调速。在调车线上一般要设置几个目的调速位。至于究竟设置几个点式调速位，这主要由车辆减速器的有效控制距离和调车线的有效长度决定。对各调速位的减速器实现自动控制则构成点式调速自动控制系统。

所谓减速器的有效控制距离是指在此距离内能有效的控制溜放车组的速度，使打靶命中目标。在有效控制距离内控制溜放车组的速度或使其与停留车辆安全连挂，或使其以期望速度到达下一调速位入口。不言而喻，减速器的有效控制距离越长，需要设置的目的调速位越少。还可以提高减速器的平均出口速度，而调车线(股道)的有效距离越长，则需设置的目的调速位越多。

减速器可达的有效控制距离是由控制误差和运营条件决定的。用于目的调速的减速器，对其有效控制距离起决定作用的除了上节中谈到的控制误差外，就是运营条件中的车辆走行阻力分布(离散程度)情况和允许的安全连挂速度。在调车线坡度设计合理的前提下，阻力分布越集中，允许的安全连挂速度越高，减速器的有效控制距离越长。

这种以减速器作为调速工具的点式自动化调速方案是最早投入运营的一种方案。它在技术上比较成熟，如果运营条件有利，减速器有较长的有效控制距离以及调车线的有效长度不太长时，点式自动化调速方案是一种调速效率高、调速范围大、灵活性好、投资少、动作可靠、有较高的调速精度、节省能源、维修工作量不大的较好方案。适用于要求解体能力大的调车场，但对车辆溜放阻力离散度大、安全连挂速度低、调车线有效长度较长的运营条件，由于需要设置多个减速器调速位，采用全点式调速方案可能由于投资及维修量的剧增致使难于接受。

在图 5-19 中给出我国已投入运营多年的一个点式自动化调速系统实例。

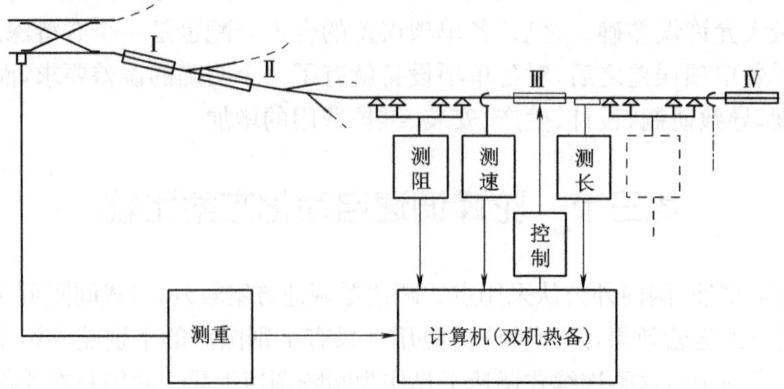

图 5-19　点式调速系统实例示意图

图中给出了一个目的制动位的自动控制逻辑关系框图。该站场设置了四个减速器调速位，溜放咽喉区两个间隔调速位Ⅰ、Ⅱ，调车线两个目的调速位Ⅲ、Ⅳ。实例站场调车线有效长为600～700 m。在Ⅲ部位前留出约为50 m的直线测阻区段。显然，设置测阻区段是以牺牲调车线有效长为代价的，因此不可能太长。对于长车组，将会出现车组尾部尚处在道岔和曲线区段上，车组头部已进入减速器，显然此时测量的阻力是包含了道岔和曲线阻力的，甚至包括调速工具的调速力，因而不能用于直线上的打靶控制。故对于长车组，一般以车组平均重量代替阻力。针对该站的运营条件，Ⅲ部位和Ⅳ部位间距根据减速器的有效控制距离确定，约为230 m左右，即Ⅲ部位控制距离短一些，Ⅳ部位前有足够长的直线测阻区段，它的控制距离可稍长一些，即控制余下的距离。对于调车线尾部不能很好控制的部分，考虑到溜放开始后不久该部分线路即被占用，需要控制车组溜入调车线尾部的概率减少。

为了实现对减速器的自动控制，根据运动方程，由有关测试设备（测阻、测速、测距、测重）获取溜放车组走行阻力、距离、重量、速度，送入计算机运算，输出控制减速器制动或缓解的命令，控制减速器对车组调速，使其按计算速度离开减速器，达到打靶调速的目的。

二、连续式调速方案

单从调速效果看（间隔调速与目的调速），对于允许安全连挂速度低的运营条件和对解体能力要求不高的小能力驼峰调车场，采用连续式调速方案是适合的。

连续式调速方案取舍的关键在于调速工具本身是否结构简单、造价低廉、消耗能量少、维修简便、易于控制（甚至不需外加控制设备）。目前用于目的调速的连续式调速工具有很多种类型，如：油气减速顶、油气加减速顶、直线电机加减速小车、缆索推进器、制动小车、缆索加速小车……而全连续式调速方案的调速工具在咽喉区，目前只有减速顶或加减速顶是适用的，尤以减速顶居多。从单个减速顶来看似乎仍是点式调速，但是由于减速顶的安装密度较大，一般1～2 m或3～4 m就要安装一个，调速点密了可以看成是连续调速。

为了提高平均溜放速度，一般在咽喉区布顶密度高（在道岔区和曲线也可以布顶）。即使这样，由于单个减速顶的制动能高很小，加之可达到的最大临界速度限制了平均推送速度的提高，故不适用于要求解体作业量大的站场。在调车线，为了提高进入调车线的速度，在调车始端一般亦设计一个密集布顶区。紧接其后根据计算按需要密度（与线路坡度配合）连续布顶。

溜放线路各坡段需要设置的减速顶数量与布顶线路的坡度、长度、易行车的总阻力以及一个减速顶的制动功有关。可按下式计算减速顶布顶数量 R：

$$R = \frac{Q_{易} g(i - w_{易}) L \times 10^{-3}}{N E_r}$$

式中　$Q_{易}$——易行车总重(kN)；

i——坡度；

$w_{易}$——易行车阻力；

L——计算区段长度(m)；

N——一辆车通过一个顶（单侧布顶）或一对顶（双侧布顶）的轮次数；

E_r——一个轮压顶的制动功(kN·m/轮次)。

减速顶本身可以对经由其上的车辆调速而不需要外加测试或控制设备。当线路坡度与布顶密度配置合理时，就能达到很好的调速效果。

具有加减速功能的加减速顶从运营效果、对线路坡度要求及安装密度等方面看优于减速顶，但为了提供加速能量，需要铺设大量的油管路，不仅增加投资而且对维修的要求也高。此外控制加速顶需要增加控制设备。国内外只有极少数站场采用全连续式加减速顶方案。

减速顶或加减速顶的全场安装数量十分可观(几千乃至愈万)，运营过程中的养护维修工作量亦相当大，这也是方案选择中不可忽视的问题。

三、点连式调速方案

点连式目的调速方案是一种点式调速系统与连续式调速系统有机结合的调速方案，它不是调速工具的简单组合。这类调速系统既有打靶式调速又有连续式调速。系统一般在调车线的入端设置点式调速工具(通常是一个减速器调速位)，在点式调速位之后设置连续式调速工具。连续式调速工具按功能分为加速、减速和加减速器。连续式调速工具可以紧接减速器设置，也可以距减速器一段距离设置(有效打靶区终端)。按连续式调速工具的种类与设置位置的不同，点连式调速方案又可细分为几种子方案。

减速器＋减速顶——与两个点式间隔调速位排序，调车线始端的减速器为第Ⅲ调速部位。一般从Ⅲ部位减速器打靶区段终端开始设置减速顶。通常在布顶线路的始端设计成密集布顶区，以提高Ⅲ部位的打靶平均出口速度(对远于有效控制距离的停车点的打靶)。密集布顶区相当第Ⅳ调速部位。紧接密集布顶区按计算的布顶密度连续布顶直至调车线终端。

减速器＋缆索牵引加速小车——可以在Ⅲ部位后打靶区段终端开始设置缆索牵引加速小车，也可以按其他方式确定小车的起始位置。减速器对小车加速区段入口处的打靶速度低于安全连挂速度。小车以安全连挂速度将车组推送至停车地点。一台小车的有效控制距离由同一条调车线上的溜放车组密度和小车推车后的返回速度决定。

减速器＋加速顶＋减速顶——在Ⅲ部位减速器打靶区段后设置加速顶布顶区和减速顶布顶区。

减速器＋加减速顶——在减速器打靶区后按计算设置与坡度配合的加减速顶。

点连式调速系统是点式调速系统和连续式调速系统的有机结合，而不是点式调速工具和连续式调速工具的简单组合。这种系统兼具打靶和速度连调两种功能。实践和分析表明，在我国的运营条件下，采用点连式调速方案可以得到较高的解体效率和安全连挂率。这种方案不仅适用于大、中型驼峰调车场，而且在小能力驼峰调车场也越来越多地被采用。

第四节　我国制动调速系统的发展及存在的问题

一、我国驼峰自动化的发展

自20世纪70年代开始，随着我国铁路调车场的目的制动调速设备，如小型减速器、减速顶，加速顶、加减速顶、绳索牵引小车等相继研究成功，以及以半自动控制机和电子计算机为核心，由测重、测速、测长、测阻等配套设备组成的减速器半自动控制系统的研制成功和逐步完善，使我国铁路编组站驼峰调车设备，朝着半自动化和全自动化方向发展。20世纪80年代初，采用国产小型计算机DJS2131，建成了我国第一个自动化驼峰——南翔下行，1984年通过铁道部鉴定。该系统经过二次开发，更新了计算机内、外存设备，实现了双机热备，一步提高了技术性能，已安全、稳定地运行了15年，目前仍处于良好的运行状态。在南翔的基础上，用计算机实现了郑州北上行综合自动化，该系统包括溜放速度自动控制、溜放进路自动控制、推峰机车遥控、编组站货车信息管理、编尾计算机联锁、枢纽调度督编组站内无线通信等子系统，1989 年通过国家鉴定，标志着我国编组站调车技术达到了界先进水平，为 20 世纪 90 年代全面推广自动化、综合自动化技术准备了技术条件。

二、驼峰自动化的主要内容

1. 车辆溜放速度的自动调节和自动控制

车辆溜放速度的自动控制是驼峰自动化最关键的内容。当机车进行解体作业时，为了保障安全和作业的要求，必须在一定地点设置调速工具。其中，减速顶是一种不需要外部能源的、可以自动控制车辆溜放速度的调速工具，它安装在钢轨内侧，对超过规定速度的车辆进行减速。减速顶对低于临界速度的车辆不起减速作用，而对于高于临界速度的车辆则起减速作用，所谓的临界速度是由吸能帽内的弹簧决定的。当车辆溜放速度低于减速顶的临界速度时，吸能帽虽被压下，但不能形成压力，没从车轮吸收能量，因此减速顶不对车辆起减速作用，而当溜放速度高于减速顶临界速度时，吸能帽下滑速度很快，由于油腔以一定的压力通过安全阀而消耗功，从而起减速作用。

2. 车辆溜放进路的自动选排和自动控制

车辆溜放进路指的是车组从峰顶摘钩后溜入调车线的径路。各车组的溜放进路都从共同的始端（峰顶）开始，相继连续地溜放，各车组根据分路道岔的开通方向，溜到不同的股道。为提高解体能力，要缩短两车组之间的间隔，对每个车组的溜放进路采用逐段排列、逐段使用、逐段解锁的控制方式。前一车组刚离开分路道岔区段，该分路道岔就要按后续车组的进路要求及时转换，为后续车组准备好进路。为了逐段、适时、正确地排列溜放进路，国内外大多数车辆溜放进路都采用半自动控制或自动控制。

该系统的基本原理是，按调车作业通知单，对应每一车组编制一个进路控制命令（进路代码），将进路代码按车组溜放顺序人工或自动地输入设备的储存器中。溜放一开始，进路代码即在轨道电路的作用下顺序地从储存器中输出，沿着与车组进路对应的传递网络传送，当进路代码传递到网络中与分路道岔对应的点时，由分路道岔控制电路控制，使分路道岔转到所需位置，以实现进路自动控制的目的。

3. 驼峰机车推送速度的自动调节和自动控制

在驼峰解体过程中，推峰机车进行推送作业并对其进行自动控制的系统。在预推作业中，按规定的推峰速度，推到峰顶规定地点停车；在主推作业中根据调车通知单上车组自身参数和与其他车组的关系，计算出每个车组的推峰速度或由调车人员根据上述关系给定控制命令，发送给机车遥控设备，控制机车变速推送。

该系统由地面设备、车上设备、信息传输通道三部分组成。按传输通道的不同，中国采用无线机车遥控和移频机车遥控两种制式。地面设备：要完成发送两种控制信息，一种是与地面信号设备联锁的选择遥控对象的信息（开机控制命令）和股道号；另一种是根据车组自身参数和与其他车组的关系计算出车组的推峰速度和股道号。车上接收设备：通过车上感应器收到与地面联锁的开机信息和股道号，通过传输通道将接收到的推峰速度信息和股道号输入车载微机，计算机确认两路输入的股道号一致，满足联锁条件，计算机将速度传感器测得的机车实际速度和车组推峰速度进行比较，将比较结果输入机车速度控制器，控制机车加速或减速，同时车载微机不断将遥控机车和车组溜放作业的实际状态信息向地面过和控制计算机发送，使地面过程控制计算机和值班人员随时监视作业状况，以便及时修正，保证作业安全和提高解体效率。

三、驼峰自动化所存在的问题及未来发展

1. 驼峰设计中存在的问题及发展方向

(1)纵断面设计与自动化调速系统设计相脱节，一些站峰高和纵断面达不到自动化驼峰的要求，存在车辆途停现象；一些站峰高过高，间隔制动位速度制动不下来，减速器磨耗严重，溜行安全无保证。

(2)制动能力设计不足，发生的撞车事故与纵断面设计有关。

(3)纵断面设计不合理，中间坡过大，造成一部位连续制动；道岔区坡度偏小，车辆在难行条件下途停在Ⅱ、Ⅲ部位之间。

(4)车场连挂区坡段过短偏缓，引起难行车辆堵门或途停，因而机车下峰次数过多。

(5)打靶区布置过长过缓，造成车辆在打靶区天窗或超速连挂。

(6)信号楼位置选择不当，操作人员对现场观察困难，影响作业及安全。

(7)缺少滚动轴承车辆溜放阻力参数。驼峰纵断面设计的未来发展，首先应提高设计质量，与驼峰自动化系统相结合，应用系统模拟和仿真技术，在设计方案确定之前，就能够准确地预计驼峰的溜放间隔、安全、连挂率、效率、能力等指标，能够预见驼峰在各种气候条件下的适应性；其次，应进一步提高设计自动化、智能化水平，让计算机更多地补充设计者的经验和技巧。

2. 驼峰调速设备存在的问题及发展方向

(1)设备磨耗引起的制动能力不足；

(2)浮轨重力式减速器用于高大驼峰间隔制动时设备强度不足，大修期偏短；

(3)减速器超期使用，不能得到及时大修，影响溜放安全；

(4)利旧减速器控制精度差，影响自动化控制效果，带来安全问题；

(5)空车特别是空平板车制动时上轨问题；

(6)对油轮车制动能力下降，影响效率和安全；

(7)可控顶的锁闭功能可靠性差，影响全顶驼峰系统的打靶控制效果及空车走行距离。

调速设备的未来发展，主要应提高设备的耐用性、可靠性及控制精度。浮轨重力式减速器应增加结构强度，延长设备大修期，解决空车制动时上轨和油轮车制动能力下降问题；可控顶应提高锁闭功能的可靠性；雷达系统应配合自动化系统的要求，除了测速外，实现测距功能；测重系统应进一步提高测重的精度和可靠性；测长系统应注重解决雨雪气候条件下测长的精度问题。目前，测轴踏板问题较多，主要需提高可靠性。用踏板测速作为雷达测速的补充，保证雷达失效时的作业安全，应给予重视。

四、驼峰自动化系统存在的相关问题及发展方向

目前我国自动化驼峰的基本水平为：溜放部分自动化率一般可达 95%以上，目的制动自动化率可达 90%以上，平均推峰速度 4～6 km/h 安全连挂率 80%以上。从自动化驼峰的运营效果来看，测试指标还达不到 20 世纪 80 年代自动化驼峰的水平。虽然一些驼峰的自动化率

较高，但也出现一些溜放事故，一些驼峰由半自动改为自动化以后，解体效率还有所降低，车场安全连挂率普遍不高，车辆和货物时有撞坏。

1. 自动化系统存在的问题

(1)主机死机，A、B机信息不对等，倒机频繁；

(2)电源因故障或雷击出现烧毁，影响系统正常运行；

(3)计轴踏板计数不准，很难解决车辆追钩问题；

(4)雷达速度测试失速，系统没有补偿措施，出现撞车事故；

(5)减速器速度控制误差较大。

(6)不能完全实现自动化控制，有的系统人工干预率高，个别钩车出现失控，三部位仍需要人工防护；

(7)推峰效率较低，与自动化系统有关，例如车辆溜放过岔速度偏低、各部位减速器速度控制不合理引起的问题；

(8)减速器上追钩现象。

2. 自动化系统技术发展的方向

(1)优化减速器控制模型，提高速度控制的精度；

(2)改进钩车溜放间隔控制技术和模型，提高过岔速度，提高推峰效率；

(3)改进三部位打靶速度计算模型，提高安全连挂率，减少超速连挂，减少对尾部停车装置的冲击；

(4)发展诊断技术，提高智能诊断、远程诊断水平。

五、尾部停车防溜系统存在的问题及发展方向

目前大部分编组场尾部采用人工铁鞋防护，一些站采用了停车顶、停车器防护。近几年，编尾防护设备种类增加很快，防溜技术和设备逐渐趋于成熟，为编尾最终实现自动化提供了必要设备和选择余地。尾部停车防溜系统应关注以下问题：

(1)设备能力不足，有时可能出现溜逸现象，大组重车需要上手闸、放铁鞋；

(2)人和设备共存引起费用和运营成本显著增加；

(3)尾部反坡坡度偏小；

(4)全场打靶空线第一钩，大组重车高速冲击尾部停车装置或铁鞋，引起安全问题。尾部停车防溜系统主要应解决增大设备能力，降低设备投资，建立维修中心，真正减少防护人员和设备维修人员。

驼峰自动化是铁路运输中强化编组站的有效措施之一，也是未来编组站综合自动化系统的重要组成之一。因此，我们有必要对驼峰调车技术的发展历史及主要相关内容做深入了解，同时，详细探讨其现在存在的问题，不断开拓创新，对驼峰自动化中存在的不足努力改进，使驼峰自动化系统趋于完善，进而引导整个铁路运输管理系统向更好更快的方向发展。驼峰(调车线路设备)发展动向20世纪50年代以来，工业发达国家铁路主要编组站的驼峰，逐步向自动化方向发展。至20世纪80年代初期，世界各国建成的自动化驼峰已近百处，其中美国占一半以上。为了提高驼峰作业效率和使驼峰平、纵断面设计进一步合理化，日本、苏联、联邦德国等国十分重视车辆溜放阻力等驼峰设计参数的测试和驼峰平、纵断面设计理论的研究，并于近年来较精确地测定了车辆溜放阻力。在日本提出了车辆溜放阻力分析计算理论和实现矩形车辆溜放速度曲线的高效能驼峰纵断面设计理论;联邦德国铁路采用了各分路按不同类型道岔联结的驼峰平面布置图,使驼峰咽喉区长度大大缩短,并采用了等时隔驼峰纵断面设计。中国于20世纪60年代开始进行自动化驼峰研究试验,20世纪70年代以来在测定车辆溜放阻力,研究现代化驼峰平、纵断面设计理论和应用电子计算机进行驼峰平、纵断面设计等方面,已取得进展。

复习思考题

1. 什么是全制动时间? 什么是缓解时间?

2. 减速顶的基本工作原理? 主要性能指标?

3. 什么是间隔调速?

4. 什么是目的调速?

5. 影响推送速度的主要因素是什么?

6. 按调速工具的类型和配置的不同,对溜放速度的调整可分为哪三种方式? 请画出示意图并说明各调速工具的作用。

7. 简述点式间隔调速的基本原理?

8. 写出点式目的调速自动控制系统的数学模型。并说明点式目的自动调速过程。

9. 在点式调速系统中,需要安装哪些现场设备? 在站场图中标出其位置,并说明在调速过程中所起的作用。

10. 在点连式调速系统中,说明减速顶布置原则及布顶数量的计算方法。

第六章　驼峰调车自动控制系统基础设备

本章介绍了自动化控制系统设备的工作原理和实现途径，重点介绍了测阻、测重、测速、测长的工作原理。通过对本章的学习，了解车轴传感器，轴重传感器的结构和工作原理，掌握测阻设备实现测阻的方法，掌握应变电阻测重的方法和工作原理，掌握多普勒雷达测速原理，掌握实现测长途径的工作原理。为了对解体溜放车辆进行追踪和速度调整，除了调速工具之外，还有一整套为了实现自动控制的基础设备，它们是传感器及测试设备。最后，简单介绍了铁路驼峰及调车场的设计。

第一节　传　感　器

驼峰调车场使用最多的是车轴(轮)传感器、力传感器及速度传感器。

一、车轴(轮)传感器

按工作原理一般可分为两大类，就是无源电磁感应踏板和有源电磁感应踏板。车轮传感器又称轨道踏板，车轴检知器、接触器，简称踏板。它被装设在驼峰溜放线路或推送线上的某些需要检知车辆到达的特定地点，当有车辆到达踏板安装的地点时，踏板发出传感信号(一般是电信号)。踏板用于检知车辆到达、计轴、判断车辆运行方向、取代传统轨道电路的作用等，广泛用于自动闭塞、半自动闭塞、道口自动信号等铁路信号领域。在自动化驼峰中，为了实现溜放追踪或其他功能，需要安装许多踏板，它们的动作可靠与否直接影响自动化系统的工作。

1. 无源电磁踏板

无源电磁踏板又称永磁踏板，它是在一块永久磁钢上绕制一个绕组构成。将它安装在钢轨轨条的内侧。其结构及安装示意如图 6-1 所示。

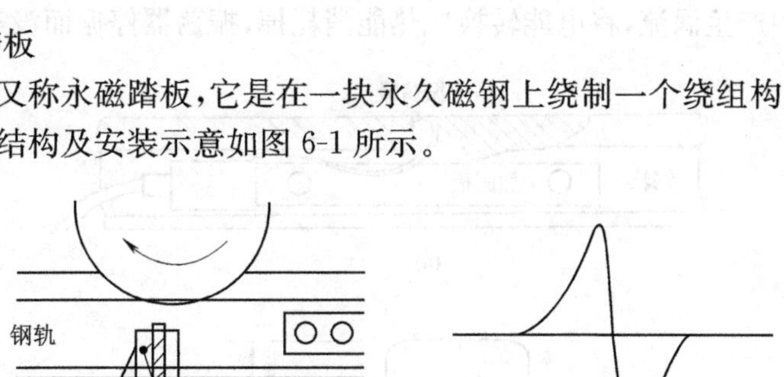

图 6-1　无源电磁踏板结构、安装及信号波形

(1)工作原理

在踏板的上方没有车轮经过时，磁钢上的绕组没有信号输出；当有车轮经过踏板上方，车轮以一定的速度通过永久磁钢的静磁场时，由切割磁力线的作用使绕组中的磁通发生变化而产生感生电动势。车速越高，切割磁力线的作用越强，绕组中的感应电动势越大。

(2)优点

设备简单、维修工作量小。

(3)缺点

当车速不低于 5 km/h 通过踏板时,这类踏板的工作是可靠的;当车速很低时,由于感应信号太小,外界干扰可能造成不能正确检测到踏板信号,造成丢轴事故。

2. 有源电磁踏板

为了提高踏板在低速车辆经过时的工作可靠度,采用有源电磁踏板,如图 6-2 所示。有源电磁踏板一般利用车轮对交变电磁场的作用产生传感信号。其作用是对溜放车辆进行计轴,参与判断摘错钩、轨道出清、放头拦尾、推送速度,判断钓鱼。测量车速范围为 3 km/h 以上。

图 6-2 有源电磁踏板结构、安装

设备主要有变耦合式和变衰耗式两类。差动变压器有源电磁踏板属于变耦合式。当踏板上方没有车时,没有输出电压;当有车经过时,输出不平衡电压。

变衰耗式有源电磁踏板,如图 6-3 所示,当踏板上方没有车时,振荡器输出交变信号;当有车经过时,在车轮中产生涡流,将电能转换成热能消耗掉,振荡器停振而没有输出信号。

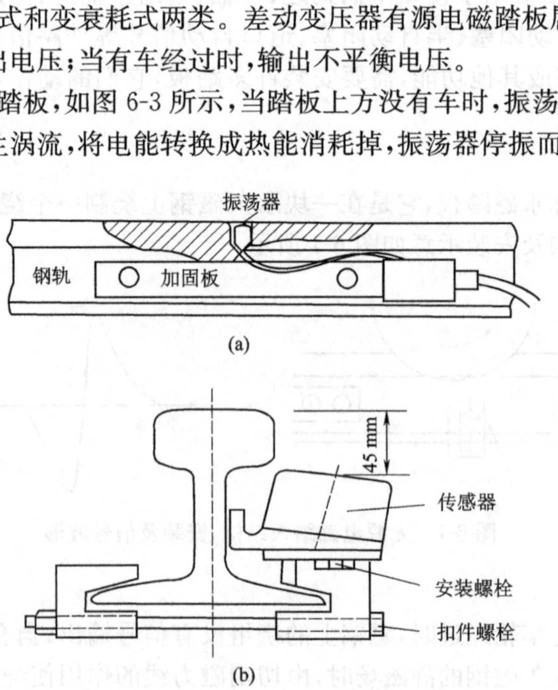

图 6-3 变衰减式有源踏板安装示意图

相位调制传感器是由发送和接收线圈组成，安装在钢轨轨条的两侧，其工作原理如图 6-4 所示。当传感器上方没有车时，解调电路输出高电平；当有车经过时，接收信号相位发生变化，解调电路输出高电平。滤波、选放和整形电路环节是为提高抗干扰能力而设。

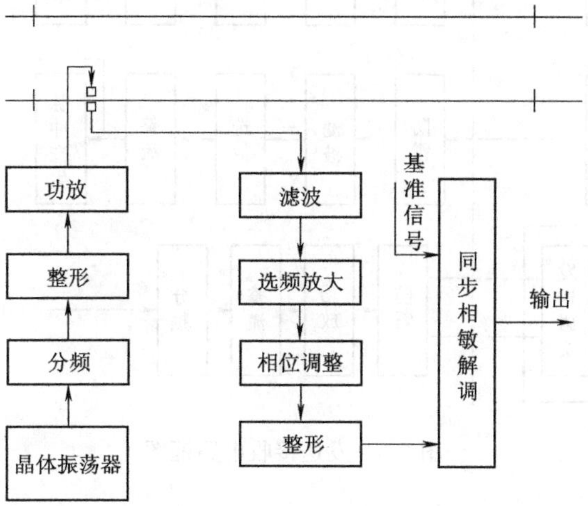

图 6-4　相位调制传感器

电磁式有源车轮传感器是电磁式有源车轮传感器，包含发送与接收两个磁头，它们均由绕在铁氧体磁芯上的线圈和一个并联电容组成，均谐振于 5 kHz。发送线圈和接收线圈的参数设计、磁芯的位置及钢轨的几何形状如图 6-5 所示。

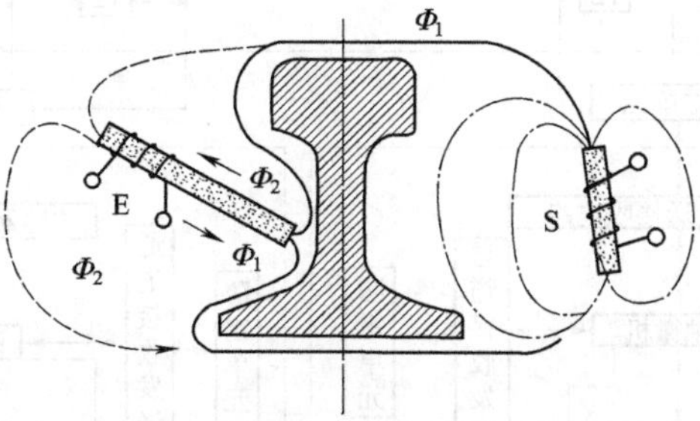

图 6-5　变衰式有源踏板安装示意图

发送线圈 S 接收 5 kHz 的激磁信号，所产生的磁通环绕过钢轨后形成两个磁通 Φ_1、Φ_2，它们以不同的路径相反的方向穿过接收线圈 E。由于磁场的不均匀性，在无车轮通过传感器时，Φ_1 高于 Φ_2，此时在接收线圈内感应出一个基本恒定的交流电压。当有车轮通过传感器时，由于车轮的屏蔽作用，磁场形态被改变，Φ_1 减少，而 Φ_2 增大。在它们共同作用下，接收线圈中感应出的电压比无车轮通过时大大减少，经接收电路处理输出一个相应的轴脉冲，就可以检知车辆到达。每套传感器包含两个发送磁头和接收磁头，它们在两轨条上交错设置，可用来判别运行方向。发送接收电路框图如图 6-6 所示。

微机计轴设备是用电磁式有源车轮传感器构成，这种方法已在半自动闭塞设备上应用，其组成框图如图 6-7 所示。

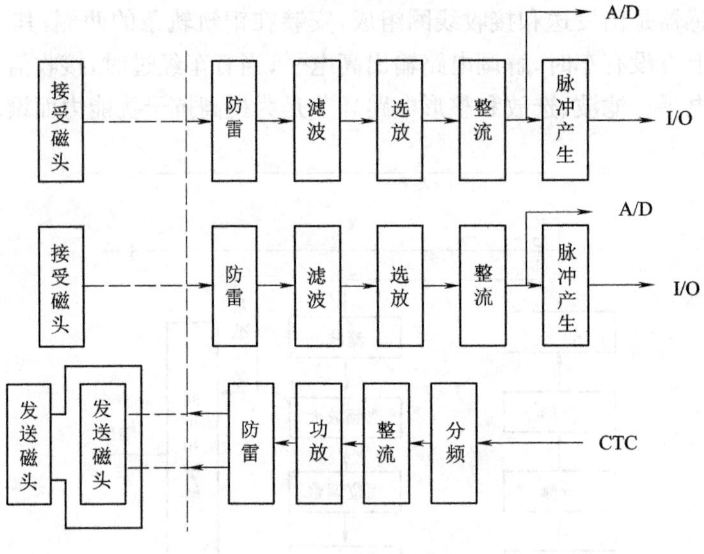

图 6-6　发送接收电路框图

图 6-7　微机计轴设备

二、重力式传感器

力(重力)传感器的作用是将车辆(车轴)的重力转换成电信号。力传感器的种类繁多,传感原理各异。如机械弹性踏板式、电感式、电容式、应变电阻式、硅力敏电阻式、压磁式等。下面列举几种驼峰调车场测重器使用的重力传感器。

1. 应变电阻传感器

应变电阻作为重力传感器是利用金属导线纵向受力被拉伸或压缩时,金属产生弹性形变,它的电阻值将发生变化的特性，如图 6-8 所示。车轮压在其上方时，压应力使应变片电阻值变化，通过对此变化的测量求取车轴重量信息。将直径约为 0.025 mm 的具有高电阻率的电阻丝排成栅网状，牢固地粘贴在绝缘片基上，电阻丝两端焊接引出导线并具有与测重传感器相同的塞钉式安装方式。硅力敏电阻芯片采用集成电路工艺，在一定形状的单晶片上扩散出四个电阻，将这四个电阻接成电桥形式，作为重力传感器。

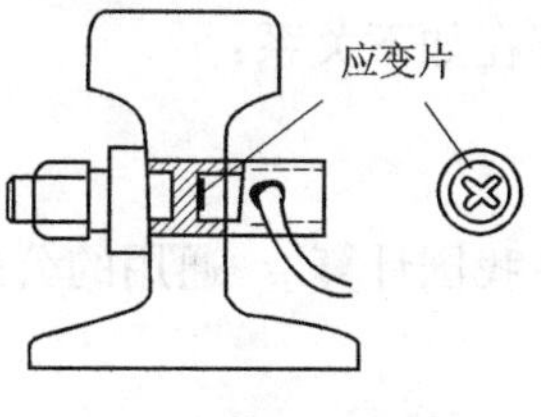

图 6-8　应变电阻测重传感器安装示意图

2. 压磁重力传感器

压磁重力传感器是一只特殊的变压器。变压器铁芯用冷轧硅钢片粘合构成。传感器利用冷轧硅钢片这种铁磁材料的磁弹性效应将重力信息转换成电信号，且压应力与信号电压成正比。

在变压器铁芯上开四个与铁芯中心对称的穿线孔，在对角线上的两个孔分别绕制一次线圈（激磁绕组）和二次线圈（测量绕组），如图 6-9(a)所示。两个线圈所在的平面垂直相交，在一次线圈中通以交变的激磁电流，当传感器不受力时，传感器铁芯各部分的磁导率相同，一次线圈产生的磁力线分布如图 6-9(b)所示。基本上不与二次线圈交链，故二次线圈几乎没有感应电动势产生（输出零信号）；当车轮压在传感器上，传感器在垂直方向受到压应力，导磁率下降，磁阻增加，而在水平方向基本不受应力，磁导率几乎不变。导致磁力线发生形变，如图 6-9(c)所示。

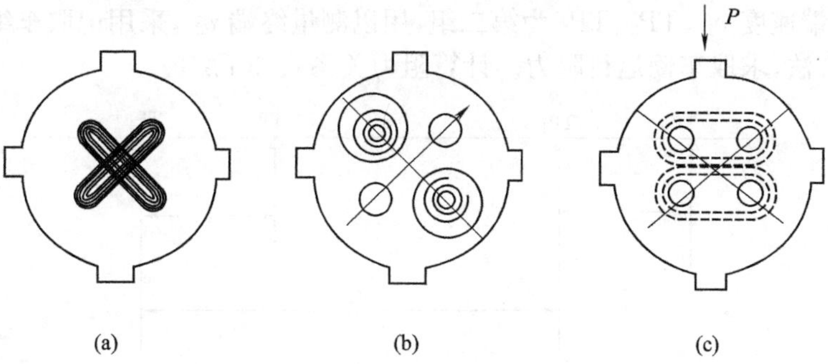

图 6-9　压磁重力传感器

这时一次线圈产生的磁力线与二次线圈产生交链，在二次线圈中产生感生电动势。压应力越大，产生的感生电动势越大。传感器输出特性曲线如图 6-10 所示（图中传感器输出的交流电压已转换成直流电压），压应力与输出信号电压基本呈线性关系。通过对输出电压的测量就可以求取轴重信息。

图 6-10　车辆轴重与输出电压关系曲线

第二节　测 阻 原 理

在平直线上车辆运动的加速度是由于车辆受到阻力作用的结果，因此测量阻力可以通过测量车辆运动加速度的方法来实现。由列车牵引计算可知，车辆运动阻力 W 和运动加速度 a

存在如下关系：

$$W=\frac{a}{g'}$$

在我国计算 g' 通用的公式是：

$$g'=\frac{g}{1+\frac{420n}{Q}}$$

式中 g'——考虑转动惯量的重力加速度；

g——重力加速度，以 9.81 m/s^2 计；

n——计算车辆的轴数；

Q——计算车辆的总重量。

当测阻区段存在坡度时，测试总阻力包括基本阻力和风阻力：

$$W_{总}=\pm i+W_{基}\pm W_{风}$$

式中$\pm i$ 正负号取决于坡度是上坡还是下坡，下坡取负，上坡取正，$\pm W_{风}$ 正负号取决于顺风还是逆风，顺风取负，逆风取正。变换上式：

$$W_{基}=W_{总}\mp i\mp W_{风}$$

目前国内外采用较多的是电磁踏板测阻，踏板安装如图 6-11 所示，在测阻区段的始终端各设两个短测阻区段，每个测阻区段安装两块电磁踏板，其安装距离固定。TP_1、TP_2 为第一组，用以测量始端速度 v_1，TP_3、TP_4 为第二组，用以测量终端 v_2，采用记取车组第一轮对经由各踏板时间的方法，求取车辆运行阻力。计算阻力关系式如下：

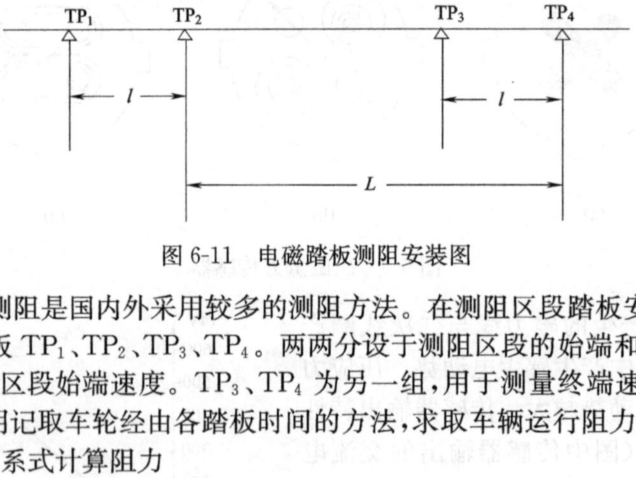

图 6-11 电磁踏板测阻安装图

利用电磁踏板测阻是国内外采用较多的测阻方法。在测阻区段踏板安装如图 6-11 所示。这里是使用四块踏板 TP_1、TP_2、TP_3、TP_4。两两分设于测阻区段的始端和终端。TP_1、TP_2 为一组，用于测量测阻区段始端速度。TP_3、TP_4 为另一组，用于测量终端速度。两组踏板各相距定长 l 安装。采用记取车轮经由各踏板时间的方法，求取车辆运行阻力。按图 6-11 中标示的符号，利用如下关系式计算阻力

$$\overline{v}_1=\frac{l}{t_1}$$

$$\overline{v}_2=\frac{l}{t_2}$$

$$a=\frac{\overline{v}_2-\overline{v}_1}{T}=\frac{\overline{v}_2-\overline{v}_1}{\dfrac{L}{\dfrac{\overline{v}_2+\overline{v}_1}{2}}}=\frac{\overline{v}_2^2-\overline{v}_1^2}{2L}$$

$$\therefore w_{总}=\frac{\left(\dfrac{l}{t_2}\right)^2-\left(\dfrac{l}{t_1}\right)^2}{2g'L} \tag{6-1}$$

$$l_{轴}=\frac{L}{\frac{1}{2}(t_{13}+t_{24})}\times\frac{t_{12}+t_{34}}{2}$$

$$\overline{v}_{12}=\frac{l_{轴}}{t_{12}}\overline{v}_{34}=\frac{l_{轴}}{t_{34}}$$

$$\therefore a=\frac{\overline{v}_{34}^2-\overline{v}_{12}^2}{2L}$$

$$\overline{v}_{13}=\frac{l_{13}}{t_{13}}\overline{v}_{24}=\frac{l_{24}}{t_{24}}$$

$$\therefore a=\frac{\overline{v}_{24}-\overline{v}_{13}}{\frac{1}{2}(t_{34}-t_{12})}$$

式中　t_1——车轮从 TP_1 到 TP_2 时间；

t_2——车辆从 TP_3 到 TP_4 的时间；

T——车轮从 TP_2 到达 TP_4 的时间。

在自动化调速系统中，通常由计算机以中断方式采集经预处理的踏板信号并根据式(6-1)计算测量阻力。图 6-4 已给出一种相敏调制传感踏板信号的预处理电路结构框图。预处理电路输出的是开关量信号，经，I/O 接口送入计算机。

第三节　测 重 设 备

测重设备的作用是测量溜放车辆重量，参与给定速度控制。春秋两季道床不稳时易出现测重等级变化。测重设备是驼峰编组站自动化系统基础设备之一，它不仅为控制非重力式减速器提供重量等级参数，还可以为编组作业自动化时提供统计编组列车的重量，还可以按车重粗略地确定车辆的走行阻力。测重一般是通过测车辆轴重实现的。测车辆轴重的传感器按工作原理不同一般可分为两大类，一类是机械应变式，另一类是电磁应变式，电磁应变式包括电应变式和电磁应变式。机械应变测重是应用机械应变传感器实现测车辆轴重。机械应变传感器包括机械弹性踏板(弹性桥)、钢轨弯曲式机械传感器等。安装示意如图 6-12 所示。

图 6-12　测车辆轴重的传感器安装示意图

一、应变电阻测重

一套测重器一般包括两个应变电阻传感器，将应变电阻接入惠斯顿电桥。当有车轮通过传感器上方时，钢轨受到的剪切应力传递给钢套筒，由于应变电阻阻值变化破坏了电桥的平衡，使其输出一个正比于压应力的电信号，对其测量取得轴重信息。

应变电阻测重器有安装简单等优点，但由于输出信号弱，为了提高传输过程中的信噪比，一般在现场需进行信号放大等处理，设备框图如图 6-13 所示。图中振荡器提供电桥电源并供给相敏检波器基准信号。两个传感器的信号调制电桥电源，电桥输出的是调幅波，经放大后由相敏检波器检出再经滤波和直流放大后，输出正比于轴重的直流电压，图中的内桥用于检测和设备调试。

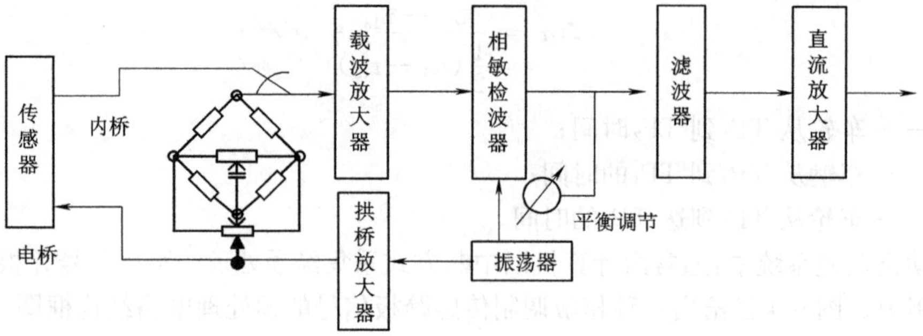

图 6-13　应变电阻测重设备图

硅力敏电阻测重传感器有测重输出信号较大，信号处理比较简单的优点，但有传感器易受温度影响，需要增加温度补偿等缺点。

二、压磁传感测重

当被测车辆的车轴经由测重传感器上方时，传感器输出正比于车轴重的交流电压信号。对此电压进行测量就可求取轴重信息，图 6-14 给出一个直接对模拟电压分级的电路结构例子。

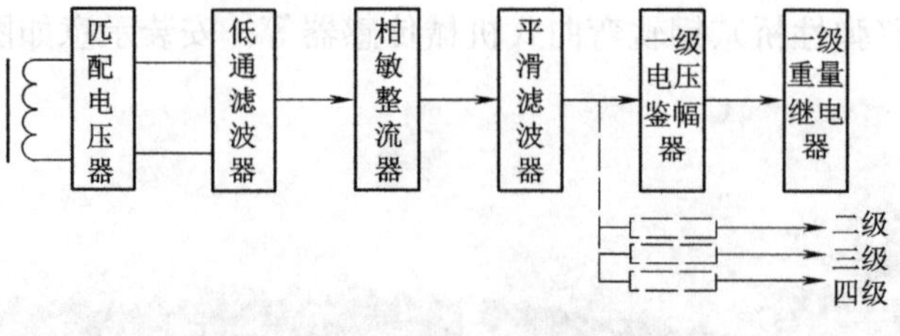

图 6-14　电压分级电路结构

以塞孔式压磁传感测重器为例，压磁测重传感器的安装有与应变电阻测重传感器相似的方式。在钢轨轨腰打孔，将传感器装入螺栓内，固定在钢轨轨腰。

当被测车辆的车轴经由测重传感器上方时，传感器输出正比于车轴重的交流电压信号。对此电压进行测量就可求取轴重信息。可以用电压比较法将正比于轴重分级信息；也可通过模数转换，将模拟电压转换成数字量，再由计算机测量，求取轴重分级信息。

图 6-14 中的电路将电压分为四级。传感器二次线圈输出的交流信号经滤波、相敏整流、

平滑后转换成直流电压，四个电压鉴幅器（每一个对应一级重量等级）对轴重分级，动作相应的重量继电器（1ZJ、2ZJ、3ZJ、4ZJ）。

传感器输出的模拟信号首先作预处理，然后进行分级（按重量等级要求），平均重量等级信息随车组溜放传递。这些工作可以由继电电路完成，也可以由计算机完成。

三、车辆轴重信号处理

如前所述，测车组重量（一般是车组的平均重量等级）是通过测车重实现的，而测车重又是通过测车辆轴重实现的。无论采用哪种测重传感器，当获取了轴重信息并作了预处理后，如何进行重量分级，由轴重信息如何确定车辆重，由车辆重如何求取车组平均重量等级等问题是在这部分所要讨论的内容。为此应设置具有重量分级、计轴、计数和重量平均等功能的电路或装置，它们可以由继电器构成，也可以由电子元器件构成，或由计算机完成上述功能。

图 6-15 给出一个实际使用的测重信息预处理电路结构框图。压磁传感器输出的测重信号经相敏整流、灵敏度和零点校正、峰值检波、自动调零后输出。

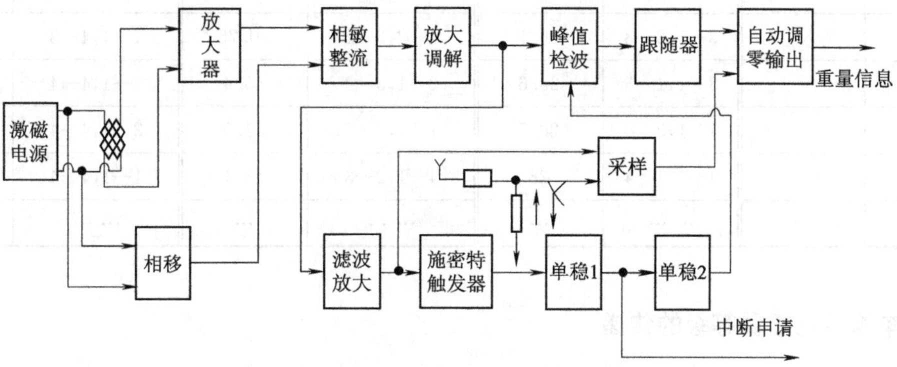

图 6-15　测重信息预处理电路结构框图

当由计算机处理测重信息时（轴重分级、车辆和车组重量分级、车组平均重量等级传递等），通常经图 6-16 所示的接口将测重信号送至计算机。预处理后的测重模拟信号经模数转换器转换成测重数字量信号，通过I/O接口送入计算机。

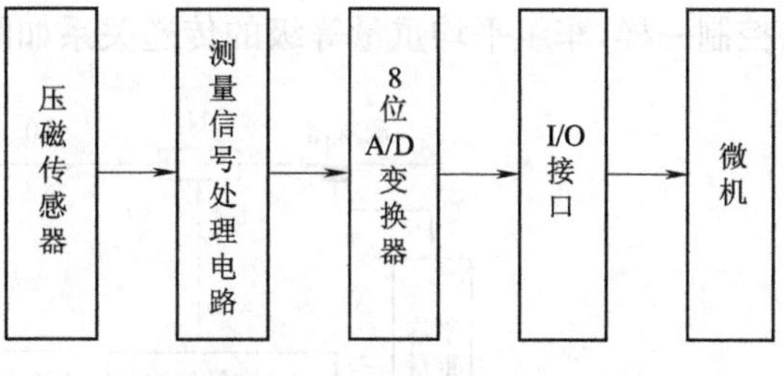

图 6-16　测重设备接口部分框图

计算机计量轴重数字量信号，将一辆车的所有轴重累加求取车辆重并作车辆重量分级，视需要，可以分为四级或更多，例如八个重量等级，再根据每辆车的平均重量等级求车组平均重量等级。

为了得到车组平均重量等级，先将不同组合的车组（一般不超过五辆），按重量计算并列表，如表 6-1 所示。例如，一级重量的两辆车和二级重量的一辆车组成的车组经计算相当于一级重量车；四级重量的一辆车和一级重量的两辆车组成的车组相当于二级重量车……

根据表 6-1 可以从记录的车组中各车辆重量等级得到车组的平均重量等级。

表 6-1　车组平均重量等级

一级重量	平均重量(t)	二级重量	平均重量(t)	三级重量	平均重量(t)	四级重量	平均重量(t)
2—1,1—2	22.17	1—1,2—1	24.5	1—1,3—2	39.6	3—1,2—1,4—2	55.37
2—1,1—3	22.2	1—1,3—1	33.75	4—2,1—3	38.5	4—1,3—4	54
2—1,1—4	20.3	1—1,2—2	26.83	1—1,2—1,3—3	39.8	3—1,4—1	60
1—1	18	4—1,1—2	35	2—1,3—1	40.75	3—1,4—2	63.3
1—2	18	3—1,2—2	37.5	4—1,1—1	43.75	2—1,4—2	57.2
1—3	18	3—1,1—2	28.3	2—1,4—1	50.75	4—1,3—2	56.6
1—4	18	1—2,2—2	24.5	2—1,3—2	43.8	3—2,4—2	60
1—5	18	1—2,3—2	33.75	1—2,4—2	52.3	3—1,4—3	65
		1—1,2—3	28	4—1,2—2	44.3	2—1,4—3	60.4
		4—1,1—3	30.6	2—1,3—2	40.75	4—1,3—3	55
		3—1,2—3	36.1	4—2,2—2	50.75	1—1,4—3	56.9
		3—1,1—3	25.6	2—1,3—3	45.4	3—1,4—4	66
		1—1,2—4	28.7	1—1,3—3	41.9	2—1,4—4	62.3
		4—1,1—4	28	4—1,2—3	41.1	1—1,4—4	59.5
		……	…	……	…	……	…

四、车组平均重量等级的传递

压磁测重传感器一般只在溜放线靠近峰顶处设置(每条溜放线一套),而各调速位都需要车组平均重量等级信息。车组平均重量等级信息要随车组的溜放传递到各调速位,和溜放进路控制一样,车组平均重量等级的传递关系如图 6-17 所示。

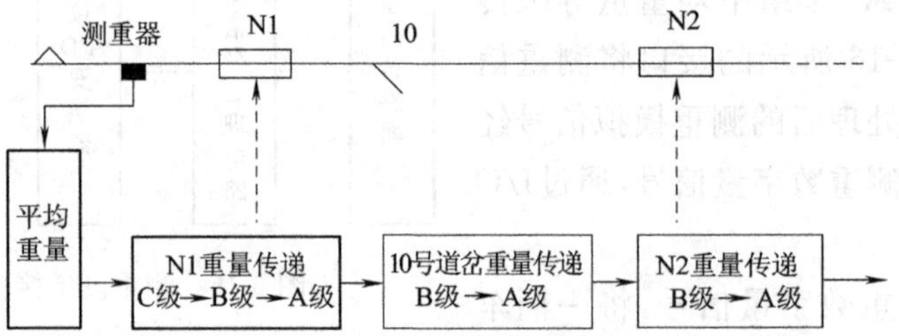

图 6-17　车组平均重量等级传递关系示意图

对应溜放进路的有关线路区段,这里是分路道岔和减速器区段,设置传递环节,每个环节可寄存若干重量等级信息,如图中对应 N1,减速器区段的传递环节可以寄存三个车组的重量等级信息(C 级、B 级、A 级),10 号道岔可寄存两个车组重量等级信息(B 级、A 级)……寄存容量的确定可以用道岔自动集中传递器中间传递环节数量相类似的确定方法,在减速器传递环节,重量等级信息的保留时间与溜放进路控制的传递环节不同,信息传出还不能取消,要等到车组出清减速器区段才将环节中的重量等级信息取消。

第四节　测速设备

对点式调速方案，测速是指对处于调速位上的溜放车辆速度的测量。当调速工具（减速器）对车辆进行调速时，溜放车辆的速度将发生急剧的变化，这就要求测速设备准确、及时、不间断地进行测量。对连续式调速方案，也存在测量速度的问题，例如在加速小车调速区段入口前的测速。测速设备有轨道踏板测速、刻槽钢轨测速、激光测速、超声波测速、雷达测速等。

测速雷达作用是测量溜放钩车速度，向微机控制系统提供控车数据，参与钩车速度控制，测量范围 3～30 km/h。测速雷达及安装如图 6-18 所示。

图 6-18　测速雷达

为了实现对减速器的自动或半自动控制，系统必须掌握钩车在减速器区段内溜放的瞬时速度，作为减速器控制的依据。系统对测速设备的基本要求有：

(1)应能连续地测量溜放车组的运动速度，速度测量范围应满足实际变化范围，即 3～30 km/h；

(2)满足自动化调速系统对测速精度的要求；

(3)测速距离不小于调速位的长度；

(4)设备能在铁路现场苛刻的条件下稳定、可靠地工作；

(5)现场安装的设备应满足铁路限界的要求。

雷达测速具有测速精度高，能连续测量瞬时速度，受工频干扰小，维修简便等优点。因此，各国的自动化驼峰几乎都采用多普勒雷达测速器。1965 年制成了电子管 3 cm 波测速雷达，1977 年研制成功了 TZ-103 驼峰晶体管 3 cm 波测速雷达及半自动控制机，1984 年又制成了 TZ-104 型微机驼峰雷达控制机。1993 年研制成功了 TCL-2 型 8 mm 波测速雷达，这种雷达设计合理、技术先进，主要技术指标均达到国际先进水平。

多普勒雷达测速原理是当声源和听觉器官作相对运动时，听觉器官感觉到的声音频率不再是声源发出的频率，而是增大或减小了的声音频率，这种现象称多普勒效应。多普勒效应也存在于超高频电磁波的传播中。频率的变化量与相对运动的速度成正比，这就是多普勒原理。多普勒雷达是利用多普勒原理测速的，如图 6-19 所示。由雷达天线（相当于声源）向运动车辆（相当于听觉器官）发射频率为 f_1 的超高频电磁波能束，超高频电磁波具有光学性质，当遇到车辆时将发生反射，由于多普勒效应的存在，使反射频率不再是 f_1 而变成了 f_2，且 f_1 不等于 f_2。当车辆迎着天线作趋近运动时，f_2 大于 f_1；当车辆远离天线运动时，f_2 小于 f_1。把 f_1 和

f_2之差称多普勒频率，记作 f_d。

$$f_d = | f_1 - f_2 |$$

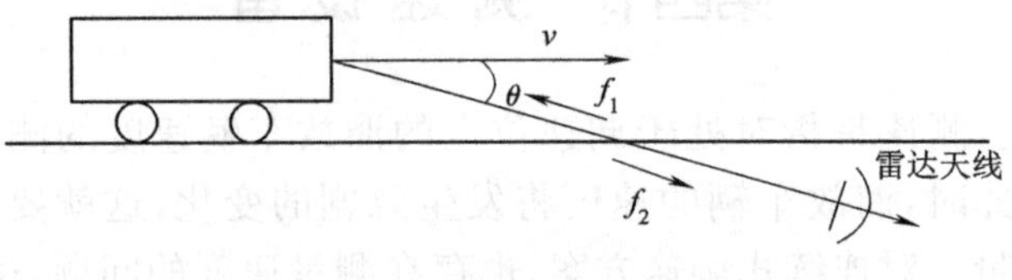

图 6-19 多普勒原理测速

由多普勒原理可知，f_d 与车辆运动速度成正比，它们之间的定量关系如下式(推导略)：

$$f_d = \frac{2v}{\lambda}\cos\theta = \frac{2f_1 v}{c}\cos\theta$$

式中 f_1——雷达天线发射电磁波频率；

c——电磁波在空气中的传播速度；

v——车辆速度；

θ——电磁波与溜放方向夹角。

多普勒信号频率与车速成正比，比例系数取决于雷达工作频率。8 mm 测速雷达同 3.2 cm测速雷达相比，可以相应的提高多普勒信号频率，其优点是：增加测速雷达的信息量，可以获得更稳定的雷达速度指示和更小的时间延时；减少±1 个脉冲采样误差引起的速度测量误差；有利于缩小雷达微波系统的体积和重量，使雷达天线由道心移至道旁等。

测速雷达工作原理及信号处理方法框图如图 6-20 所示。

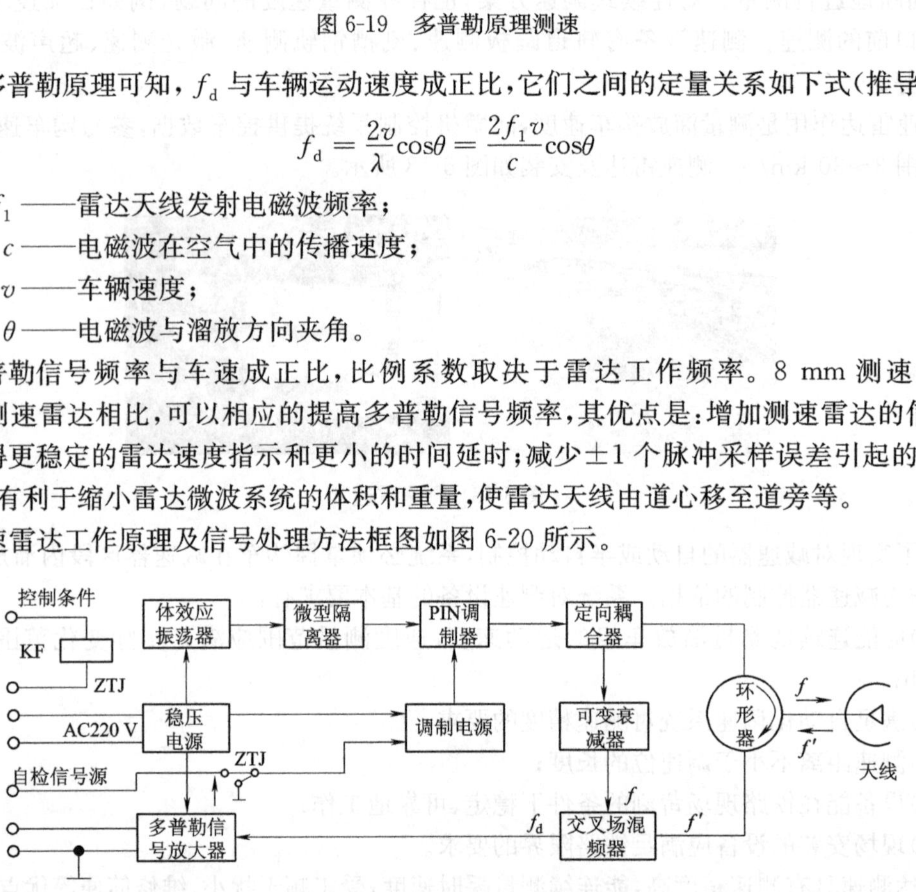

图 6-20 测速雷达工作原理

当由计算机处理和测量多普勒信号频率时，一般以数字量输出。脉冲化了的多普勒信号(经过预处理的多普勒信号)经光电隔离电路输入计算机，由计算机处理和测量信号频率。计算机测量频率的一般方法是：在采样周期内(例如 100 ms)计数脉冲个数一次，按脉冲数 N 与车辆 V 之间的关系(模拟系数)，计算一次车辆速度，3 cm 雷达按下式计算：$V = 0.16\,N$ (m/s)

直接利用上式，由于计算机脉冲采样误差，使测量误差较大，为提高输入信息密度，目前一般采用测量多普勒信号周期取代频率测试，具体的做法是在计算机内建立一个标准时钟，例如实用设备使用的时钟脉冲周期为 60 μs(也有用更低的，如 3.2 μs)。多普勒信号向计算机请求中断，计数两次中断间的时钟脉冲数 n 乘以时钟脉冲周期 t，即得到多普勒信号周期 T_d。用图 6-21所示的周期测量方法。

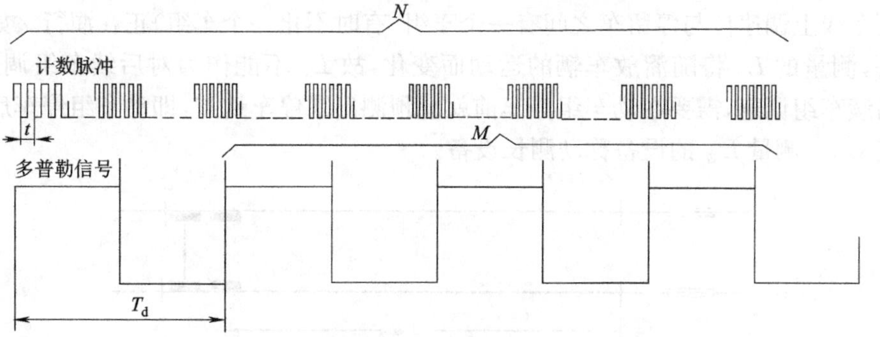

图 6-21　多普勒周期法

由于时钟脉冲的周期大大短于多普勒信号脉冲周期(多普勒信号脉冲周期在 2～60 ms 之间)。对于相同的计算机采样误差(例如±1 个脉冲),多普勒信号周期的测量精度被大大地提高了,从而提高了测速精度。按下式计算车速:

$$v = \frac{C}{2f_1}f_d = \frac{C}{2f_1 T_d} = \frac{CM}{2f_1 Nt}$$

$v_{测}$

式中　C——3×10^8 m/s;

f_1——$9\ 375\times10^6$ Hz;

M——多普勒信号使计算机中断次数;

N——时钟脉冲计数。

得到

$$v = 266.6\frac{M}{N}(\text{m/s}) = 960\frac{M}{N}(\text{km/h})$$

计算机可以对“丢脉冲”和“多脉冲”进行优于频率计的处理。方法之一是利用回归分析或称异常数据处理,剔除由于丢脉冲或多脉冲时出现的不正常速度值。当在几个多普勒信号脉冲,例如 4 个脉冲(时钟脉冲计数中断信号)计算一次速度时,在 100 ms 时间内将获得多个速度值(样本),按车辆运动的正常速度变化规律(两个连续测量的速度增量范围),保留那些属于正常范围的速度数据,去除异常数据,为了进一步减少速度信息输出的波动,再经卡尔曼数字滤波后提供车辆速度和加速度信息。

第五节　测长(测距)设备

测长设备用来测量调车线空闲长度是减速器打靶(点式或点连式)调速系统不可缺少的一种基础设备。调车线空闲长度参数不仅是自动化调速系统的基本参数之一,也是调车场自动化其他子系统的重要参数,例如自动编制编组作业计划子系统等。即便是非自动化调车场,调车线空闲长度这个参数也是必不可少的,它由测试设备或人工目测确定。

为了满足自动化调速的需要,测长设备一般要在图 6-22 所示的两种情况下完成测长工作。图 6-22(a)所示的情况是调车线上调速位与停留车之间没有正在溜行的车辆,后续车辆所需走行的距离为 $L_{静}$,即所谓的静长度,测量静长度的设备称测静长设备。图 6-22(b)所示的情况是调车线上调速位与停留车之间有一个车组(有时不止一个车组)正在溜行。如果只有静测长设备,测量的 L_x 将随溜放车辆的运动而变化,故 L_x 不能作为对后续车组调速的参数。为了对后续车组调速,需要在动车组停车前就能预测出来停车地点,即动车组停车后的调车线空闲长度 $L_{动}$。测量 $L_{动}$ 的设备称动测长设备。

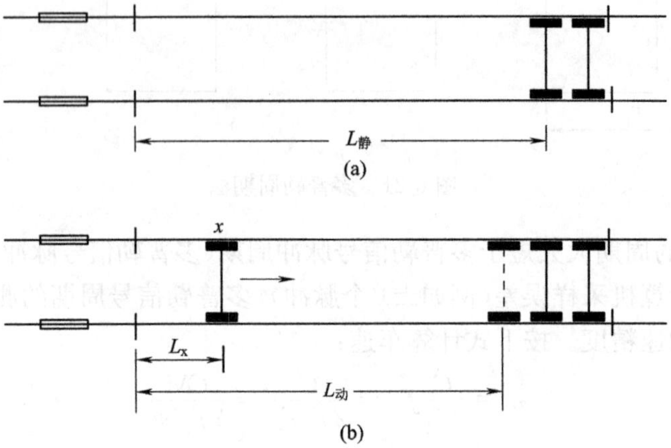

图 6-22 静、动测长示意图

通常测动测长是以测静长为基础的。

一、实现测长的途径

测长设备有短轨道电路测长、轨道接触器测长、计轴测长、雷达测长和利用轨道参数测长等。

1. 短轨道电路、轨道踏板测长

短轨道电路测长是将所需测长的线路划分成若干段长度相等的短轨道区段,如图 6-23 所示。每段短轨道区段均装有轨道电路,用轨道电路的状态可以反映区段上是否有车占用。

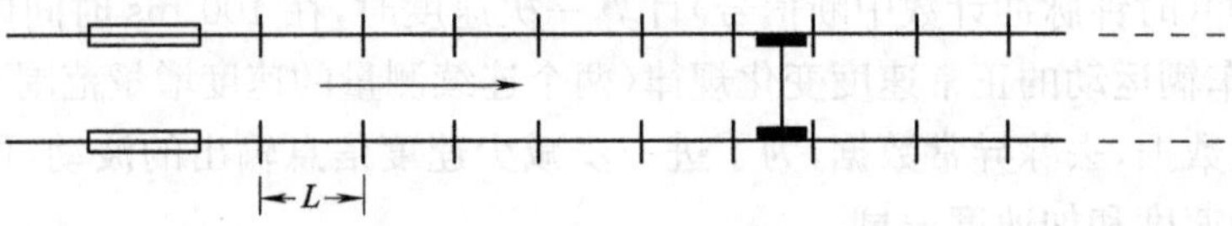

图 6-23 轨道电路测长示意图

图 6-25 中箭头方向为车辆溜放方向。通过统计车左方的空闲轨道区段数便可计算调车线空闲长度:

$$l_{空} = n \times l$$

式中 n ——连续空闲的轨道区段数;

l ——短轨道区段长度。

和短轨道电路区段测长原理相似的方法是轨道踏板测长。它在测长线路的一根轨条上等距离地安装轨道电磁踏板,如图 6-24 所示。在测长区段的始端向轨道送交变电流。对无车占用的区段,在踏板中产生感应电动势,踏板有感应电流输出。当有车辆停在测长区段的某处时,由于轮对的分路作用,使停留车辆最后轮对右方的轨道没有交变电流,装于其上的踏板将没有感应电流输出。同理,连续有感应电流输出的踏车组运动方向板数与相邻踏板之间距离的乘积就是线路的空闲长度。

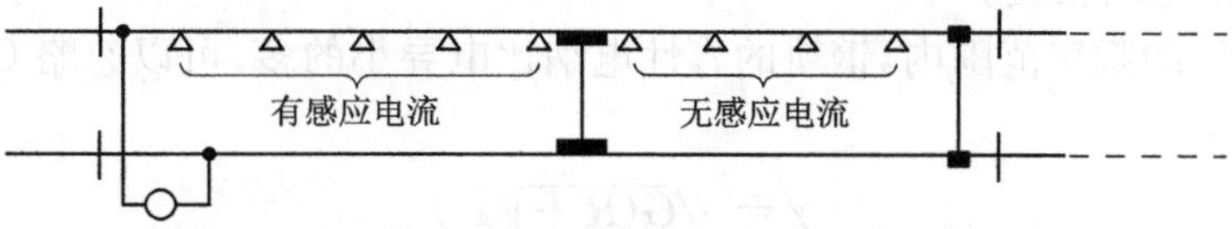

图 6-24　踏板测长原理示意图

不难看出,上述两种测长方法的测量精度是与短轨道电路区段长度和相邻踏板的距离直接相关。测量误差小于区段长度或踏板距离。缩短轨道电路区段的长度或加大踏板的安装密度都可以取得期望的测量精度,但这将增加设备量和维护工作量。用电磁踏板方案较之短轨道电路在使用器材数量、维修量方面得到了改善。

2. 踏板计轴器测长

在测长区段的始端装设轨道踏板,用于检测车轴的到达。通过计轴设备记录通过踏板的车轴数。按四轴为一辆车,每辆车按 14.5 m 换算进入调车线的车辆长度,计轴测长的测量误差主要由车辆的安全连挂率决定。当出现"天窗"时,测试误差将增加,天窗越大,误差也越大。由下式求取调车线空闲长度为

$$l_{空} = L - 14.5 \times \frac{n}{4}\ (\mathrm{m}) \tag{6-2}$$

式中　L——调速位出口至调车线尾端(调车线有效长减去调车线入口至调速位出口的距离)的距离;

n——进入调车线的车轴数。

计轴测长的测量误差主要由车辆的安全连挂率决定。当出现"天窗"时,测试误差将增加,天窗越大,误差也越大,且误差是积累的。

二、利用轨道参数测长原理

具有分布参数的交流轨道电路可用图 6-25 所示的等效电路来描述。图中 R、L、C、G 分别为钢轨单位长度具有的电阻、电感、电容和电导。它们的单位分别是 Ω/km、mH/km、μF/km、Ω/km。其中 G 为道床电阻的倒数。

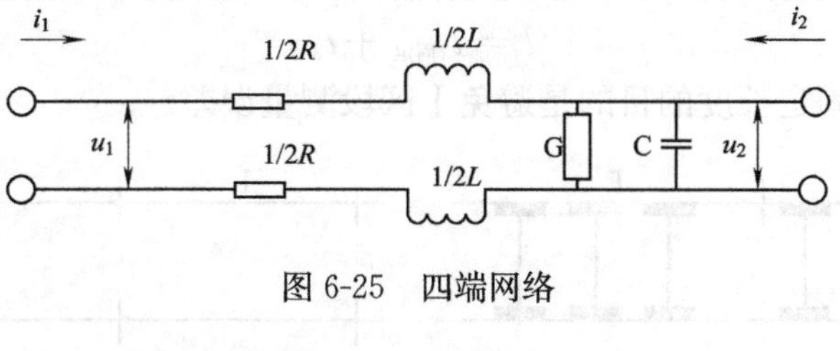

图 6-25　四端网络

图 6-25 是个四端网络,输入输出的关系式为:

$$u_1 = u_2 \mathrm{ch}(\gamma l) + i_2 Z_0 \mathrm{sh}(\gamma l)$$

$$i_1 = \frac{u_2}{Z_0}\mathrm{sh}(\gamma l) + i_2 \mathrm{ch}(\gamma l)$$

式中 γ——轨道电路传播常数；

Z_0——轨道电路特征阻抗；

l——轨道电路长度。

在小于 1 kHz 的频率范围内，钢轨的容性电纳比电导小的多，可以忽略 C 的作用，这时的 γ 和 Z_0 分别为：

$$\gamma = \sqrt{G(R+\mathrm{j}\omega L)}$$

$$Z_0 = \sqrt{(R+\mathrm{j}\omega L)/G}$$

当轨道电路区段的终端被短路时，式(5-1)变为：

$$u_1 = i_2 Z_0 \operatorname{sh}\gamma l$$

$$i_1 = i_2 \operatorname{ch}\gamma l$$

轨道电路的输入阻抗 Z_λ 为：

$$Z_\lambda = \frac{u_1}{i_1} = Z_0 \operatorname{th}\gamma l \tag{6-3}$$

从式(6-3)可以看出，交流轨道电路的短路输入阻抗与短路点距离(空闲长度)之间是一种非线性的函数关系。

1. 限定条件下的线性模拟测长

双曲线函数额特征，当 γl 很小时，

$$\operatorname{th}\gamma l \approx \gamma l$$

$$Z_\lambda = Z_0 \operatorname{th}\gamma l \approx Z_0 \gamma l$$

$$= \sqrt{G(R+\mathrm{j}\omega L)} \times \sqrt{\frac{(R+\mathrm{j}\omega L)}{G}} \times l = (R+\mathrm{j}\omega L) \times l$$

要求 γl 要小，即测试长度不能太长，道床泄漏小，同时轨道电路的频率不能太高。当轨道电路采用某一固定频率时(一般选在音频频段)为一常数，用 k 表示，则：

$$Z_\lambda = kl$$

当给轨端送一固定电流 I 时，则有：

$$U = I \times Z_\lambda = I \times kl = K \times L$$

上式就是利用音频轨道电路线性模拟测长的基本关系式。图 6-26 是将一条调车线分为两段测长区段(Ⅰ区段和Ⅱ区段)、车辆占用测长区段时，有图中的 6-26(a)、(b)两种情况。图 6-26(a)为Ⅰ区段有车占用，此时无论Ⅱ区段的测量结果如何，仅以Ⅰ区段的测量结果 l_1 作为空闲长度；图 6-26(b)为Ⅰ区段无车占用的情况。这时总空闲长度为Ⅰ区段与Ⅱ区段测量长度之和，即：

$$l = l_{1固定} + l_2$$

公式中用Ⅰ区段固定长度的目的是避免Ⅰ区段测量误差。

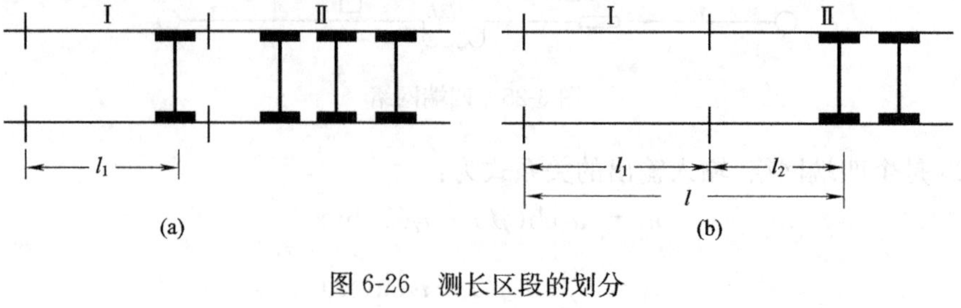

图 6-26 测长区段的划分

2. 折线逼近测长

举例：通过“阻抗—频率—长度”实现折线逼近测长。式(6-3)中，当 ω 不高时，可以忽略 C，得到

$$\begin{aligned} Z_{\lambda} &= Z_0 \cdot \mathrm{th}\gamma l \\ &= \sqrt{\frac{R+\mathrm{j}\omega l}{G}} \cdot \mathrm{th}\left(\sqrt{(R+\mathrm{j}\omega l)\times G} \times l\right) \\ &= A(l) + \mathrm{j}X(l) \end{aligned}$$

式中　$A(l)$——短路阻抗中的有功分量；

$X(l)$——短路阻抗中的电抗分量。

在测长区段始端接入一个谐振槽路。如图 6-27 所示，当车辆在测长区段的始端(0 m 处)短路时，谐振频率为：

$$\omega = \frac{1}{\sqrt{L_0 C_0}} = \omega_0$$

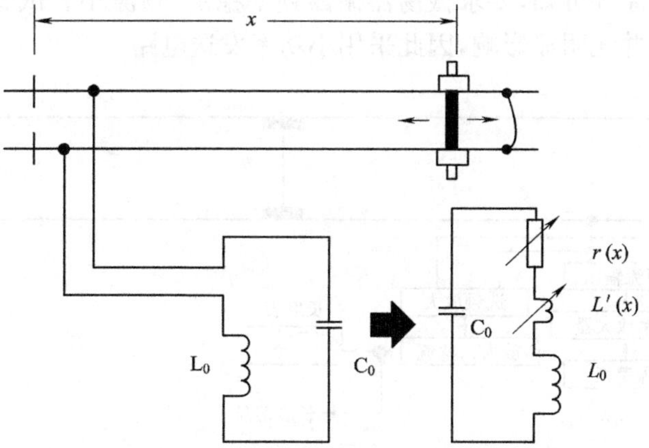

图 6-27　阻抗—频率—长度测长原理示意图

当短路点在 l 时，则有：

$$\omega = \frac{1}{\sqrt{[L_0 + L'(l)] \cdot C_0}} = \omega(l)$$

轨端接有的谐振槽路加进轨道阻抗构成信号的谐振槽路，据此得到“阻抗—频率—长度”的函数关系式。

3. 高次方程曲线逼近测长

任一条非周期性曲线都可以用一元高次方程逼近，可以建立轨道电路输入阻抗(电压)和长度之间的数学模型：

$$Y = a + bX + cX^2 + dX^3 + \cdots \tag{6-4}$$

利用上式建立的数学模型，实现“阻抗—电压—长度”测长。

从实际测试结果分析，用于测长的非线性方程最高幂取值 3 就可以满足测长的精度要求。即由下式进行测长计算：

$$L = Ka + KbV + KcV^2 + KdV^3 \tag{6-5}$$

式(6-5)反映的是信号电压与轨道电路区段空闲长度之间的关系。适当选取高次方程中各项系数,可使关系式十分逼近轨道电路的传输特性。当向测试区段始端送一恒定电流,从始端得到的是符合式(6-5)的电压,若由计算机计量轨端电压时,一般先将电压模拟量转换成数字量,并根据式(6-4)求取轨道空闲长度信息。

三、利用轨道电路参数测长设备构成

1. 音频轨道电路测长设备

音频轨道电路测长设备是一种阻抗—电压—长度的线性模拟测长设备。

设备框图如图 6-28 所示,分为发送和接收两部分。振荡器产生音频信号。为防止测长区段之间的干扰,设计选用了三种频率(225 Hz、275 Hz、325 Hz)的音频振荡器。相邻测试区段选用不同的频率。音频信号经功率放大后由恒流源输向轨道测长区段的始端。接收部分从区段始端接收正比于至短路点长度的交流电压,经选频放大,滤除杂音。将有用信号(与发送信号同频率)放大,整流成正比于短路点长度的直流电压,输出轨道空闲长度信息及动作长度表。从音频轨道电路测长原理可知,要求振荡器振荡频率稳定、频漂小。试验表明,向轨端发送功率的大小对测量精度并无明显影响,因此采用小功率发送电路。

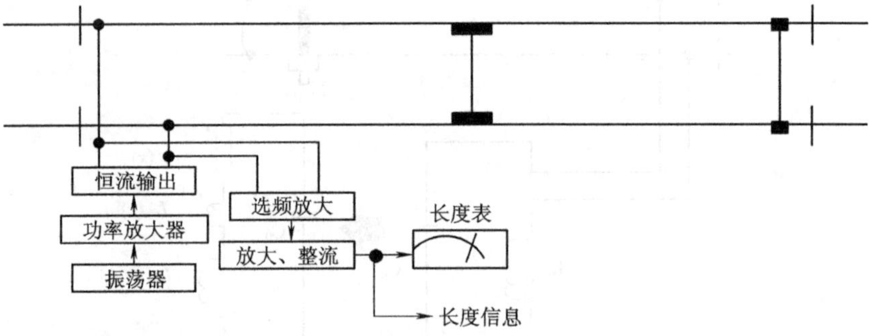

图 6-28 音频轨道电路测长设备框图

当只利用长度—电压的线性段实现测长时,区段长度一般不能超过 400 m。对于超过此长度的调车线,应按情况分段进行测量,然后将各段的测量结果做逻辑相加。多段测长设备框图在图 6-29 中给出。图中一条调车线分为两个测试区段。对于区段Ⅰ,首先要对其输出的模拟电压进行鉴幅,以判定Ⅰ区段是否空闲。例如区段Ⅰ长度为 400 m,按 1 V/100 m 的模拟系数,鉴幅电平应选在 4 V。由于测量误差的存在,为防止误判,在轨道电路区段的终端不是接短路线而是接入 2 Ω 左右的电阻(图中为 1.8 Ω),当区段无车占用时,输出电压增加到 6 V 左右,用 4 V 的鉴幅电平就能正确地鉴别区段是否空闲。各区段输出的模拟电压按照逻辑关系进行相加。

2. 工频轨道电路微机测长

这是阻抗—电压—长度测长方式。采用高次方程曲线逼近的计算方法。任一条非周期性曲线都可以用下列一元高次方程逼近,V 幂指数越高,方程所描述的曲线便越接近实际曲线。当测试区段始端送一恒定电流,利用下式建立轨道电路输入阻抗(电压)和长度之间的数学模型为

$$L = K_a + K_b V + K_c V^2 + K_d V^3$$

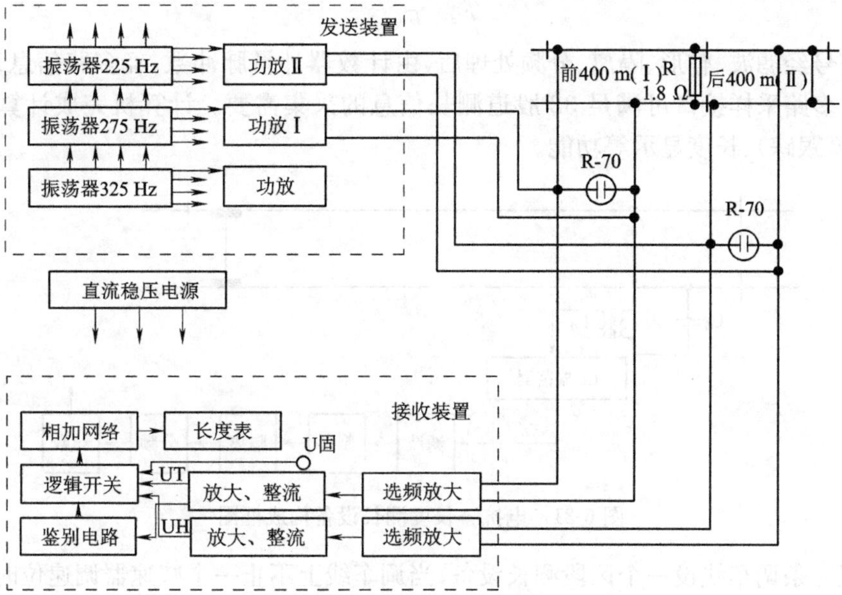

图 6-29　多段测长设备框图

利用上式实现"阻抗—电压—长度"测长。具体步骤可分两步进行：

首先在同一股道，等距离地取 N 个采样点，(要求 $N\geqslant4$)，用模拟轮对短路轨道电路，记下采样的长度值和从智能终端上读取对应长度点的电压值 V。

下一步将它们输入计算机，由计算机用数理统计的方法，求出系数 K_a、K_b、K_c、K_d，计算机实时地扫描轨道电路输入电压，代入公式进行计算，就可得出股道空闲长度。

可以实现一条调车线全线一段轨道电路区段测长(无需分段测长逻辑相加)。除微机外，测长设备分室外室内接口及微机接口几部分。工频微机测长设备结构框图如图 6-30 所示。

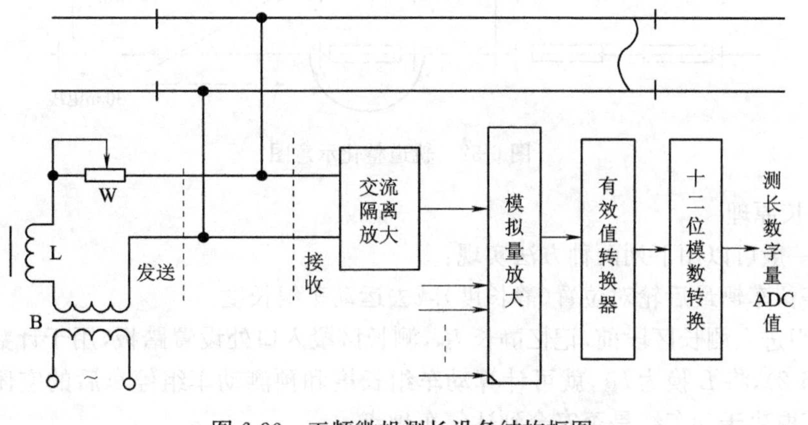

图 6-30　工频微机测长设备结构框图

3. 电抗—长度微机测长设备

测长器除微机外，包括与轨道连接的 LC 槽路、频率变换器(LC 振荡器、整形器、分频器等)、计数电路、多路信息采样接口等，图 6-31 给出了其原理结构框图。振荡器的振荡频率，与短路点的长度 l 存在的关系

$$f = F(l)$$

振荡信号经滤波、整形、隔离、分频处理后，由计数器计量脉冲数，经多路信息采样接口输入计算机。多路采样接口可满足 32 股道测长信息的采集需要。计算机完成计算长度、速度（长度—速度跟踪）、长度显示等功能。

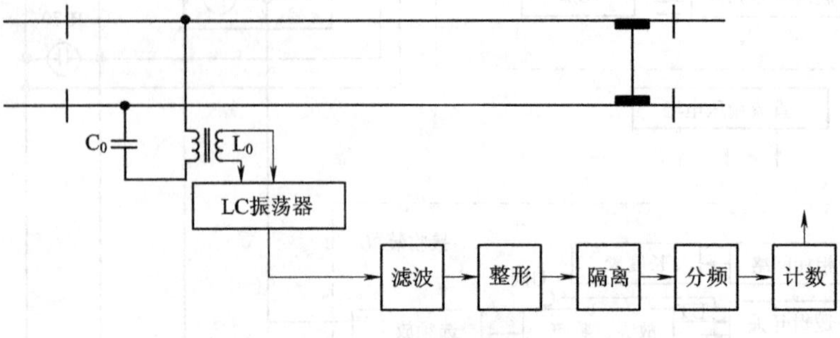

图 6-31　电抗—长度测长设备构成框图

为实现一条调车线设一个区段测长设备，当调车线上不止一个减速器调速位时，例如在调车线上有两个减速器调速位Ⅲ和Ⅳ。为了控制的需要，减速器区段一般都装有轨道电路，这时测长轨道区段将被切割，亦称对股道进行整化，如图 6-32。Ⅳ部位的长度视其有否车辆占用，由计算机逻辑判定测长输出。当Ⅳ部位空闲时，用测长结果作为测长输出。当Ⅳ部位有车占用时，分两种情况：当实测值大于Ⅲ、Ⅳ部位距离加上Ⅳ部位长度时，测长输出取Ⅲ、Ⅳ部位的间距，否则取测量值。

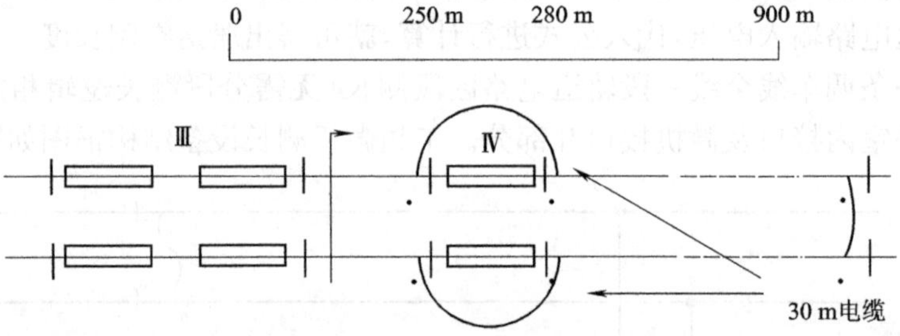

图 6-32　轨道整化示意图

4. 动测长原理

动测长一般可以用下列两种方法实现：

(1)用停留车辆最后轮对位置(静长度)减去运动车组长度。

在动车组进入测长区段前，记忆静长 $l_{静}$，测长区段入口处设置踏板，用于计数动车组的轴数，利用式(6-2)，将 L 换为 $l_{静}$，就可计算动车组长度和预测动车组停车后的空闲长度。如前述，测长精度取决于动车组是否安全到达停车地点。

(2)利用溜放运动方程计算动长

变换溜放运动方程：

$$v_{出} = \sqrt{V_{允}^2 - 2g'l(i-\omega)10^{-3}}$$

$$l = \frac{V_{出}^2\ V_{允}^2}{2g'(\omega - i)10^{-3}} = \frac{V_{出}^2 - V_{允}^2}{2a}$$

可以通过连续取测试长度的办法求动车组溜放加速度 a，读测速器输出的 $V_{出}$，由计算机计算动长。

从上面列举的两种方法不难看出，为了实现测动长，除了要有静测长设备外，一般还需要计轴器、动车长换算、记忆静长、判断测长区段是否有动车组、计算动长等装置。当由计算机完成测动长的有关功能时，可以比较容易地解决误差积累的问题。

复习思考题

1. 说明电磁踏板的种类和工作原理。
2. 说明压磁重力传感器结构和工作原理。
3. 说明踏板测阻的工作原理。
4. 测重的作用是什么？
5. 画出计算机处理测重信息的结构框图并说明实现测重的原理。
6. 测速设备应满足的技术要求是什么？
7. 说明多普勒雷达测速原理？
8. 计算机是如何处理多普勒信号实现测速的？
9. 什么是静测长？什么是动测长？
10. 说明音频轨道电路测长设备构成和工作原理？
11. 说明工频轨道电路微机测长设备构成和工作原理？
12. 说明电抗—长度微机测长设备构成和工作原理？

第七章　驼峰调车自动控制系统

速度控制系统是编组站综合自动化系统的子系统，可将速度控制系统分为推送速度控制、溜放间隔速度控制、溜放目的速度控制三个子系统，本章介绍系统的结构和工作原理，此外，还介绍了编组站综合集成自动化 CIPS 系统。

第一节　自动控制系统结构设计及溜放追踪

驼峰调车场调车过程自动控制是一个具有相当规模的实时控制系统。开发这样一个大的计算机控制系统，首先遇到的是系统结构设计的问题，主要有：采用集中控制还是分布式控制；分布式系统的网络结构形式；计算机通信规程的选择等。调车场自动化系统主要实现溜放进路控制、推送速度控制、溜放速度控制、峰尾集中联锁及平面溜放控制等项。我国目前的做法是将峰尾部分从系统中独立出来，随着调车场自动化程度的提高，驼峰信号控制及其他调车进路控制也将逐步纳入到自动化控制系统中。驼峰调车溜放进路及速度控制离不开对解体车辆的溜放追踪，在分别讨论进路控制和速度控制时我们把溜放追踪的有关技术问题放在一节中讨论。

一、系统结构设计的有关问题

由计算机参与控制的驼峰调车溜放进路及速度控制系统可以由一台大型计算机集中控制（集中系统），也可以由多台小型（微型）计算机分别控制（分布式系统）。图 7-1 是一个集中控制系统的结构实例，系统主要完成三个子项的控制：

(1)溜放进路控制；

(2)溜放速度控制；

(3)推送速度控制(预留)。

其中系统控制的重点为溜放速度。集中式的信息系统，是指信息的存储、控制、管理和处理都相对集中的系统。在集中式中，又可分为简单集中式和复合集中式。

简单集中式是指信息的存储、控制、管理和处理完全集中于一处的系统。简单集中式是信息系统发展初期的一种信息模式。随着计算机和信息技术的发展，这种模式暴露了许多缺点和问题，这种模式往往需要庞大的主机，一旦主机出现故障就影响全局造成很大损失，因此可靠性差。该模式要在一个处理中心完成多种不同的作业和任务，造成系统无效开销较大，系统响应也不会很及时。一旦信息源距处理中心很远，需要增加传输信息的费用。

复合集中式与简单集中式一样，其模式如图 7-1 所示 ，这种模式与简单集中式相比，可以较大地提高系统的可靠性，一旦某个处理中心出现故障，有些不允许中断的信息处理可以转到其他中心处理。当然这样会相应增加系统的总投资。其他简单集中式的问题在复合集中式中依然存在。

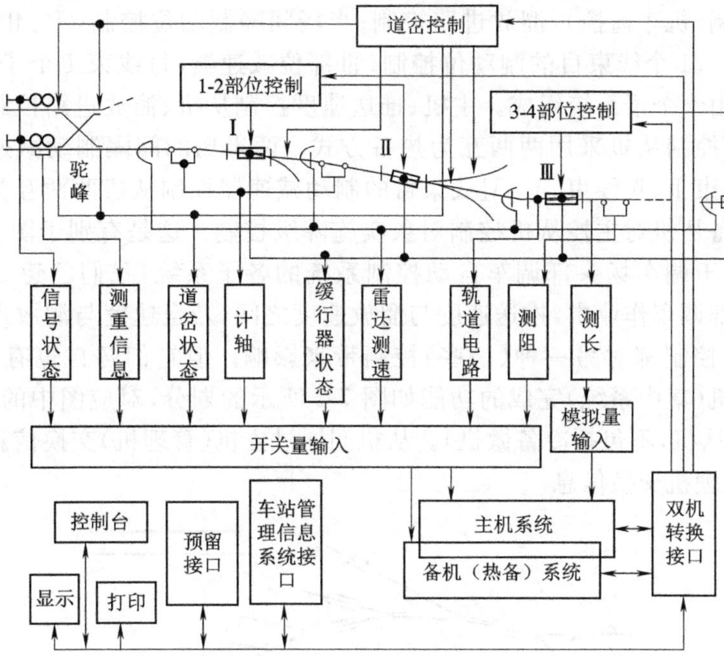

图 7-1　编组站集中控制系统

分布式是指整个系统根据信息存储和处理的需要，将目标和任务事先按一定方式分散给各个子系统，而各个子系统往往都由各自的处理设备来控制和管理，各子系统之间可以有信息交换和总体协调的一种方式。在该方式中，所有的信息处理在系统中可以处于平等地位，也可以有上上下下的主从关系。根据信息处理的不同关系，分布式可以分为平等式、分级式和混合式。

平等分布式：是指在信息处理网络中，各信息处理点之间关系是平等的，不存在上下级或主从依附关系。

分级分布式：是指信息处理点之间存在着较明确的层次关系。通过由最下级执行数据的采集功能；中间级执行数据的加工及业务控制管理功能；最高层则根据下级提供的信息，执行综合处理的功能，进行辅助管理决策。分级分布式系统信息模式兼有集中式和分散式的优点，特别是它具有结构简单的优点。但它也有明显的缺点：一是横向的信息传送必须经高层进行转发；二是高层处理设备出现故障会对系统产生严重影响，使整个系统失去控制；三是如果某条传输线路发生故障，就会使某些部门与系统失去联系。对于有些要求可靠性较高的系统，该方式难以满足实际的需要。为解决高可靠性要求的问题，可以采用双向分级分布的信息模式。在这种模式中，当某一套系统出现问题时，可以马上将原来在其上的处理任务切换到另一套系统上。这样就能保证达到很高的可靠性。但这种方式要增加系统的数目，通信线路亦会成倍增加，系统成本将增加不少。因此，只是在可靠性要求很高的情况下才宜采用。

图 7-2 和图 7-3 分别给出两个分布式系统的实例。图 7-2 系统按控制内容和地理区域划分子系统，每个子系统由一台微机控制。各微机（控制机）之间的信息交换以及控制机与控制台、控制机与编组站信息处理系统等的信息交换通过管理计算机（主机）进行。子系统

计有:推送速度控制(机车遥控);溜放进路控制;半场间隔制动位控制(Ⅰ、Ⅱ部位减速器,每半场1个子系统);1个线束目的制动位控制(Ⅲ部位减速器,每线束1个子系统)。该站有6个线束,系统由十个子系统组成。主机、推送速度控制从机、溜放进路控制从机采用双机冷备。溜放速度控制从机采用两两互为热备方式。两半场的间隔制动减速器控制从机互为热备;Ⅰ、Ⅱ线束Ⅲ、Ⅳ线束、Ⅴ、Ⅵ线束目的制动减速器控制从机两两互为热备。当主控从机故障,由热备从机对主控从机控制对象实施降级控制。这是有别于图7-1中实例的双机热备之处。对于调车场头部调车自动控制系统的各子系统,我们已建立起这样的概念,就是在驼峰头部调车作业中,推送速度与溜放速度之间,乃至速度与溜放进路之间存在有机联系。每一类控制都对另一种(一些)控制带来影响。但它们各自也有相对独立性。以此为依据,将单机(集中系统)完成的功能如图7-2所示的划分,对应图中的站场,共使用10台微机(图中的从机,不包括冷备微机)。从机间通过主机(管理机)交换信息。主机还负责与编组站信息处理机交换信息。

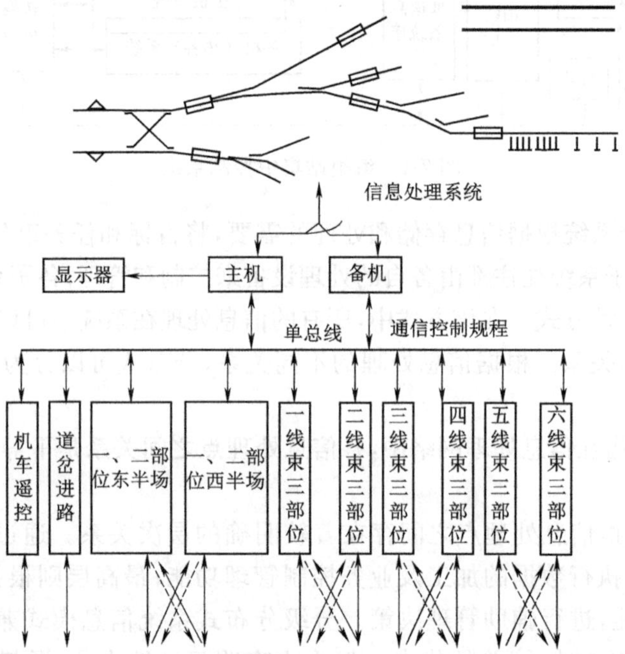

图7-2 编组站分布式控制系统实例一

图7-3的实例也是一种分布式系统。主机为双机热备。它除了管理各从机的工作外,还参与逻辑运算,将控制命令输送给控制器(从机)。按控制内容和地理位置设置40个单片机控制器。站场有4个线束,23条调车线。溜放速度控制采用点式调速方案,咽喉区设置两个减速器间隔制动位,调车线设置两个减速器目的制动位。40个单片机分别承担有关的控制和信息处理。计有:溜放进路控制(5个控制器,按地域划分控制道岔范围);溜放速度控制(29个减速器控制器,按地域划分控制的减速器);推送速度及驼峰信号控制等(两个控制器,每个峰一个);测长信息处理单片机(每线束一个,共4个)。

由于分布式系统存在下面列举的诸多优点。在计算机参与控制的大型系统中被广泛采用。

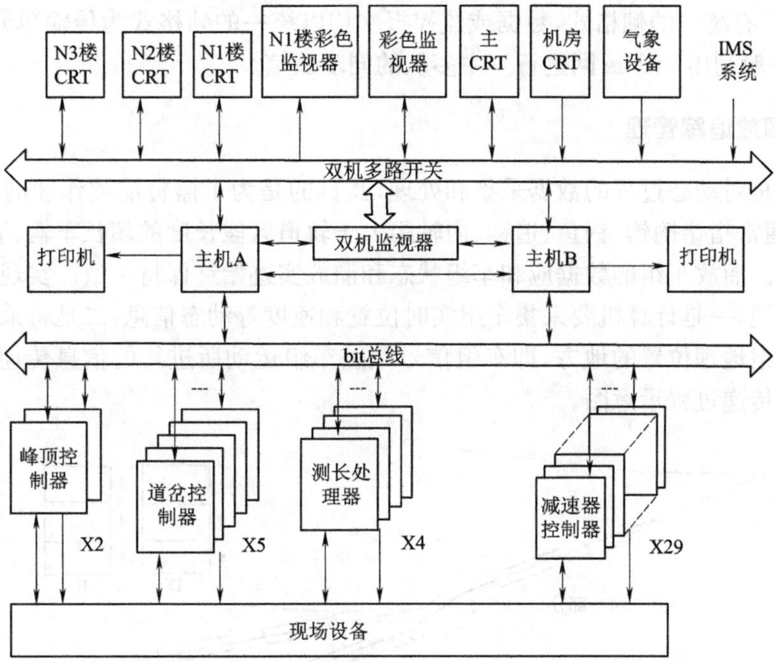

图 7-3　编组站分布式控制系统实例二

分布式系统与集中式系统相比主要有以下优点：

(1)合理地划分一台微机完成的功能，使系统各微机之间相对独立(有尽可能少的联系)，这样，一台微机(包括通道、接口等)故障或失效，只影响局部；

(2)系统多机并行工作，对实时控制系统可提高实时性，使响应速度加快；

(3)单机完成指定的局部功能，降低软件设计的复杂性；

(4)易于实现对可靠性、安全性要求高的部分采用局部冗余技术；

(5)具有积木化的分布式系统，便于系统扩充、裁减和重组，还便于实现硬件单元的标准化。

此外，分布式系统能够降低成本和便于检测、诊断、维修。

当确定采用分布式系统后，系统的网络结构也是在系统设计时必须考虑的问题。主机(管理机或管理处理机)与从机(控制机或前置处理机)之间，各从机之间的网络结构形式主要有：星形结构、环形结构、树形结构、总线型结构等几种。选择哪种结构，主要应从系统特点和要求出发来考虑。希望系统具有更好的有效性、可靠性及灵活性、较短的响应时间等。

驼峰调车场调车自动化控制系统是工业过程实时控制系统，按功能划分的各从机之间信息交换不十分频繁，而从机与主机之间则有较多的信息交换。从机间可以通过主机进行信息交换。按此特点，总线型结构得到广泛的采用。图 7-2 和图 7-3 给出的两个实例就是机间采用总线型的通信结构。

确定系统的通信规程也是在系统设计时要做的主要工作之一。按一些国家和国际组织提出的多种计算机网络通信规程分类，一般可分为两大类：面向字符的通信控制规程和面向比特的通信控制规程。例如：ISO 的基本型传输控制规程和 IBM 公司的二进制同步传输控制规程(BSC)是面向字符型的规程；ISO 的高级数据链路控制规程(HDLC)和 IBM 公司的数据链路控制规程(SDLC)是面向比特的规程。目前我国编组站采用的通信规程主要是 HDLC 和

SDLC。HDLC 有统一的帧格式，数据或监控报文均以统一的帧格式为传输单元，传输是很方便的；SDLC 一般利用 bitbus 网进行一主多从的同步通信。

二、车组溜放追踪管理

溜放追踪是对动态过程的数据采集和处理，其目的是为了监督溜放作业的正常进行和发现溜放异常(通常指错摘钩、钓鱼、追钩、内轴距大于轨道区段长度的超长车辆、溜错股道等)作出相应的处理。溜放车组的数据应和车组状态和溜放实迹始终保持一致。实现溜放追踪管理要解决两个问题，一是计算机要采集车组实时位置和速度等动态信息，二是将采集的各有关数据放入对应车组地理位置的地方，即车组信号跟踪车组运动所进行的信息传递。图 7-4 是车组数据表首址传递过程示意图。

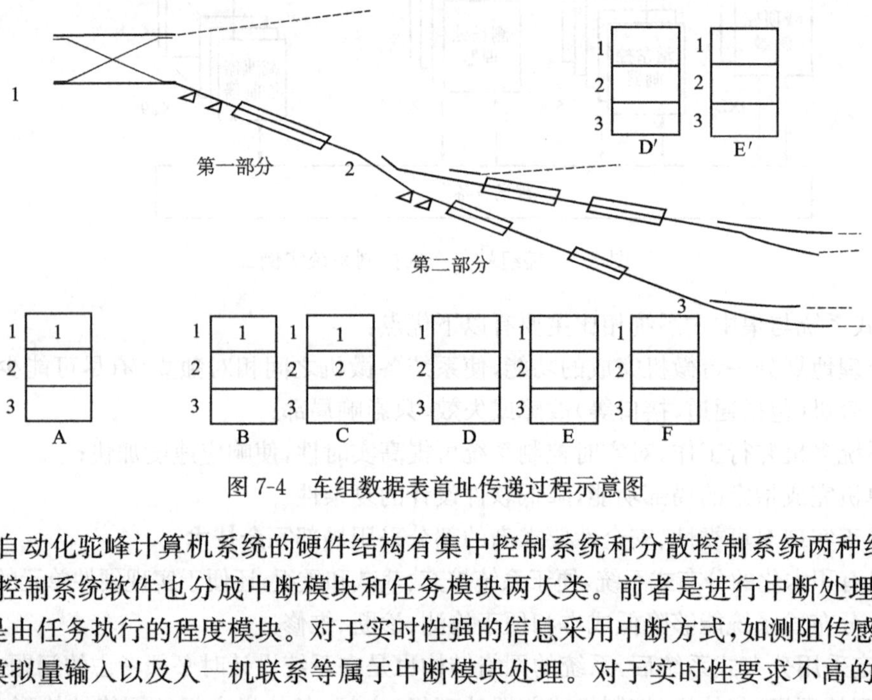

图 7-4 车组数据表首址传递过程示意图

由于自动化驼峰计算机系统的硬件结构有集中控制系统和分散控制系统两种结构，所以驼峰实时控制系统软件也分成中断模块和任务模块两大类。前者是进行中断处理的程度模块，后者是由任务执行的程度模块。对于实时性强的信息采用中断方式，如测阻传感器的开关量输入、模拟量输入以及人—机联系等属于中断模块处理。对于实时性要求不高的信息归任务模块来处理。

在驼峰实时控制系统中，划分任务有两种方法：其一是将每一个溜放的车组作为一个任务；其二是按照每一个车组向前运动的过程来划分任务。第二种划分任务的方法是按照车组从峰顶向前运动的过程来划分任务。车组到了某一个区段就产生相应的任务，完成了预定功能就消去该任务。

如图 7-5 和图 7-6 所示，车组运动有：

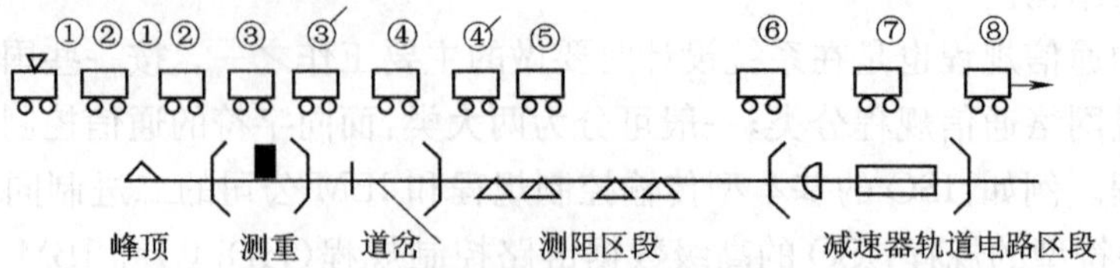

图 7-5 车组数据表任务执行示意图

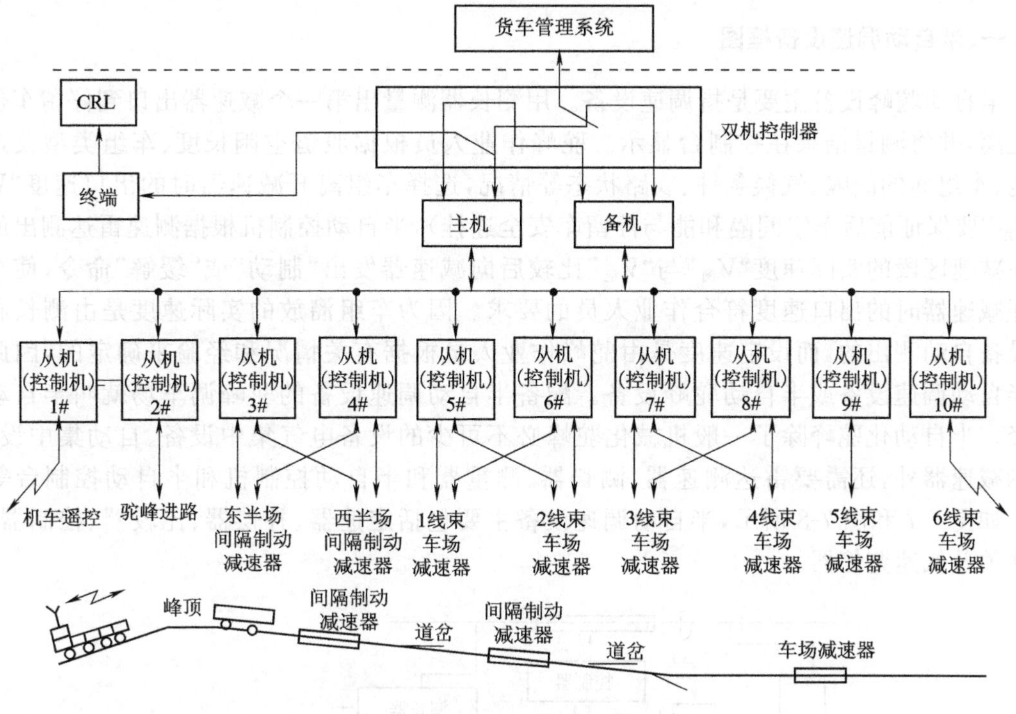

图 7-6 控制系统各个过程关系框图

(1)进、出测重区段；
(2)进、出头部分歧道岔区段；
(3)第一部位减速器区段；
(4)第二部位减速器区段；
(5)线束道岔区段；
(6)第三部位减速器区段；
(7)第四部位减速器区段；
(8)测阻传感器区段。

对上述各区段划分为相应的任务如进入测重任务，出清测重任务等。这种划分任务的优点是使任务与程序模块一一对应。由于程序模块功能单一，程序短，使执行任务的时间短，可提高计算机的利用率。

第二节 溜放速度半自动控制设备

所谓半自动调速是指在测速、测长测重设备的配合下，人工给定期望的减速器出口速度，由半自动控制机控制减速器对溜放车组调速，使其以期望的出口速度离开减速器。这种方法主要用于间隔调速和目的调速。所使用的调速工具是重力式，非重力式减速器。

我国的半自动调速控制设备经历了继电器、电子管、晶体管、计算机的发展过程。其技术性能不断完善，功能得到扩充。我们仅从设备的基本构成和实现的途径以及工作原理几方面展开讨论。

一、半自动调速设备框图

半自动驼峰设备主要是指调速设备。用测长器测量出第一个减速器出口到停留车位置的距离，并将测量结果在控制台显示。驼峰作业人员根据股道空闲长度、车组类型及走行性能、车组间的间隔、气候条件、线路状态等情况，选择车组离开减速器时的出口速度“$V_{定}$”（“$V_{定}$”要保证前后车组间隔和能与停留车安全连挂），半自动控制机根据测速雷达测出的车组在减速区段的实际速度“$V_{测}$”与“$V_{定}$”比较后向减速器发出“制动”或“缓解”命令，使车组离开减速器时的出口速度符合作业人员的要求。因为车组溜放的实际速度是由测长和测速设备自动测出的，而设定速度是由驼峰作业人员根据有关情况和经验来确定的，因此称为半自动调速设备或半自动驼峰设备。配备半自动调速设备的驼峰调车场就叫半自动化驼峰。半自动化驼峰除了一般机械化驼峰必不可少的设备电气集中设备、自动集中设备、车辆减速器外，还需要雷达测速器、测长器、测重器和半自动控制机和半自动控制台等设备。如图 7-7 和图 7-8 所示，半自动调速设备主要包括定速器、补偿器、比较器、控制器、轨道开关及低速鉴停器。

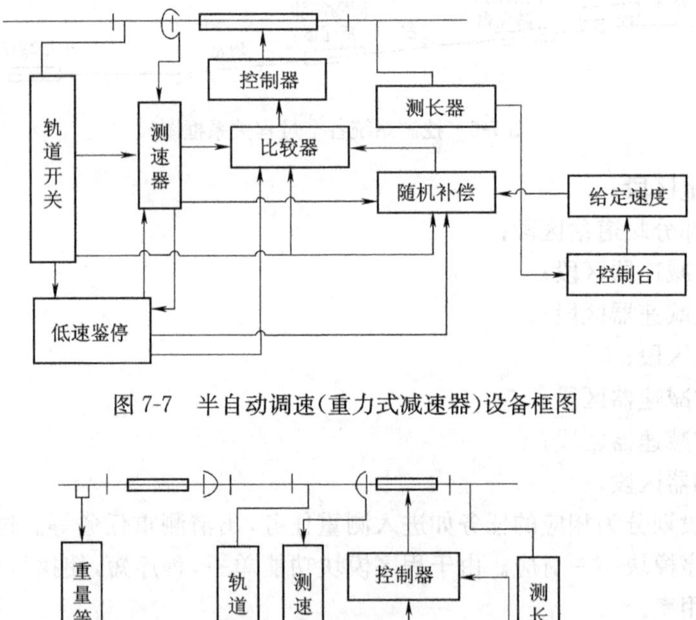

图 7-7 半自动调速（重力式减速器）设备框图

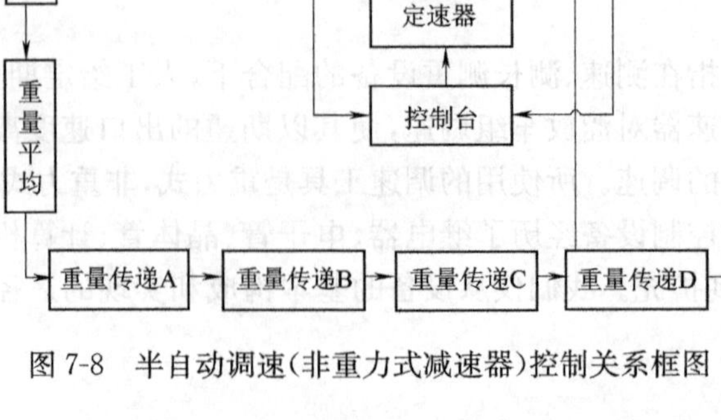

图 7-8 半自动调速（非重力式减速器）控制关系框图

作业员通过测长设备的长度表提供的调车线空闲长度信息，目测车组的走行阻力，决定车组的期望出口速度，并通过控制台上的定速按钮给定出口速度，由定速器将作业员的操作转变为模拟定速的电量，例如模拟电压。测速器将溜放车组在减速器区段的实际走行速度亦以相同的模拟电量提供。在比较器中将给定速度模拟电压 $V_{定}$ 和实测速度模拟电压 $V_{测}$ 进行比较，并用比较结果自动控制减速器对车组进行调速。当：

$V_{定} < V_{测}$ 时，控制减速器制动；

$V_{定} \geq V_{测}$ 时，控制减速器缓解。

图 7-8 给出控制非重力式减速器的半自动调速控制关系框图。

当调速工具是非重力式减速器时，为了控制减速器的制动力等级，需要增设测重设备。将测量的车组平均重量等级信息送入控制器参与控制。

在图 7-7 和图 7-8 中，减速器区段均设有轨道电路，它是半自动调速设备的轨道开关。设备只有在调速部位有车占用时，才能发出制动或缓解的控制命令。

为了提高设备的控制精度及增加设备的工作稳定度，半自动调速设备还考虑了克服减速器机械惯性的补偿等措施。此外，对于调车线上的调速位，当有车辆停留在调速位，或车辆的走行速度已小于安全连挂速度时，亦要使设备及时关机，故设置了低速鉴停开关。

以控制重力式减速器的目的半自动调速设备为例，完整的设备框图如图 7-9 所示。

我们将对照图 7-9，一一介绍定速器、补偿器、比较器、控制器、轨道开关及低速鉴停器的工作原理。与半自动控制机配套使用的雷达测速器、测长器、压磁测重器已在第六章中讨论，这里不再重复。

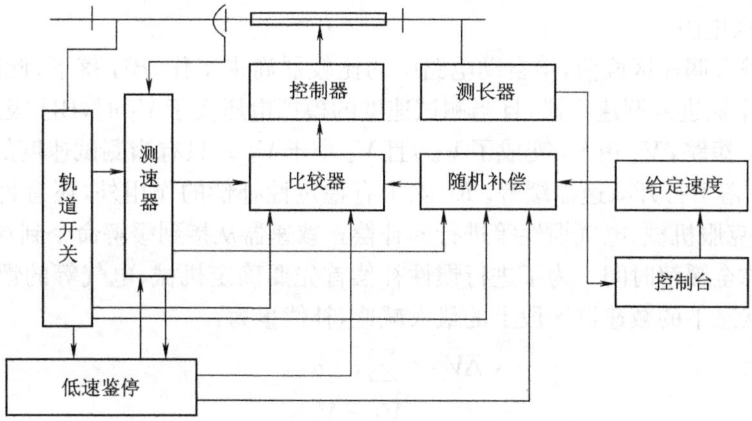

图 7-9　半自动调速（重力式减速器）设备框图

二、设备工作原理

图 7-9 所示的半自动速度控制设备包括用模拟量表征速度的雷达测速器、半自动控制电路的车辆减速器（它与测长器配套使用，期望出口速度由作业员凭经验人工给定）。我们用图 7-9中的半自动控制环节说明实现半自动控制的原理。这些环节的功能可以用电子或继电电路实现，亦可以由计算机完成。

1. 定速器

图 7-10 是定速器电路。定速器功能是将作业员通过按压按钮的动作表述期望的出口速

度，通过电子电路转换成速度信息。每个减速器部位对应 10 个定速等级，设置 10 个定速继电器(1SJ 到 10SJ)。为了减少控制台上定速按钮的数量，每个部位公用十个定速按钮，并用股道继电器来区分给哪股道设置定速。

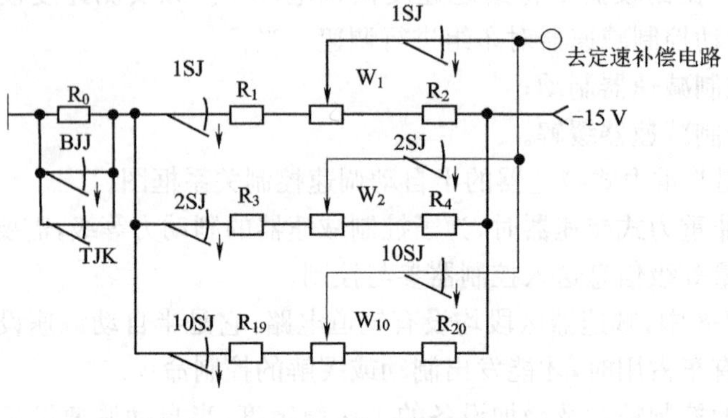

图 7-10　定速器电路

如图 7-10 所示，R_0 的接入与否将使定速器输出的模拟电压发生变化，当 R_0 接入分压器时，输出为 V_1；R_0 未接入分压器时，输出为 V_2。

$V_{测} > V_{定}$ → BJJ↑ → 减速器制动；

$V_{测} \leqslant V_{定}$ → BJJ↓ → 减速器缓解。

当测试速度速度的模拟电压大于定速器输出的模拟电压时，BJJ 吸起闭合，减速器制动；当测试速度的模拟电压小于等于定速器输出的模拟电压时，BJJ 落下打开减速器缓解。电阻 R_0 是稳定性补偿电阻。

在车辆未进入调速区段前，半自动电路中的比较器尚未工作，BJJ 落下，此时 R_0 接入分压器，$V_{定} = V_1$，车辆进入调速区段，且当测试速度的模拟电压大于 V_1 时，BJJ 吸起闭合，减速器制动；此时将 R_0 短路，$V_{定}$ 由 V_1 变成了 V_2，且 V_2 小于 V_1。只有当测试速度的模拟电压小于等于 V_2 时，BJJ 落下打开减速器缓解。R_0 除了有稳定性补偿的作用外，还有另一类性质的补偿，这就是为了克服机械、电气惯性等进行的补偿。减速器从接到缓解命令到对车辆完全失去制动力的时间称全缓解时间。为了进行惯性补偿首先要确定机械、电气等的惯性时间之和车辆在处于制动状态下的减速器区段上的最大减速，补偿量为：

$$\Delta V = \sum t \cdot a_{\max}$$

$$a = \frac{V_1 - V_2}{\Delta t}$$

$$\Delta u = \frac{u_2 - u_3}{\tau_3 - \tau_2} \cdot \sum t$$

因为 τ_2，τ_3 及 $\sum t$ 都是常数，所以有：

$$\Delta u = k(u_2 - u_3)$$

式中　$\sum t$ ——机械、电气等的惯性时间之和；

a ——减速度；

τ_2，τ_3 ——第二路和第三路的时间常数。

如图 7-11 所示，斩波器将两路输出电压差值转换成电流电压。经隔直流电容器与地隔离，按放大倍数要求将交流电压放大，由倍频整流器整流，整流后的直流通过分压器与定速电压相加，作为定速电压输出。图 7-12 给出了分压器电原理图，图中的电位器 W 用于输出微调。

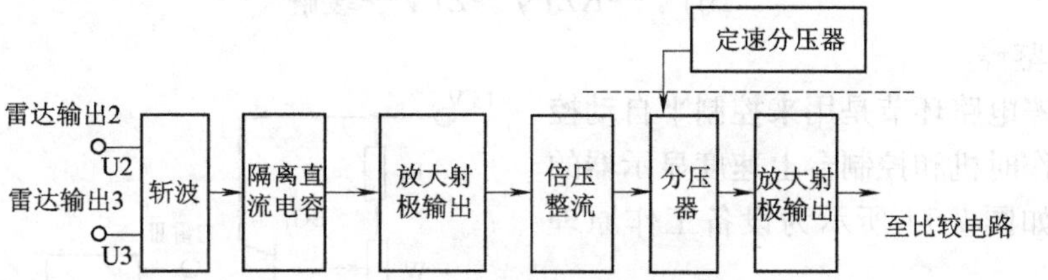

图 7-11　定速补偿电路原理框图

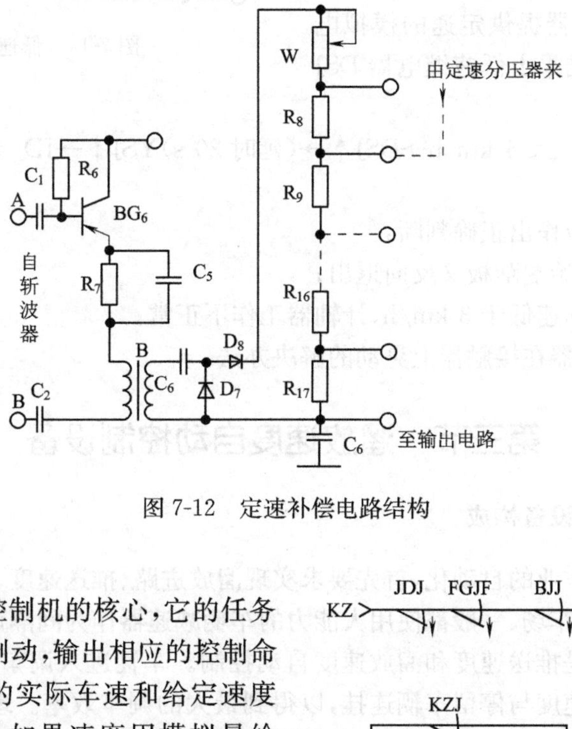

图 7-12　定速补偿电路结构

2. 比较环节

比较器是半自动控制机的核心，它的任务是判断减速器是否要制动，输出相应的控制命令。比较器完成测试的实际车速和给定速度的比较，并记录比较。如果速度用模拟量给出，如前面所述的由频率计输出测试速度的模拟电压，由定速器输出的定速模拟电压。这时比较器用于对两个电压的比较。控制减速器的制动与缓解过程如下：

$$V_{测} > V_{定} \rightarrow \mathrm{BJJ}\uparrow$$

$$V_{测} \leqslant V_{定} \rightarrow \mathrm{BJJ}\downarrow$$

3. 控制器

控制器直接控制减速器的制动和缓解，即给减速器下制动或缓解命令。如图 7-13 所示，控制电路根据 BJJ 的状态工作。它是由简

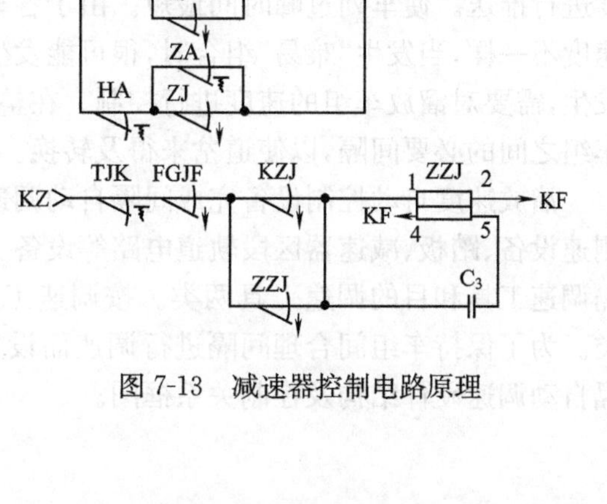

图 7-13　减速器控制电路原理

单的继电器组成。由 BJJ 的动作控制 KZJ，由 KZJ 的动作制动继电器 ZJ，由 ZJ 控制减速器的制动与缓解。即：

$$BJJ\uparrow \rightarrow KZJ\uparrow \rightarrow ZJ\uparrow \rightarrow \text{制动}$$

$$BJJ\downarrow \rightarrow KZJ\downarrow \rightarrow ZJ\downarrow \rightarrow \text{缓解}$$

4. 低速鉴停

低速鉴停电路环节是用来控制半自动控制系统的工作时机和控制台上速度显示器的显示时机。如图 7-14 所示为设备工作原理电路。

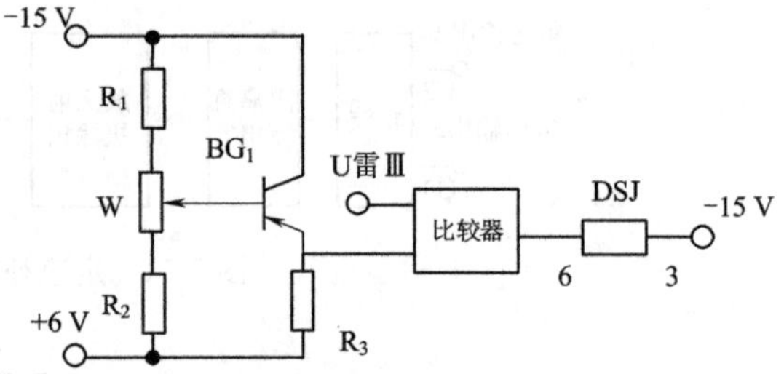

图 7-14 低速鉴停电路

鉴停关机电路应由低速鉴别电路和低速计时电路组成。代表车速的 $U_{雷}$ 接至比较器的反向端，由射极输出器提供定速的模拟电压接至正向端。比较结果由低速继电器 DSJ 的状态表示：

$$V_{实}\leqslant 4\ \text{km/h}\rightarrow DSJ\uparrow \rightarrow (\text{延时 } 20\ \text{s})YSJ\uparrow \rightarrow JDJ\uparrow$$

下达关机命令。

在下列三种情况应作出正确判断：

①调车：车列进入始端踏板又反向退出；

②采用无源踏板车速低于 3 km/h，计轴器工作不正常；

③人为干扰，用铁器在接触器上晃动的解决办法。

第三节　溜放速度自动控制设备

一、间隔调速硬件设备构成

为了实现调车场作业的自动化，首先要求实现溜放进路、推送速度、溜放速度的自动控制。目前在大、中型驼峰调车场、一般都使用大能力的车辆减速器作为间隔调速工具。驼峰调车场调车场自动化的核心是推送速度和溜放速度自动控制。车辆进入调车线后，应溜放到停车地点停车或以安全连挂速度与停留车辆连挂，以得到最大的调车效率。理想的推送速度应是能够根据车组的情况进行变速推送。这样，在保证车组在加速坡能拉开距离，以使峰下第一调速部位前的分路道岔来得及转换并为后面的调速创造有利条件的前提下，以允许的最大推送速度进行推送。使车列过峰时间最短。由于各车组重量和走行性能的差异，使得各自溜放的加速度不一样，当发生“难易”组合时，很可能发生“追钩”造成车组的相撞。为了防止类似现象的发生，需要对溜放车组的速度进行控制。在整个驼峰头部咽喉区的溜放线路上，都应保持相邻车组之间的必要间隔，以使道岔来得及转换。为此目的而进行的调速就是间隔调速。

溜放速度自动控制设备完成间隔自动调速和目的自动调速。其包括控制微机、测重设备、测速设备、踏板、减速器区段轨道电路等设备。按调速工具的作用不同，可将调速工具分成间隔调速工具和目的调速工具两类。按调速工具作用范围可将调速工具分为点式和连续式两类。为了保持车组间合理间隔进行调速而设置的调速工具称为间隔调速工具。图 7-15 是间隔自动调速硬件结构及控制关系框图。

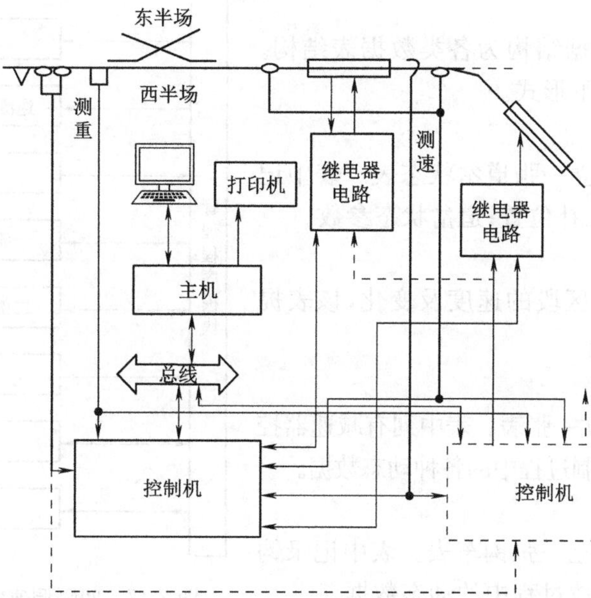

图 7-15　间隔自动调速硬件结构及控制关系框图

二、间隔调速软件结构及功能

系统软件主要包括管理软件和应用软件两大部分。管理软件可以是由计算机设计生产部门提供的操作系统，也可以由用户自行编制。

1. 软件系统结构

图 7-16 是控制系统机柜，其中的系统软件主要完成信息采集（测重、测速、轨道电路等）、溜放追踪、信息处理、期望出口速度计算或判定、减速器控制等功能。系统由一些功能相对独立的程序模块组成。如图 7-17 所示，操作系统或管理程序模块完成对应用程序模块的管理，其他八个模块包括系统初始化，巡测轨道电路和车组追踪，车组重量采集，一、二部位计算出口速度程序，巡测雷达程序，控制减速器程序，通信处理程序等。

图 7-16　控制系统机柜

2. 数据结构

系统软件采用的数据结构为各类数据表结构。设置的数据表主要有以下形式。

(1)道岔状态表

对应每一个道岔建立一张道岔状态表。表中记录道岔特征参数;道岔拓扑位置;道岔状态参数。

(2)速度表

记录车组在减速器区段的速度及变化,该表提供车组的实际速度。

(3)减速器控制表

对应每台减速器建立一张表。表中列有减速器控制的各种参数;对车组控制过程中的各种动态数据。

(4)钩车数据表

对应每一个钩车建立一张钩车表。表中记录钩车的各种特征数据和溜放过程中的动态数据。

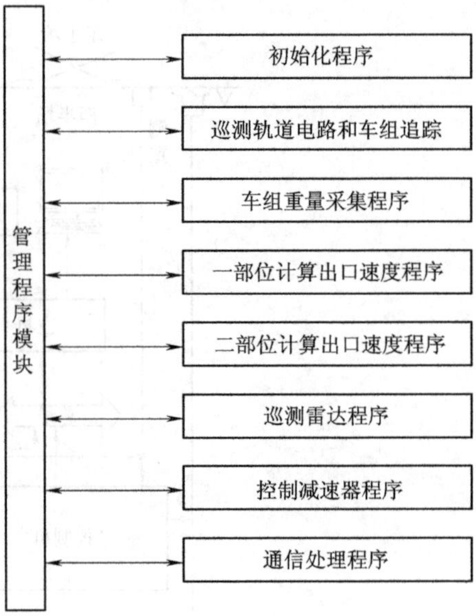

图 7-17 间隔调速软件系统结构实例

三、目的调速硬件设备构成

溜放的车组进入调车线越过警冲标后,为使车组溜行至停车点停车或与停留车以安全连接速度连挂而进行的调速称为目的调速。

车组的长度:车组越长,推送速度就可以越高。

车组溜放距离:溜放距离越远的车组要求以较高的速度推送。

相邻车组分歧道岔的位置:相邻车组分歧道岔地点近,在较短的线路区段保持车组间隔比较容易,因此可以适当提高推送速度。

相邻车组走行性能的差异:“难易”组合,要求的推送速度低,“易难”组合,推送速度可以高些。

为了使车组以安全连挂速度与停留车辆连挂,或在预定地点停车,对车组进行调速而设置的调速工具,称为目的调速工具。外力式车辆减速器是一种用压缩空气产生制动力的减速器。但减速器动力的压缩空气减速器处于缓解状态。此时,制动夹板之间的距离大于车轮的厚度,车辆通过减速器时,减速器对车辆不起作用;需要制动时,通过控制设备使压缩空气产生作用,使制动梁相互趋近直至两制动夹板之间的距离小于车轮的厚度为止,当由车辆使入减速器区段时,制动夹板对车轮产生挤压力,由摩擦产生热,消耗车辆的动能而起到制动作用。国内使用的非钳夹式调速工具主要有减速顶、缆索牵引加速小车。

图 7-18 是目的调速硬件系统组成及控制关系框图。输入微机的开关量主要有:踏板信号、轨道继电器状态、减速器状态等。输入微机的脉冲信号主要有:测速器输出的多普勒脉冲、测长器输出的长度脉冲、微机输出减速器控制的制动或缓解数字量命令。

四、目的调速软件结构及功能

1. 软件系统结构

目的调速自动控制软件系统也有管理和应用两部分软件组成,如图 7-19 所示。在减速器打靶区域内,微机根据运动方程计算出口速度;当车组溜放距离大于打靶区段时,出口速度计算除依据运动方程中的溜放阻力外，还要考虑减速顶对不同车辆产生的最大能高这个因素。减速顶的制动能高与车辆的重量有关，因此要将车组重量信息考虑进去。

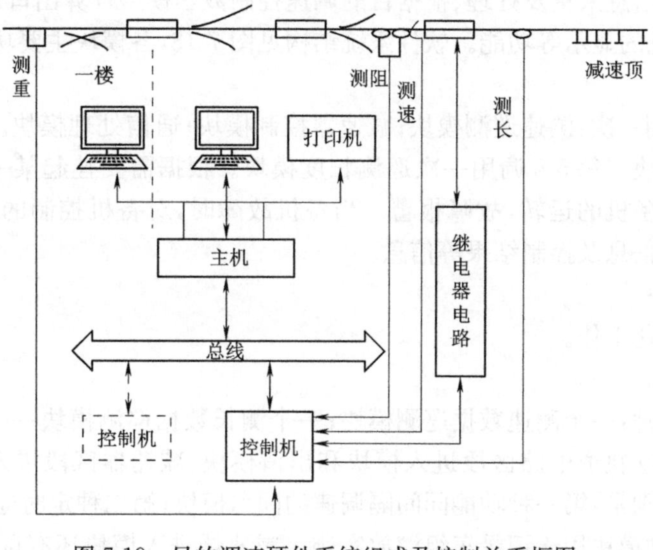

图 7-18　目的调速硬件系统组成及控制关系框图

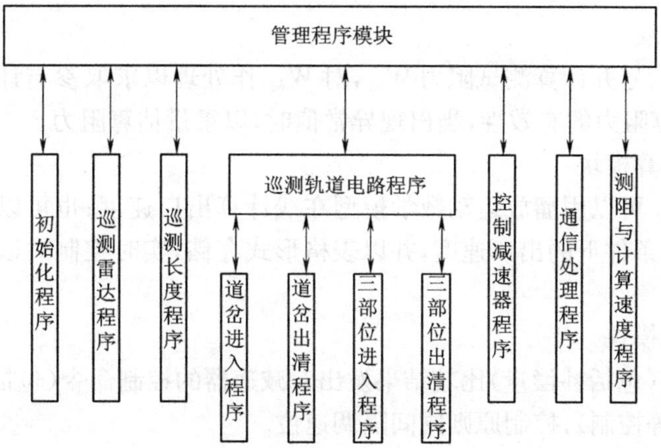

图 7-19　目的调速软件系统框图

软件完成的功能主要有：

多普勒雷达测速器输出的多普勒信号处理：计算机每 100 ms 采集一次多普勒信号脉冲，经数字滤波处理后，作为实测速度的数字量参数。

测长器输出的模拟信号处理：计算机每 5 s 采集一次测长信息（模数转换后），经简单滤波后作为空闲长度信息参与计算出口速度的计算。

测重器输出信息：分两种，一种是由测重器处理测重传感信号（包括重量平均和平均重量等级随车组溜放的传递），输入计算机后直接参与计算出口速度和控制减速器（对于非重力式减速器）；另一种是将测重传感器的轴重等级信号输入计算机，由计算机进行重量平均和传递等处理。

测阻踏板信号：在Ⅲ部位减速器前的测阻区段始、终端各安装有一块测阻踏板，由计算机记录车轮经由踏板的时间，并用测阻区段长度和在测重区段已测试并记录的车辆同一转向架的轴距计算车辆的走行阻力。

系统软件完成信息采集及处理、根据目的调速控制数学模型计算出口速度、产生控制减速器的命令、有关信息的显示等功能。软件系统结构见图 7-18，各模块主要功能如下。

(1)管理模块

每 100 ms 调用一次：测速巡测模块；减速器控制模块；通信处理模块。每 200 ms 调用一次巡测轨道电路模块。每 5 s 调用一次巡测长度模块。根据需要挂起某一模块，解挂另一模块。检测工作及热备机的运转，故障报警。当备机故障时，对备机控制的减速器实行降级控制。向主机送表示信息及控制结果等信息。

(2)初始化模块

完成系统初始化工作。

(3)巡测模块

巡测模块有三种：一个测速数据巡测模块；一个测长数据巡测模块；一个轨道电路巡测模块。第三种包括道岔轨道电路区段进入模块和出清模块、减速器区段进入模块和出清模块。三种模块的功能分别是：第一种功能同间隔调速的同名模块；第二种定时巡测各测长器输出并作相应处理；第三种模块用于记录车组溜放实迹。减速器进入模块还有调用出口速度计算模块的功能。

(4)测阻处理模块

采集测阻踏板信号并计算测试阻力 $W_{测}$，对 $W_{测}$ 作处理以求取参与计算出口速度的计算阻力 $W_{计}$。判定计算阻力的有效性，当出现异常值时，以重量估算阻力。

(5)出口速度计算模块

计算出口速度。可以用溜放运动数学模型在线计算出口速度；也可以按减速器可达控制精度，脱机计算各种条件下的出口速度，并以表格形式存储，实时控制时以查表方式取得计算出口速度。

(6)减速器控制模块

根据 $V_{测}$ 和 $V_{计}$(包括补偿量)比较结果发出对减速器的控制命令(包括对两台减速器的分别控制和放头拦尾等控制)，控制原则同间隔调速位。

(7)通信处理模块

完成主、从机之间的信息交换。

2. 数据结构

软件系统的数据结构同间隔调速，亦主要采用表结构。共设置三类表：

(1)股道状态表

每条调车线(股道)建立一张股道表。表中记录两类参数：一类是股道特征参数(例如股道号编码、线路坡度等)；另一类是车辆溜放动态参数(例如股道空闲长度、踏板中断时间、Ⅲ部位占用标志等)。

(2)测速及减速器控制登记表

每台测速器设置一张测速及减速器控制登记表。表中记录实测速度的动态信息、减速器动作情况信息，诸如测速采样次数、采样速度、减速度、发送制动或缓解命令及时间、减速器重复制动次数、减速器缓解时间等。

(3)钩车表

对应每一车组设置一张钩车表。表中记录车组在溜放过程中的各种数据。诸如钩序、进入、出清道岔区段的时间、经由踏板的轴数、Ⅲ部位的实际入口和出口速度以及计算出口速度、减速器控制方式(自动、半自动、手动)、股道号、车组轴数等。

应该指出的是，为达到间隔和目的自动化调速，可以采用不同的硬件结构和软件结构，以及不同的数据结构。

复习思考题

1. 什么是静测长？什么是动测长？
2. 说明工频轨道电路微机测长设备的结构和工作原理？
3. 画出电抗—长度微机测长设备结构框图，说明其构成和工作原理？
4. 写出点式目的调速自动控制系统的数学模型。并说明点式目的自动调速过程。
5. 在点—连式调速系统中，说明减速顶布置原则及布顶数量的计算方法。
6. 说明压磁重力传感器结构和工作原理。
7. 说明踏板测阻的工作原理。
8. 计算机是如何处理多普勒信号实现测速的？

第八章　TW-2 型驼峰自动化控制系统简介

本章主要介绍 TW-2 型驼峰自动化控制系统的组成、功能、基本作业和工作特点。作为一个综合实例，说明自动化驼峰的调车作业计划、溜放作业的进路和速度控制、推峰作业控制和股道封锁与解锁的控制以及典型的故障处理。

第一节　概　　述

TW-2 型驼峰自动化控制系统是 20 世纪 90 年代初研制出来的，引领了驼峰自动化的发展方向。2006 年 TW-2 驼峰自动化控制系统先后将向塘下行及阜阳北驼峰替代，取得了较好的运营效果。

一、TW-2 型驼峰自动化控制系统的组成

TW-2 型驼峰自动化系统是实现驼峰进路及调速自动控制的设备，它由控制计算机、操作工作站、报警打印机、雷达、测长、减速器、道岔、信号机、轨道电路等环节组成，实现以自动、半自动、手动相结合的控制模式。

二、TW-2 型驼峰自动化控制系统主要功能

(1)办理与集中场的场间联系；

(2)办理峰上及峰下机车走行进路的连锁；

(3)调车计划的自动接收或人工输入及计划的临时变化，按作业需要顺序调用计划；

(4)调用计划同时建立推送进路，自动或人工控制驼峰信号机；

(5)自动按计划执行包括溜放进路、上下峰进路、禁溜及迂回线进路等内容的作业要求；

(6)自动控制间隔制动位减速器(一二部位)，调整钩车间隔及保障三部位减速器入口速度；

(7)自动控制目的制动位减速器(三部位)，调整钩车速度与股道内的停留车安全连挂；

(8)办理股道满线封锁及编发线发车锁闭。

三、驼峰控制台室内设备的基本作用

1. 调车工作站

供调车长或调车值班员使用，以表格形式处理调车作业计划。以图形方式显示全场设备状态，并以鼠标或轨迹球办理调车进路或设备单操等作业。根据站场规模选择单屏或双屏显示。

2. 调速工作站

供作业员使用，以图形方式显示有关减速器的信息，可以进行半自动定速操作等。

3. 区长工作站

供位于控制室的区长使用，用以监督前台的溜放过程，可进行报警查询操作等。

4. 手动盘

作为应急手动和维修试验用，可对道岔及减速器进行单操。

四、TW-2 型组态式驼峰工作特点

TW-2 型组态式驼峰自动化控制系统的工作原理是将驼峰作业员给定的调车计划通过计算机的联锁处理，道岔联动，利用测长给定减速器出口安全速度，雷达对溜放车组进行测速，指挥减速器制动、缓解，使溜放车组达到计算机设定的出口速度。体现计算机工作的能力，达到减轻劳动强度的目的。

TW-2 型组态式驼峰自动化驼峰控制系统归纳起来具有以下特点：

1. 技术先进

TW-2 型组态式驼峰自动化驼峰系统采用了 4 层集散式过程控制系统结构、以太网、CANBUS 现场总线、WINDOWS NT 为平台的人机界面、32 位编程、386EX 嵌入式控制器、智能输入输出等技术。由于 TW-2 型组态式驼峰自动化驼峰系列采用若干优化技术，系统提供了最佳的性能价格比，实现了半自动化的投资和规模，自动化的综合效果，因此该系统可适用于大、中、小各类驼峰调车场新建或更新改造，而且适合于工程建设周期短、平、快的项目，以及在旧站场改造中不同利旧要求的站场。

2. 技术成熟，性能稳定

TW-2 型组态式驼峰自动化驼峰系列控制系统经过了十几年的发展历程。近几年来，其组态模式已经具有几十个驼峰调车场应用的经验，包括大中小各类驼峰，遇到过各种特殊站场情况和各种特殊作业，经受了各种条件和环境的考验在大力推广过程中不断改进、完善、提高已经磨合得相当成熟，性能日趋稳定，适应性很强。在工程建设过程中，TW-2 型组态式驼峰自动化驼峰系统的实用化程度较高，现场调试周期短。目前在大驼峰实现一个信号楼全场集中控制的实践，标志着 TW-2 型组态式驼峰自动化驼峰系统已经将我国的驼峰自动化水平提高到了一个崭新的时代。

3. 室内结构紧凑，室外设备少

为了降低系统成本和工程建设费用，TW-2 型组态式驼峰自动化驼峰系统有以下两个指导思想：通过精心地和自成风格地系统和硬件电路设计，提高系统集成度，简化室内设备。做到每个驼峰只用 1～2 个控制机柜，插件数量少，占地面积小，可靠性高，维护简单。

五、TW-2 型组态式驼峰的操作办法综述

驼峰作业以推峰解体作业为主，包括溜放、取送禁溜线或迂回线及股道内车辆整理。这些作业都是按照助理调度员(计划)的书面调车计划进行。计划按钩组成，一般有溜放钩、股道取车钩、股道送车钩、禁溜线或迂回线取送钩。推峰作业员将调车计划储存到工作台微机，进入溜放状态，程序将首先检查推送进路建立的基本联锁条件，若不满足即取消溜放开始操作；条件满足即发出道岔转换命令。在规定的时间内，若道岔转换到规定位置并有关联锁条件具备时，即可对有关道岔及敌对进路实施封锁，此时由进路始端到终端将出现一条绿色光带。若 30 s 内进路未完成锁闭，也可以取消溜放开始操作。若要求的推送进路已经通过始端办理而建立锁闭时，可以直接进入后续的控制。溜放进路锁闭后，溜放窗将计划显示出来。该计划全部溜放完毕将会自动退出溜放状态。车组进入第一分路道岔区段后，进路命令往下传递，在图

形工作站上可以监督整个溜放过程，后一级道岔岔前亮黄光带，车组压入显示红光带，进路命令继续下传。这样，随着车组走行，进路命令逐级传递，控制道岔自动转换到所需位置，引导钩车组进入规定的调车分配线。推送进路实行两段解锁方式，第一段从始端到最靠近主体信号的反向信号机，第二段为剩余部分。随着溜放作业的进行，解体车组依次占用推送进路的第一段、第二段。溜放结束后，当车组出清第一段时，该进路即自行解锁。第二段进路在车组出清该区段且第一段进路解锁后方可解锁。整个溜放作业过程，都必须在驼峰信号机的指挥下进行。在溜放过程中，遵循手动干预优先的原则。手动优先是指在溜放过程中，如果发现溜放车组走行中的道岔表示与计划不符，或为了防止侧冲等目的，在钩车尚未压入该道岔区段时，可以人工扳动道岔，使钩车进入规定线路或异线，然后再将道岔手柄扳回中间位置，恢复到自动作业。此功能称为手动优先原则。该原则只适用于溜放钩车，对调车无效。

第二节　调车作业计划

调车作业计划简称调车单，以车次为单位，每个车次对应的钩车计划最多为 60 钩。每一钩计划包括钩序、场别、股道、方式、辆数、状态、注释等共 7 项。

(1)钩序：表示调车单中某一钩计划的序号，钩计划在第一次保存时序号以“0”开头，经过人工修改后的钩计划以“3”开头以示区别。

(2)场别：通常 BZ、J、U 或无标记表示本场，对于去往禁溜线的钩计划，股道必须是禁溜线股道，场别必须是 J；对于去往迂回线的钩计划，股道必须是迂回线股道，场别必须是 U，使用绿色字体显示此钩车数据。对于非本场的钩车数据使用灰色字体显示。

(3)股道：股道数目和股道号根据各个编组场的实际情况而定。输入与本场实际情况不符的股道号则认为此钩计划为非法，此钩数据使用灰色字体显示。

(4)方式：作业方式包括一、＋、S、X、＃、D 6 种。缺省时为“一”，即溜放方式。对于本场钩车数据，在股道合法的条件下对于非溜放的作业方式，此钩车数据使用绿色字体显示。

无标记或“一”表明该钩为溜放钩，按溜放进路控制；

“D”表明该钩为手动单溜钩，按手动单钩溜放控制；

“＋”表明该钩为挂车，按先下峰后上峰控制；

“＃”表明该钩为禁溜车，由机车送入股道，按先下峰后上峰车控制；

“X”表明该钩为机车下峰，按机车下峰进路控制；

“S”表明该钩为机车上峰，按机车上峰进路控制。

(5)辆数：辆数范围为 1～63 辆，最大辆数为 63 辆。

由于本系统利用辆数信息作为防止轻车跳动和放头拦尾的依据，因此操作人员应确认调车作业计划中辆数信息的正确性。

(6)状态：钩车状态包括：K、H 、Z、!、X 共五种情况，主要反映钩车的计划重量等级信息。

“K”表示空车，钩车平均重量≤28 t，钩车数据使用粉色字体显示。

“H”表示空重混编车(中等车)，28 t＜钩车平均重量≤40 t。

“Z”表示重车，40 t＜钩车平均重量≤58 t。

“!”表示超重车，钩车平均重量＞58 t。

“X”表示注意溜放车(钩车计划重量按超重车考虑)，钩车数据使用砖红色字体显示，适当降低三部位自动给定速度。

系统尚未通过测重设备测得溜放钩车重量信息之前，将暂时依据计划中的重量信息对减速器进行控制；此外，计划中的重量信息还作为测重设备故障时的控制依据。因此操作人员应核实调车作业计划中重量信息的正确性，尤其应确认没有遗漏空车“K”信息；对安装非重力式减速器站场，还应确认没有遗漏空重混编车“H”信息。

装有测重设备的站场，在测重设备工作正常的情况下，系统根据测重设备测得的钩车实际重量信息对减速器进行控制。

(7)注释：表示对此钩计划的一些说明，对于控车不起作用。

一、新建一个车次计划

在调车单窗中，使用鼠标选中车次列表中一个无车次的空区，然后选中“计划”菜单中的“新建计划”选项，在车次对应的位置产生一个空框，向里面填充车次名称，然后回车或者直接用鼠标将光标移到钩车编辑窗口，开始输入钩车计划内容。手工输入可以每一钩逐项输入，也可以使用“钩编辑”菜单中的“自动填充数据”，自动填充默认方式、辆数、状态，然后在此基础上进行修改和填充。

二、取消一个车次计划

选中车次列表中的某个车次计划，即车次名称前面的小车为红色小车，然后选中“计划”菜单中的“计划取消”，将弹出一个对话框确认是否真的要取消该车次。

三、保存一个车次计划

对于人工输入的车次计划在输入完毕后，或者对某个车次计划的钩车数据进行修改完毕后，必须执行计划保存，否则此前所作的输入和修改无效，有三种方法可保存计划：直接使用鼠标选中另外一个车次，将弹出一个对话框确认是否对上一个修改或输入的车次计划进行保存，按下“确定”按钮；选择“计划”菜单中的“计划保存”；在钩车编辑窗口点按鼠标右键弹出一个菜单，选择其中的“保存”一项。

四、修改一个车次计划

对某个没有处于溜放状态的调车作业计划可以在调车单窗中进行修改，包括删除钩、插入钩、储存变更、股道替代等操作。

第三节　溜放作业的进路控制

溜放作业的进路控制是指调车作业计划的溜放操作，以及溜放状态下溜放钩、手动单溜钩、上下峰钩、禁溜线钩和迂回线钩的自动执行。

一、“溜放开始”操作

纵列式站场由到达场推送到驼峰调车场的解体车列或者由峰下股道牵到峰顶的解体车列，横列式站场由牵出线推送到峰顶的解体车列或者由峰下股道牵到峰顶的解体车列，在开始溜放前必须检查以下条件：

(1)溜放处于自动状态，且第一分路道岔无车占用；

(2)分路道岔手柄位于中间位置或未设分路道岔手柄的站场道岔位于自动状态(被封锁或单锁的道岔除外)；

(3)未建立与溜放作业冲突的敌对进路；

(4)推送进路建立条件具备；

(5)计划溜放使用的减速器未处于单锁状态或手动干预状态；

(6)检查需要及时办理"封锁股道"的调车线是否处于封锁状态；

(7)熔丝报警等。

在同一峰位同一推送线连续办理溜放作业时，后一个计划的溜放开始必须等到前一个计划执行完毕，亦即前一计划的所有钩车出清三部位减速器(无三部位减速器的站场出清警冲标区段)。

在溜放窗选择"溜放开始"选项，将弹出一个溜放对话框，在该框内正确选择待溜的车次、溜放模式、推送线和推送方式，然后选择"确认"。

系统首先检查推送进路建立的基本联锁条件，若不满足将不能执行溜放开始操作。

待推送进路建立并锁闭后，进入溜放状态，溜放窗将计划的前几钩预显示出来，溜放过程采用滚屏方式。调车作业计划中的溜放钩、手动单溜钩、上下峰钩、禁溜线钩和迂回线钩等可在溜放状态下自动执行。

计划全部溜放完毕，将会自动退出溜放状态。若计划未溜放完毕，而需转去溜放另一计划或进行其他作业，需用"溜放暂停"选项暂时退出该车次的溜放作业。如果要取消一列尚未溜放或未溜放完的计划，可用"溜放取消"选项废除该计划。

二、进路的自动执行

操作人员办理"溜放开始"操作后，计算机将首先检查推送进路建立的基本联锁条件，若不满足将不能执行溜放开始操作；条件满足即发出道岔转换命令。在规定时间内，若道岔转换到规定位置并且有关联锁条件具备时，即可对有关道岔及敌对进路实现锁闭，此时由进路始端到终端将出现一条绿色光带。若 30 s 内进路未完成锁闭，自动取消溜放开始操作。若要求的推送进路已经通过始终端的办理而建立并锁闭时，可直接进入后序的控制。

三、钩的自动执行

对于溜放钩，当溜放车组进入第一分路道岔区段后，溜放进路命令往下传递，下一级分路道岔岔前亮橘红色光带，车组压入后显示红光带，进路命令继续下传。这样，随着车组走行，进路命令逐级传递，控制分路道岔自动转到所需位置，引导车组进入规定的调车线。通过图形窗的站场显示可监督整个溜放过程。

对于计划中有特殊情况(例如超长车辆)或遇到轨道电路分路不良、高阻轮对压不死轨道电路的情况时，不允许按溜放钩自动执行。系统不具有轨道电路分路不良的防护功能，不具有高阻轮对压不死轨道电路的检测和防护措施，对于上述情况必须应按车站站细执行，如果要溜放必须手动溜放，采取分路道岔手动控制，以避免此类驼峰调车场的高频事故发生。

更换道岔、钢轨等施工，对于锈蚀严重的轨面必须打磨除锈，或通过调机牵引多辆重车反复碾压轨道，克服单机固定轴距碾压不充分的问题，施工后至少首列车辆应采取手动溜放。

四、道岔的手动控制

对于设有分路道岔手柄的站场，手柄在中间位为自动，其余为手动道岔至定位或反位。对于未设分路道岔手柄的站场可通过鼠标操作实现道岔的自动、定位、反位三种状态。只有处于自动位置的分路道岔才能够自动执行接收到的溜放进路命令。

在溜放过程中，当钩车尚未压入该道岔区段时，可人工扳动道岔手柄，使钩车进入规定线路或异线，然后再将道岔手柄扳回到中间位置，恢复到自动作业，此功能称为手动优先原则，即分路道岔手动优先于自动。该原则只适用于溜放钩车，对调车无效。对于未设分路道岔手柄的站场可通过鼠标操作实现道岔的手动控制。

利用计算机实现自动溜放、排列机车上下峰进路和封锁股道作业前注意检查有关分路道岔手柄在中间位置或在自动状态(对未设分路道岔手柄的站场)。

分路道岔通常放在自动位置，但在以下情况需人工应急操作处理：

(1)操作人员观察到前后钩车间隔太紧，速度又前慢后快时，应采取顺道处理，以防止侧面冲突。

(2)操作人员观察到在道岔区至三部位有钩车行走速度太慢或停车，后面钩车已提开钩时，应采取紧急改道避让处理或顺道处理，以防止正面超速相撞或侧面冲突。

(3)对于计划中有特殊情况(例如超长车辆)或遇到轨道电路分路不良、高阻轮对压不死轨道电路的情况时应按车站站细执行，如果要溜放必须手动溜放，事先对道，分路道岔不处于自动位置，待钩车出清三部位后将分路道岔恢复到自动位置。

(4)操作人员观察到溜放钩车走行中的分路道岔表示与计划不一致时，可先手动控制道岔到计划方向，如果不成功应及时手动控制道岔到表示位置，以防止道岔故障造成的脱线事故。

在溜放过程中，当发现溜放钩车走行中的分路道岔表示与计划不一致，禁止人工办理道岔单锁。

(1)溜放钩车正常通过第一分路道岔时如果报警“轻车跳动”或误报警“钓鱼”，表明该钩车在道岔区段上分路不正常，操作人员应立即手动控制道岔到计划方向，并关闭驼峰信号机，停止溜放作业。

(2)溜放过程中需要手动控制分路道岔的其他异常情况。

(3)有关设备故障，包括系统硬件故障或软件停机。

上述列举的分路道岔手动控制情况为典型案例，并不涵盖溜放过程中需要手动控制分路道岔的所有情况。

五、溜钩的执行

根据TB/T 2306—2006《自动化驼峰技术条件》4.3中的“遇溜放车辆第二、三轴间的距离大于本驼峰最短分路道岔轨道电路长度减0.2 m的安全余量时，溜放进路应手动控制”的要求(对于换长要求，车站原站细有规定的可按照原站细的规定执行)，系统增加了手动单钩溜放功能。操作人员可沿用以前的手动控制做法，也可使用手动单钩溜放功能。

手动单钩溜放功能是由系统保证进路控制正确，由操作人员保证速度控制安全。

溜放当前钩为手动单溜钩时先关闭驼峰信号，检查进路上有关区段轨道出清且无溜放钩车时，发出道岔转换命令。若 30 s 内进路未完成锁闭，则自动取消选路操作。在规定时间内道岔转换到规定位置后，即对有关道岔实施锁闭。

操作人员确认进路锁闭后人工开放驼峰信号；判断出钩车分钩后系统不自动关闭信号，由操作人员人工关闭信号，确认进路解锁后方可重新开放信号，继续溜放，在此过程中车站应保证不提开下一钩。

单溜进路使用完毕后不自动解锁，由操作人员确认并通过溜放窗对该钩计划实施“删除钩”或“删除当前钩”操作。

单溜钩的删除是没有条件限制的，操作人员应确认手动单溜钩车已使用完毕，通常要求钩车全部出清警冲标区段和三部位，同时机车在峰上。

单溜模式下，进路上的道岔是锁闭的，但减速器处于自动状态，未锁闭。

单溜模式下，钩车在一、二部位减速器上途停不关闭驼峰信号。

单溜模式下，办理人工定速时，需待单溜进路完全锁闭后再办理。

单溜模式下，不具有摘错钩报警功能，不能提供钩车的实际辆数和实际重量等级，应由操作人员实施速度控制并保证安全。

六、线钩或迂回线钩的自动执行

在溜放状态下，将去往禁溜线或迂回线的作业以溜放钩形式储存在调车作业计划中。当执行到去禁溜线或迂回线的计划时，先关闭驼峰信号，而后自动开放红闪信号指示推峰机车后退，一旦通向禁溜线或迂回线的进路联锁条件满足，即控制相关道岔转换到要求位置，同时锁闭进路，开放白闪信号。车列完全进入禁溜线或迂回线时，系统自动将白闪信号切换到红闪信号；如果车列在没有完全进入就需要中途折返退出禁溜线或迂回线时，在相关道岔区段仍显示红光带的情况下，须操作人员人工操作驼峰信号停止，再开放后退，既人工确认取送禁溜车或禁止过峰的车是否到位。一旦车列退出了与禁溜线或迂回线相关的道岔区段，系统自动在延时后控制道岔转换到指向峰顶的位置，以便继续溜放。

对于轴距超长的特殊车辆（轨道电路两相邻死区段或死区段与相邻轨道电路的间隔小于车辆两轴间的最大距离）或遇到轨道电路分路不良、高阻轮对压不死轨道电路的情况时，要去往禁溜线或迂回线作业，建议采用人工办理方式。如果要储存在计划中自动执行，必须由操作人员根据作业情况对推送进路中道岔进行人工单锁或人工单解。当需要转动道岔时，必须人工确认车辆占用轨道电路的真实情况，只有车辆真实出清后才允许人工单解道岔。

七、峰钩的自动执行

在溜放状态下，机车上下峰进路以溜放钩形式储存在调车作业计划内。随着溜放作业的进行，执行到上下峰钩时，关闭驼峰信号并检查进路建立条件，满足时即转换道岔并在联锁条件具备后锁闭进路，开放相关调车信号和驼峰信号。

当大组车下峰作业未出清峰顶时需要折返，操作人员确认后操作驼峰信号机的“停止”菜单选项关闭下峰白灯，然后操作“后退”菜单选项开放后退信号。

经过减速器的机车上下峰进路，应将减速器锁闭在缓解状态，由于联锁关系不要求检查缓解表示，操作人员应人工确认减速器处于缓解位置，防止夹机车。

对于推送线上设有与驼峰后退信号同方向调车信号机的站场，如果上下峰钩的下一钩是溜放钩，当车列上峰完全进入驼峰信号机外方后机车上峰进路自动解锁，系统自动关闭驼峰后退信号及带动的调车信号机，转入执行下一溜放钩，此时有可能造成行驶中的机车越过已关闭的调车信号机(推送进路一直处于锁闭状态，不影响安全)。为防止上述情况，可在非溜放状态下，人工办理从股道至峰上的调车进路，待车列牵引到位后，再办理溜放开始继续进行溜放作业。

八、溜放窗口的自动切换

通常情况下，一个峰溜放结束，另外一个峰才办理溜放开始，但是当有两台机车同时作业，并且效率要求较高时，会遇到如下情况：

(1)一个峰正在解体，另一个峰需要预推；

(2)一个峰解体开始、中间或最后要去禁溜线或迂回线，插入另一个峰的解体，构成平行作业。

为此，系统允许同时打开两个溜放窗，一个峰正在执行全场溜放模式的计划时，在另一个峰可以同时办理“溜放开始”，打开第二个溜放窗。但是由于两个峰均为全场溜放，只有一个峰可以获得对交叉渡线的控制权，两个溜放窗的显示区别是：只有获得对交叉渡线的控制权计划的当前钩有黄色反底显示，即只有一个峰可以是溜放钩、手动单溜钩或上下峰钩，另一个峰只能是禁溜线钩或迂回线钩，分以下若干情况：

(1)A 峰在溜放，当前钩是溜放钩、手动单溜钩或上下峰钩，调 B 峰计划，若 B 峰计划当前钩是溜放钩、手动单溜钩或上下峰钩，则 B 峰只能选择“预先推送”；当 A 峰执行到禁溜线钩或迂回线钩时，允许 B 峰通过人工办理“允许推送”，从而实现插入 B 峰全场溜放。

(2)A 峰在溜放，当前钩是溜放钩、手动单溜钩或上下峰钩，调 B 峰计划，B 峰计划当前钩也是溜放钩、手动单溜钩或上下峰钩，B 峰进入“预先推送”；当 A 峰溜放结束或办理溜放暂停时，B 峰自动由“预先推送”升级为“允许推送”，从而实现由 A 峰自动切换至 B 峰全场溜放。

(3)A 峰在溜放，当前钩是溜放钩、手动单溜钩或上下峰钩，调 B 峰计划，若 B 峰计划当前钩是禁溜线钩或迂回线钩，则 B 峰自动变为“允许推送”，道岔自动转换，信号自动开放，进入去往禁溜线或迂回线的作业，从而实现 B 峰插入禁溜线或迂回线的平行作业，但交叉渡线控制权仍在 A 峰，B 峰执行完禁溜线钩或迂回线钩后处于等待状态；当 A 峰溜放结束、办理溜放暂停或执行到禁溜线钩或迂回线钩时，B 峰才可自动获得交叉渡线控制权继续溜放。

(4)A 峰正在执行，当前钩是禁溜线钩或迂回线钩，调 B 峰计划，若 B 峰计划当前钩是溜放钩、手动单溜钩或上下峰钩，则 B 峰可以选择办理“允许推送”，接管交叉渡线控制权，进入 B 峰全场溜放；当 A 峰执行完禁溜线钩或迂回线钩时，只有等待 B 峰溜放结束或中间有去禁溜线或迂回线的作业时，A 峰才可自动恢复控制权。

A 峰在溜放，当前钩是溜放钩、手动单溜钩或上下峰钩；B 峰解体列车已压入预推点，场间联系按钮显示为黄色的“预推锁闭”，如果此时将 B 峰已在溜放状态的第一钩计划改为去往禁溜线或迂回线作业或调 B 峰计划(该计划第一钩为去往禁溜线或迂回线作业)，去往禁溜线或迂回线作业不能自动执行，需要操作鼠标将箭头光标移到场间联系按钮处，待光标变为手指形状时，点按鼠标右键，弹出菜单，选择其中的“允许推送”或者“预推解锁”选项，按鼠标左键确认后，计划才可执行。

九、计划的修改

进入溜放状态后对当前溜放窗上的计划中的任一钩可随时进行修改，可在溜放窗使用与调车单窗类似的方法进行溜放变更、插入、删除、股道替代等操作。对于已送溜放窗显示的调车作业计划不可在调车单窗进行修改，只能在溜放窗修改。

欲修改溜放窗中即将溜放的当前钩计划，可在该钩尚未压入第一分路道岔时，在自动弹出的对话框中修改。

调车作业计划中的溜放钩、手动单溜钩、上下峰钩、禁溜线钩和迂回线钩都可在溜放窗中修改，操作是一样的。

十、异常情况处理

1."钓鱼"处理

解体过程中若提钩不及时，过了可提钩的范围，需将整个车组回牵出清第一分路道岔，回牵过程称为"钓鱼"。由于车辆跟踪已经启动，溜放命令已经下传，因此系统一旦识别出溜放中的反向回牵即自动实现溜放命令回传，不需要其他办理，同时伴有"钓鱼"报警提示。

"钓鱼"回牵必须出清第一分路道岔，以避免"峰下摘钩"。

2."峰下摘钩"处理

峰下摘钩与"钓鱼"逻辑类似，不同之处是峰下摘钩不回牵，就地分钩，分钩地点在第一分路道岔以下，或者分钩后，剩余部分尾随已摘开的钩车压入了第一分路道岔，此时系统将已摘开的钩车正确选路至股道，同时伴有"峰下摘钩"报警，并提示"必须将车牵出一分路"。

"峰下摘钩"后必须按提示指挥剩余车列全部退回峰顶，才能继续溜放，否则将使后续溜放发生错误。

峰下摘钩时，如果系统给出"钓鱼"报警时，必须在已摘开钩的车辆出清三部位减速器后，删除溜放窗中的当前钩，在确认溜放窗中的当前钩正确的情况下，才能继续溜放，否则将使后续溜放发生错误。

3."追钩"处理

除第一分路道岔外的其他分路道岔区段或警冲标区段发生追钩，系统自动识别后将追钩车的溜放命令取消并伴有"追钩"报警，此时操作人员应注意，追钩车已尾随被追钩车错入异线。

若车组在第一分路道岔上或第一分路道岔前发生追钩，系统无法判断出追钩，但通常会伴有"摘错钩"报警，操作人员应采取人工干预措施，同时修改计划，在确认溜放窗中的当前钩正确的情况下，才能继续溜放，否则将使后续溜放发生错误。

4."途停"处理

如果在溜放过程中，钩车在分路道岔区段(不含第一分路道岔区段)、警冲标区段或分路道岔间的区段上发生意外停车，或速度低于 8 km/h，系统报警并自动切断驼峰信号，同时为了防止侧冲，将刚出清的道岔锁闭在导致顺钩的位置(第一分路道岔不锁闭)，操作人员在来得及的情况下应对已经摘开钩，通往该方向的钩车进一步采取"进路防护(在较上级的道岔紧急强迫改道)"和(或)"速度防护(利用一、二部位减速器大幅度手动减速)"等人工干预措施，防止或减少损失。之后，可以采取在当前钩前插入上下峰钩的办法推顶途停车，在办理机车上下峰进路之前须先办理"清除残留"。

办理"清除残留"后会解除所有因"途停"而自动锁闭的道岔，因此操作人员应在需要推顶途停车之前才办理"清除残留"；如果办理"清除残留"后，未办理机车上下峰进路将途停车推顶入股道，应及时补办有关道岔的单锁，以防止侧面冲撞。

系统判断钩车途停并切断驼峰信号可能具有延时效应，有时表现不够及时是正常的，系统的防护不是绝对有效的，根本解决办法是避免途停现象发生。车辆走行阻力超过正常范围是造成钩车途停的重要因素，紧急情况下应采取人工干预措施，尤其第一分路道岔不实施途停锁闭，更应重点盯防。

系统没有在钩车速度大于 8 km/h 的情况下防侧冲判断和处理功能，该情况要求操作人员控制合理的推峰速度，紧急情况下采取人工干预措施，以避免高速侧撞。

5."满线"处理

如果在溜放过程中，钩车在三部位减速器上停车(钩车在减速器上雷达测速连续 4 s 低于 3 km/h 或者减速器出清概要记录出现后 6 s 减速器轨道仍不吸起)，系统报警"＊＊道途停，钩序＊＊，轴数＊＊"(在雷达测速测到低于 3 km/h 先报警"＊＊＊＊雷达信号间断")；或在三部位减速器前停车(已经离开警冲标区段，在减速器前死区段速度低于 5 km/h)，系统报警"＊＊＊钩在＊＊道减速器前途停"。

"满线"处理：在报警的同时自动封锁该股道，使后续可能进入该股道的钩车强迫改道；因故未能自动封锁股道时，操作人员在来得及的情况下应对已经摘开钩，通往该股道的钩车进一步采取"进路防护(在较上级的道岔紧急强迫改道)"和(或)"速度防护(利用一、二部位减速器大幅度手动减速)"等人工干预措施，防止或减少损失。

通过办理"解锁股道"解除对该股道的封锁及"满线"处理功能，允许办理下峰整理；当途停钩车出清减速器后，满线封锁自动解除。

雷达测速范围为 3～30 km/h，当钩车在三部位减速器上停车，相临股道又有钩车运动时可能会影响系统对本股道"满线"的判断和处理，要求操作人员密切注意，及时人工补办"封锁股道"，必要时实施人工干预。

钩车进入三部位减速器后雷达突然故障，系统按钩车在三部位减速器上停车处理，在系统产生"＊＊＊＊雷达信号间断"、"＊＊道途停，钩序＊＊，轴数＊＊"报警，操作人员却观察到钩车速度仍很高时，需采取人工干预措施。

如果前钩车在减速器上或前途停，后钩车已压上末级分路道岔，则系统"满线处理"功能无条件实施，钩车相撞无法避免，因此对于同股道连续隔钩车情况应适当拉大溜放间隔。

办理"解锁股道"后会解除"满线"处理功能，因此操作人员应在下峰整理之前才办理"解锁股道"；如果办理"解锁股道"后，未办理机车上下峰进路将途停车推顶入股道，应及时人工补办"封锁股道"。

当钩车在三部位减速器前停车时，由于该区段无轨道电路，图形窗中无法反映钩车占用情况，操作人员应特别注意该股道的封锁情况，防止溜放钩车误闯入，发生严重的后果。

6."堵门"处理

如果在溜放过程中，钩车在警冲标区段停车或由于钩车倒溜或尾部调车侵入警冲标区段，系统将发出"堵门"报警并自动切断驼峰信号，同时为了防止侧冲，将对应的末级分路道岔锁闭在导致顺钩的位置，直至该股道警冲标区段出清。堵门后操作人员在来得及的情况下应对已经摘开钩，通往该股道或该股道邻线方向的钩车进一步采取“进路防护(在较上级的道岔紧急强迫改道)”和(或)“速度防护(利用一、二部位减速器大幅度手动减速)”等人工干预措施，防止或减少损失。之后，可以采取在当前钩前插入上下峰钩的办法推顶堵门车。

股道发生“堵门”后，应及时先办理与之侧冲股道的股道封锁，再办理“堵门”股道的股道封锁，以保证后续溜放作业安全。

股道发生“堵门”后，操作人员要办理与之侧冲股道的机车上下峰作业时，必须先将“堵门”股道的车辆推顶出清警冲标区段。

对于未设减速器的股道，其警冲标区段不会执行“堵门”处理，发生“堵门”情况时应及时办理有关股道的股道封锁，防止钩车去往与之侧冲的股道。

7.“挤岔”防护

分路道岔发生挤岔后，将上一级分路道岔锁向异向，防止后续钩车正面相撞，同时发出挤岔报警；第一分路道岔发生挤岔后，将驼峰信号锁定在关闭状态。

分路道岔挤岔后，将上一级分路道岔锁向异向，如果上一级道岔锁向的下一级道岔也发生挤岔时，系统无法防护，要求操作人员立即关闭驼峰信号，并将上上一级道岔手动控制到异向。

8.“道岔恢复”处理

在溜放过程中，分路道岔接收到改变方向的传递命令而启动后，如果转换过程中受阻，不能到位，道岔在延时一定时间(电动道岔 1.2～1.4 s、风动道岔 1.0～1.2 s)后仍不到位，系统将自动发出“往回转”的命令。返回原位后系统将该道岔锁闭(在图形窗道岔岔心处用红色实心圆表示)，防止新的转换尝试，同时系统发出报警并切断驼峰信号。只有在操作人员确认该道岔没有后续钩车命令时对该道岔办理“道岔恢复”才能解锁。第一分路道岔发生道岔恢复，只能先办理“溜放暂停”，后办理“道岔恢复”解锁。

发生道岔恢复后，在办理“道岔恢复”解锁前，必须先查明原因并排除(例如岔间卡有异物等)，否则将失去保护的意义。

在上述延时期间如果后续钩车闯入该道岔，道岔将来不及回转，损失将是不可避免的。适当地控制推峰速度，使钩车间隔有一定的富裕量，将大大减少此类不可避免的损失。

9.“轻车跳动”处理

在溜放过程中，钩车通过分路道岔时发生轨道电路瞬间跳动，系统发出“轻车跳动”报警并及时关闭驼峰信号机；对于第一分路道岔，一旦系统判定发生了轻车跳动，将拒绝为后续钩车发出道岔控制指令。

对于第一分路道岔，一旦系统判定发生了轻车跳动，将拒绝为后续钩车发出道岔控制指令；此时应停止溜放作业，选择时机办理“清除残留”操作，在确认溜放窗中的当前钩正确的情况下，才能继续溜放，否则将使后续溜放发生错误。

对于计划中有特殊情况(例如超长车辆)或遇到轨道电路分路不良、高阻轮对压不死轨道电路的情况时，不允许按溜放钩自动执行。系统不具有轨道电路分路不良的防护功能，不具有高阻轮对压不死轨道电路的检测和防护措施，对于上述情况必须按车站站细执行，如果要溜放必须手动溜放，采取分路道岔手动控制，以避免此类驼峰调车场的高频事故发生。

10. 设备故障或异常报警处理

在溜放过程中如果室外相关设备故障，将引起直接故障报警(区段非法占用、道岔故障、测重故障、雷达故障、踏板或轨道电路故障、测长故障、道岔无表示、控表不一致等等)，或引起与实际情况不相符的异常作业报警(误报钓鱼、堵门、途停、峰下摘钩等等)。一旦发生,首先应该人工切断驼峰溜放信号,高度集中精力跟踪已经下溜的钩车,核对是否与计划相符(有的室外设备故障将影响系统对钩车的跟踪),以便事后纠正;必要时采取人工干预措施,防止钩车失控发生损失;并及时通知电务维护人员处理。

不规范的作业将引起错误的设备故障报警或与实际情况不相符的异常作业报警,例如:"走黑路";三部位上或三部位前技术停车(在股道有效长够的情况下应尽可能避免此类作业);减速器前或减速器上的平面甩挂;未作防护情况下尾部调车侵入三部位减速器区段和(或)警冲标区段;溜放钩车走调车进路;用非正常手段指挥调车不走调车进路等等。引起的误报警有:踏板/轨道电路故障、雷达信号间断、途停、区段非法占用等等,应尽可能避免。

调机由尾部进入股道连接车辆侵入未作防护的三部位减速器区段时,会造成系统报警"* * * *踏板或轨道故障",图形窗中该减速器显示踏板故障,这种情况下的踏板故障报警并不代表设备的实际状况;为了避免该问题及作业安全需要,操作人员应对此类作业采取股道封锁措施,或人工单锁该减速器。

第四节 溜放作业的速度控制

根据驼峰作业特点,间隔调速一般只有自动和手动两种方式,并且以自动控制为主,手动控制为辅;目的调速具有自动、半自动和手动三种方式,并且以自动控制为主,半自动控制为辅,手动为备用手段。

手动作业方式优先于半自动作业方式,半自动作业方式优先于自动作业方式。

一、自动作业方式

对于间隔调速,系统根据每一钩车的重量信息和辆数信息,结合考虑下级减速器的允许入口速度、前后钩车的速度与间隔情况等,给出钩车的一、二部位出口速度及放头拦尾轴数,并将给定速度用绿色数字显示在图形窗中的减速器上;在钩车进入一、二部位时,系统将按此速度控制减速器,称为间隔自动定速。

对于目的调速,系统根据每一钩车的重量信息和辆数信息,结合考虑股道断面与布顶参数、调车线停留车空闲长度及操作人员综合当时气候条件(温度、风速、风向等因素)给定的定速修正量等,自动给出钩车的三部位出口速度及放头拦尾轴数,并将给定速度用绿色数字显示在图形窗中的减速器上;在钩车进入三部位时,系统将按此速度控制减速器,称为目的自动定速。

当测长发生故障时,三部位自动给定速度为6 km/h。

在点连式调速系统中,安全连挂率是由系统控制、调车线纵断面与减速顶综合保障的,应长期保持其纵断面与减速顶(不得随意拆除或增加减速顶)的维护与系统最后设定的参数一致(新开通的站场该参数通常来自设计或竣工资料),并应该定期复测;若确有变化,应收集资料并提供给系统供应商,以便在软件中及时更新站场数据。

二、半自动作业方式

操作人员根据调车作业计划,目测进入股道的钩车走行性能、线路空闲长度、气象条件等客观因素，通过操作工作站人工确定溜放钩车的出口速度值，实现对该钩车的速度控制，称为人工定速。办理人工定速一般在测长发生故障、特殊种类钩车溜放等情况下使用。

当操作人员需要定速时，在图形窗对应的减速器上点按鼠标右键，弹出菜单，选择“人工定速”，按下鼠标确认键，弹出一个“人工定速对话框”，用数字键输入速度值，系统将按该速度值，对通过该股道减速器的车组进行调速。

此外还可办理减速器的单锁、单解和取消定速，供操作人员在特定情况下使用。

人工定速值只对命令执行后即将进入减速器的第一个钩车有效，该钩车出清后自动恢复到自动定速。

对于已进入减速器的钩车，若中途人工改变定速，计算机将按最新的定速执行，由于中途改变定速会影响钩车出口速度控制精度，因此对已进入减速器的钩车最好采取手动干预。

对装有易碎、活物、易窜动、保温车以及乘有押运人员等情况复杂的车辆，若属可溜放车辆，应重点防护，必要时本着宁低勿高的原则采用人工定速。

三、手动作业方式

当钩车进入减速器区段后，操作人员按下手动应急台上的制动或缓解按钮，或者通过鼠标对相应减速器操作“制动”或“缓解”菜单选项，手动控制减速器动作，称为减速器手动控制或手动干预。

当操作人员需要手动控制时，按下手动应急台相应减速器的制动或缓解按钮（或操作“制动”或“缓解”菜单选项）即可。在钩车未出清减速器区段时，操作人员需手动控制到底，直至钩车出清减速器区段后，且释放制动或缓解按钮（或操作“自动”菜单选项）才能返回到自动工作状态。

通过鼠标对相应减速器操作“制动”或“缓解”菜单选项后，该减速器将一直处于手动干预状态，直到操作“自动”菜单选项后，才能使该减速器恢复到自动控制状态。因此应及时使用“自动”命令恢复系统对该减速器的自动控制状态，如果误选择在“缓解”状态相当于强迫减速器缓解，将引起此后所有通过该减速器的溜放钩车失控。

对于非重力式减速器，制动按钮是分级别的，应正确选择与钩车重量等级相匹配的制动级别，防止选择过高级别制动将轻量级钩车夹脱线，特别要注意空重混编钩车及空车的情况。

一、二部位减速器在以下情况需要手动干预：

(1)操作人员观察到在三部位前至道岔区有钩车行走速度过慢（通常低于 12 km/h）或有途停车，当机立断采取手动制动控制后续钩车，使其降到不至于在三部位前与前方钩车超速连挂发生损坏的速度。但要同时注意是否还有通往该减速器的钩车在峰顶已提开钩，若有，手动调速不宜过低。

(2)钩车进减速器前发生了雷达故障报警。

(3)三部位上或三部位前有停留车（满线），作业需要再进车，利用二部位作目的调速时。

(4)事先可预测到减速器对该钩车制动吃力（例如：新、薄、大、油轮车；油轮车通过该减速器之后的几钩车；上级减速器出口速度过高的钩车），将减速器预置于制动位，强迫减速器停止放头拦尾控制的情况。

(5)任何情况下要求一部位减速器出口速度低于 18 km/h，二部位减速器出口速度低于 13 km/h 的系统最低限速。

(6)对于计划中有特殊情况(例如超长车辆)或遇到轨道电路分路不良、高阻轮对压不死轨道电路的情况时,在手动溜放的情况下,其速度控制安全由操作人员保证。

(7)任何需要人工减少或中止放头拦尾的情况。

(8)特殊车辆和特殊气候条件下要求手动干预,特别强调采取减速器手动控制不是解决此类问题的有效办法。

(9)溜放过程中需要手动干预减速器的其他异常情况。

(10)有关设备故障,包括系统硬件故障或软件停机。

三部位减速器在以下情况需手动干预:

(1)钩车进减速器前发生了雷达故障报警。

(2)事先可预测到减速器对该钩车制动吃力(如薄、大、油轮车,或上级减速器出口速度过高的钩车),将减速器预置于制动位,强迫减速器停止放头拦尾控制的情况。

(3)对接近满线股道的后续车组(如打靶距离不够的情况),可提前用手动方式使三部位减速器进入制动位。

(4)对于计划中有特殊情况(例如超长车辆)或遇到轨道电路分路不良、高阻轮对压不死轨道电路的情况时,在手动溜放情况下,其速度控制安全由操作人员保证。

(5)任何需要人工减少或中止放头拦尾的情况。

(6)特殊车辆和特殊气候条件下要求手动干预,特别强调采取减速器手动控制不是解决此类问题的有效办法。

(7)溜放过程中需要手动干预减速器的其他异常情况。

(8)有关设备故障,包括系统硬件故障或软件停机。

(9)用于计算三部位自动给定速度的测长长度偏差过大时(由于调车线轨顶生锈、测长鉴停较慢等因素造成)要求手动干预。

上述列举的减速器手动干预情况为典型案例,并不涵盖溜放过程中需要手动干预减速器的所有情况。

四、放头拦尾控制

对于由多辆车组成的长钩车,系统能够根据计划辆数或第一分路道岔计轴数自动在各减速器实行放头拦尾控制,即钩车进入减速器后一部分才开始进入制动状态,以利于减少钩车在减速器上的通过时间,提高作业效率。

在以下情况下计算机将自动减少或中止放头拦尾:

(1)减速器前入口踏板故障;

(2)三部位减速器出口打靶距离不够;

(3)该钩车与前一钩车距离较近;

(4)三部位减速器入口速度太高。

减少或中止放头拦尾没有考虑对制动效果不理想的特殊车辆的情况,该情况需要手动干预停止放头拦尾。

对于隔钩车,尤其是后续钩车为大组车辆的情况,即使没有打靶距离不够报警,也应密切关注前钩车出清减速器区段后的走长变化情况,必要时手动干预停止放头拦尾。

钩车出清第一分路道岔报警“峰 * 踏板故障”,按调车作业计划中的计划辆数来实施放头拦尾时;或钩车出清第一分路道岔报警" * * * 钩可能摘错钩"时,要求操作人员密切关注已下溜钩车的实际辆数,必要时手动干预停止放头拦尾。

钩车去往的股道测长故障时,按钩车实际辆数来实施放头拦尾,要求操作人员密切关注股道停留车情况,必要时手动干预停止放头拦尾。

对于非重力式减速器,遇到前重后轻混编车组溜放时重点防护,观察到制动效果不理想时应手动干预停止放头拦尾。

五、特殊车辆和特殊气候

国内驼峰调车场装备的减速器是靠制动轨与车辆轮缘间摩擦力进行减速的,对一些特殊车辆如油轮车、薄轮车、大轮车、新出厂车、及装备整体碾压提速轮对车等特殊车辆,或特殊的气候条件下,如雨、雪、冰冻等恶劣天气,导致减速器制动轨与轮缘摩擦力大幅下降,造成减速器制动力下降而使钩车超速出口,易造成车破货损的事故。

对以减速器为调速工具的站场应用调查和统计表明,由于减速器制动能高不能适应所有车辆和所有气候条件而发生较大超速,是影响驼峰作业安全的主要矛盾;特别强调采取减速器手动控制不是解决此类问题的有效办法,有些车辆即使减速器从头到尾全程手动制动也无法降到要求的出口速度。

对于特殊车辆和特殊气候条件,减速器有时不能达到需要的制动力,在溜放时应由铁鞋制动员配合调速,或由车站在站细中自行规定防护措施。

特殊车辆主要有以下类型:

(1)油轮车(轮对上受各种油污染,特别是重油、石油、沥青等黏度较大的油);

(2)薄轮车(轮厚较薄);

(3)大轮车(轮径较大);

(4)新出厂车或返厂车(车轮有油漆);

(5)提速动态平衡车轮(材质较硬,加工光洁度较高,厚度偏薄);

(6)其他特殊车辆:装载货物为盐碱卤、糖、硬质细沙粒等物资的车辆,遇装载物滴、洒、漏而污染车轮。

识别方式:薄轮车、大轮车应在编制调车作业计划时根据车型识别,其他车辆应在通过峰顶时人工凭经验识别。

油轮车、新车、装载货物为盐碱卤、糖、硬质细沙粒等物资的车辆等经过减速器后,由于对减速器制动轨造成了污染,随后的三、四钩车可能出现减速器制动力偏低的情况,应注意加强防护。

《自动化驼峰技术条件》规定:驼峰测速雷达的速度测量误差不应超过±1%。由于在大风、雨、雪等恶劣天气下雷达易受干扰,超过此标准后,操作人员应实施人工干预。

六、调速特殊情况的观察与防范

在调速过程中可能有以下情况发生,若处理不当,有可能发生车辆损失,操作人员应密切观察溜放钩车的走行情况,进行重点防护:

①打靶距离不够(股道空闲长度的存车数少于即将进入钩车的辆数);

②满线(三部位减速器上有途停车);

③满线(三部位减速器前有途停车或速度过低);

④堵门(警冲标区段上有途停车);

⑤途停(在道岔区域、警冲标区段有途停车或速度过低)。

这些情况可能是事先可预测到的,也可能随机发生。造成这些现象可能的原因如下:

①调车线有效长不够,需要在满线或接近满线时继续下车;

②由于线路内开有天窗,使线路存车数减少,需要在满线或接近满线时继续下车(最好采取机车下峰整理的规范作业);

③车辆拉风不干净,抱闸;

④凝轴,或车辆走行状态不好,特别在冬季情况偏多;

⑤减速器缓解时间长,使减速器控制误差较大;

⑥长钩空车受减速顶的控制影响,速度减至较低时钩车仍占用三部位减速器,或警冲标区段,甚至道岔区域;

⑦长大钩车(大于十多辆)通过减速器时,由于放头拦尾留的富裕量(考虑到减速器对钩车制动能高的离散度,为了安全,富裕量是必须的),速度减至给定速度时钩车仍可能长时间低速占用三部位减速器,甚至警冲标区段。

上述情况发生后,在满足系统判定条件的情况下,系统给出报警,同时将自动采取一些措施:在进路方面,对后续进入的钩车采取正面追钩,避开侧面冲突;在速度方面,对后续进入上级减速器的钩车采取减少或停止放头拦尾,直至减速器给定速度降至系统规定的最低限;在驼峰信号方面自动关闭信号。但是,由于系统判定存在条件,有时表现不够及时是正常的,在此情况下需要操作人员实施人工干预:

(1)提前关闭驼峰信号,停轮等待(系统报警和自动关闭时机通常较晚);

(2)必要时手动控制强迫后续钩车在较上级的道岔上提前改道(系统一般顺道追钩处理);

(3)必要时利用一、二部位减速器按钮将后续钩车夹至较低速度甚至夹停(系统受最低限速的限制不可能做到)。

七、调速其他注意事项

溜放作业时(特别在溜放开始时)应检查是否有减速器处于单锁状态,以免钩车经过时减速器不制动,导致事故发生。

禁止对于溜放钩车使用减速器"单锁"代替减速器手动缓解操作,该操作仅限于对特殊情况下机车和车列牵出时使用,否则可能会导致误控。

从钩车进入减速器轨道电路到钩车出清减速器,该期间禁止工务或减速器维护人员进入线路抢点作业,也防止人员穿越,否则会干扰和阻碍雷达微波信号,轻则影响控制精度,重则发生失控。特别是对于雷达安装在道旁的站场,溜放作业时减速器区段不得有人在道旁行走。

股道空线后溜放的第一钩车,计算机将按测长轨道电路设置的长度自动给定出口速度,调车线尾部阻挡铁鞋应设在测长轨道电路末端(测长最远点)以外,最多不得侵入轨道电路以内 50 m,否则有可能引起随后的第二钩、第三钩等超速连挂。

八、推峰速度控制

驼峰信号分为调车信号和溜放信号两类:

调车信号用于指挥机车上下峰、去往禁溜线或迂回线的进退,包括:白、白闪、红闪及红灯。

在本系统管理下驼峰信号的调车类以自动为主，手动为辅。

溜放信号用于指挥溜放，包括：绿、绿闪、黄闪、红闪及红灯，目前本系统中驼峰信号的溜放类以手动为主，自动为辅，主要的自动功能体现在紧急情况下切断信号，进入限制状态。

黄闪(减速)、绿(定速)及绿闪(加速)对应的推峰速度应根据各站的日均解体量由车站自行规定，例如3、5、7或4、6、8或5、7、9(km/h)等。

操作人员溜放信号的调节应根据站场的状况、调车计划的分析(例如隔钩车情况、大组车情况、空重车情况、峰顶提钩情况)等因素灵活掌握。溜放信号的人工操纵与系统进路与调速的自动化是一个人机配合过程，必须按照客观规律调节适当，才有可能在保证平均推峰速度的情况下保障溜放间隔和作业安全。例如，遇到大组空车并且有隔钩车的情况，遇到同股道连续隔钩车的情况，遇到同一线束连续多钩车的情况，遇到大组车并且后续钩车为同一半场的情况时，一定要有峰顶停轮等待过程；否则溜放区域将因"消化不良"而发生事故损失。操纵优化的目标是：通过驼峰信号的调节，指示出每一钩合理的动态推峰速度，在兼顾到保持钩车动态溜放间隔大体均匀和留有余量的前提下，提高整体平均推峰速度。

此外，推峰速度的给定，还应考虑到特殊气候条件、减速器入口速度等设备的限制条件。

遇雨、雪、冰冻等恶劣天气，由于减速器制动轨与轮缘摩擦力大幅下降，易造成减速器制动力下降而使钩车超速出口，应降低推峰速度。

第五节 调车作业

集中方式调车作业范围覆盖全场的道岔、信号机、区段及减速器，主要用于在非溜放状态下调机单机或调机带车组走行进路的办理。办理方法类似于一般车站的6502电气集中，采用始、终端人工集中办理方式，先锁闭进路，后开放信号；车列通过后自动关闭信号，解锁进路；还可办理长调车进路、中途折返进路、变更进路，操作进路取消、进路人工解锁、残留"光带"的故障解锁等等。调车信号是动车的凭据，应严格执行看信号走车，信号关闭立刻停车，禁止"走黑路"。

一、驼峰调车进路的特点

由于驼峰作业的特殊性，驼峰调车进路与一般车站的6502电气集中有不同的地方：

1. 与溜放作业的冲突

在溜放状态下，推送进路、去往可溜放股道区域内相关的进路，与集中方式办理调车进路是敌对关系，不可越区办理。溜放作业过程中机车上下峰只能按自动控制方式办理，不能按集中控制方式办理。

2. 以调车线为始终端的情况

一般情况下以调车信号机或驼峰信号机为始端；反向差置或并置信号机，或正向单置信号机为终端办理调车进路。对于只设线路表示器的股道是以警冲标区段或三部位减速器区段为始端或终端，包括以警冲标区段或三部位减速器区段为始端办理进路取消、人工解锁及故障解锁等。

调车进路上的减速器"锁闭"是将减速器强迫在缓解状态，但是只限制自动控制，不限制手动应急台的手动控制，应防止手动控制误夹机车。

经过减速器的机车上下峰进路，应将减速器锁闭在缓解状态，由于联锁关系不要求检查缓解表示，操作人员应人工确认减速器处于缓解位置，防止夹机车。

三部位减速器虽然在信号机外方，也在进路范围内，通常情况下调机上峰应等在减速器外方，待线路表示器开放后方可进入减速器，切不可在未开放信号的情况下驶入到线路表示器前等待，以防止误夹机车。

3. 只可办理长调车进路的情况

以股道为调车始端的调车进路只能办理长调车进路，不能办理基本进路，即不能以最靠近峰下的线束并置调车信号机为终端。

二、分路道岔区调车进路的特点

驼峰调车进路包括两种类型，一类是峰上调车进路，另一类是含有分路道岔的机车上下峰进路。从驼峰信号机至各股道的调车进路属于机车上下峰区域，在使用上具有如下特殊的地方：

(1)由于有“死区段”存在，当车列完全落入该区段时，图形窗“红光带”消失，但进路不会误解锁，因此，进路的正常出清解锁不是按区段解锁，而是按基本进路解锁。

(2)进路上有“红光带”，允许在不改变占用区段道岔方向的情况下排列调车进路，主要是用于推顶溜放途停车的场合。

(3)线束信号机往下的道岔区段相互之间几乎均侵入限界，虽然没有侵限显示，但均具有侵限检查，即道岔反位方向下级区段有“红光带”时，定位方向不能排进路，反之亦然。

(4)考虑到调车线整理，顶送车到位时不能完全出清进路，及调车线尾部调车有侵入驼峰头部，头部要为其安排进路的作业需要，系统可以在任意区段中途折返，无需一定走到折返信号前折返，并且此时允许越过道岔看信号折返。

(5)当区段因故残留光带时(通常是按基本进路残留光带)，故障解锁是通过基本进路始端进行办理(峰上部分是对区段办理故障解锁)。

(6)机车上下峰进路与溜放进路发生联锁，只有在进路上没有溜放钩车，或确认溜放车辆途停时，方可排列进路。

(7)在溜放状态下，机车上下峰进路可以按上下峰钩储存在调车作业计划中自动执行，其中先下峰，后上峰的上下峰钩，实行退路锁闭，进路通过后不解锁，自动关闭下峰信号，开放上峰信号。

三、调车进路的办理

峰上调车进路只能通过图形窗选择始端、变更点(选变更进路才用)和终端人工办理基本进路、变更进路、长调车进路等。

机车上下峰进路可以按上下峰钩储存在调车作业计划中，通过溜放窗办理“溜放开始”，自动按钩执行；也可以与峰上调车进路一样通过图形窗选择始、终端人工办理。

通过图形窗中的设备及设备弹出菜单可以完成调车进路的总取消、总人解、故障解锁、信号重开、信号紧急关闭等操作。

调车进路锁闭后，在信号开放条件满足时，自动开放信号，随着车列正常的占用出清，调车进路正常解锁。

股道发生“堵门”后，操作人员要办理与之侧冲股道的机车上下峰作业时，必须先将“堵门”股道的车辆推顶出清警冲标区段。

由于机车上下峰区域有“死区段”存在，当车列完全落入该区段时，图形窗“红光带”消失，因此排列机车上下峰进路时应人工确认与之侵限的“死区段”无车占用，以避免侧撞。

经过减速器的调车进路，应将减速器锁闭在缓解状态，由于联锁关系不要求检查缓解表示，操作人员应人工确认减速器处于缓解位置，防止夹机车。

机车由股道上峰时要求先占用三部位，未占用三部位直接由“死区段”上峰时，进路仍处于未使用状态，此时办理进路取消时，操作人员应人工确认车列已出清进路。

办理故障解锁时，一定要检查车列已经通过进路；严禁车列在进路上走行时办理故障解锁。

1. 峰上调车进路的正常解锁

调车信号机的关闭时机：在车列全部越过该信号机时；当信号机前留有车辆时，应在车列出清该信号机后方第一轨道区段时。

正常情况下，各道岔区段要在检查车列进入并出清本区段、压入后方区段、前方区段解锁等三个条件满足后才能解锁。随着车列向前运行，进路逐段解锁，黄光带逐段熄灭。

车列在前进过程中按要求折返时，因折返作业而不能正常解锁的区段或进路，在条件满足后自动解锁，称为中途返回解锁。

对于股道设有上峰调车信号机，且三部位减速器安装在该信号机接近区段外方的情况，当以该信号机为终端的调车进路解锁后，系统对三部位减速器保持 30 s 单锁(图形窗中该减速器显示绿色)，30 s 后如果机车仍未通过减速器，操作人员必须人工单锁减速器，防止夹机车。

办理由股道向峰顶的机车上峰进路后，当车列顺序占用三部位减速器区段、警冲标区段后又顺序退出警冲标区段、三部位减速器区段，该机车上峰进路执行中途返回解锁，属于进路的正常解锁。

2. 机车上下峰进路的正常解锁

调车信号机的关闭时机：信号机前后方无死区段时，信号关闭时机同上；信号机前后方存在死区段时，在车列出清该信号机内方第一轨道区段时。

正常情况下，机车上下峰进路在车列使用完毕后一次性自动解锁。

如果机车推送的上、下峰车辆换长较长，跨越接近区段或信号机内方第一轨道区段时，会造成调车信号机提前关闭；此时需要调车组人员引导机车上、下峰。

对于机车需要进入股道的作业，应等待机车出清警冲标区段，下峰进路解锁后再办理上峰进路，否则下峰进路无法正常解锁需要办理进路故障解锁；对于机车不需要进入股道的作业，可直接办理上峰进路。

对于股道设有上峰调车信号机，且三部位减速器安装在该信号机接近区段外方的情况，当以该信号机为终端的机车下峰进路解锁后，系统对三部位减速器保持 30 s 单锁(图形窗中该减速器显示绿色)，30 s 后如果机车仍未通过减速器，操作人员必须人工单锁减速器，防止夹机车。

四、全场溜放条件下溜放与调车的平行作业

在全场溜放条件下，通过操作人员人工单锁第一分路道岔后，允许半场溜放、半场人工办

理机车上下峰的平行作业。

下面以峰 1 全场溜放为例说明如下(峰 2 类同)：

1. 溜放开始办理

如果峰 1 半场有调车，可单操峰 1 一分路道岔到反位(对未设分路道岔手柄的站场，到位后需要恢复“自动”)并办理“单锁”后，通过溜放窗中“溜放开始”对话框办理峰 1 全场溜放；如果峰 2 半场有调车，可单操峰 1 一分路到定位(对未设分路道岔手柄的站场，到位后需要恢复“自动”)并办理“单锁”后，通过溜放窗中“溜放开始”对话框办理峰 1 全场溜放。

如果全场都无调车作业可直接办理峰 1 全场溜放。

2. 溜放中峰 2 半场需要调车作业

由操作人员确认峰 1 一分路道岔在定位并人工“单锁”后，系统自动解锁该道岔反位衔接的背向道岔，此时峰 2 半场可以人工办理机车上下峰进路。待峰 2 半场调车作业完毕后，操作人员将背向道岔搬回反位并人工“单解”峰 1 一分路道岔，此时系统自动锁闭背向道岔，恢复全场溜放条件。

3. 溜放中峰 1 半场需要调车作业

由操作人员确认峰 1 一分路道岔在反位并人工“单锁”后，峰 1 半场可以人工办理机车上下峰进路(只能到一部位)。待峰 1 半场调车作业完毕后，操作人员人工“单解”峰 1 一分路道岔，恢复全场溜放条件。

全场溜放条件下，驼峰信号与一分路道岔的单锁方向及溜放钩计划没有联锁关系，由操作人员确定驼峰信号的开放和关闭时机，确定一分路道岔的位置和单锁时机，确保溜放钩车正确提钩，防止溜往异线。

需要恢复全场溜放时，必须确认全场溜放区内没有调车进路后才能办理一分路道岔的“单解”。

“单解”后恢复全场溜放时，应确认一分路道岔位置与当前钩计划一致，不一致时可单操道岔到要求位置，对未设分路道岔手柄的站场，到位后需要恢复“自动”。

五、场间调车联系作业

两场间以调车信号机作为入口信号机时，各场以调车信号开放与否来决定是否允许车列进入本场。当两场间有一隔开的共用无岔区段(如到达场与驼峰调车场间的无岔区段)时，某一方向无岔区段开通进路后，另一方不能再向无岔区段排列进路。如果无岔区段有车占用，则不允许两场中任一端再向无岔区段排列调车进路。这与场内无岔区段不同，场内无岔区段有车时，是允许向区段内排列调车进路的。

六、调车线出岔

调车线出岔的情况往往是靠站场边缘的股道，例如通过分歧道岔与迂回线相连。调车线出岔容易发生溜放作业与调车作业的冲突。系统针对调车线出岔通常分两种防护情况：

1. 溜放优先

该股道设定为以溜放为主(例如该股道安装有减速器)。为了保证溜放中的安全，调车线相关道岔设计为溜放锁闭在接通溜放进路的方式：当办理溜放开始时将该道岔转换至接通溜放进路位置并锁闭之(图形窗道岔岔心处有绿色实心圆表示)，只允许溜放；当计划中有去往对应迂回线的当前钩时，自动封锁该股道，禁止溜放钩车进入本道，解锁调车线分歧道岔，允许从迂回线向该股道调车；调车进路使用完且迂回线钩执行完毕后自动重新将分歧道岔锁在接通溜放进路位置，并解锁该股道，恢复本道可溜放状态。

为了实现一个峰位在迂回线调车与另一个峰除该道之外的其他股道溜放的平行作业，允许在溜放前或溜放中人为封锁或解锁该股道，选择该股道在允许调车模式或允许溜放模式。

对于三部位减速器与测长区段之间插有其他轨道区段的站场，如果有钩车停在中间的轨道区段上，则三部位减速器自动定速按测长为 0 m 计算；但测长区段的测长值不显示为 0 m，仍按调车线内实际的空闲长度显示，操作人员在办理人工定速或实施减速器手动干预时应格外注意。

2. 调车优先

该股道设定为以调车为主(例如该股道未安装减速器)。该股道设定为非自动溜放股道，通往该股道的关键分路道岔平时对向其他股道，并禁止对该道岔进行单操，只有计划中有去往该股道的上下峰钩时，自动将道岔操至对向该股道并锁闭。当调车进路解锁后，该道岔自动带回对向其他股道。

以调车为主的股道(例如该股道未安装减速器)在未进行调车作业时，应及时办理股道封锁，防止溜放钩车误闯入，发生严重的后果。

七、推送作业

驼峰推送进路包括至峰顶的推送进路以及去往禁溜线、迂回线的取送车进路。

推送进路可以储存在调车作业计划中，通过溜放窗办理“溜放开始”，自动按钩执行，也可以与调车进路一样通过图形窗选择始、终端人工办理。人工办理的推送进路，也由人工进行驼峰信号的控制。溜放作业过程中禁溜线、迂回线取送车作业只能按自动控制方式办理，不能按集中控制方式办理。

对横列式站场，推送进路的始端选择牵出线处的无岔区段；对纵列式站场，推送进路的始端选择驼峰调车场和到达场之间的场间无岔区段；推送进路的终端为驼峰信号机或禁溜线、迂回线上开向峰上的调车信号机。

通过图形窗中的设备及设备弹出菜单可以完成推送进路的总取消、总人解、故障解锁、驼峰信号开放等操作。

推送进路的解锁可根据站场的布局和作业要求采取不同方式，本站场推送进路的解锁实行一段解锁方式，随着溜放作业的进行，解体车列顺序占用推送进路，溜放结束或暂停后，当车列出清推送进路时，该进路即自行解锁。

第六节 股道封锁与解锁作业

在图形窗对应股道的警冲标区段的弹出菜单选择“封锁股道”或“解锁股道”后，系统将根据其他股道的封锁情况，自动转换有关道岔，之后对关键道岔进行封锁或解锁，并自动实现道岔封锁时的“升级”和解锁时的“降级”选择。

道岔一旦被封锁，计算机将拒绝执行来自内部的任何转换命令，同时将锁闭人工搬动道岔。封锁股道与解锁股道操作要求有关的道岔手柄在中间位置(或在自动状态)，某股道被封锁后，一旦有去往该股道的溜放钩车出现在峰顶时，将及时报警并自动切断驼峰信号。

自动封锁的道岔位置将被连续检查，一旦道岔锁闭条件被破坏，将及时报警并自动切断驼峰信号。

封锁股道功能可用于股道满线封锁，也可作为编发线发车锁闭使用。前者可灵活使用封锁或解锁股道的命令以达到目的，后者由于与驼峰尾部发生联锁，解锁受到限制。

待关键道岔和股道被锁闭后，图形窗被锁闭的道岔有锁闭标识(道岔岔心处出现白色实心圆表示)，被锁闭的股道线段显示灰色。对于编发线，此时允许尾部排通发车进路；一旦编发线排通发车进路，图形窗对应的股道线段显示绿色，不允许操作人员通过"解锁股道"操作解除对编发线的封锁。一般情况下随着发车进路的使用和解锁，编发线自动解锁。

编发线排通发车进路后，操作人员可以通过"总人解"操作强制解除对编发线的封锁。

对于单峰的站场，禁止封锁全场所有股道；对于具有交叉渡线的双峰站场，禁止封锁半场所有股道。

股道满线或接近满线时，有调机在股道内整场时，调机由尾部进入连接车辆时，以调车为主的股道(例如该股道未安装减速器)在未进行调车作业时，钩车在三部位减速器上(或前)停车未自动封锁股道时，股道安装脱轨器时等情况，应及时办理"封锁股道"，防止溜放钩车误闯入，发生严重的后果。

办理"解锁股道"后会解除"满线"处理功能，因此操作人员应在办理下峰整理之前才办理"解锁股道"；如果办理 "解锁股道"后，未办理机车上下峰进路将途停车推顶入股道，应及时人工补办"封锁股"。

第七节 故障情况下的操作方法

TW-2 系统故障及的主要表现形式有以下几种：

(1)操作工作站出现"驼峰控制系统暂停，请与维修人员联系"的弹出窗口，主窗体上的 A、B 机工作状态按钮和板故障按钮都显示红色，表明 A、B 机退出控制或操作工作站与 A、B 机之间通信中断。

(2)主窗体中的 A、B 机工作状态按钮没有一个显示绿色，表明系统处于脱线工作状态，无法保证正常控制。

(3)操作工作站的鼠标或键盘无法操作，主窗体中的时间不再变化，表明操作工作站退出控制。

(4)图形窗中减速器设备显示红色闪动表明减速器或控制该减速器的硬件出现故障。

(5)图形窗中弹出"风压报警"红色按钮表明风压下限超标，可出现在道岔或减速器控制采用空气为动力的站场。

(6)图形窗中弹出"轨道停电"红色按钮表明给轨道电路供电的电源发生停电故障。

(7)图形窗中弹出"熔丝报警"红色按钮表明给自动化系统进路或调速设备供电的熔丝发生断丝故障。

(8)图形窗中弹出"限界报警"红色按钮表明推送线上的限界检查器被打落。

发生上述故障时，操作人员应立即关闭驼峰信号，停止溜放作业；同时密切注意已经摘开钩的钩车，必要时采取分路道岔手动控制和(或)减速器手动控制，防止或减少损失。通知电务维护人员确认并处理，对于影响全场溜放作业的故障，必须等故障排除后才可以继续溜放；对于不影响全场溜放作业的故障（如：轨道停电影响局部轨道电路、熔丝报警影响局部控制设备、减速器故障影响个别股道）可在电务维护人员确认故障范围的情况下进行有条件溜放作业。

主窗体中的A、B机工作状态按钮有一个显示绿色，且图形窗中无减速器显示红色闪动时，表明系统在线工作，能够正常控制；此时A、B机工作状态按钮中的另一个即使显示红色，或者板故障按钮显示红色，系统仍可正常控制，但应通知电务维护人员，由电务维护人员视故障情况择机处理。

复习思考题

1. TW-2型驼峰自动化控制系统由哪些部分组成的？
2. TW-2型驼峰自动化控制系统主要功能有哪些？
3. 驼峰控制台室内设备的基本作用是什么？
4. 简述TW-2型组态式驼峰工作特点。
5. 如何进行“追钩”处理？
6. 如何进行“途停”处理？
7. 如何进行“挤岔”防护？
8. 如何进行“轻车跳动”处理？
9. 在几种情况下计算机将自动减少或中止放头拦尾放头拦尾控制？
10. 如何进行调速特殊情况的观察与防范？
11. 如何进行推峰速度控制？
12. 驼峰调车进路的特点是什么？
13. 分路道岔区调车进路的特点是什么？

第九章　编组站综合自动化系统

SAM(Synthetic Automation of Marshalling yard)系统是编组站综合自动化系统，SAM系统是将编组站信息管理系统和信号控制系统综合集成的编组站管理与控制技术，在编组站范围内全面实现计算机化管理和作业过程自动控制。从软件上实现了"局站一体化"、"管控一体化"、"运维一体化"。本章介绍SAM系统的使用，其中包括SAM系统的体系结构和作业岗位以及SAM系统的功能结构和作业流程，并且重点讲述了SAM系统如何实现局站一体、管控结合。

第一节　编组站综合自动化系统(SAM)概述

一、分层解析SAM系统的体系结构和作业岗位

SAM系统的体系结构可以划分为三层：上层为调度层、中层为指挥层、下层为执行层。调度层由信息管理子系统和列车调度指挥子系统构成，即SMIS子系统和TDCS子系统；指挥层则指集中控制子系统；执行层包括计算机联锁子系统、驼峰自动化子系统、停车器控制子系统、调机综合安全控制子系统和微机监测子系统。实际上，SAM系统是用网络将这8大子系统，采用接口方式综合集成在一起，完成编组站各项作业的。核心是集中控制子系统。

与系统结构相对应，SAM系统的作业岗位也分为调度、指挥和执行三层。调度层岗位包括：列车调度员(行调)、车站调度员(站调)和场调度员(场调)。行调的设备属于TDCS子系统，站调和场调的设备属于SMIS子系统。指挥层岗位包括：车站值班员、驼峰区长和编尾区长。车站值班员的设备属于集中控制子系统，驼峰区长和编尾区长的设备属于SMIS子系统。执行层岗位包括：联控值班员、驼峰值班员、统计员、内勤车号员、外勤车号员、货检值班员、列检值班员、列尾值班员、排风员和调车组。联控值班员的设备属于集中控制子系统；驼峰值班员的设备属于驼峰自动化子系统；而调车组的车载设备属于调机综合安全监控子系统(STP)；统计员、内勤车号员、外勤车号员、货检值班员、列检值班员、列尾值班员、排风员的设备属于SMIS子系统。在SAM系统结构中，除SMIS子系统由车站负责维护外，其余子系统全部由电务负责维护。

调度层为调度员提供服务：TDCS服务于行调，完成列车作业计划的编制、下达和作业图表绘制。指挥层为车站值班员提供服务，完成计划内容到作业指令的自动转换、作业指令的自动调整和下达、站场和车列状态的实时反馈以及作业进度的实时反馈。执行层为操控人员提供服务，包括了各种传统的铁路信号系统设备，为编组站的运输作业提供最基础的安全保障、设备状态监控和作业流程衔接服务。

简单来说：行调是完成列车计划的编制和调整；车站值班员是组织接发列车、协同办理作业、掌握作业进度；联控值班员是监视进路、人工干预作业；而驼峰值班员是负责调车作业、布置钩计划；调车组是完成调车作业的。对应不同的岗位，就有相应的设备，排除掉车站信息系

统的设备，电务维护的设备就有：行调用的调度终端，车站值班员用的辅助调度终端，联控值班员和驼峰值班员用的集中操作终端，调机监控的STP终端，编尾停车器的停车器控制终端，监测系统的微机监测终端。

二、SAM系统的功能结构

SAM系统按功能分为以下模块：设备集中控制作业系，计划行车作业系，计算机自动执行工作系，计算机设备综合监测工作系。

(1)设备集中控制作业系由与现场执行设备连接的SAM系统通信接口机、SAM系统集中操作终端组成。提供集中控制条件下，对所有现场设备的控制界面和站场信号设备的状态表示。

(2)计划行车作业系由TDCS接口机、计划信息接口机、辅助调度操作终端组成。提供集中控制条件下，值班员作业所需要的行车调度信息和调车作业信息交互平台。

(3)计算机自动执行工作系以集中操作终端为核心，通过与计划系统和执行系统无缝连接。实现自动化的作业执行功能。

(4)计算机设备综合监测工作系由计算机状态监测，现场信息监测，网络状态监测等监测平台组成。用于提供SAM系统设备日常维护平台。

三、SAM系统的作业流程

SAM系统工作流程可划分为应用层、通信层、执行层。

执行层有：现场执行设备、计划信息接口设备、TDCS接口设备。

通信层有：通信接口站机、计划信息接口机、SAM-TDCS接口机。

应用层有：集中操作终端、辅助调度终端、集中控制服务器、监测设备。这三层之间的作业流程根据不同作业方式和不同作业条件分为三部分：设备控制操作，行车信息处理，自动执行模式作业。

1. 设备控制操作：上传表示信息时，SAM接口站机通过串口与现场执行设备获取表示信息，SAM系统集中操作终端通过对应通信接口站机获取上述表示信息，综合处理后显示在终端显示器上，由联控值班员进行联控作业。下达控制命令时，SAM系统集中操作终端向SAM接口站机发送控制命令，SAM接口站机接收到控制命令后经过编码，通过串口将命令发送到对应执行设备。

2. 行车信息处理：SAM-TDCS接口机从TDCS接口设备接收行车调度下达的列车调度信息。计划接口机从本站信息系统获取调车作业计划信息。由辅助调度终端获取上述数据信息，供车站值班员使用。

3. 自动执行模式作业：自动执行模式时，集中控制服务器从SAM-TDCS接口站机和计划信息接口站机获取计划信息，经过自动执行算法分析后，集中控制服务器根据从控制网上获取的现场当前表示信息产生对应阶段计划的具体执行指令，通过控制网下达到通信站机，实现自动执行。

SAM系统最主要的功能就是作业过程的自动执行，集中控制系统是SAM系统实现“管控一体化”的核心环节。作为计划管理层与控制执行层之间的中间接口层，SAM集中控制系统主要实现三部分功能：从计划管理层接收阶段计划、调车钩计划等，转换成可执行指令序列；

适时向控制执行层下达指令，指挥现场作业；接收现场设备表示与作业实时反馈，对后续作业进行调整与优化，以及作业实绩上报，从而达到从调度计划到作业实绩的全过程自动化。

第二节　驼峰自动化控制显示系统

一、驼峰控制台室内设备

驼峰控制台设备如图 9-1 所示，其主要功能如下：

1. 办理峰上调车及推峰机车上下峰进路的集中联锁控制；
2. 办理与到达场和编发线尾部等相关车场的场间联系；
3. 调车作业计划的自动接收或人工输入及计划的临时改变，按作业需要顺序调用计划；
4. 调用计划同时建立推送进路，人工或自动控制驼峰信号机；
5. 自动按计划执行下列性质的勾作业：

①溜放勾：执行溜放进路；

②手动单溜钩：执行手动单钩溜放进路；

③上下峰钩：执行机车上下峰进路；

④禁溜线钩或迂回线钩：执行禁溜线或迂回线取送进路。

6. 自动控制一、二部位间隔制动位减速器，调整钩车间隔及保障三部位减速器入口速度；
7. 自动控制三部位目的制动位减速器，调整钩车速度与股道内的停留车安全联挂；
8. 办理股道封锁与解锁及编发线发车锁闭。

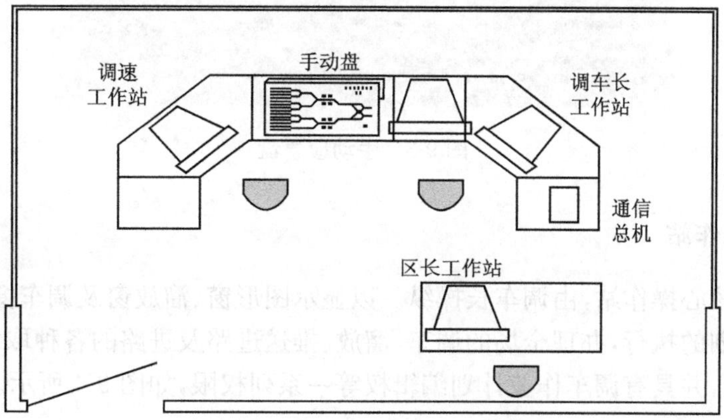

图 9-1　驼峰控制台室内设备

二、区长工作站

作用：监督驼峰作业溜放过程、观察各股道的可存车数量。

该工作站通常设有报警记录和统计报告的二级查询权并可打印信息窗查询结果，如图 9-2 所示。

三、手动应急盘

本站场手动应急台设有一、二、三部减速器的制动、缓解和检修按钮及驼峰信号切断按钮。

在紧急情况下对减速器实施手动干预和关闭驼峰信号，如图 9-3 所示。

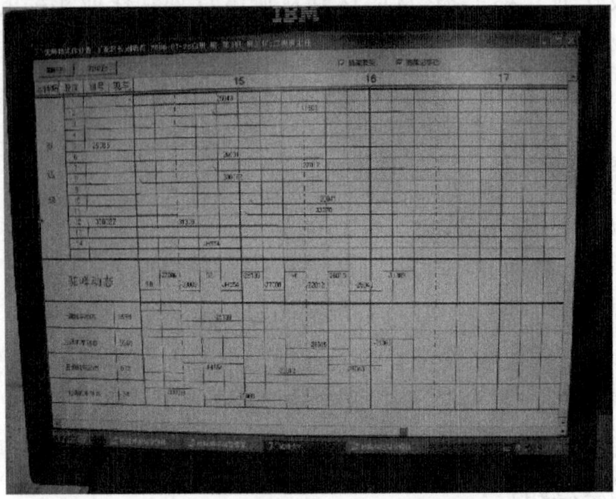

图 9-2 区长工作站显示系统

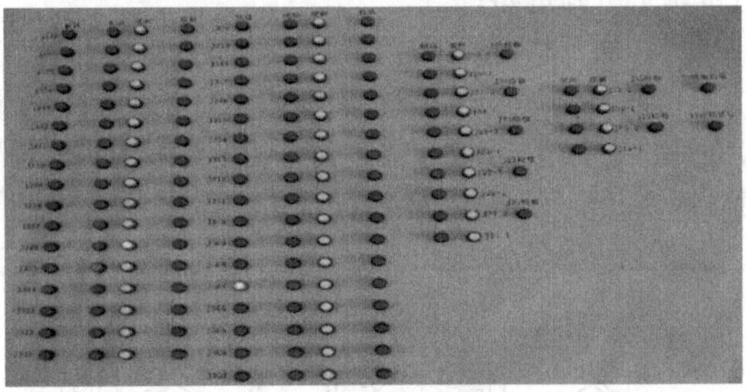

图 9-3 手动应急盘

四、调车长工作站

该工作站为核心操作站，由调车长操纵。以显示图形窗、溜放窗及调车窗为主。该工作站负责调车作业计划的执行，办理全场的调车、溜放、推送进路及进路的各种取消与解锁、道岔单操、驼峰信号控制，并具有调车作业计划编辑权等一系列权限，如图 9-4 所示。

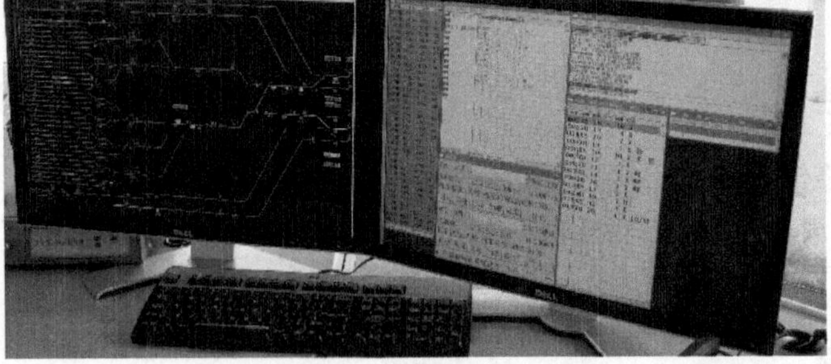

图 9-4 调车长工作站

五、上层管理机控制系统显示部分

可以实时显示车组的动态溜放情况、各种信息窗口、故障语音报警等，如图 9-5 所示。

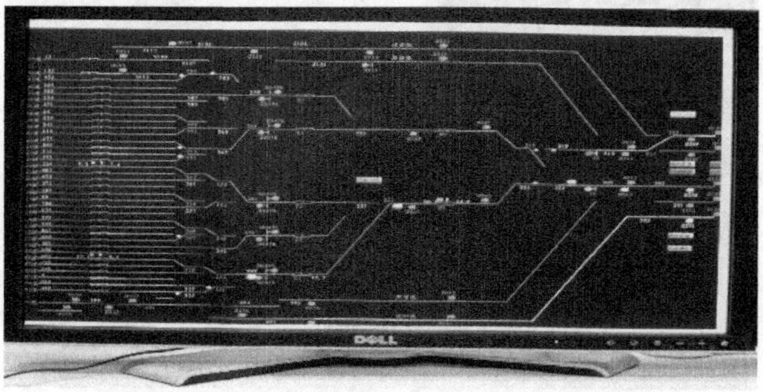

图 9-5　上层管理机控制系统显示部分

六、机车遥控系统显示

显示推峰机车进行推送作业的各种信息，如图 9-6 所示。

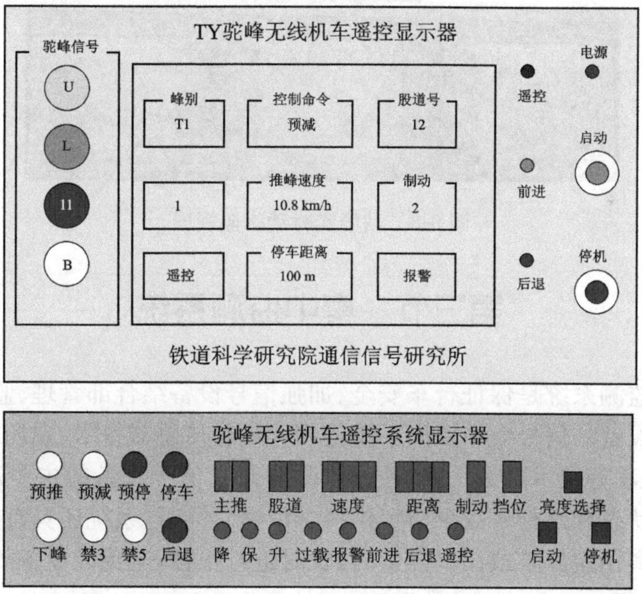

图 9-6　机车遥控系统显示

七、调速工作站

该工作站以显示站场图形窗、溜放窗为主。赋予接收调车作业单、减速器单操及半自动定速等权限，如图 9-7 所示。

八、站场实时动态监视屏

站场实时动态监视由图 9-8 所示的三个显示屏完成，实时监测编组站主要部位情况。

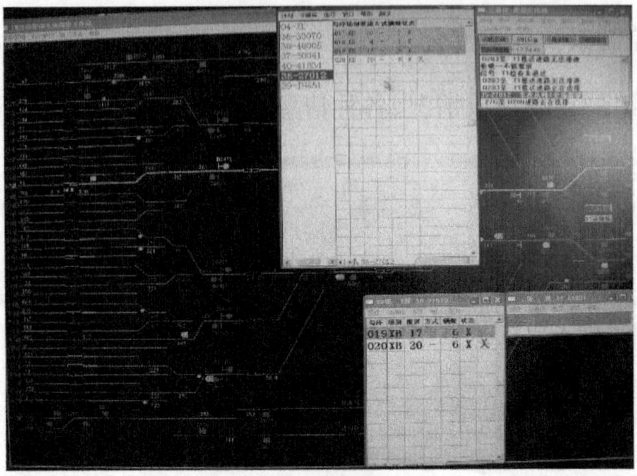

图 9-7 调速工作站

图 9-8 站场实时动态监视屏

第三节 集中监测系统

铁路信号集中监测系统是保证行车安全、加强信号设备结合部管理、监测铁路信号设备运用质量的重要行车设备。信号集中监测系统把现代最新传感器技术、现场总线、计算机网络通信、数据库及软件工程等技术融为一体，通过监测并记录信号设备的主要运行状态，为电务部门掌握设备的当前状态和进行事故分析提供科学依据。同时，系统还具有数据逻辑判断功能，当信号设备工作偏离预定界限或出现异常时，及时进行报警，避免因设备故障或违章操作影响列车的安全、正常运行。

传统信号设备与现代技术设备比较而言并不是完美无缺的，一方面不具备实时自诊断设备电气特性是否合乎标准的能力，另一方面不具备对行车信息的长时间记忆、存储和历史回放的能力。长期以来，信号工作者一直都希望借助计算机技术来弥补传统信号设备的缺陷。信号系统是采用微型计算机技术产生信号的集中监测系统，采用基于 TCP/IP 协议的广域网模式，由车站采集系统、电务段中心服务器管理系统、上层网络终端及广域网数据传输系统组成。车站采集系统是系统的基础，是所有原始信息的源头。所提供有关信号设备的质量信息应该是精确的，告警信息是可靠的，运输状态的记录是完整的。因此站机和采集机的工作应该是高稳定、高可靠的，满足集中监测系统要求的各项技术条件和原则。车间机用于管理和查看所辖车站的数据。电务段中心服务器管理系统是集中监测网络系统的中枢部分，是管内各站的集中监测数据和网络通信的管理中心。铁路分局、铁路局和铁路总公司作为上层网络终端具有终端机的所有功能。信号集中监测系统通过广域网数据传输系统把车站系统、电务段系统及上层网络连接起来。广域网数据传输系统完成 IP 数据包在各计算机间的传输，它包括路由器、调制解调器、集线器等。信号集中监测系统的网络结构是由车站基层网、电务段管理网和远程访问用户网三部分组成的，以多级监测管理层自下而上地逐级汇接而成的层次型计算机广域网络系统。车站基层网由沿线各站主机和车间机（领工区）构成；电务段管理网由一台服务器和若干台终端构成局域网，数据库服务器兼作通信服务器和远程访问服务器，负责监测信息的管理并接收终端用户的访问；远程用户终端可通过拨号网络与电务段服务器或各站工控机连接，索取需要的信息。车间机直接连在基层网中，可以用一台工控机或商用机运行相应软件查询所管辖各站的监测信息。信号集中监测系统的网络结构基于铁路的现状设计，采用串联加环路的方式，即一条线路上的各站仅需要一条通道，该通道站站开口，将沿线各站串联在一起，线路末端站再增加一条通道至电务段，使网络成环。网络上传输的数据到达某个站后，由该站路由器对数据的传输进行路由选择，确定最佳传输路径并将数据传递给下一站，站站接力，一直到达目的地。采用先进的现场总线（CAN）技术、传感技术和计算机网络通信技术、数据库及软件工程技术，监测并记录信号设备的主要运行状态，为铁路电务部门掌握设备运用质量和故障分析提供科学依据，是面向用户的开放性和模块化设计的系统。利用计算机高速信息处理能力，进行实时监测、故障诊断、自动分析；利用计算机大规模信息存储能力，进行数据处理、记忆存储、回放再现。利用计算机联网能力，加强调度指挥、故障处理、集中管理。信号集中监测系统具有自诊断功能。能在信号设备运行的全部时间内监测运行状态和质量特性，全天候实时或定时对主体设备进行参数测试、存储、打印、查询、再现；能监测信号设备主要电气性能，当电气性能偏离预定界限时及时报警；能发现信号故障和故障预兆，为防止事故、实现信号设备预防维修提供可靠信息。进行实时监测、数据处理、故障诊断，从而大幅度提高了信号系统的安全性。信号集中监测系统具有自记忆功能。记忆、存储信号设备的运行过程，并通过逻辑智能判断，有利于捕捉瞬间故障和间歇故障，克服“疑难杂症”，提高信号系统的可靠性；通过历史回放，为进行事故分析提供重要的手段和依据。信号集中监测系统设备具有网络诊断管理和维护功能，可以实现电务段、分局、路局和铁路总公司的全路联网。加强生产指挥，便于指导维修，实现科学管理。随着铁路网络规模的不断扩大，信号微机监测系统作为管理维修的主要设备，将向智能化、网络化方向不断完善和发展，并将同调度监督系统和运输信息管理系统汇接整合，更好地为铁路运输服务。

一、道岔动作曲线分析

道岔动作电流曲线如图 9-9 所示，分析如下：

(1)道岔的正常动作可分为解锁—转换—锁闭。由于直流电动机为直流串激电动机，特点是电流越大、转矩越大、转速变慢、反之电流越小、转矩就小，而转速加快。在一定范围内，直流电动转辙机具有电机的转速与转矩能随负荷的大小自行调整的“软特性”。

(2)从图中 T_1 时段看出：电机刚启动时有一个很大的启动电流。

(3)T_2 时段为道岔的转换过程，在这个过程中电机经过 2 级减速，带动道岔平稳转换，动作电流曲线平滑。

(4) T_3 就是常说的最大锁闭电流。

(5) T_4 时段一般是 0.4 s 左右，这一时段是 1DQJ 缓放产生的曲线。

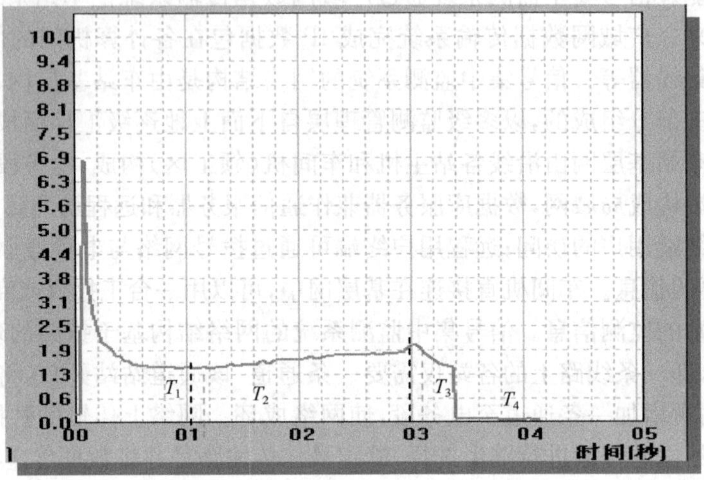

图 9-9　ZD6 单动道岔曲线

1. 正常曲线

ZD6 单机牵引道岔转换电流—时间特性曲线如图 9-10 所示，道岔正常转换时应该满足以下条件：

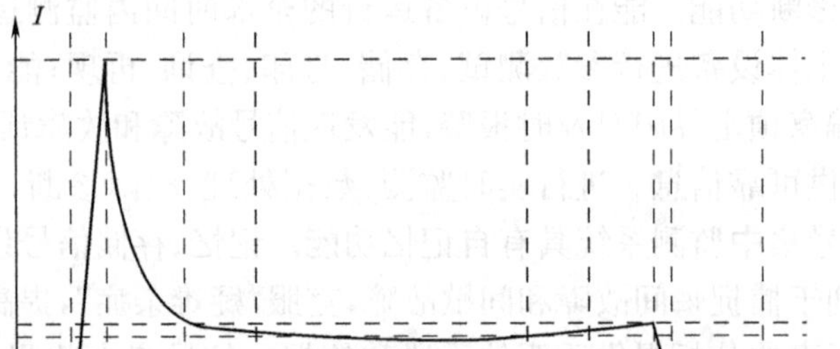

图 9-10　ZD6 单机牵引道岔转换电流—时间特性曲线

(1) T_2-T_1 = 1DQJ 吸起时间 + 2DQJ 转极时间 $\leqslant$ 0.3 s。

(2) $T_3-T_2 \leqslant 0.05$ s，ZD6 电机上电时间。电机启动时（T_2-T_3 段）曲线骤升，形成一个尖峰，峰顶值通常为 6～10 A。若峰值过高，说明道岔电机有匝间短路。

(3) T_3-T_4 段为道岔解锁时间，也就是动作齿轮锁闭圆弧在动作齿条削尖齿内滑动的时间。电流至峰点后迅速回落（T_3-T_4 段），弧线应平顺。若有台阶或鼓包则为道岔密贴调整过紧或削尖齿与锁闭圆弧间缺油造成解锁困难。$T_4-T_1 \leqslant 0.6$ s，其中 T_3-T_4 段为道岔解锁，密贴尖轨开始动作时间。

(4) T_4-T_5 段为空动距离时间，曲线基本呈水平状，略微向下。段为空动距离时间，曲线基本呈水平状，略微向下。T_5-T_7 段为尖轨动作时间曲线。

(5) T_5-T_6 段为尖轨移动时间。此段为一大半径，方向朝下的弧，谷底值与 T_4-T_5 或 T_6-

T_7 段的平均值之差，不应大于 0.3 A，若大于则说明工务尖轨有转换障碍（根部阻力、滑床板缺油、尖轨吊板等）。

(6) T_6-T_7 段为道岔锁闭时间，也就是动作齿轮锁闭圆弧在动作齿条削尖齿内滑动的时间。T_7-T_4＝动作齿条移动时间，时间的长短视转换阻力而变，一般取 T_4～T_7 间的平均电流作为道岔动作电流。

(7) T_7-T_8 段为自动开闭器接点转换时间。$T_8-T_7 \leqslant 0.25$ s 尖轨密贴至道岔锁闭的时间，其电流值对应道岔的密贴力。T_7-T_8 段为锁闭电流，一般不高于 T_4-T_7 段的平均值，但不应高出 0.3 A 以上，若有则为道岔密贴调整过紧。

(8) T_8-T_9 段为 1DQJ 缓放落下时间。T_9-$T_8 \leqslant 0.05$ s，ZD6 完成机械锁闭，自动开闭器速动接点断开电路的转换时间。T_9-T_8 段若出现故障电流曲线，一般是自动开闭器动作不灵活。

(9) $T_{10}-T_9$＝1DQJ 缓放时间$\geqslant 0.4$ s。

2. 典型的异常曲线

典型的异常曲线主要是道岔动作电流过小或 1DQJ 不良曲线；燃齿曲线自动开闭器动作不灵活曲线；动作电流不平滑曲线；启动延迟曲线；道岔夹异物或故障电流过小曲线；启动电路断线曲线；转辙机定转子混线曲线；接点接触不良曲线等。

(1)启动延迟曲线

产生原因：可能是由于启动电路中的某一个继电器接点接触不良或继电器本身不良造成。

特点：如图 9-11 所示，启动前有一段时间（大约是零点几秒）道岔动作电流为零。

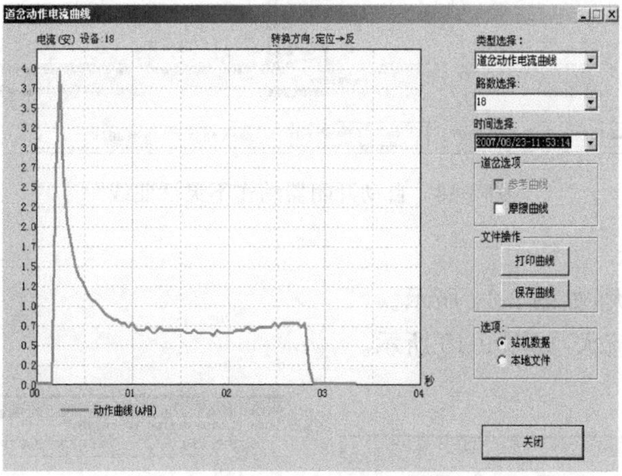

图 9-11　启动延迟曲线

(2)燃齿曲线

当启动时，就不能解锁，也就是启动时就空转，如图 9-12 所示。

主要原因：道岔密贴力过大。

处理方法：一是振动动作杆，二是松开密贴杆螺丝，再扳动。三是摘下动作杆，再扳动试验，同时削尖齿注油。

(3)自动开闭器动作不灵活曲线

产生原因：自动开闭器的几个轴动作不灵活产生（拐轴、自动开闭速动爪轴、连接板轴）。

处理方法：在各轴上注钟表油或变压器油。

特点：道岔机械锁闭时，电流曲线延时，如图 9-13 所示。

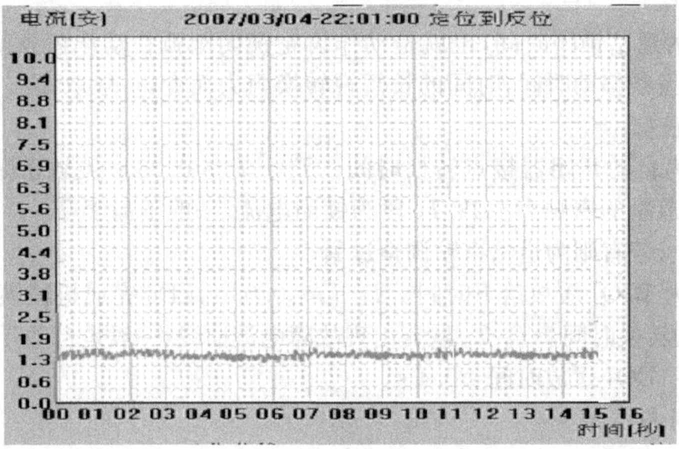

图 9-12　燃齿曲线

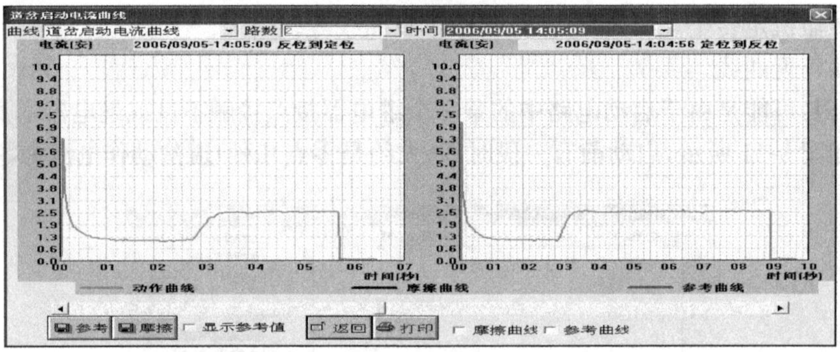

图 9-13　自动开闭器动作不灵活曲线

(4)锁闭电流超标

道岔密贴时电流大，如图 9-14 所示。

转辙机锁闭时电流大，如图 9-15 所示。

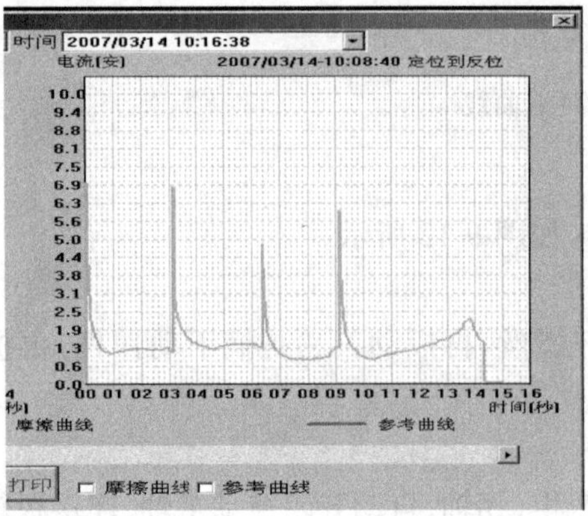

图 9-14　锁闭电流超标曲线

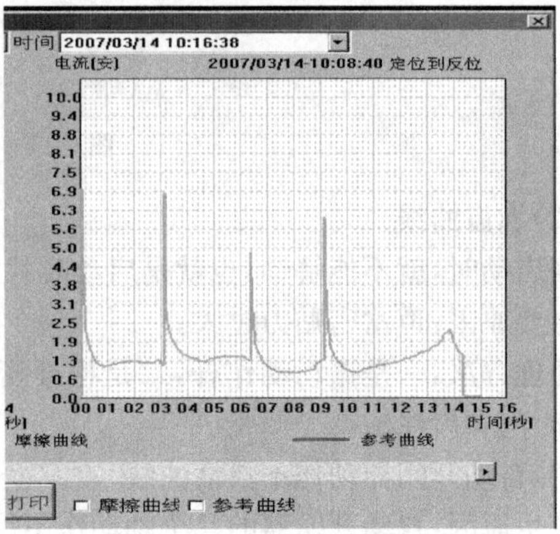

图 9-15　转辙机锁闭时电流大曲线

(5)动作电流不平滑曲线

特点:动作电流呈锯齿状,不平滑,如图 9-16 所示。

产生原因:

①电机炭刷与转换器面不是圆心弧面接触,只有部分接触,电机在转动过程中,换向器产生环火。

②电机换向器有断格或电机换向器面清扫不良。

③滑床板清扫不良。

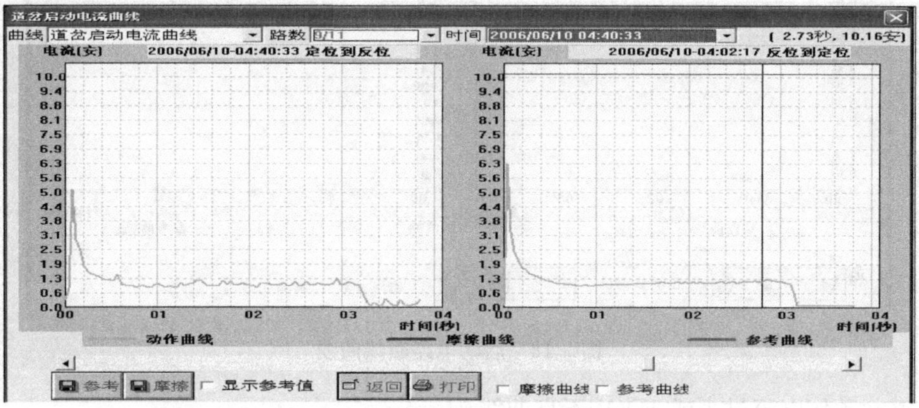

图 9-16　动作电流不平滑曲线

(6)道岔夹异物或故障电流过小曲线

特点:动作电流曲线长时间在一个固定值范围内,道岔不能锁闭,转换过程超时,如图 9-17 所示。

产生原因:道岔夹异物或故障电流小。

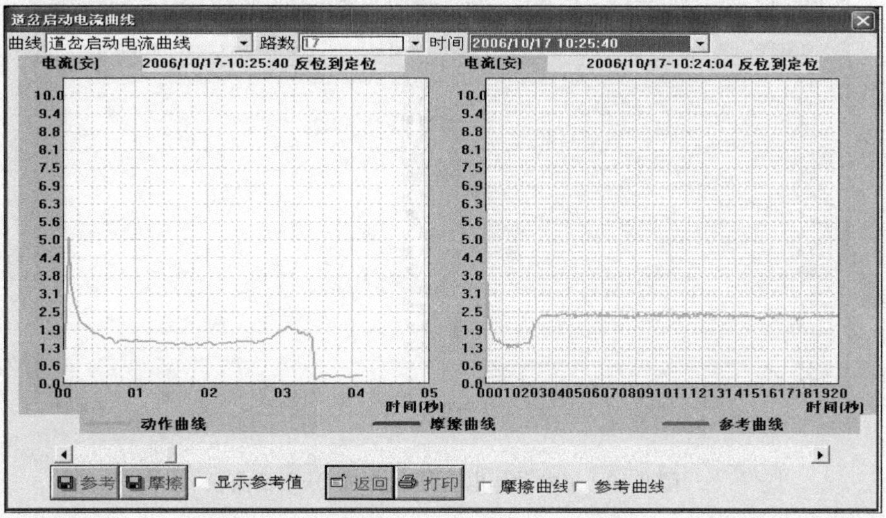

图 9-17　道岔夹异物或故障电流过小曲线

(7)启动电路断线曲线

电流为零,说明启动电路不通或电源断电。

特点:曲线电流为零,时间约为 0.45 s,如图 9-18 所示。

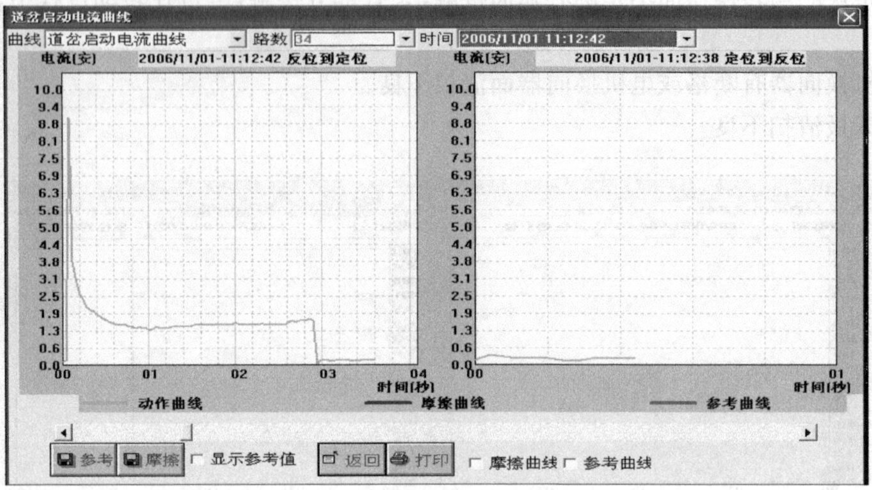

图 9-18 启动电路断线曲线

(8)道岔动作电流过小或 1DQJ 不良曲线

产生原因:一是动作电流过小或是电机特性不良,二是 1DQJ 继电器 1-2 线圈工作不良,继电器保持不住。道岔转换中停转,曲线有 1DQJ 缓放时间的,停转的原因是断电,无缓放时间的,是 1DQJ 故障。

特点:道岔转换过程中,突然自己停转,控制台无表示,实际道岔在四开状态 ,曲线显示无 1DQJ 缓放时间,如图 9-19 所示。

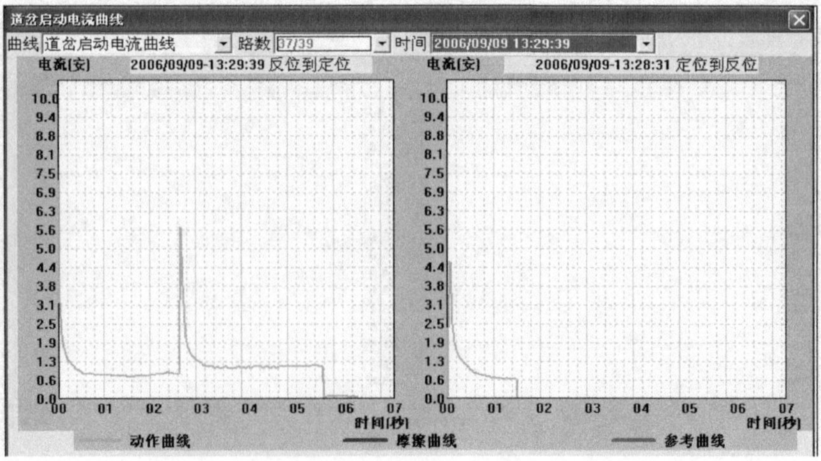

图 9-19 道岔动作电流过小或 1DQJ 不良曲线

(9)转辙机定转子混线曲线

原因:转辙机定子、转子回线或绝缘不良。

特点：道岔转换时间长，动作电流大，如图 9-20 所示。

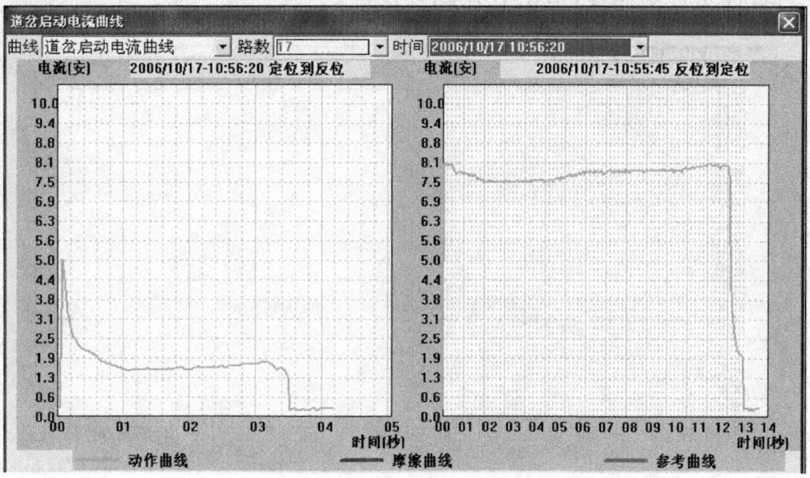

图 9-20　转辙机定转子混线曲线

(10)转辙机定转子混线曲线

从下图可以判断为双动道岔的第二动产生抱死曲线。卸下电机后，用手摇把摇，能摇动，说明为电机抱死；摇不动，是减速器抱死道岔出现空转电流曲线时，根据电流的大小来判断产生的故障原因。摩擦带以外的故障，最大电流为摩擦电流；摩擦带以内的故障，摩擦电流都很大，一般在 6 A 以上，如图 9-21 所示。

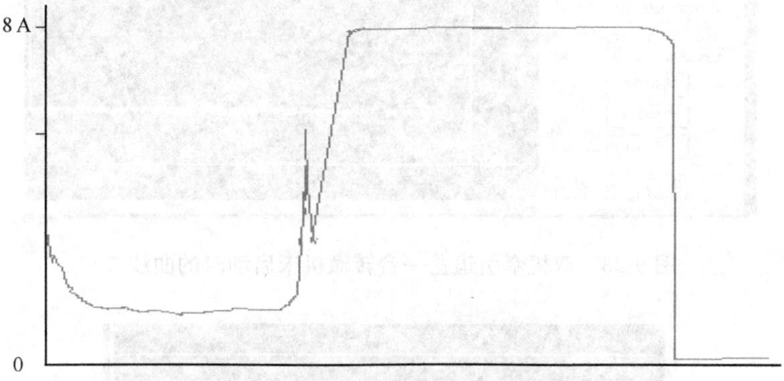

图 9-21　转辙机定转子混线曲线

(11)双机牵引道岔一台转辙机未启动时的曲线

现象：控制台电流表指针显示的是一台转辙机空转时的电流第一牵引点空动小，尖轨开程大，如图 9-22 所示。

动作时间长，动作电流变成摩擦电流时间短，第二牵引点空动距离大，尖轨开程小，如图 9-23所示。

(12)倒表示曲线

对于单动道岔，产生倒表示故障时，在控制台上可看到表示灯闪一下。查看道岔表示曲线发现直流电压有个尖脉冲，交流电压显示 110 V，如图 9-24 所示。

原因:第一动摩擦电流过大。

特点:第二动启动后就停转,道岔处在四开位置。

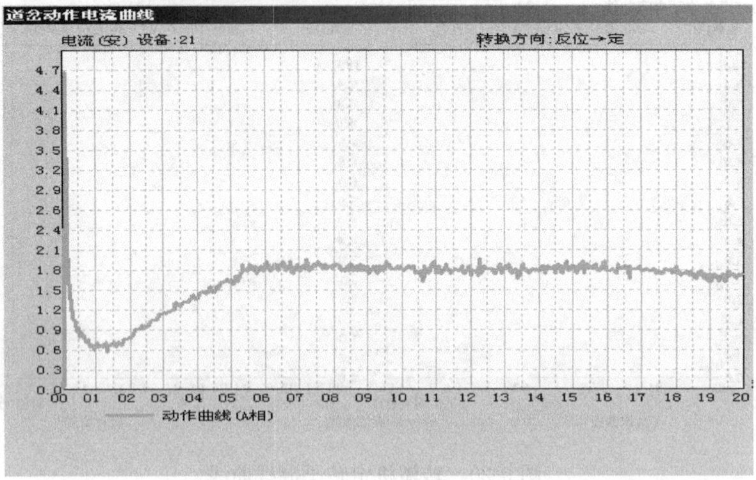

图 9-22　双机牵引道岔一台转辙机未启动时的曲线一

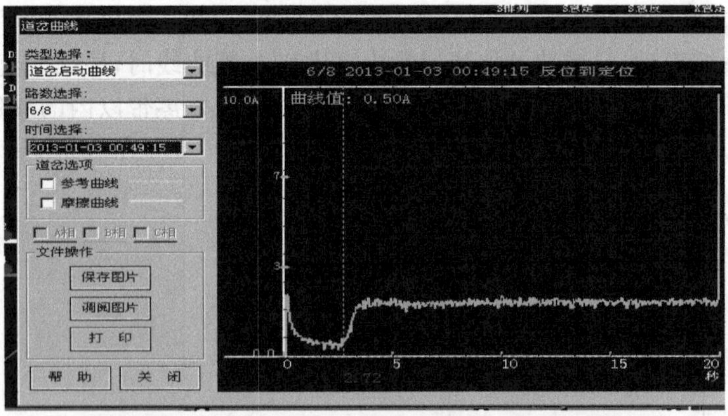

图 9-23　双机牵引道岔一台转辙机未启动时的曲线二

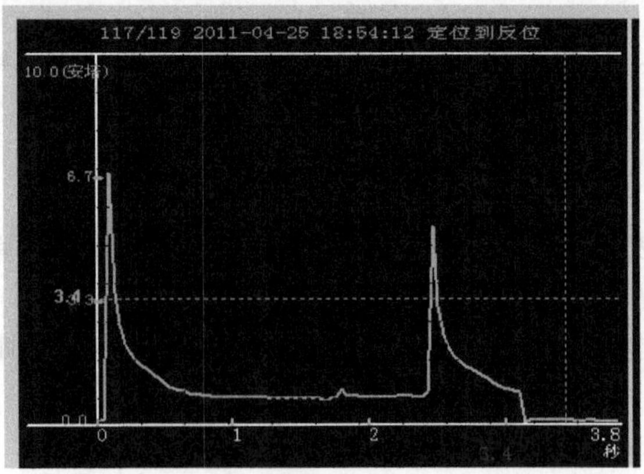

图 9-24　倒表示曲线一

在 1DQJ 缓放时间内，转辙机发生倒表示，表示接点重新打入启动侧，造成转辙机二次启动，如图 9-25 所示。

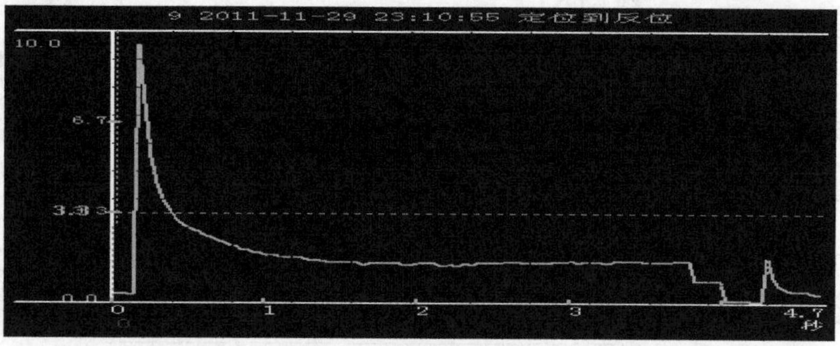

图 9-25　倒表示曲线二

（13）接点接触不良曲线

电流回零，说明启动电路有瞬间开路现象，一般情况下是接点接触不良，重点检室外转辙机接点查道岔在转换过程中，曲线显示电流有瞬间回零的现象，如图 9-26 所示。

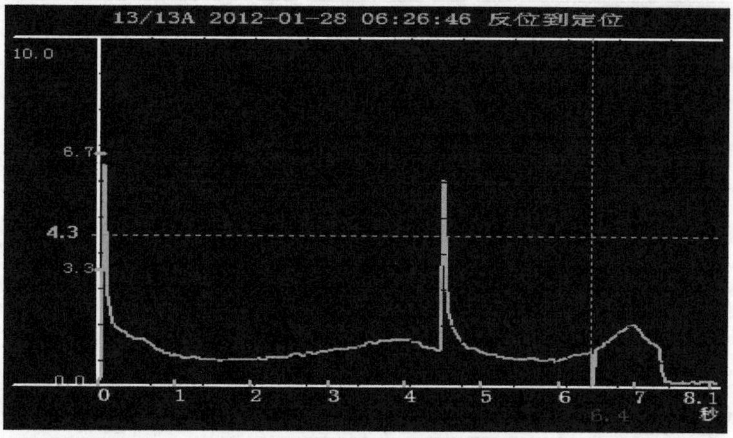

图 9-26　接点接触不良曲线

（14）提速道岔 BHQ 或 BHJ 故障时曲线

提速道岔 BHJ 的原理图如图 9-27 所示。

提速道岔 BHJ 吸起时机是：道岔启动电路中三相电源均已有电流流过。也就是先有电流后 BHJ 才吸起。如图 9-28 所示该曲线是由于 1DQJ 自闭电路故障造成的启动电源断电。

（15）提速道岔缺相时故障曲线

该曲线是由于道岔启动电路电源有一相断电，造成 BHJ 不能吸起，使 1DQJ 自闭电路没有沟通，如图 9-29 所示。特点是：三条电流（功率）曲线有一相为零。

（16）液压转辙机电机或油泵故障时曲线

该曲线显示道岔启动后，电流维持在高位，如图 9-30 所示。出现此种曲线，一般是电机或油泵出现了故障。由于电流不是始终在高位，一般不会是电机故障。

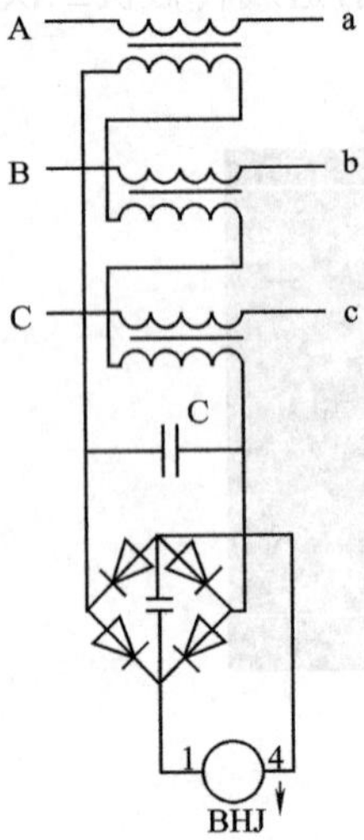

图 9-27　提速道岔 BHJ 原理图

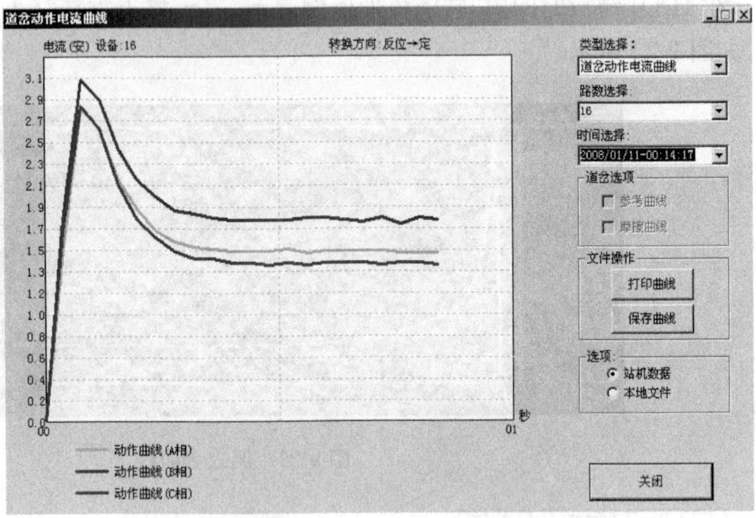

图 9-28　提速道岔 BHQ 或 BHJ 故障时曲线

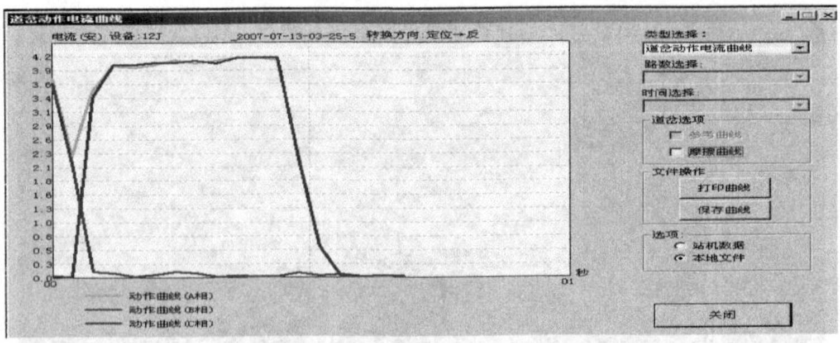

图 9-29　提速道岔缺相时故障曲线

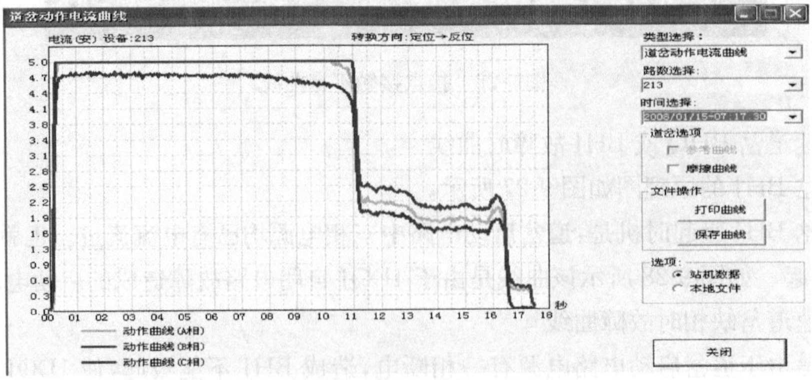

图 9-30　液压转辙机电机或油泵故障时曲线一

该曲线显示道岔启动后，电流维持在高位，如图 9-31 所示。出现此种曲线，一般是电机或油泵出现了故障。由于电流始终在高位，一般是电机故障。

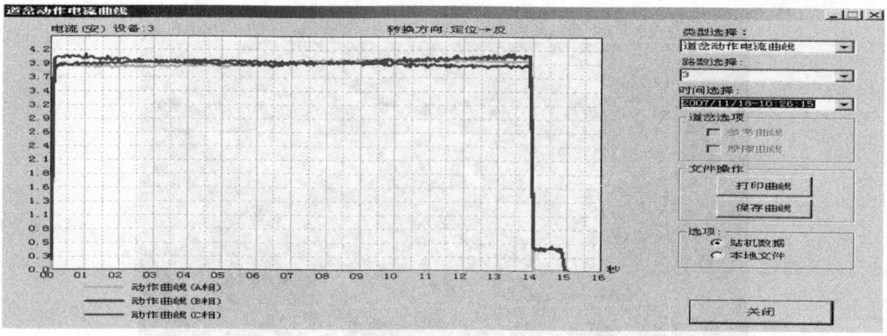

图 9-31　液压转辙机电机或油泵故障时曲线二

(17)提速道岔接点接触电阻大时曲线

该曲线显示道岔启动后,有一相电流短时间回零,动作曲线三相分开,如图 9-32 所示。产生的原因是:启动回路中接点虚接,接点电阻大。接点电阻大的一相电流小。

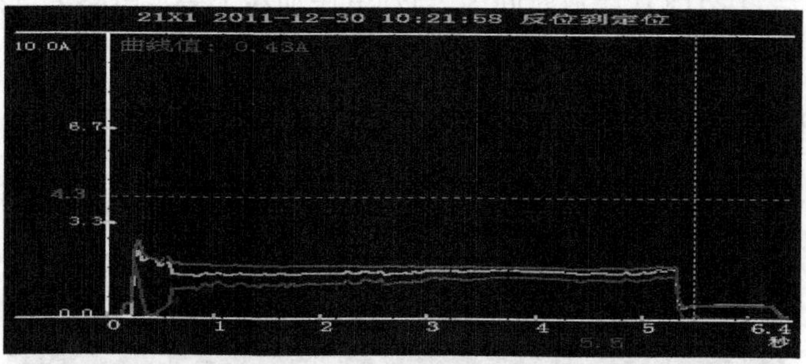

图 9-32　提速道岔接点接触电阻大时曲线

(18)提速道岔接点接触不良时曲线一

在道岔动作过程中,任意时刻发生的向上的电流脉冲,都是电路中有接触不良之处,如图 9-33所示。

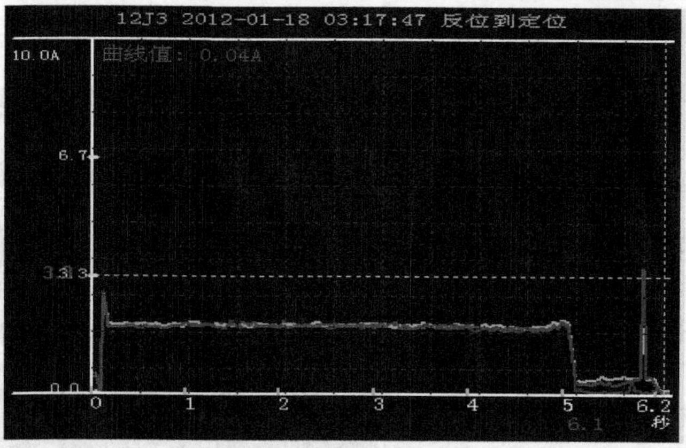

图 9-33　提速道岔接点接触不良时曲线一

(19)提速道岔继电器接点接触不良曲线二

另外一种情况如图 9-34 所示。

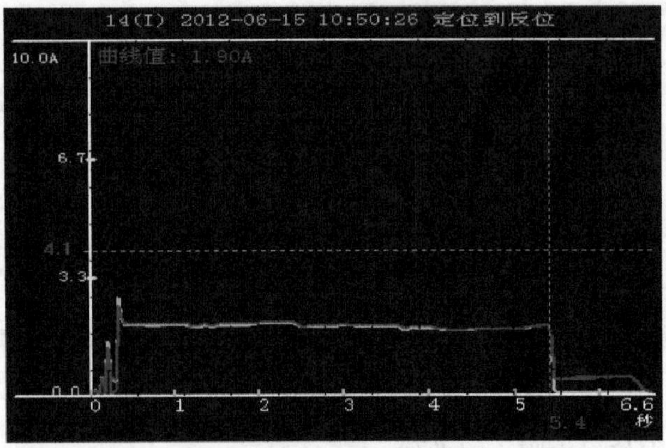

图 9-34 提速道岔继电器接点接触不良曲线二

（20）提速道岔无表示时故障曲线

道岔转换完毕后，在 1DQJ 缓放时间内，启动电压加在了表示电路上，形成台阶式曲线，如图 9-35 所示。

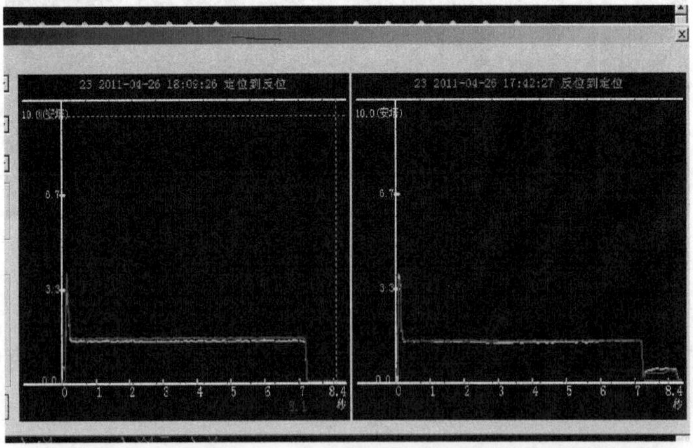

图 9-35 提速道岔无表示时故障曲线

（21）液压转辙机保持电路故障时曲线

液压转辙机牵引的道岔一般由一台 ZYJ7 转辙机和一台 SH6 转换锁闭器组成。通过调整调节阀来控制第一牵引点或第二牵引点的转换速度。当第一牵引点先于第二牵引点转换完毕时，通过保持电路，使第二牵引点转换到位，如果保持电路出现故障，有可能造成道岔转换不到位，出现道岔无表示故障，如图 9-36 所示。

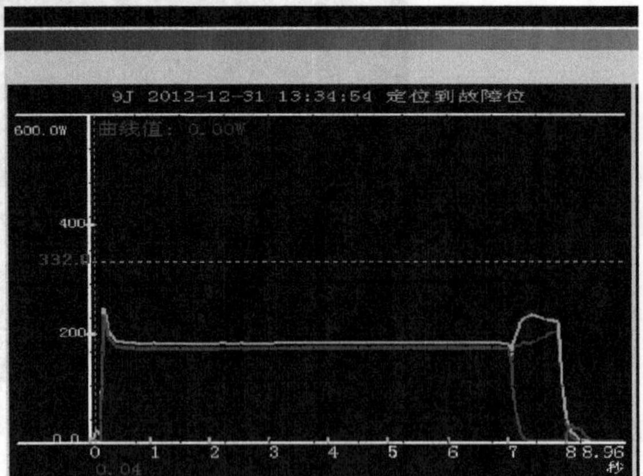

图 9-36 液压转辙机保持电路故障时曲线

（22）提速道岔混线故障时曲线

液压转辙机控制电路如图 9-37 所示。

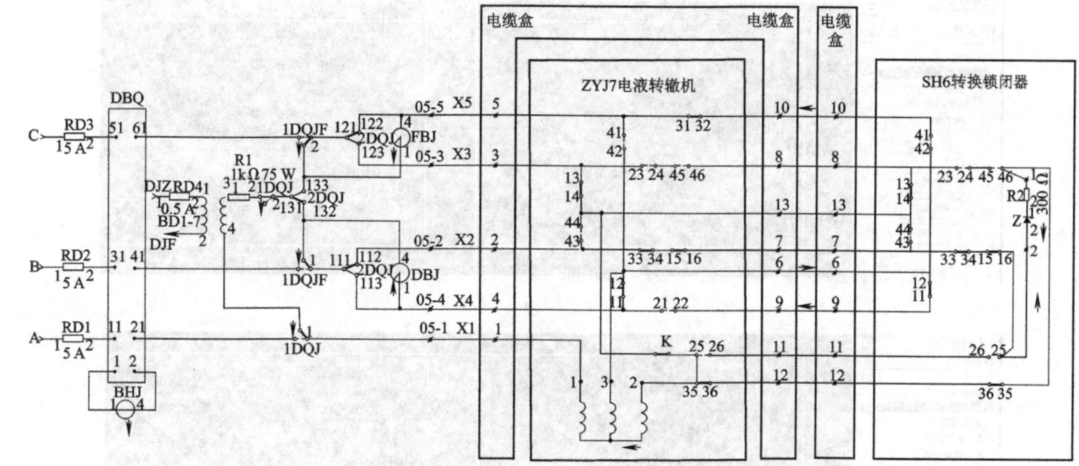

图 9-37　液压转辙机控制电路

道岔在动作过程中有一相功率明显高于其他两相，说明电路中有混线故障。由于只有一相高，判断不是该转辙机自己启动电路间混线，而是与其他转辙机间混线或一相接地，如图 9-38所示。

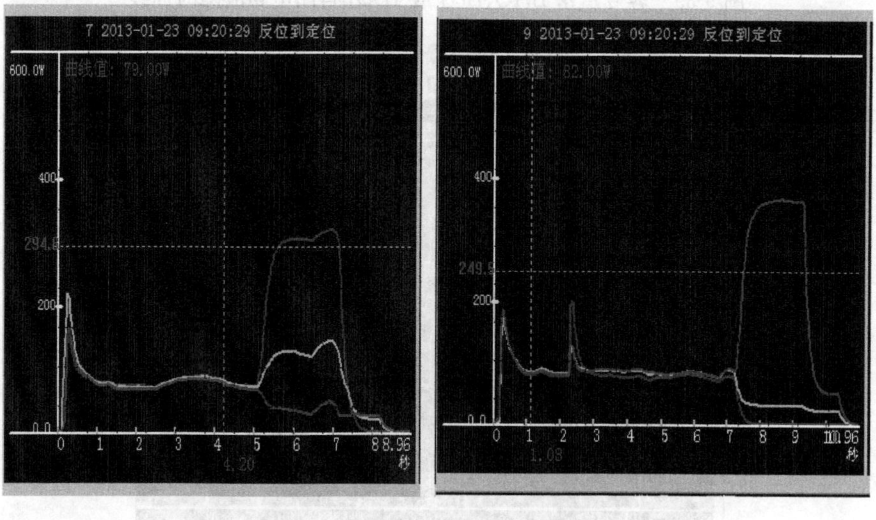

图 9-38　提速道岔混线故障时曲线

(23)客专道岔 BHQ、BHJ 或 1DQJ 自闭电路故障时曲线

道岔动作时间长的是靠 QDJ 接点断开 1DQJ 自闭电路，1DQJ 落下形成的；道岔动作时间短的，是由于 1DQJ 自闭电路没有沟通形成的。查找故障时，哪台动作时间短，哪台出现了问题动作时间长，如图 9-39 所示。

(24)接点接触不良时的电流曲线

造成 BHJ 不吸的原因：一是 BHQ 故障无电压输出，二是启动电路某一相开路。BHJ 不吸的原因，可以通过电流曲线找出原因。某一相电流特别小或为零，是启动电路开路故障；如果电流大小一致(一般在 2 A 左右)，则是 BHQ 故障，如图 9-40 所示。

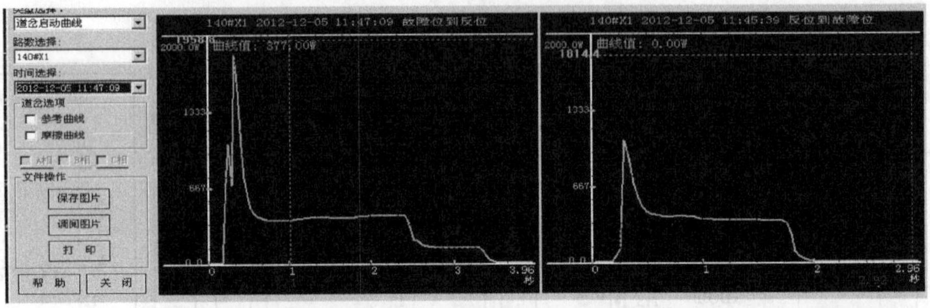

(a)

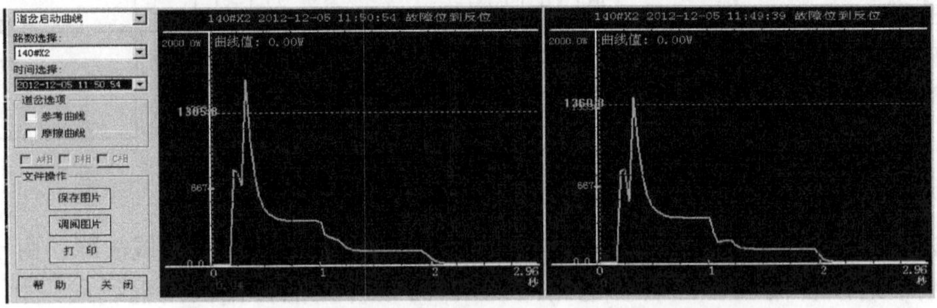

(b)

图 9-39 客专道岔 BHQ、BHJ 或 1DQJ 自闭电路故障时曲线

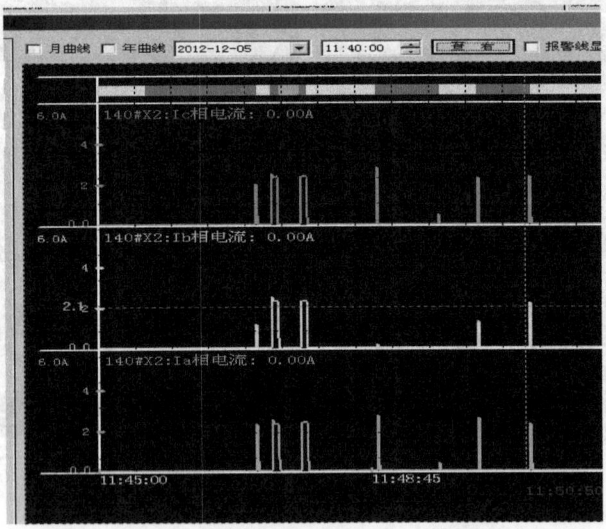

图 9-40 接点接触不良时的电流曲线

(25)客专道岔 QDJ 电容特性不良时的曲线

如果一个道岔中出现有空转有停转的现象时，一般是 QDJ 缓放用的电容不良造成的。转辙机出现停转的原因：一是 1DQJ 自身缓放时间短，二是自闭电路出现故障，如图 9-41 所示。

二、轨道电压曲线分析

异常曲线电容 C 放电使 QDJ 缓放时间≥BHJ(1BHJ＋2BHJ＋3BHJ)接点转换时间＋

ZBHJ 吸起时间。QDJ 缓放时间＝BHJ 接点转换时间．QDJ 会出现瞬间落下吸起现象。QDJ 缓放时间＜BHJ 接点转换时间，QDJ 会落下。如果 QDJ 落下的时间≥1DQJ 缓放时间，则会出现有的道岔停止转换有的道岔空转现象，如图 9-42 所示。

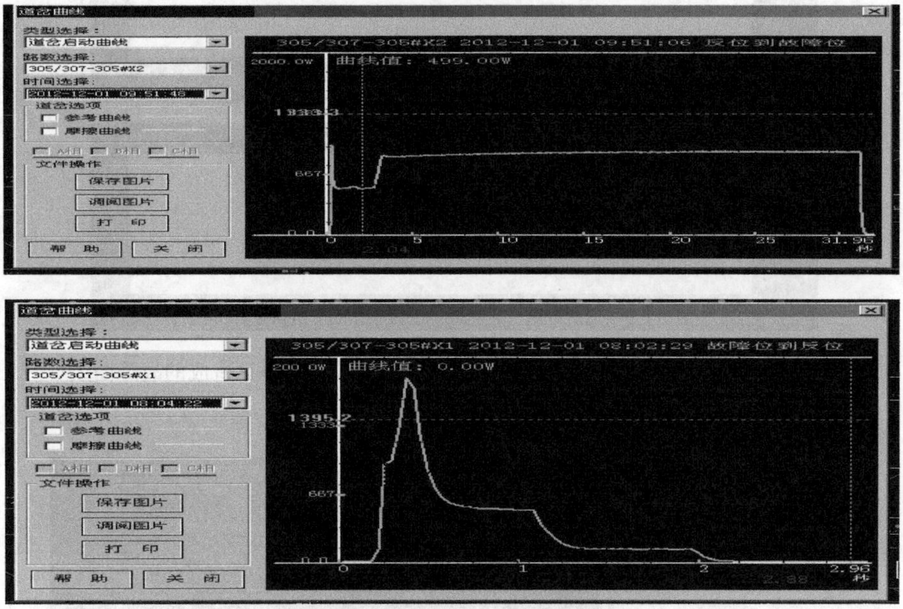

图 9-41　客专道岔 QDJ 电容特性不良时的曲线

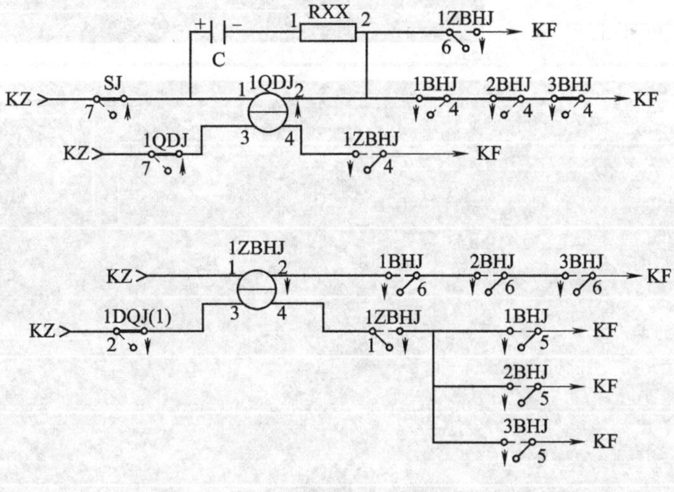

图 9-42　轨道电路区段送受端原理图

1．一送双受轨道电路区段受端电阻短路或接触不良造成的故障曲线

一送多受轨道区段故障曲线，如图 9-43 所示。

2．一送多受轨道区段故障曲线

一送两受区段同时出现下降曲线时为混线故障。如果下降幅度一致，故障在 3.6 m 跳线前，如果下降幅度不一样，则在 3.6 m 跳线后。送电端不在分支处，如图 9-44 所示。

一送两受区段出现一高一低曲线时，电压低的出现了断线或接触不良故障。

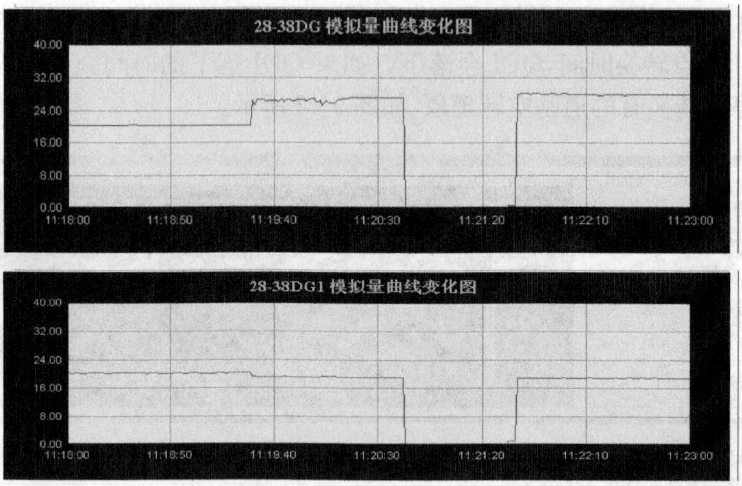

图 9-43　一送双受轨道电路区段受端电阻短路或接触不良造成的故障曲线

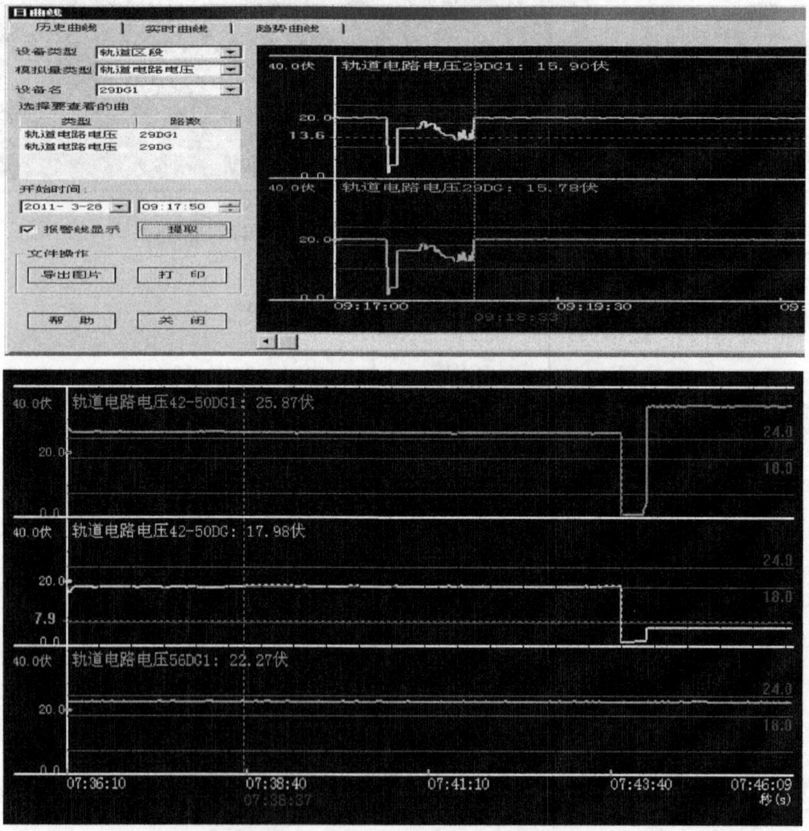

图 9-44　一送多受轨道区段故障曲线

3. 轨道电源电缆混线故障曲线

发生轨道电源电缆混线故障曲线发生轨道电源电缆混线故障时，如果轨道屏断路器未跳，根据红光带区段曲线残压值的不同，可以判断出故障发生的部位，根据电缆配线表分析，一般是轨道继电器电压 0 V 和有 0.5～2.5 V 的区段之间电缆混线，如图 9-45 所示。

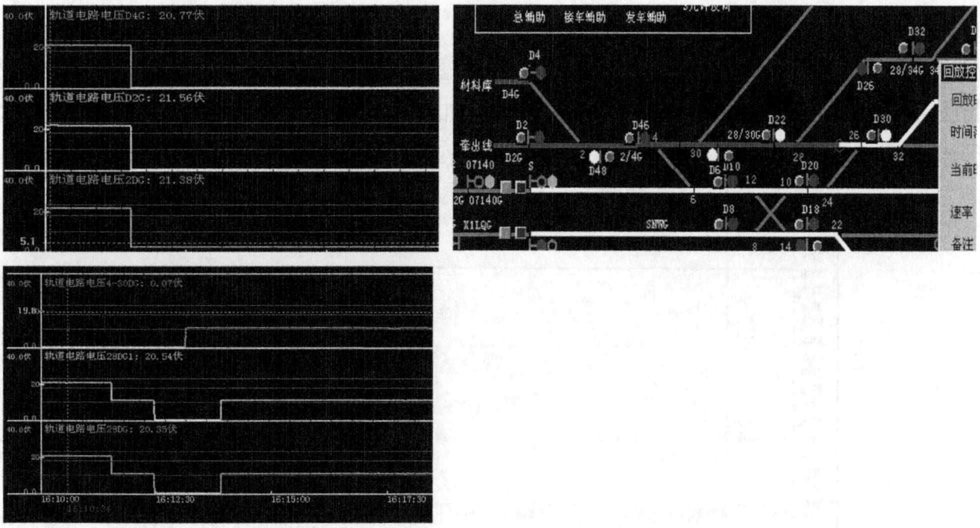

图 9-45 轨道电源电缆混线故障曲线

4. 绝缘不良时故障曲线

如图 9-46 所示。

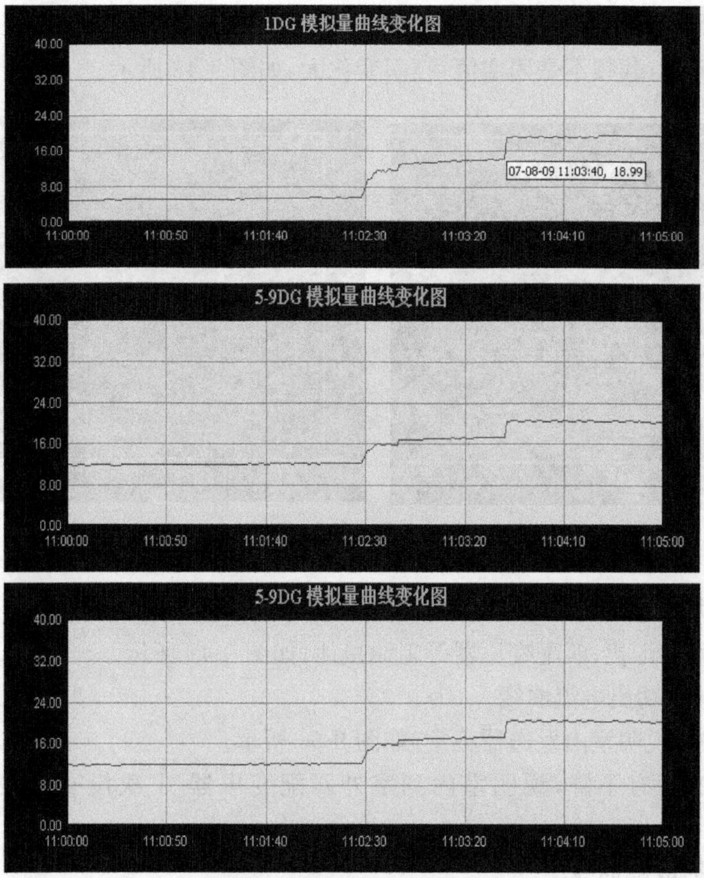

图 9-46 绝缘不良时故障曲线

5. 室外轨道变压器抽头端虚接曲线

发生车出清后电压不能回复原值且曲线较平稳时，一般是塞钉接触不好，接触电阻变大。出现曲线波动时，一般是塞钉松动或有混线问题，如图 9-47 所示。

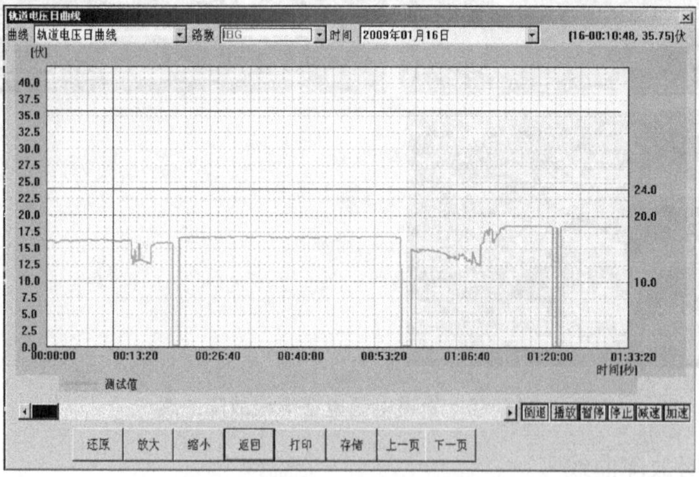

图 9-47 室外轨道变压器抽头端虚接曲线

6. 区间分割点 26 m 调谐区内钢轨断轨曲线

发生断轨故障时，载频不是固定值，频率变化大，如图 9-48 所示。

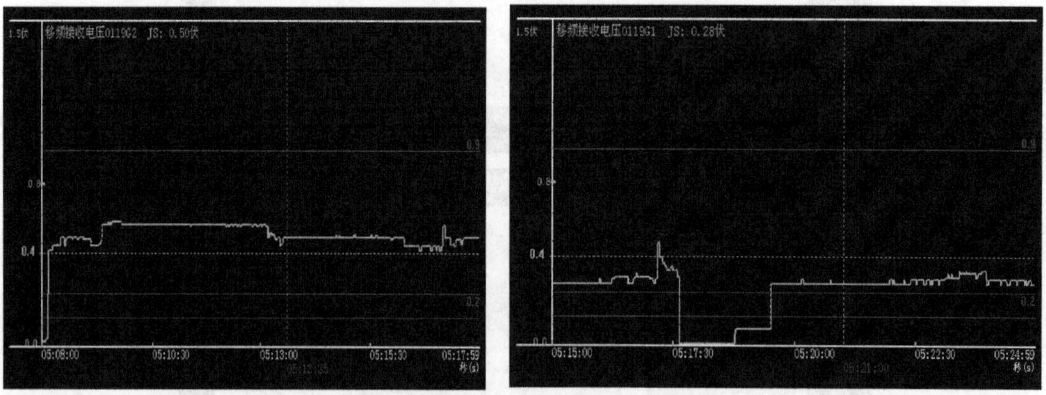

图 9-48 区间分割点 26 米调谐区内钢轨断轨曲线

7. 50 Hz 干扰曲线

故障原因为回流干扰，匹配变压器等阻线接地，如图 9-49 所示。

8. ZPW-2000 A 功出电流曲线

功出电压正常，说明室内发送器正常，如图 9-50 所示。

功出电流曲线稍有下降，说明室内到室外匹配变压器 Ⅰ 次没有混线和断线故障，如图 9-51所示。

9. 绝缘不良时故障曲线

绝缘不良时故障曲线如图 9-51 所示。

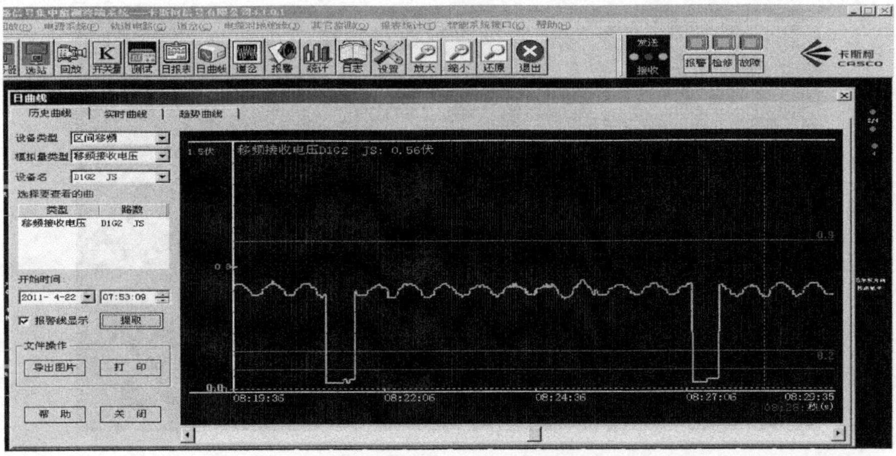

图 9-49　50 Hz 干扰曲线

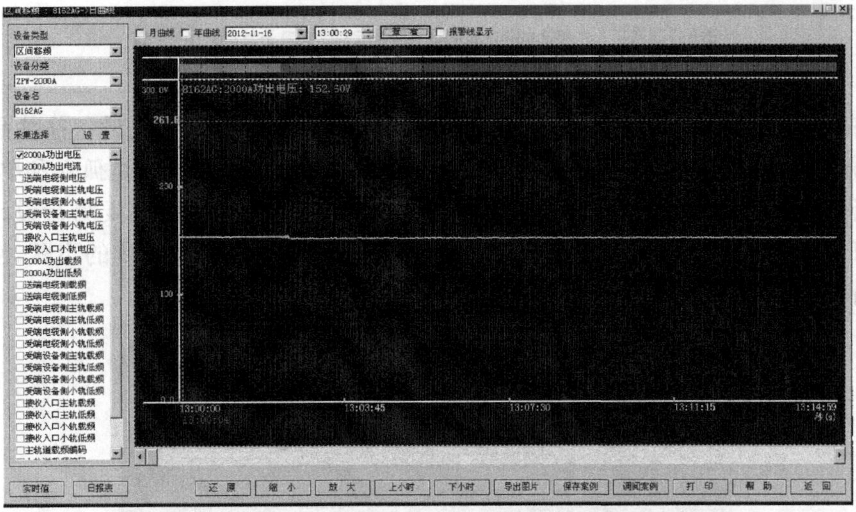

图 9-50　ZPW-2000A 功出电流曲线(一)

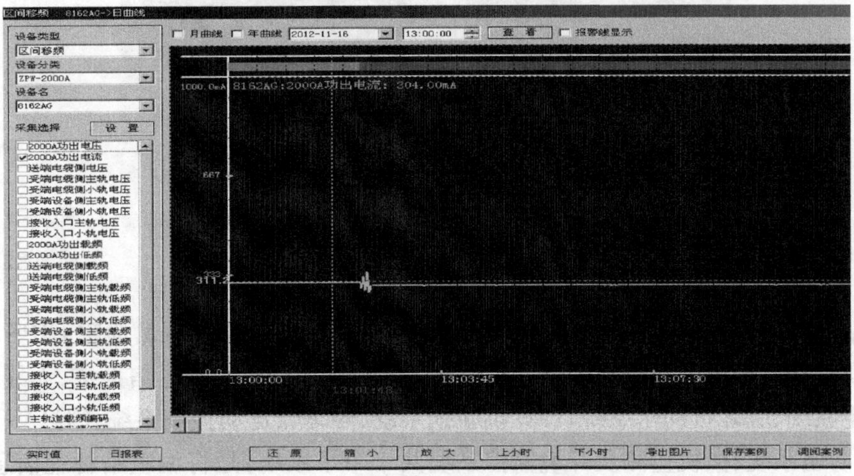

图 9-51　ZPW-2000A 功出电流曲线(二)

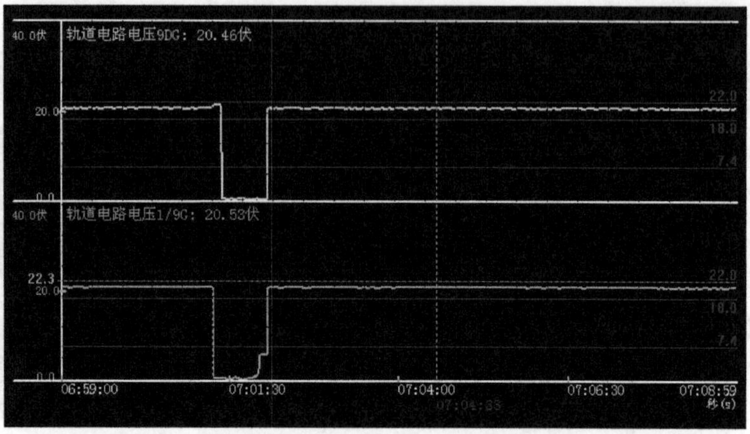

图 9-52　绝缘不良时故障曲线

第四节　编组站综合集成自动化系统

传统编组站信号设计仅涉及按建设需要配套的控制设备，这些控制设备往往是功能单一的独立系统，例如联锁设备、驼峰设备、机车监控设备等。编组站信息化是孤立和单一的，例如车站现车系统、调度表示系统等，与信号设计和信号工程建设不相关，需要另行设计。成都北编组站 CIPS 系统的成功实施，是我国编组站综合自动化发展史上一次质的飞跃，使我国编组站整体技术达到世界领先水平。该系统的调度大厅如图 9-53 所示。

图 9-53　编组站调度大厅

编组站综合集成自动化系统（Computer Integrated ProcessSystem，简称 CIPS 系统）包括编组站综合管理信息系统和编组站综合控制系统两大部分，即数据通信系统、无线通信系统、调机自动化系统、驼峰自动化系统、计算机联锁系统、停车器自动控制系统、CCTV（闭路电视）系统、综合防雷系统、微机监测及环境监控系统共十个子系统，是将编组站管理信息系统和自动控制系统综合集成有机融为一体，实现编组站管理、决策、优化、调度、控制一体化，减员增效，是今后编组站综合信息化、综合自动化技术装备的主要发展方向。下面以鞍钢范屯编组站为例介绍一下该系统。

一、技术方案

1. 编组站 CIPS 系统自动化内容与范围

鞍钢范屯编组站交接场、到达场、调车场与原料站的行车、调车、现车、货运、站场表示等按综合自动化统一设计装备。实现原料站现车，调车与编组站现车，调车计划相互透明，并且既可由编组站调度中心集中编制下发，也可放权到原料站自行调度。

2. 编组站 CIPS 系统管控一体化建设

鞍钢范屯编组站范围内的联锁、驼峰、停车器、调机等过程控制，采用按照 CIPS 环境下定制的分系统，通过 CIPS 综合管理系统，整合为过程系统与调度管理系统之间、控制系统相互之间共用信息平台的一体化系统。管控一体化包括原料站联锁控制系统，通过本地接口，将原料站计算机联锁中的信号表示信息采集到综合管理系统中，供两站各岗位人员共享。

3. 实现综合自动化

根据鞍钢范屯编组站实际情况，考虑到 CIPS 系统成熟度以及工程建设周期，鞍钢范屯编组站建设第一步按照实现 CIPS 系统 B 方案—综合信息化，并预留 A 方案—综合自动化，待鞍钢范屯编组站投产后，CIPS 系统在自动决策优化支持下的进路自动执行与调机自动驾驶功能得到充分验证后，再在鞍钢范屯编组站内实施。

4. 基于 CIPS 系统的大集中

设备集中：综合信息化、联锁、驼峰、停车器、电务监测、电源等所有设备集中在统一的机房、信号机械室、电源室、监控室内，并且鞍钢范屯编组站从维修体制上采取室内设备统一维护，强化设备管理。

人员集中：除峰顶提钩室设调车长管理提钩人员的同时，在工作站上进行必要的驼峰信号与设备单操现地手动操纵外，其余管理、调度、监控（值班）人员均集中在同一个调度大厅内。集中后的设备室与控制中心均统一在综合楼内，减少房建面积、采暖与投资。

二、CIPS 系统实施方案

1. 编组站 CIPS 系统的构成

鞍钢范屯编组站 CIPS 系统是由综合管理层和集成控制层构成，CIPS 管理层是以站调中心系统以太网为核心和放置于现场各处的工作站共同构成的，实现 CIPS 管理信息的采集、处理、存储、生成、再造等功能。控制层是由 CIPS 环境下的 K5B 型联锁控制子系统、TW-2 型驼峰自动化子系统、TWT 停车器控制子系统、BDZ 调机自动化子系统及支撑子系统电务监测与环境监控子系统、综合电源子系统等组成，各子系统接收来自管理层的管理信息，按各自的要求执行，并将执行结果反馈到管理层，如图 9-54 所示。CIPS 系统主要特点：信息集成、高度集中、自动决策与管控一体。

2. CIPS 系统信息管理分系统

(1)数据通信网络

数据通信是编组站综合集成自动化系统中信息管理系统内部服务器、服务器与工作站，服务器与过程控制系统，以及服务器与调车机车之间信息高速传输的桥梁，网络是信息管理系统的关键，如图 9-55 所示。鞍钢范屯编组站数据通信网络主要包括有线数据通信网和无线数据通信网。

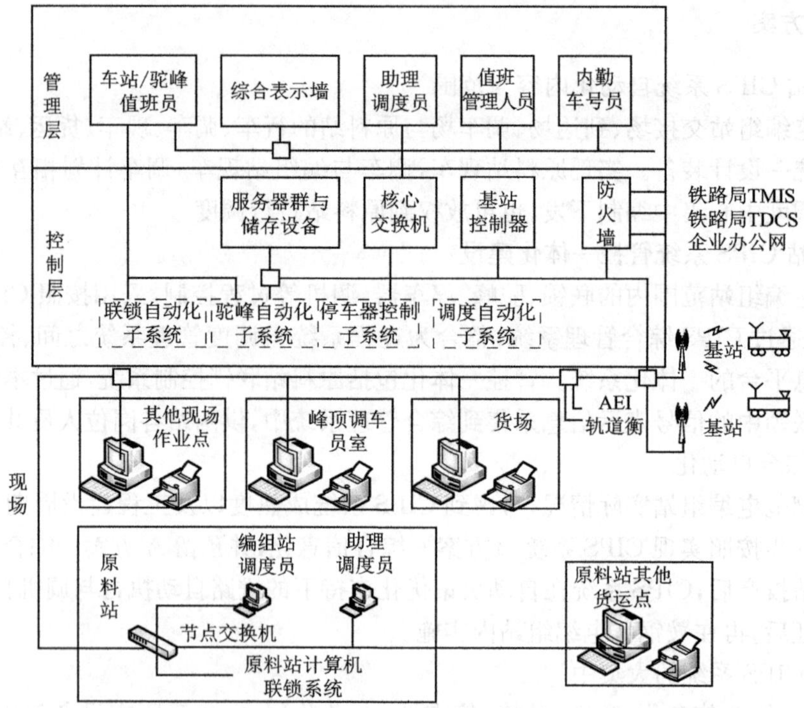

图 9-54　CIPS 系统结构示意图

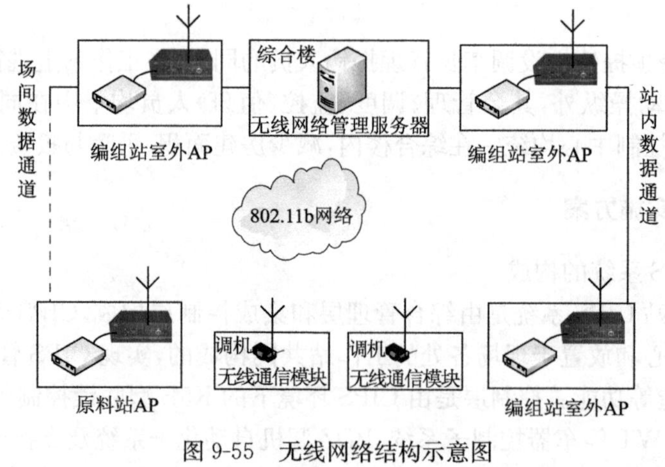

图 9-55　无线网络结构示意图

①CIPS 系统信息管理有线数据通信网络

鞍钢范屯编组站 CIPS 系统信息管理系统是由 CIPS 综合管理站调中心和各个节点工作站分系统组成，并通过多芯单模光纤连接形成了由站调中心为中心连至各节点的星形广域网络。

站调中心由核心交换机、服务器群、调度大厅工作站、区域联锁中心组成的双网段以太网。区域联锁中心通过节点交换机与 CIPS 核心交换机相连，实现进路信息的管理与交换。

调度大厅工作站通过节点交换机与 CIPS 核心交换机相连，实现 CIPS 系统的人机交互。

服务器群是 CIPS 的核心，所有 CIPS 管理信息的采集、处理、存储、生成、再造均由不同分工的应用服务器完成。

②无线数据通信网络

搭建有线网络综合平台同时，也必要搭建一个综合性的，高效能的、一体化的编组站无线综合系统网络平台。无线网解决了鞍钢范屯编组站、区间、原料站内调车机工作范围信号全覆盖问题，确保调机所到作业之处调机自动化均有效。

(2)网络管理

在站调楼控制中心设网管设备，完成对计算机网络设备的集中监测、控制及故障管理等任务。

(3)数据库

数据库系统是编组站过程控制系统的中心，它是整个系统的信息仓库。作为共享信息资源，它为管理信息系统、调度指挥系统、运输作业部门和实时过程控制系统提供服务。

(4)人机界面

编组站采用综合自动化后，由于计划的自动编制、进路的集中自动下达、车站运输组织模式较传统模式有一定的改进。

CIPS 系统的人机控制模式围绕提高编组站的运输能力、实现减员增效的目标，在运输组织的关键环节上有专人负责监督，能及时进行人工干预，保障车辆和列车的安全原则设计。

人机界面是工作人员了解，干预整个编组场的窗口。人机界面体现在调度楼具体设备中包括综合表示墙、站调工作站、助调工作站、货调工作站、值班员工作站、值班管理人员工作站、维护工作站、内勤车号工作站、统计分析工作站、培训与备用工作站等。

综合表示墙集多种信息于一体，提供高清晰、大画面的宏观显示。大屏幕不仅能将编组场的工作状况宏观地显示出来，而且可以显示其他信息，为企业站内工作人员提供丰富的信息。

大屏幕投影系统一般由以下几部分组成：投影屏幕、投影仪及显示控制系统。

(5)与相关系统接口

CIPS 信息管理分系统提供与以下系统的相关接口：铁路局运输管理系统(TMIS)、行车指挥系统(TDCS)、CCTV(闭路电视)系统、车号识别设备、轨道衡车辆称重系统、办公自动化系统以及货运系统等。

系统对外接口遵照相关标准，所有接口有完善的安全防护措施。接口方式如下：

①TMIS 接口

主要解决鞍钢范屯编组站到发列车的车辆编组顺序表(确报)对外情报交换问题及铁路局管辖的范屯编组站进出站 AEI 信息。

②TDCS 接口

主要解决铁路局与企业不同辖区的站场表示相互透明问题，并可提前预知范屯编组站到发列车的阶段计划，使企业提前编制自己的调度计划，进行作业安排。

③车号识别(AEI)

车场内的车号识别 AEI，通过局域网交换信息。

车场内的轨道衡与信息管理分系统接口，通过局域网或串行接口交换信息。

④办公自动化

企业办公自动化系统任何一台办公桌上的计算机可通过 Windows 系统本身的远程桌面功能作为 CIPS 系统的一个客户端用户进行访问，不需要在计算机内预装任何客户端软件，只要在 CIPS 内事先预订用户名及安全准入方式即可。CIPS 系统专设 Windows 多用户客户端服务器为远程访问客户端服务。

⑤与上层 ERP 及各个子系统接口设计

预留化检验信息接口、计算信息接口，厂矿装车计划接口、与铁运公司远程交互接口等。

3. CIPS 系统过程控制分系统

CIPS 过程控制分系统各子系统均采用成熟可靠的设备。并根据综合集成自动化系统的要求进行相应改造，与 CIPS 信息管理分系统有机结合，完成编组站内各到达场、出发场，编尾和驼峰调车场的自动控制与信息交换，实现编组站作业自动化。

(1)计算机联锁自动化子系统

计算机联锁系统的全站联锁进路管理信息均由 CIPS 管理系统产生，CIPS 管理系统与各联锁机之间呈星型拓扑结构连接。

实现基本功能的同时，可根据列车运行计划、调车作业计划等，自动控制进路的办理，从而使列车到达进路，列车出发进路以及调车进路自动控制，并自动将计划执行结果反馈给信息管理系统。特殊情况下控制中心值班员可将系统切换到站控模式，进行进路的人工控制。在综合楼控制中心调度大厅设一套控制显示系统，值班员台采用 CRT＋鼠标方式，并辅以综合表示墙。

(2)驼峰自动化子系统

驼峰自动控制系统也设在综合楼内，驼峰的溜放进路管理信息均来自于中心的 CIPS 管理系统，驼峰自动化子系统内部以太网接口。

实现基本功能的同时，可在信息管理系统的直接管理和控制解体调车计划的启用顺序与时机，及股道封锁/解锁自动控制。在信息管理系统故障或特别授权情况下驼峰自动化控制系统可独立运行。

(3)调机自动化子系统

调机自动化子系统还将以无线传输系统来完成对调机的控制。实现基本功能的同时，可实现全场调机调度计划和调车作业计划的获取；通过无线综合系统，实现对站场内各种与调机相关的地面作业信息(包括计划、指令、信号、进路等)的车上显示、调机走行以及调机作业过程的监控、跟踪及安全防护等功能。

(4)驼峰停车器自动控制子系统

驼峰停车器自动控制子系统通过 CIPS 管理系统的指令确认头部或尾部进入该调车线的作业是否越区，来给出尾部停车器相应的控制命令。不越区则停车器应该处予制动状态，防止头部溜放车辆溜逸，并确保头、尾部在该调车线同时作业的安全。越区作业(例如串车、牵出和编发线发车)则令停车器缓解，避免停车器对车辆或机车形成阻力和损伤。

(5)电务集中监测子系统

电务及环境监测系统服务于现场维修检修人员，负责完成信号设备、电源状态及信号机房环境的集中监控。环境监测系统对信号机械室、机房、电源室等信号设备房屋设温度、湿度、防盗监测，并在综合楼设置门禁系统，且采集信号机械室自动消防系统有关报警信息。综合楼微机监测中心局域网与 CIPS 管理系统网采用内部以太网口连接，维护中心工作站也通过内部以太网与监控中心连接。

4. 其他支持系统

(1)综合电源系统

站调楼控制中心设置中心 UPS 设备、中心电源控制屏、计算机联锁系统与驼峰系统需求的智能电源屏。UPS 设备采用综合设置，所有中心计算机设备合用。电源屏可进行优化，以智能电源屏的电源模块为基础，综合联锁、驼峰、停车器用电种类与容量，选择合理的标准电源模块，电源模块的使用对于不同系统原则上相互分开。综合电源主机监测智能电源屏，实现信号电源的综合监控管理。

(2)信号楼综合防雷系统

根据电磁兼容性原理，把局部或单一的防护措施提升到综合防雷、整体防护的要求，使各级防雷器件相巨协调工作，实现多级配合，层层防护，最终达到车站信号设备系统的有效防护。

(3)闭路电视监视系统

闭路电视监视子系统由图像摄取，图像显示。调度员控制，视频信号与控制信号的传输等部分组成。

(4)站场光缆综合布线

整个编组站 CIPS 系统有线网、办公网以及闭路电视监视系统的视频传输。均采用单模光纤，可以采用综合布线，即同缆不同芯，主干网布线可环绕整个编组站一周，将调度中心大楼与各点设备串起来。

复习思考题

1. 什么是 SAM 系统？
2. SAM 系统的功能结构有哪些？
3. SAM 系统的作业流程是什么？
4. 画出 ZD6 单机牵引道岔转换电流—时间典型的异常曲线。
5. 画出 ZD6 单机牵引道岔转换电流—时间正常曲线。
6. 画出一送双受轨道电路区段受端电阻短路或接触不良故障曲线。
7. 画出一送多受轨道区段故障曲线。
8. 画出轨道电源电缆混线故障曲线。
9. 画出 ZPW-2000A 功出电流曲线以及绝缘不良时故障曲线。

第十章　自动化驼峰系统设计

第一节　驼峰系统设计基础知识

一、驼峰的分类

驼峰的分类根据《铁路驼峰及调车场设计规范》(以下简称《驼规》),驼峰按解体能力的大小分为3类:大能力驼峰、中能力驼峰和小能力驼峰,并应符合下列规定:

(1)大能力驼峰的解体能力为4 000辆以上,应设30条及以上调车线,应配有溜放进路自动控制系驼峰自动化设计方案应该注意的问题。

(2)中能力驼峰的解体能力为2 000～4 000辆,应设17～29条调车线,应配有溜放进路自动控制系统,宜配有钩车溜放自动或半自动调速系统及推峰机车遥控系统。

(3)小能力驼峰的解体能力为2 000辆以下,应设16条及以下调车线,应配有溜放进路控制系统,宜配有钩车溜放半自动调速系统及推峰机车信号半自动控制系统。

作业量较少时,可采用简易现代化调速设备,逐步取消人工调速设备。以上是《驼规》中的规定,基本确定了不同种类驼峰现代化应装备的设备,但其中所述的半自动控制系统已不存在,装备调速设备除人工调速外,就是自动化调速设备。尽管驼峰装备现代化设备依赖于解体作业量及股道规模,但还要考虑设计解体能力利用率。《驼规》规定,设计能力利用率不应超过0.80,困难时不应超过0.85,超过则按升级的驼峰类型装备现代化设备。

二、驼峰调速制式分类

驼峰现代化装备离不开调速制式的选定,调速制式分为3类:点连式调速系统、点式调速系统和连续式调速系统,并符合下列规定:

(1)点连式调速系统应由车场第一制动位减速器或脱鞋器与车场内减速顶、加速顶或牵引小车等调速设备组成。驼峰溜放部分可设1～2级间隔制动位或不设间隔制动位。

(2)点式调速系统应在车场内设一级及以上的减速器制动位。驼峰溜放部分可设1～2级间隔制动位。

(3)连续式调速系统可采用微机可控减速顶(以下简称可控顶)调速系统、驼峰全减速顶调速系统或股道全减速顶调速系统。

对于以上描述的3类调速制式中,减速器(或铁鞋)与减速顶构成的点连式驼峰占95%以上,是我国目前主要的调速制式。

三、驼峰信号设计内容

(1)驼峰进路控制:驼峰推峰进路控制、驼峰调车进路控制和驼峰钩车溜放进路控制;控制均为自动。

(2)驼峰速度控制:钩车溜放速度控制,控制分为自动、半自动和手动,半自动包含在自动化控制系统中。

(3)驼峰推峰机车控制:驼峰机车信号(无线与移频)、驼峰机车遥控(无线与移频)。

(4)基础信号设备:地面固定信号、轨道电路、转辙机、车辆减速器、测速雷达、测长和测重装置、车轮传感器及限界检查器;光档及气象仪。

(5)相关设备:微机检测与测量系统、调车作业单传输系统、提钩显示屏及语音提示装置和工业电视监控系统。

(6)尾部防溜设备:可控停车器及其自动控制系统。

第二节　自动化驼峰设计

一、自动化驼峰设计

自动化驼峰开通后是否好用,不仅与基础设备及自动化控制系统选型有关,与驼峰峰高、纵断面及设备配置密切相关,特别是大中能力驼峰,峰高与减速器配置关系到自动化驼峰能否安全高效的运用。

1. 驼峰峰高的确定

驼峰峰高决定着能量转换的效率,峰高达不到要求,溜放钩车在调车线内会出现“堵门”或“天窗”的现象,调机不得不经常下峰整理,驼峰作业效率明显下降;峰高过高,调速设备经常无效制动,而且当超出调速设备控制能力时,会出现危机作业安全的现象,同时也增加了工程造价和日常运营费支出。驼峰峰高的特点是“以不变应万变”,即一旦峰高确定后,各种气候条件、各种溜放组合、各种走行性能都将在同一个峰高的条件下进行“能量转换”——溜放。故峰高的值依赖于不同溜放钩车的阻力情况,所以,合理峰高不一定为最优的一个值,而是一个满意的取值范围,这个范围只有通过计算机模拟的方法确定。通过总结现有驼峰运用,一般 24 条调车线且设两级制动位时,峰高不应小于 3.2 m;16 条调车线不设间隔制动位时,峰高不应大于 2.0 m。效率较高的驼峰,峰高一般在 3.4～3.6 m 之间(如南京东、郑州北下行)。

2. 减速器制动部位及能力的确定

通过研究,驼峰减速器配置结果如下:

(1)调车线≤24 条。当需要调车线减速器数量大于 7＋7 节时,应设间隔制动位。调车线 24 股设有两条溜放线的驼峰,当其设在一年中最低月份日均气温高于 3 ℃,且无风或顺风溜放的驼峰或不要求推峰速度 5 km/h 的驼峰,可设一级间隔制动位;此外,应设两级间隔制动位;调车线大于 24 股道的驼峰,应设置两级间隔制动位。目前,溜放部分设置一个部位的减速器,自动化驼峰运用效果不理想,如侯马北,当运量上升后,此类驼峰成为全站能力的限制点。

(2)驼峰溜放部分设一级间隔制动位时,TJK3A(或 TJK4)不小于 5＋5 节,TJK 不小于 4＋4节。

(3)驼峰溜放部分设两级间隔制动位时,二制动位应根据峰高确定,如表 10-1 所示。

表 10-1　峰高与减速器配置关系

设计峰高(m)	减速器制动能力	
	TJK3A(或 TJK4)	TJK16
$H \geqslant 3.5$	16 节	12 节
$H < 3.5$	14 节	10 节

调车线减速器节数:一般采用 6＋6 节。

(4)如果自动化驼峰要求作业效率非常高;推峰速度要求 5、7、9 km/h;减速器应优先选用重力式减速器,具体配置可选用:一部位 4+4 节;二部位 7+7 节;三部位 7+6 节或 7+7 节,驼峰峰高不大于 3.7 m。如果驼峰峰高大于 3.8 m,应选用非重力式减速器或加强型重力减速器。

3. 驼峰自动化控制系统的选择

对于大中能力驼峰在峰高、纵断面、设备布置优化后,应以在大中能力驼峰已经广泛推广的自动化驼峰控制系统为首选系统。对于中小能力,特别是小能力驼峰系统,应优先选用容易维修的驼峰自动化设备,因一些小能力驼峰一般远离电务处,当选用的设备为无触点或可编程控制设备时,维修相对简单一些。

4. 大能力驼峰自动化应注意的问题

调速制式选用减速器+减速顶的点连式调速系统。设计纵断面应结合对应控制系统要求,三部位减速器控制尽量采用动态打靶技术。动态打靶技术主要指三部位的出口速度是动态的,一般以确保与停留车连挂 5 km/h 速度计算出的三部位给定速度。除选用驼峰自动化控制系统外,须采用驼峰调机无线遥控系统或无线机车信号,注意无线信号需要对应的批准频点;尾部选用停车器应为防溜设备,并要选用停车器自动控制方式。自动化驼峰改造前应首先改造不合理的平面、调速系统及基础设备。如某站驼峰自动化改造于 1995 年立项,当时三部位减速器距大修期还有 3 年,故设计文件没有考虑三部位减速器更新,到 1998 年开通时,既有的三部位减速器无法满足控制的要求,后逐步更换三部位,自动化控制效果明显提高。驼峰应设一座信号楼,其位置位于二部位附近;继电器室、机房及控制员室同一楼层,运营实践证明,其设置完全可满足运营要求;一方面便于管理,有利减员提效;另一方面有利于防雷及电务维修。同时必须设置电视监测系统和提钩显示盘等辅助调车作业设备,有利于作业员作业。新建驼峰由于在驼峰头部溜放区域涉及的专业较多,动力管沟、通信电缆沟、站场排水沟和道路等各种管、沟纵横交错,总体专业应设计综合管线布置图。

站场配轨应注意问题如下:

(1)峰顶

驼峰信号机应设在峰顶平台与加速坡的变坡点处,这里站场配轨应有装设绝缘节的轨缝,驼峰信号机和绝缘节错位允许在 1 m 以内。

(2)分路道岔

驼峰轨道电路设置,要求在分路道岔导曲线中部设绝缘节。对于 1/6 对称道岔,在订货时要求厂家将 9 124 mm 的导曲轨换成 4 500 mm 和 4 616 mm 的两根短轨。否则,将要进行现场锯轨,增加较大的施工工作量。

(3)减速器入口绝缘位置

对于一些自动化控制系统,依赖轨道电路检查车辆是否到达、占用和出清减速器区段,要求溜放车组从压入绝缘节至压上减速器第一制动钳中心的走行时间大于调速设备响应时间。其响应时间包括轨道电路动作时间、雷达应变时间、减速器驱动电路动作时间和减速器制动时间;但也不能大得太多,以免造成连续溜放时,调速设备的错误动作。因此,减速器入口处的绝缘节应根据具体站场情况进行计算,并结合站场配轨的规范要求,确定设置位置。一般情况下,减速器入口处的绝缘节距减速器入口的距离为 5～8 m 较为合适。TW-2 系统不依赖此绝缘位置,而依赖于车轮传感器。

(4)减速器出口

调速控制对减速器出口速度的测量和控制精度要求非常高，而雷达测量减速器出口速度是以溜放车组出清减速器轨道电路的时刻为测量点，因此，减速器出口处的轨缝距减速器越近越好。TJK 型减速器出口至轨缝最小为 1 500 mm；重力式减速器系列出口至轨缝为 2 900 mm。有些站场配轨时，减速器入、出口轨缝对称设置，这样配置不利于自动控制。对于重力式减速器标准的配轨举例如下：

6+6 节减速器的配轨：基本制动轨长 25 m，入口 5.3 m，出口 2.9 m；

7+7 节减速器的配轨：基本制动轨长 25 m，入口 2.9 m，出口 2.9 m；入口轨缝前另配 4.5 m短轨后安装绝缘节。

距离驼峰峰顶 80 m 左右应设置限界检查器，主要功能是防护减速器被刮锆。

对于 TJK 型减速器入口处必须设置护轮轨，二部位重力式减速器宜选用厂家配置的护轮轨。

既有驼峰改造为自动化驼峰时，当既有轨型为 43 kg/m 且投资受到限制时，宜选用的方案为从峰下第一分路道岔基本轨至线束道岔前均选用 50 kg/m 型钢轨，一、二、三部位减速器均应选用 50 kg/m 型减速器。

三个部位减速器基础应选用整体道床的方式，三部位减速器基础出口可参照二部位减速器出口处基础设置挡墙的方式。

驼峰自动化系统必须与调度信息管理系统进行接口，具体接口需要两套系统相互配合，特别是已经完成调度信息管理系统的车站，在系统验交前，应预留一定的费用，待驼峰自动化开通时，相互衔接，资源共享。在编组站其他车场信号系统改造时，应优先选用计算机联锁设备，为编组站综合自动化做好准备。

5. 中能力驼峰自动化应注意的问题

中能力驼峰一般只是对驼峰推峰调车机车控制要求降低，可选遥控系统，必须装备机车信号系统，其他基本与大能力驼峰要求一样。中能力驼峰三部位减速器可选用电动减速器，必须在充分调研的基础上进行，应尽量避免同一驼峰调车场采用不同能源的减速器型号。设一个间隔制动位减速器的控制，应选用自动控制系统，溜放部分减速器不宜手动控制。自动化的设备可分期投入。如某站目前 18 股道，预留 24 股道，溜放部分有两个间隔制动位，三部位预留目前为脱鞋器+减速顶的调速系统(过渡 1 年)。信号设备此次工程改造模式为溜放进路微机集中，溜放部分减速器采用自动控制，三部位预留自动控制，同时微机化后，将来站场增容到 24 股道，自动化控制设备不需废弃。有条件的站场均应采用此模式。

6. 小能力驼峰自动化应注意的问题

驼峰进路不宜再设计为 7021+7024 型的电路，应采用推荐的自动化系统，实现驼峰溜放进路与峰上联锁自动化控制系统。驼峰调速系统应根据对应的调速制式选择对应的控制系统；进路自动控制系统与调速自动控制系统应为合二为一的自动化控制系统。新建的小能力驼峰调速系统不易选用脱鞋器+减速顶的简易调速系统，人工调速安全没有保证。

小能力驼峰自动化调速的 4 种模式如下：

(1)三部位减速器+减速顶模式

风动(或液压)重力式减速器、电动重力式减速器，一般在 10 股道以上，作业量大于 1 000 车/日。驼峰采用该模式，设计时应注意减速器节数与驼峰峰高匹配的问题，同时还应对作业的车流性质进行必要的分析，对于重车流占 90%以上的车站，且比较寒冷的地区，无须增加二部位实现驼峰自动化控制。液压 TJDY 型减速器,目前已在益阳、秦皇岛南站和华山等站采用,将有 10 多个驼峰采用,采用该制式时,电力一般不需增容,投资小。

(2)微机可控顶控制系统

该制式适用于纵断面需要一定调整的驼峰,系统分为控制速度与进路合一的系统,及控制速度与进路分开的系统,宜采用合一的系统。

(3)全顶方案

该制式适用于纵断面需要大幅度调整的驼峰,分为股道全顶与溜放部分布顶的全顶驼峰,空车流大于 40%的驼峰不宜采用。

(4)线束打靶

利用二部位减速器控制钩车出口速度,实现驼峰调速系统自动化。需要平面改动或预留条件。

随着我国重载技术的推广,C70、P70 车型在编组站的数量越来越多,由于此类车总重可达 98 t,而原来减速顶布置检算是按 80 t 的 C625A 进行的,可控顶及全普通顶自动化驼峰,超速连挂严重,因此,驼峰自动化选型宜选用类似于 TJDY 型减速器与减速顶组合成的点连式调速制式。

二、驼峰自动化系统方案应注意的问题

1. 尾部防溜设备

驼峰头部实现自动化后,编尾防溜应选择对应的防溜设备,实现调速作业全过程无人化。防溜设备目前主要有停车器、停车顶,此两项设备在鹰潭东、三间房车站的设计中均采用过。相对于调车线有效长短,编尾反坡小于 2.5‰,同时编尾平面调车作业较少,牵引出发列车作业占比例大的尾部优先选用停车器;其次选用停车顶。

2. 信号楼的位置

驼峰信号楼、峰顶连接员室或调车员室应在提钩人员作业地点的同侧,其位置应保证作业员自控制台能看清峰顶处提钩员作业及调车场前部存车等情况。如 WX 站尽管运营效果很好,但主信号楼修在迂回线的外侧,作业员难于看到溜放车辆的过程,造成车站不得不加装工业电视系统观察溜放部分作业状况。

3. 小顶群问题

三部位减速器+减速顶的点连式调速系统打靶区末端小顶群的问题,若采用铁鞋或半自动调速,宜采用顶群,有利于调整人工调速误差;若采用自动化设备,应将顶群取消,采用工频测长鉴定时的测量误差为 7 m,且三部位的调速模型为以停留车为最终停留点的动态打靶控制模型,顶群的存在不利于精确调速,同时,此处易发生脱线掉道。

4. 大、中能力驼峰的编尾

如有编解摘挂列车或小运转列车较多的车站,编尾调速自动化有三个方案。

(1)方案一

兰州西模式。编尾采用可控顶组成尾部平面调车调速系统,已通过部级鉴定,效果良好。

(2)方案二

南京东或武威南模式。编尾由单向普通减速顶组成的平面调车调速系统,已通过局级鉴定。

(3)方案三

尾部设子场，子场设有小驼峰的全顶驼峰，已在沈西、大同西、三间房应用。

相对作业量大的车站应优先采用方案三，作业量小的车站应优先采用方案二，不宜采用方案一，因可控顶维修成本高，效果和普通减速顶相差不大。方案三子场驼峰宜单设一套驼峰自动化控制系统。

5. 不间断电源 UPS

在自动化驼峰控制系统的电源设计中，设置一套驼峰自动化电源屏(两路自动或手动切换)。微机控制设备的用电，由专用电源设备(UPS)供给，而该专用电源设备的输入端取自驼峰自动化电源屏，输出端为微机设备提供电源。一般配置 2 台 UPS 电源，应将 UPS 电源也设计为两台自动切换。

第三节　故障—安全和可靠性的系统设计

自动化驼峰设计包括驼峰的进路控制，速度控制，推峰机车控制及相关的设备。铁路信号设备发生故障应导向安全是开发信号系统时必须遵循的原则。传统信号设备的故障—安全是基于采用特殊性能的元、器件来保证的，例如广泛使用的不对称出错的安全型继电器。用它们构成信号逻辑电路，不难使其具备故障—安全性能，而构成计算机的微电子元、器件是不具备不对称出错特性的。对微机参与控制的信号设备必须作特殊的考虑。上面已对计算机硬件系统结构，软件系统结构作了讨论，也提及为了提高系统的可靠性、安全性及保证故障导向安全采用的一些技术手段。下面主要讨论在接口，输入、输出隔离，安全信息传输等方面如何考虑故障—安全和可靠性的问题。采取的主要措施是提高系统可靠性和安全性。

1. 优化硬件的系统设计

采用集散式控制的体系结构，在控制级，不同功能不同模块，不同范围不同模块，风险分散，局部故障不扩散，具有局部故障情况下降级处理的效果。对于下层控制板，可以带电插拔，局部故障修复不影响系统的整体工作，缩短了故障修复时间。

2. 高可靠支持

上层管理机使用可靠性高、抗干扰能力强、适应于恶劣环境的工业 PC 机，下层控制机使用结构紧凑、可靠性高的专用单板微机，采用国际标准的 CPCI 技术，克服了以往电子电路最难解决的插接不可靠问题。

3. 双机热备

采用主备双机热备方式。系统连续不断地监视上、下层机的运行情况，上、下层机间的通信和下层机的输入输出。一旦发现故障即实现热切换，在切换过程中不会间断联锁和溜放的控制。主、备两系统间具有同步检查措施，一旦发生不同步，将报警，并且屏蔽备用机，防止由于非同步情况下自动切换系统导致不良后果。

4. 安全通信

上层机与下层机间的通信采用 CANBUS 本身的短包、CRC 校验和长包 BCC 重复校验的数据编码技术，实现双重检错和纠错，确保了信息传输的正确性。

5. 输出冗余

从安全角度考虑，继电接口电路中保留了 SJ 继电器及落下锁闭条件。当需要对道岔实行锁闭时，除了系统本身的“软锁闭”外(禁止向道岔发转辙操作命令)，还实施“硬锁闭”(输出并确认 SJ 继电器落下)。该措施实际上是一种输出冗余方式。

6. 动态输出

控制信息的输出电路采用动态驱动方式，道岔锁闭、信号机开放等关键控制信息以动态脉冲形式驱动动态继电器。故障时脉冲中断，设备导向安全侧。

7. 输入冗余

对关键的道岔表示信息，同时采集了定位和反位，由两者共同决定道岔所处的位置。

对关键的电气集中道岔轨道电路条件不仅采上接点，还同时采入了下接点(既反相条件)，由两者共同决定轨道占用/空闲状态，如果逻辑值不一致，选择安全侧占用。

8. 输出回读

重要的输出控制信息(例如锁闭输出和信号输出)须经反馈回读比较，如果执行不正确将报警并导向安全侧输出。

9. 规范软件系统设计

软件采用自顶而下的分层设计方法，使程序具有良好的结构化、模块化和层次结构，保证故障在每一层都得到检查，将危险侧故障降到最少。为了避免导致不可预测的后果，系统对所有不合理、不可能的中间运算结果，以及模块发生不合理、超范围的带入数据和送出数据均安排了“紧急出口”，使其充分暴露并导向安全。

10. 联锁检查

完整的联锁软件在上层管理级中，但是下层具有基本的联锁检查功能，能够对道岔转换、区段的解锁等来自上层的关键控制要求进行有效性和联锁判断，检查未通过将否定执行。

11. 系统防干扰

系统推荐采用一系列抗干扰措施来提高系统的可靠性和稳定性：良好的综合接地系统，通道防雷和电源防雷，UPS 供电等等。

12. 下层控制板看门狗

下层控制板及智能 I/O 扩展板各自均有板上独立的硬件看门狗电路，一旦程序“跑飞”，自动恢复，自动向管理级汇报断点诊断信息，并自动申请丢失的命令信息。该手段保证减速器控制板、测长控制板、智能 I/O 扩展板在软故障情况下几乎不影响控制，实现了软故障自恢复。

13. 系统看门狗

每个独立的并具有微处理器的模块均具有对自身的诊断，并将诊断结果定期向指定的监护者报告。此外，系统各个模块相互间形成“人盯人”的互诊断：

(1)智能 IO 扩展模块受对应的控制级功能模块的监督。

(2)控制级功能模块受上层管理级的监督。

(3)管理级模块受到操作级工作站的监督。

(4)操作级工作站模块受到管理级的监督。

(5)管理级通过诊断结果传递，汇集了全部模块的诊断结果。

(6)热备中的双机管理级通过网络相互交换系统诊断信息。

(7)下层进路控制模块反复监听管理级的系统通告信息。

受进路控制模块控制的系统看门狗——故障继电器(GZJ)——不断受到系统生命脉搏信号刷新,下列情况会使脉搏信号终止:

(1)进路控制模块本身故障。

(2)管理级故障使送出的系统通告信息中断。

(3)管理级直接监督的控制级功能模块及间接监督的智能IO扩展模块出现不可恢复的硬故障时,管理级向进路控制模块送出的系统通告信息中说"不"。

(4)一旦系统看门狗起作用,故障继电器(GZJ)落下,将立刻在继电接口电路侧切断所有由本系统输出的控制电源,使全部输出无效。

总之,系统通过本身各个环节自检和互检,并通过监督环节使系统有总看门狗功能,使系统具有整体的故障—安全手段。在双机热备情况下,通常双机切换发生在前,看门狗反应发生在后。

第四节　故障—安全和可靠性的接口电路设计

一、接口电路

根据数据的传输重要性、传输方向以及时间等把它们分为八类,具体如下:

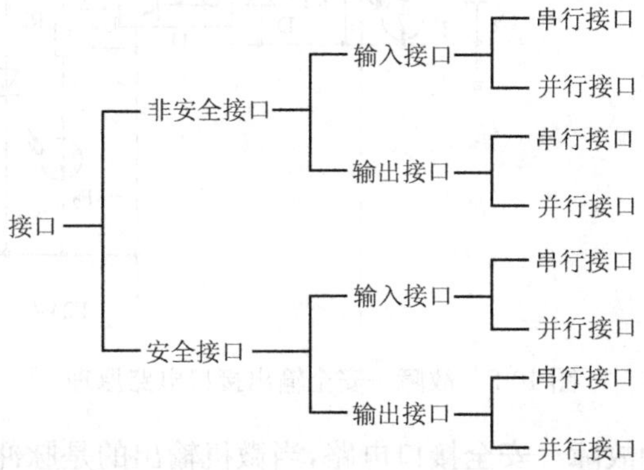

二、逻辑变量的表达形式

在微机峰尾集中联锁及溜放控制系统,乃至驼峰头部微机溜放进路控制系统中,计算机与控制、表示设备之间的输入、输出接口是否安全可靠和遵循故障—安全原则,对整个系统工作的可靠性是至关重要的。目前现场设备的控制和设备状态的表示一般是通过继电器实现的。计算机输出的控制信号到执行继电器之间和表示继电器到计算机输入之间的接口必须设计成具有故障—安全性能。下面介绍实用的故障—安全接口电路。

计算机输出的逻辑控制信息一般可以有三种表达形式,即电平形式、代码形式、动/静态形式。

1. 电平形式:稳态单一的高电平或低电平代表逻辑量的两个值。

2. 代码形式:用编码理论编码。

3. 动/静形式:以稳态电平代表安全侧逻辑值;以脉冲串(动态)代表危险侧逻辑值。

当逻辑控制微机以代码形式给出逻辑运算结果。将控制代码转换成动/静态形式可以采用两种方法。方法之一是由软件在机内完成变换。微机将逻辑运算结果以脉冲序列形式输出；方法之二是用硬件进行变换。例如图 10-1 所示的利用移位寄存器进行的变换。微机将控制代码并行送入移位寄存器，移位寄存器再将代码返送回微机，由微机检查代码未发生畸变后，启动控制时钟推动移位寄存器输出脉冲序列，完成代码一动/静态的转换。

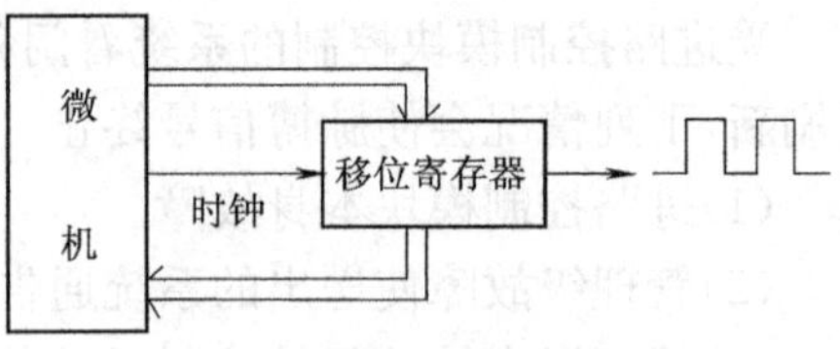

图 10-1 代码动/静态转换

三、故障一安全接口

图 10-2 给出的是一种利用计算机动/静态输出形式构成的故障一安全输出驱动接口电路。

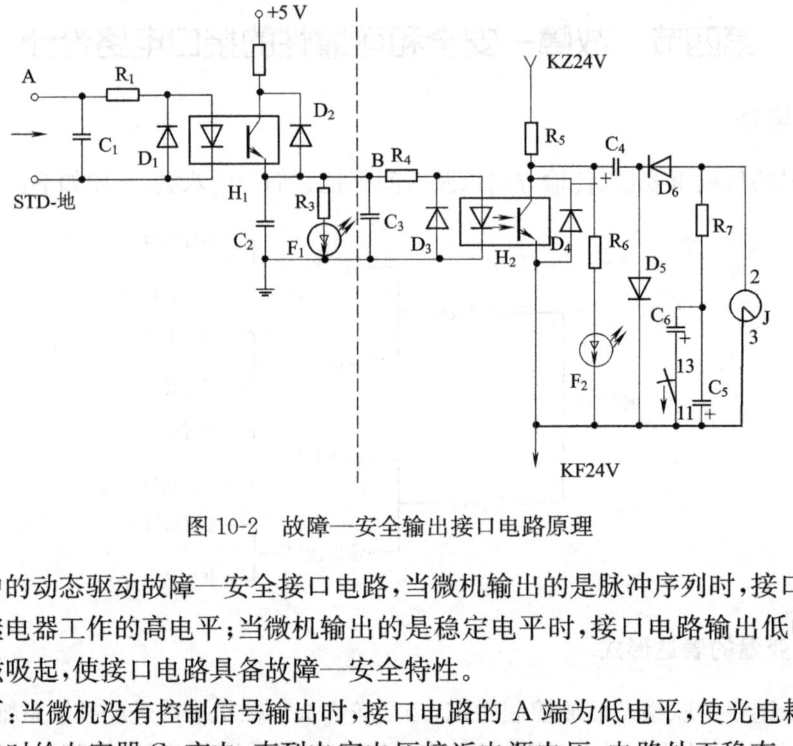

图 10-2 故障一安全输出接口电路原理

对于图中的动态驱动故障一安全接口电路，当微机输出的是脉冲序列时，接口电路输出足以驱动执行继电器工作的高电平；当微机输出的是稳定电平时，接口电路输出低电平，执行继电器不能励磁吸起，使接口电路具备故障一安全特性。

分析如下：当微机没有控制信号输出时，接口电路的 A 端为低电平，使光电耦合器 H_1 和 H_2 均截止，这时给电容器 C_4 充电，直到电容电压接近电源电压，电路处于稳态。继电器 J 处于失磁落下状态。当微机输出规定的脉冲序列时，在脉冲期间，A 端呈高电平，H_1 导通，B 端为高电平，H_2 亦导通，电容器 C_4 通过 H_2 向 C_5 和 C_6 充电，同时向偏极继电器 J 放电，在脉冲间隔期间，A 端呈低电平，H_1 和 H_2 又截止，随着 A 点电平的高、低变换，C_4、C_5、C_6 不断地充电和放电，当 C_5 和 C_6 上的电压达到继电器 J 的吸起值时，J 励磁吸起，直到 A 端不再有控制命令输入为止。微机输出不正常或接口电路故障，均使执行继电器失磁落下。按照信号惯例，把继电器落下状态定为逻辑安全侧，把继电器吸起状态定为逻辑危险侧，所以这个接口电路是故障一安全的。

图 10-3 给出的是一种采集表示信息的故障一安全接口电路。图中给出的是采集轨道继电器 GJ 状态的信息采集故障一安全接口电路的例子。

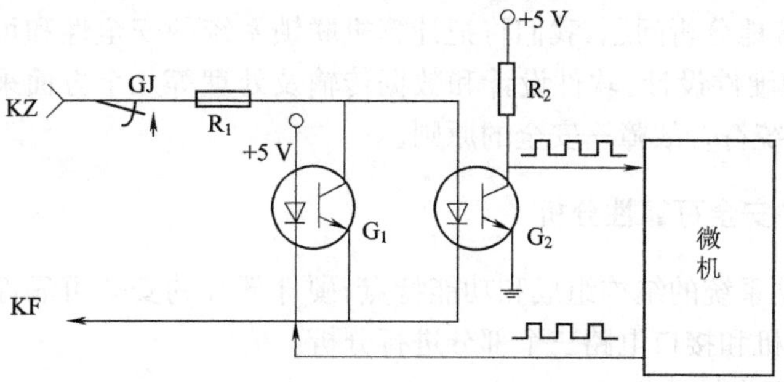

图 10-3　故障—安全输入接口电路原理

从微机输入、输出关系来看，这是一种闭环动态电路，由 GJ 接点的通与断控制闭环通路的通与断。当系统需要采集 GJ 的信息时，微机首先输出脉冲序列，例如 1010，在 GJ↑的条件下(逻辑危险侧)，返回微机的是反相的脉冲序列 0101，而当 GJ↓(逻辑安全侧)时，则没有返回的脉冲序列，微机读出的是稳定电平(导向安全侧)，因此这个接口电路是故障—安全的。

四、输入输出隔离

系统对外的所有输入输出接口，无论开关量、模拟量、脉冲量，均在系统内部采取了电气隔离措施，以提高系统的抗干扰能力。输入、输出隔离光电隔离器是目前广为采用的隔离器件。图 10-4 给出输入、输出光电隔离电路原理图，图中(a)为输入，(b)为输出。

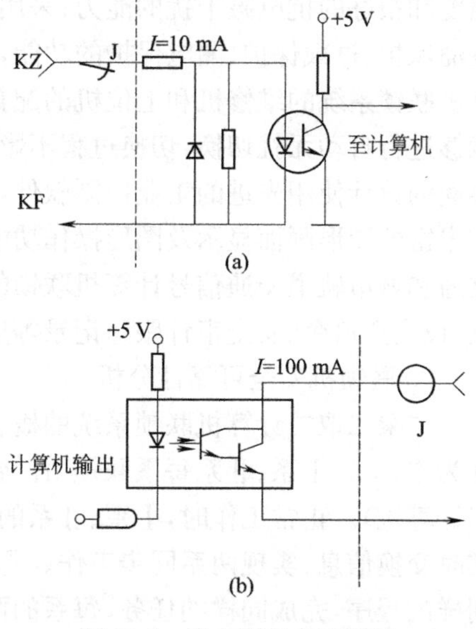

图 10-4　光电隔离电原理图

五、安全信息传输

安全信息传输要符合故障—安全原则。这样的通道一般称作安全信息传输通道。多级微机系统联锁机与执行表示机之间的信息传输就要求安全信息通道。

使用高抗干扰不间断供电电源、可靠接地、双绞线、防雷措施等，以及系统的自检测均是提高可靠性、安全性及故障安全性能的有效方法。

第五节　计算机联锁系统安全可靠性设计

计算机联锁系统的安全可靠性是研究、开发、生产计算机联锁设备必须遵循的永恒的主题，也是验证计算机联锁系统性能的主要依据。计算机联锁设备是一种连续工作的实时系统，它必须具有极高的安全性和可靠性才能适应铁路运输和城市轨道交通高效和安全的运营要求。计算机联锁系统的安全性是指联锁设备在运行过程中无论发生什么故障都不能产生有可能危及列车安全运行的危险因素，一般着重于在不正常的情况下使系统导向安全，防止产生危险后果；而可靠性是指联锁设备在规定的时间和规定的条件下完成规定功能的能力，一般侧重于防止或减少系统发生故障。显然，安全性的实现是以可靠性为基础，并在提高可靠性的前提下完成的。为了系统地分析问题,我们将把计算机联锁系统的安全性和可靠性结合在一起考虑,并着重从系统的硬件设计、软件设计和数据传输及处理等几个方面采取各种综合技术措施,使计算机联锁系统符合故障—安全的原则。

一、硬件部分的安全可靠性分析

根据计算机联锁系统的结构组成和功能特点,硬件部分的安全可靠性技术从计算机联锁系统的上位机、联锁机和接口电路三个部分进行分析。

1. 上位机安全可靠性分析

上位机主要功能是向联锁机构输入操作信息,接受联锁机构输出的反映设备工作状态和行车作业情况的表示信息。为此上位机可采用经国际安全机构认证的高可靠工业控制计算机,摒弃原商用机所采用的大母板结构,把原来的大底版(系统板)功能集中在一块 ALL-IN-ONE 插卡上,底板变成无源总线母板,增加了插槽数,便于系统的升级扩展。采用的机箱结构具有良好的散热、隔热、防潮、防尘性能,驱动器架采取避震措施,使整个机箱具有可靠的机械强度和很好的抗电磁干扰的能力;采用不间断供电及净化的专用开关电源,抗共模干扰,具有浪涌保护、过载保护、漏电保护的功能,单机设备的平均无故障工作时间可达到 100 000 h。计算机联锁系统的维修机和上位机的配置是一致的,平常可作为上位机的热备机,在系统故障时能够进行自动无扰切换,切换过程不影响现场设备状态,提高设备可靠性。上位机的人机接口界面的设计使用先进的工业控制软件,使得系统的监控不仅具有友好的人机交互界面,而且具有丰富的图形画面显示及图形操作功能,调图方式灵活,修改参数方便。在设计中,根据铁路交通和城市轨道交通信号计算机联锁的特点,可以灵活运用登录口令、操作员权限、安全设定点、设定点口令、安全审计跟踪记录等安全特性,确保联锁系统执行操作的安全可靠。

2. 联锁机安全可靠性分析

二乘二取二计算机联锁系统的概念是两重系结构,硬件冗余,软件容错,两系(Ⅰ系、Ⅱ系)互为主、备。Ⅰ系、Ⅱ系每系联锁由两台计算机组成(部分型号对应每系分别设置两台驱动采集计算机)。正常工作时,Ⅰ系、Ⅱ系的计算机全部处于工作状态,两系之间通过高速信息通道实时交换信息,实现两系同步工作。Ⅰ系、Ⅱ系联锁计算机(每系两台)输入相同的信息,执行同样的程序,完成同样的任务,每系的两台联锁计算机结果比较一致后,由其中一系作为最后的控制输出,另一系作为备用。当工作系其中一台计算机发生故障或者输出结果比较不一致时,自动切换到从另一系作为控制输出,且不影响系统的正常工作,故障系自动脱机。二乘二是指Ⅰ系、Ⅱ系每系分别有两台联锁计算机,取二是指取其中一系的两台联锁计算机作为最后的控制输出。二乘二取二计算机联锁系统,系统正常工作时,工作系(主系)、备用系(从系)处于同步工作状态,类似双机热备,可以人工或者自动方式相互切换(型号不同切换方式不同)。

联锁机是信号控制系统的核心。在设计中,可选用国际安全机构认证的硬件三重冗余计算机联锁系统,用于实现联锁数据处理过程的故障—安全。所谓三重化冗余系统是指系统共有 A、B、C 三个相同的主机,每个主机可以把它看成系统中的一个模块。三个模块同时执行一致的操作,其输出送到"表决器"的输入端,然后把表决器的输出作为系统的输出。结果经输出设备三取二表决后进行输出,可以保证输出的安全性。当其中一个联锁处理单元联锁逻辑单元故障时,系统能够转换为二取二工作方式,在不降低安全陛的前提下,使整体系统的可靠性得到提高。采用三取二表决系统原本是为了提高系统的可靠性而采取的一种冗余系统。然而从安全性角度来看，若有两个主机发生了同样的故障，即共模故障，系统将输出错误信息，经接口驱动后，有可能危及行车的安全。因此，必须消除软硬件的设计错误，当主机的设计完全正确无误时，仅由硬件失效和干扰而产生的共模故障的发生概率就很小。为了进一步降低未检出故障的组合而产生共模故障的可能性，可利用单机自检技术、主机间互检技术和双套不同的软件，扩大故障检测范围，消除因干扰而引起的影响。为了保证三重化冗余系统能够通过多数一致表决得到正确的结果和发现出错的模块，这就要求三台微机必须同步工作。否则，整个系统便会出现紊乱状态，多数一致表决无法进行，系统无法保证正常可靠的工作。计算机联锁系统为保证安全可靠而采取的主要措施是：全面的在线自诊断和专门的安全检查程序。这就要求系统在规定的周期内对计算机的运算器、存储器、接口等元器件用一系列自诊断程序进行全面自诊，而安全检查程序则对联锁程序任务模块的运行状态进行监视，对关键信息代码的合法性进行检查。在自诊断和专门的安全检查中一旦发现故障，立即切断计算机的输出(同时报警)。加上双机热备三种冗余制式的比较见表 10-2。

表 10-2　冗余制式比较

比较项目	三取二	二取二乘二	双机热备
先进性	由于三取二方案安全可靠以及结构合理，当前，世界范围内 90%的计算机联锁系统采用三取二容错方式，特别是西门子等欧洲计算机联锁厂商皆采用三取二制式	由于结构较为复杂，目前仅有日本等系统采用；目前，日本国内大站采用三取二，二取二乘二是为小站研制	双机热备作为早期出现的冗余方式，现已应用较少
可靠性	次之	低于其他两种制式	最高
安全性	三取二与二取二乘二在安全性方面在同一等级		双机热备中，依靠单机的故障一安全处理来保证安全，其安全等级低于其他两制式

在设计中必须采取有效的措施来确保：

(1)检测过程本身应具有安全性，或采用相应硬件及软件措施来实现安全性；

(2)检测要有足够的频率，使类似或等同故障在二次检测之间不会发生；

(3)检测要足够灵敏，能够测出每个安全单元之中的重要故障；

(4)检测失败时应及时产生安全保护动作；

(5)冗余装置要足够独立，使之不受其他故障的影响。

例如在具体实施中，使输出控制单元经过表决后输出，所有输出进行反馈检查闭环控制；在输出执行环节采用条件电源供电方法，当用实时检测或实时比较技术发现联锁微机内部故障时，即使产生危险侧的错误控制命令，通过强制切断执行环节的条件电源，减少错误的控制命令输出。采用光电隔离技术，接点输入电路要经过光电耦合后接至接口电路输入输出模块，有效的抑制接点输入电路的电磁干扰；采用静态输入或动态输入方式，以便有效的实现故障—安全原则。在输出接口的设计中，采用代码—动静态和动静态—电平两级变换电路；采用不间断供电及净化的专用电源，电源模块内部设有双重化电压调整器及自诊断电路，可检测电压的输出范围与是否超温并给出相应报警。

3. 接口电路安全可靠性分析

由于一般继电电路采用的重力式安全继电器具有很高的安全性，在我国铁路中运用了几十年,为此计算机联锁系统的接口电路仍然以安全继电器作为计算机联锁机构与室外设备控制电路的接口。我们知道安全继电器通过以下技术实现故障—安全:电气接点采用特殊材料制作,使接点粘连的可能极小;采用吹弧技术,消除接点拉弧造成熔接;采用重力式设计原理,在继电器故障时,利用其重力使衔铁复位,从而保证实现系统的故障—安全的目的。为此在计算机联锁系统中,信号、道岔、轨道电路等监控对象的状态信息依然是用安全型继电器的接点状态来反映的,输入接口的任务就是将这种电平形式的二值逻辑数据安全地采集到联锁机中来。

4. 其他方面的安全可靠性分析

考虑计算机联锁系统硬件设备的其他方面的安全可靠性,对包括电源、计算机、数据通信线路、输入输出接口、机架结构及地线设置等方面采取了电磁兼容设计和防雷设计,以保证在规定等级的运用环境中,设备必须正常工作,不产生任何指标下降和功能上非期望值的偏差。

二、软件系统的安全可靠性分析

在计算机联锁控制系统里,各种复杂的功能主要依靠软件来实现。嵌入在安全控制系统中的软件,不仅要能完整地实现系统的控制功能,还要能保证实现系统在发生意外时的安全防护即故障—安全功能。一般在计算机联锁控制系统中,普遍采用以下软件技术来提高系统的安全可靠性:

(1)采用信息编码技术,以便出错时能被及时识别。例如,对于涉及行车安全的逻辑变量,用多元代码来表示安全变量的两个值——安全侧值和危险侧值。这样,当代码在存储或传输过程中,由于存储器硬件故障或者外界干扰而发生畸变,一旦错成非法码时,就可由软件自动检出并导向安全侧。

(2)采用软件冗余技术,保证软件运行的安全性。

(3)采用软件检测技术及时发现故障,以进一步采取措施防止危险侧信息的发生和输出。

(4)利用软件对输入数据的合理性进行检查,对输出的控制信息进行反馈重复检查等等。

图 10-5 是一个从安全角度去考虑的计算机联锁系统的框图,实际上也是计算机联锁系统的一个安全性模型,只是仅从保障安全的角度把计算机联锁系统描述成为一个典型的数据处理系统。对于计算机联锁系统来说,保障安全就是保障框图中的数据流和控制流这两种信息处理的安全;退一步讲,即便信息处理发生错误也不会导致危险的后果。联锁机和外部设备的输入/输出信息具有两种特性,一是开关性;二是安全性。外部设备向联锁机提供的输入信息具有开关性。同样,联锁机的输出信息也具有开关性,这种开关性可由表示两个状态的器件如继电器来反映。输入/输出信息的安全性是根据信息与行车安全的关系来界定的。一类是与安全无关的信息,称作非安全信息;另一类是与安全有关的信息,称作安全信息。联锁机和监控对象之间交换的信息属于安全信息,因此必须考虑当输凡输出通道发生故障时,一定要确保传送信息的安全。为此,在通道设计上必须采用安全输入输出接口。在 CPU 与输入和输出模块间采用专用总线以保证传送的正确性,对输入电路采用光电隔离电路读取输入值,以检测“粘连”状态,对各个输出信号在提供给继电器前进行表决,不致因输出模块本身的故障而影响信息安全。一般在具体的系统设计中,可采取如下措施:

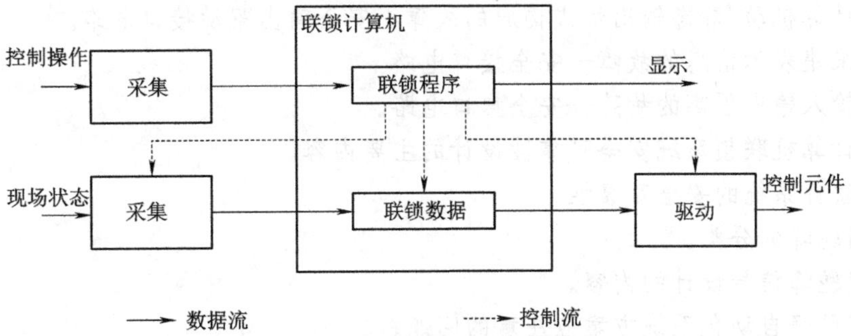

图 10-5　计算机联锁系统数据处理模型框图

(1)安全信息的输入:在计算机输出每种信号设备状态码的第一位后,待输出电平稳定(如 20 ms),再将每种信号设备状态码的第一位读入储存,并立即输出第二位代码;读入全部代码后,经计算机整理后再传给每个对象的存储模块。

(2)安全信息的存储与更新:计算机联锁中监视现场设备状态的存储单元,在宏观上必须与被监视的对象建立不断的联系,当联系中断时,系统必须立即导向安全。

(3)安全信息的运算:联锁条件满足时,程序的走向和运算结果都是预知的。为了提高安全性和防止漏检查联锁条件,在每次判断条件成立后,将该条代码进行按位累加,联锁关系全部检查正确时,其累加值应与预期结果相符。

(4)安全信息的输出:计算机的开关量的输出是非故障安全的。为了保证安全,可对输出环节进行连续的监视,如出现不应有的危险侧输出,应快速地在现场设备未动作前予以切断。

(5)安全信息在计算机间的传递:为了符合信号系统的传统做法,遵循故障安全的要求,在计算机联锁的设计时,应采用点对点的循环传送方法,而不采用变化检出、一次传送的方法。

计算机联锁的串行数据在传输过程中,由于干扰而引起误码是难免的,在检查数据位和冗余位之间的关系是否正确时,应着重防止在传输中错误地出现危险侧代码。为了确保信息传输的安全可靠,一方面可以采用冗余度小、检错能力高的循环码(CRC)作为检错码;另一方面就是在软件编程时对传输的信息进行特殊编码,并以反馈重发方式纠错。根据编码理论,利用 n 位二值码元可生成一个具有 2 种伏态的码字或代码的集合。在这 2 种状态的代码组合当中,仅取一种状态代表危险侧码字(例如用危险侧码字 10101010 代表对应继电器吸起),再取另一种状态代表安全侧码字(例如用安全侧码字 01010101 代表对应继电器落下),其余的均认为是非法码字,则这种代码便具有典型的故障—安全特性。由于非法码字在正常的联锁运算时也被认做安全侧码字,故而该编码组合仅有 1 种码字对应危险侧,其余状态均对应安全侧。但在实际的运行中要真正能做到故障导向安全,还需对软件编程的安全编码进行科学的分析和认真的考虑。

复习思考题

1. 什么是冷备、温备及双机热备?
2. 什么是下层控制板看门狗?
3. 什么是系统看门狗?
4. 简述逻辑变量的表达形式有几种?

5. 画出计算机动/静态输出形式构成的故障—安全输出驱动接口电路。
6. 画出采集表示信息的故障—安全接口电路
7. 画出输入输出隔离的故障—安全接口电路。
8. 简述计算机联锁系统安全可靠性设计的主要内容。
9. 简述软件系统的安全可靠性。
10. 说明驼峰的分类。
11. 简述驼峰信号设计的内容。
12. 简述驼峰自动化系统方案应注意的问题。

参考文献

[1] 吴芳美．编组站调车自动控制．北京:中国铁道出版社,1995.
[2] 施庆昌．驼峰信号．北京:中国铁道出版社,1996.
[3] 包振峰．自动化驼峰基础设备．北京:中国铁道出版社,2008.
[4] 胡卫东,钟卫红．自动化驼峰溜放进路和速度安全控制的研究．铁路通信信号工程技术,2013(S1).